U1016986

The Oxford History *of* World War II

〔英〕理查德·奥弗里（Richard Overy）主编
戴峒君 孙文竹 译　康 杰 译校

牛津二战史

The Oxford History of World War II

新 华 出 版 社

图书在版编目（CIP）数据

牛津二战史 / [英] 理查德 · 奥弗里 (Richard Overy) 主编 ;
孙文竹 , 戴帼君译 .-- 北京 : 新华出版社 , 2017.11
书名原文 : The Oxford Illustrated History of World War II
ISBN 978-7-5166-3669-5
Ⅰ . ①牛… Ⅱ . ①理… ②孙… ③戴… Ⅲ . ①第二次世界大战 – 研究 Ⅳ . ① K152
中国版本图书馆 CIP 数据核字 (2017) 第 291516 号
著作权合同登记号：01–2016–2568

The Oxford Illustrated History of World War II was originally Published in English in 2015. This translation is published by arrangement with Oxford University Press.
Copyright © Oxford University Press 2015
Xinhua Publishing House is solely responsible for this translation from the original work and Oxford University Press shall have no liability for any errors, omissions of inaccuracies or ambiguities in such translation or for any losses caused by reliance thereon.

牛津二战史
作　者：[英] 理查德 · 奥弗里　译 者：戴帼君 孙文竹

选题策划：江文军　　责任编辑：江文军
特约编辑：陈向阳　　封面设计：今亮后声 HOPESOUND pankouyugu@163.com · 胡振宇
责任印制：廖成华　　责任校对：刘保利

出版发行：新华出版社
地　址：北京石景山区京原路 8 号　　邮　编：100040
网　址：http://www.xinhuapub.com
经　销：新华书店、新华出版社天猫旗舰店、京东旗舰店及各大网店
购书热线：010–63077122　　中国新闻书店购书热线：010–63072012

照　排：今亮后声 HOPESOUND pankouyugu@163.com
印　刷：三河市君旺印务有限公司
成品尺寸：210mm × 145mm
印　张：15.5　　字　数：370 千字
版　次：2018 年 6 月第一版　　印　次：2018 年 6 月第一次印刷
书　号：ISBN 978-7-5166-3669-5　　定　价：98.00 元

版权所有，侵权必究。如有质量问题，请与出版社联系调换：010–63077101

Quotation

引 言

全面战争——全球战争

理查德 · 奥弗里（Richard Overy）

众所周知，第二次世界大战是一场全球总体战。但 1945 年战争结束后，全球性和总体性这两点似乎逐渐变得不像战时那样容易理解了。整个地球表面和天空都被硝烟笼罩，这是绝无仅有的现象。即便是中立国和未直接参战的国家，也受到二战的深刻影响。例如，西班牙保持了中立国的身份，但其国内有不少人自愿投身到希特勒对抗苏联布尔什维克的战争中去；再如中立的瑞士，其银行堆满了沾染战争血迹的金子，它们都是被屠杀的欧洲犹太人的珠宝和金牙所熔成的；又如远在南美洲的巴西在 1942 年向德国和意大利宣战，并在欧战的最后阶段向意大利北部派遣了两个师的军力。从北太平洋的阿留申群岛到丛林覆盖的马达加斯加，从北非的沙漠到北冰洋，所有国家都为自己所秉持的“正义”而战。这一地理覆盖程度史无前例的战争，需要放在其特定背景下才能解释。

第二次世界大战的地理范围是由侵略国——德国、意大利和日本（包括 1939-1940 年入侵波兰和芬兰的苏联在内）的野心塑造的。正如第一章所述，当时的全球和地区安全体系处于失效的状态，无论是自制或强迫都无法使其继续运行。上述国家各自发动了一系列彼此不相关的战争，来创造新的安全体系，维持其国际地位。尽管三个所谓的“轴心国”主要在其各自的利益范围内开战，即在欧洲、地中海地区和亚洲创造“新秩序”（由 1940 年在柏林签署的《三国同盟协定》界定），但是由于西方同盟国——英国、英联邦和英帝国、美国——在势力范围上的全球性，战争的影响波及了世界各个角落。

在 20 世纪 30 年代中期，冲突已遍及全球各地。1935-1936 年，意大利入侵埃塞俄比亚，同时支援西班牙的佛朗哥叛军；在 1940 年 6 月法国投降前趁火打劫并在 10 月入侵希腊，点燃了巴尔干火药桶，其后又在北非与英联邦开战。德国则在 1939 年 9 月入侵波兰，英法随即对其宣战；1941 年 2 月德国开辟地中海战场；6 月，在西线战争并未结束的情况下，发动了对苏联的战争，并在 12 月份向美国宣战。日本早在 1931-1932 年就发动侵华战争，并在 1937 年 7 月将冲突升级为全面战争；1938、1939 年日本与苏联军队交战，最后在太平洋地区掀起了与美国、英国、荷兰、澳大利亚和新西兰的冲突。这些侵略战争是相互联系的——例如，德国曾帮助意大利军队在北非和希腊的战役，但总体而言他们各自为战，因此本书也将以三个部分分别介绍日本、意大利和德国的侵略战争。

对经济安全的追求也是塑造战争形势的一大因素。日本主要出于对中国大陆和东南亚地区经济资源的觊觎而发动战争，通过战争而非和平贸易来掠夺经济利益。希特勒发动对苏联的战争，尽管存在意识形态的对抗性，但仍然饱含着对欧亚大陆丰富的原材料和农业资源的觊觎，以及对纳粹帝国经济独立的渴望。意大利在埃及与英联邦交战，主要目的是夺取有重大战略意义的苏伊士运河和中东地区的石油资源。自从人类迈入现代机械化战争时代，无论空战或是海战，都离不开石油。因此，侵略国认为唯有通过征服和掠夺，才能占领更多的石油资源。对拥有众多商船和强大海军的同盟国而言，安全则意味着确保远距离物资补给（特别是石油）和跨洋贸易。这是同盟国战时经济与全球战略的关键所在。交战双方分别通过经济战、轰炸或潜艇战等手段阻断对方的资源供给路线，导致空战和海战都远远超出了原定的战争前线。

经济动员一方面源于确保资源供给的必要性，另一方面也由战争规模所决定。“全面战争”这一表述在当时被广泛使用，意味着这是一场动员了经济、人力、智力和技术资源的“无限战争”。从 20 世纪 30 年代起，人们普遍认为，总体战就是未来的大战形态，任何大国不进行动员，就无法支撑战争。美国凭借丰富的资源和强大的财力，仅仅进行了部分经济动员，并且成为战时最大的生产国。由于遭到德国的入侵，苏联在 1941 年不得不穷尽所有未被占领国土上的资源，甚至牺牲老弱士兵以节约粮食配额。侵略国为了这场全面战争动员本国资源。但侵略国的动员是一种赌博，赌的是能赶在同盟国的经济后劲尚未充分动员前，就能迅雷不及掩耳地取得胜利。但人们越是渴望尽早取得战争胜利，这种“赌博”心态便越发地膨胀起来。当然，到了 1943–1944 年期间，同盟国的军事资源优势已经比较明显。这一转折无疑是必然，而且是可以预测的，但本书关于同盟国海上、陆上、空中战役的胜利主要集中在三个同盟国如何逐渐掌握利用资源、打赢战争的技巧。

经济因素显然是揭示二战爆发原因及其本质的关键；如果德国军队占领了高加索油田，或隆美尔和意大利军队掌握了中东地区的石油资源，那么战争的轨迹很可能就要被改写。但是，仅仅用经济因素来解释这场战争是不全面的，因此本书以多个章节的内容介绍了军队战斗力和科技动员，以及维系前线士兵回家希望的战时宣传。二战期间，军队组织以及科技和工程资源开发及利用的方式都发生了巨大的改变。例如，在 1939 年，双翼战斗机仍未退役；而到了 1945 年，人们已经叩响了喷气式飞机时代的大门。1939 年，由于早期长波技术的广泛利用，雷达的使用受到限制；但到了 1945 年，基于多腔磁控管的技术基础，短波雷达的使用达到空前的广度。1939 年时的坦克仍然体型小、速度慢、火力弱，但到了 1945 年，德军“虎”式坦克和苏联 IS-2 重型坦克已经问世，为现代主战坦克奠定了模板。到二战快要结束时，火箭、巡航导弹已投入实战，尤其要提到的是核武器的发明和使用，这也为即将到来的冷战军事对抗做了铺垫。军事力量的运用方式也同样发生了革命性的改变：空军与陆海军的联合作战，使得后者的火力投射范围和打击能力大大增强；同时，摩托化师和机械化师等机械化部队，以强大的自持力和机动力，逐步取代了旧式步兵师。成功利用这些军事变革，是轴心国在二战初期取得破竹胜势的关键，同时也是同盟国取得最终胜利的重要因素。

到 1945 年，大部分在役军人是从民众而非职业士兵中招募的。数以千万计的军队士兵，不仅仅关心他们如何被调动和派遣任务，同样关切自己的待遇政策、娱乐方式等等。本书以一个章节的内容，介绍了二战期间前线的社会和文化情况，从社会组织而非军队力量的角度审视这一群体。此外，该章节也涉及了国内后方的情况介绍。民众的态度是这场全面战争不可缺少的一个因素，由于大轰炸、国家恐怖主义、自由限制、饥饿和强制驱逐，民众承受着战争的巨大压力。1939 年当欧洲战争全面打响后，许多国家担心侵略国的轰炸行为可能造成大范围的民众恐慌，因此不惜代价地争取和平。德国和意大利的专制统治者，肆无忌惮地监视国内民众，镇压一切反对者。1914-1918 年，通货膨胀、饥荒、黑市交易和工人起义曾大大削弱了国家战斗力。因此二战时期各国都努力避免这些情况再次出现。军事失败带来的士气低迷同样是一个重要问题。每一个大国都掌握着民众赖以获取信息的新闻媒体，它们建立复杂的爱国宣传机器，发起针对敌人的政治战，试图为民众描绘一幅不那么真实的战争图景。例如，美国民意调查专家在 1945 年 2 月调查塞班岛上被俘的日本民众时发现，他们中的绝大部分人依然认为日本能获得最终的胜利。由此可见，宣传和信息战是战争的一个重要方面，因此本书也将以一个章节的内容进行介绍。

当然，民众并不会仅仅因为媒体宣传而始终支持战争。毕竟，在大规模牺牲和惨痛代价的面前，人们需要正义的理由来支撑自己的信仰，克服大轰炸和其他战时困难带来的压力和冲击。民防主要依靠不顾安危的平民志愿者的力量。尽管最后伤亡惨重，但可以肯定的是，这些民防志愿者们出于保护家人和社会的决心，响应大后方动员的号召，踊跃加入到了二战之中，而非为了某一抽象的信仰。人们对战争的同情和支持也来自内心的恐惧、仇恨或愤怒的情绪，但年复一年，这些复杂的情绪也逐渐消失褪去。战争以同盟国的胜利告终，民众的生命财产得以保护，敌人和异己者的威胁也终于得到遏止。

这解释了许多“异己者”的艰难遭遇，他们被排除在反战集体之外，或被认定为将阻碍战争胜利。1939-1940 年，英国和法国的外国居民都被集中拘留起来；美国的日裔民众则被放逐到了特殊的国内集中营里；苏联历来被怀疑和告发的阴云所笼罩。而在轴心国所占领的地方，民众的遭遇则更为悲惨，只能在歧视和暴力的威胁下艰难度日。轴心国在占领区的“敌人”多被界定为游击队员、恐怖分子或颠覆分子，他们遭遇了残忍的报复惩罚。犹太人被认定为纳粹帝国的头号敌人，近 600 万名欧洲犹太人被蹂躏致死。成百上千的俘虏、平民囚犯、劳工、战犯和政敌都遭遇了同样的悲惨经历。许多章节和部分都展示了受害者的相关内容，而行凶者的部分则略少。屠杀行动主要由安保人员、秘密警察、士兵和民兵执行，他们的手段大多是即兴而且血腥的。由于当面杀害犹太人的场面过于血腥，1942 年“死亡工厂”问世，活生生的人变成了一堆堆骨灰。如果不是战争的迂回曲折，这些“非自然死亡”可能就不会发生。营地墙面留下的字迹讲述了受害者们遭受的巨大心理压力，他们祈祷对加害者的复仇和惩罚。

同盟国（或者从 1942 年 1 月起称为“联合国”）的胜利并没有为暴力和歧视画上句号，在一些地方反而愈演愈烈。本书的最后一章讨论了二战复杂而混乱的结局。轴心国建立新帝国的企图和野心，最后沉淀为战后这些旧“帝国”面临的危机。欧洲再也无法统治越南、印度尼西亚、缅甸，它们都在 1954 年以前获得了国家独立。国联对中东地区的委任管理制度曾让英法两国控制了该地区，如今这一制度土崩瓦解，阿拉伯国家纷纷独立。1948 年，巴勒斯坦犹太人单方面宣布以色列独立，引发了第一场阿拉伯-以色列战争。东欧国家恢复了旧有的领土，波兰则在德国和波兰人的尸骨之上将边界向西推进，这也是为了满足苏联对乌克兰西部领土的觊觎。反对苏联统治的叛乱依旧笼罩着波罗的海三国、乌克兰和波兰，武装反抗一直持续到 20 世纪 40 年代末。在希腊，轴心国统治结束后内战爆发，民族主义者和保皇党人对抗共产党游击队。这些战后的纷争还伴随着各种灾祸——饥荒、通货膨胀、强制移民和征用。

但是，战后危机并没有像欧洲各国所担心的那样引发第三次世界大战。这主要因为苏联和美国形成了对抗的两极格局，而欧洲和亚洲百废待兴，这种战后格局带来了相对稳定的国际秩序。德国和日本被暂时解除武装，不再对地区安全造成威胁；两国的军事精英和民族主义精英也完全失去了民众的信任。1945 年战胜国成立了联合国，希望以这一国际机制取代国联，从而更加有效地控制甚至避免冲突的发生。美国对战后经济的恢复起到了关键作用，无论是物质层面还是精神层面都对世界做出了巨大贡献。但讽刺的是，1950 年后，恰恰又是战争促进了经济的腾飞——朝鲜战争带来了非共产主义世界的战后大繁荣。在美苏两极对抗的背景之下，中国和印度开始了漫长的强国富民之旅。印度和巴基斯坦在 1947 年获得独立（代价是印度教教徒和穆斯林的宗教冲突激化），而中国则在漫长的内战后于 1949 年统一为一个共产主义国家。在经历了十余年的风雨之后，亚洲的现代政治版图终于成形了。

第二次世界大战宣告了经济政治现代化时期的结束，在旧世界格局与政治结构基本瓦解之后，民族主义风起云涌，技术手段促进了军事力量的进步。第一次世界大战让这些变化初现端倪，但留下了许多未竟的难题，例如经济波动、民族仇恨、反殖民斗争和意识形态对抗等，并在 20 世纪 30 年代国内与国际冲突刺激下共同推动了二战的爆发。30 年代的权力真空被 1945 年后的两个超级大国所填充。但是，由于战争记忆过于惨痛——5500 万人牺牲、数百万人身心受摧残，人们越发坚定地支持维护和平的现状，反对民族主义和军国主义，不再助长这些“好战”观点。自我克制和相互遏制让世界避免遭遇第三次大灾难。

Contents
目　录

帕特里西娅·克莱文
Patricia Clavin

The Genesis
of World War

第一章

世界大战的起源

张伯伦首相签署《慕尼黑协定》。张伯伦身高 6 尺，在签署时弯下身体的样子被镜头捕捉下来，这似乎也是英国向德国纳粹俯首的象征。

一战的余烬埋下了二战的种子。但两次大战之间的轨迹，却是1939年拿起武器的人们最初难以预料的。作为二战的主战场，几乎每一个欧洲家庭都有亲人伤亡。历史学家们开始质疑一战是否符合史上第一次“总体战”的定义，因为“总体”意味着这场战争不仅是有组织的冲突，而且还包含社会、经济与政治体系的支持，其影响将波及所有人。

在第一次世界大战中，尽管领导人宣告休战，但和平迟迟没有到来。从严格意义上来说，真正的停战发生于1918年11月11日11时。也正是从这时起，人们才得以开始评估战争损失和伤亡，结果超乎想象。据历史学家估计，一战造成了940万到1100万人死亡，占了1913年欧洲人口的1%。在战争期间，平均每天都有5600人死亡，士兵遭受着惨重的伤痛。例如，大约有75.5万英国士兵和153.7万德国士兵因为战争而终身残疾。因此，如何安置和照顾伤残老兵成为战后重建的一个重要议题。战火对房屋、工厂和农场土地的毁灭性损失高达300亿美元。一战也造成了巨大的政治动荡。大战摧毁了奥匈帝国、俄国、德国和奥斯曼帝国，君主政体开始走向衰落。与此同时，全球影响力和经济实力的重心开始从西欧移向美国，纽约取代伦敦成为世界金融中心。

长期来看，第一次世界大战让西方大国应对威胁的态度和能力都大为削弱，而此时日本、德国和意大利正在积极地筹备一场更具毁灭性的冲突。更直接的是，一战为俄国布尔什维克提供了在1917年11月夺取政权的机会，导致了一场艰苦的内战，并最终以苏维埃政权成立告终。这场内战对共产党政权的内在特点产生了深远影响，同时也塑造了其对外政策——对曾经支持“白卫兵”的政权充满疑虑和恶意。这些反对“红军”支持“白卫兵”的政权有协约国等，主要包括法国、日本、美国、英国及其领地；同时，出于反对俄国内战的原因，德国和奥匈帝国也站在了这一行列。当然，敌意和对抗是互相的。苏联布尔什维主义革命的成功，引发了匈牙利和德国共产主义阵营的纷纷效仿，同时世界上其他地方的共产主义运动也燃起星火。这一意识形态领导着城市的工人阶层奋起反抗，同时，越来越多的贫苦农民加入到革命中来，他们成为苏联和资本主义势力斗争的重要部分。

一战结束之后的“东方战线”不是唯一仍被矛盾冲突笼罩的地区。爱尔兰和中国的政治斗争引发了战火的升级，与此同时，在中欧那些被解体的国家边境上，已被遣散回家的人们依然战斗在硝烟之中。这些战争的延续，很大一部分源于俄国革命的爆发——1917年底，俄罗斯帝国的大片领土被内战战火吞噬。1918年，约有1.43亿人生活在曾是沙皇统治的领土上，但当1921年内战结束（大饥荒开始之前），这一数字已经降至1.34亿人。政治同样是战争的另一种延续。在欧洲和日本的一些地区，第一次世界大战使得包括德国、奥地利和意大利等国家的军事化程度持续加深，退役军人群体成为强有力的政治势力。

1915–1918 年当政的领导者们为维持战争所做出的承诺，使得战后大部分政府在国内都面临考验，无论是旧政府还是新成立的政权，抑或是在战争末期的选举中极力想赢得民众支持的政党们，都难逃这一挑战。国内政治不断刺激着“权利”运动，这些权利包括自主投票权，尤其是妇女的投票权，少数族裔和被殖民者的代表权，社会权利包括就业、住房和社会保护等。

一战遗产

第一次世界大战结束后的四年里，人们认为和平的局面正在逐步形成。全球兴起的权利运动及其代表的权利观，指向了人们与自称能够代表他们的组织之间关系的深刻变化。这对战后国际关系带来了实质性的挑战，但这种挑战还不至于无法克服，因为战争结束后各国都面临着同样的问题。然而总体来说，各国政府都采取了只顾本国利益的解决方式，这造成了各国之间互相的敌意。1918 年，尽管人们真诚地渴望和平，但曾经有别于战争的国际合作，正逐渐被狭隘的国家利益所取代；“战争”的国际主义逐渐让位于“和平”的民族主义。1918 年 1 月至 9 月的和平谈判基于美国总统伍德罗·威尔逊（Woodrow Wilson）提出的“十四点原则”，而随后 1919 年巴黎和会上所签署的和平条约却与之相去甚远，这大概是造成战争前后人们对国际合作与国家利益观点变化的原因之一。

威尔逊呼吁各国开展新型外交，他认为双边结盟和秘密条约是引向战争的原因，必须摒弃；而走向和平的有效方法是借助“国际联盟”这一新的国际组织的力量，从而解决国家之间的争议与矛盾。

美国人雷蒙德·福斯迪克（Raymond Fosdick）曾短期内担任国际联盟副秘书长，他在1919年指出：“如果我们现在的处境还有缓解的希望的话，那么这个希望就是国际联盟。国联能否凭借它定义模糊的权力，通过渐进的改革方式磨平条约的棱角，促进持久和平呢？”尽管美国对“新”思想和“新”价值观的呼吁显得很崇高，但事实上，这个致力于推动国际仲裁的政府间组织主要起源于英国，而威尔逊对自决的呼吁所起的作用不过是让业已存在的“自治”走向国际化罢了。由是，美国既快速又牵强地获得了世界领导力。当威尔逊还沉浸在欧洲城市为巴黎和会的开幕而举办的“胜利庆典”中时，在美国国内，他的民主党已经失去了对国会的控制，随之而去的还有美国对这一新国际秩序的支持。

美国国会不仅仅否决了国际联盟，还拒绝批准巴黎和会上的大部分多边和平条约：《圣日耳曼昂莱和约》《特里亚农和约》，甚至还包括《凡尔赛和约》（美国在1921年与这些国家分别签署了双边和约）。这时，人们对《凡尔赛和约》的期待很快就落空了。条约在德国引起了强烈的反感，尤其右翼势力对其发起了猛烈的抨击。他们也难以接受威廉帝国的战败，认为直到1918年夏天战局才不利于德国。如果说德国经济的失败点燃了通货膨胀的星火，那么魏玛共和国迎合德国社会需求的做法，以及同盟国施加的赔款要求，则使得德国人民的怨愤燃烧得更旺。“十四点原则”中并未提及任何赔偿，尽管这种战争赔偿是很常见的，而且德国在1871年普鲁士对法战争中早已获利。但德国仍然难以对此忍气吞声，因为战争罪条款被写入《凡尔赛和约》，使得这种赔偿成为合法化的程序要求。在起草条约的过程中，许多国际法学家和历史学家站出来反对将德国归为一战爆发的唯一罪人，他们中的一些人实际上受到了德国外交部一个特别委员会的赞助。当然并没有任何条约真的把所有罪责推到德国一国之上。随后，许多官方文件被挑选出来进行编辑，甚至被篡改。

约翰·梅纳德·凯恩斯（John Maynard Keynes）于1919年发表了其精彩绝伦的著述——《和平的经济后果》。在书中他支持了德国对《凡尔赛和约》体系的不满，这一观点在国际媒体中广为流传。巴黎和会的参与者在其日记和后来的回忆录中的观点，美国战后进行的关于军火商在参战过程中扮演的角色的官方调查等，都支持了凯恩斯的立场。到20世纪30年代中期，这一观点的蔓延已经推动人们达成了一个共识，即一战的爆发实属意外，没有国家应当受到指责。正如英国战时首相大卫·劳合·乔治（David Lloyd Geroge）在其回忆录中所指出的那样，“各国都在战争峭壁的边缘滑行”。这种观点无疑是对巴黎和平协议公信力的破坏，同时也帮助德国政府有力地反击了《凡尔赛和约》。

条约中包括了对德国军事力量的削减条款，解除其海军，并对莱茵河地区非军事化。德国还放弃了含有约700万人口的2.7万平方英里土地，失去了包括坦噶尼喀、西南非洲和太平洋地区的海外帝国领土。在其边界附近，德国向法国归还了阿尔萨斯—洛林地区，并从西普鲁士中割去了一片领土，作为新成立的波兰通向海洋的“波兰走廊”。在这一走廊的末端，正是汉萨同盟曾经的商贸城市但泽，但它当时已经成为国际联盟监管下的自由城市。在1933年之后，这些条约更多地被德国国家社会主义政府拿来当作修订条约的借口，并成为他们建立一个种族帝国的奠基石。

威尔逊“十四点原则”中的“自决”原则同样对未来的和平至关重要。“自决”被认为是国家的权利，以语言划分的人类族群有权决定他们自己的政府形态。对威尔逊和包括捷克斯洛伐克共和国新任总统托马斯·马萨里克（Tomàš G. Masaryk）在内的中东欧自由民族主义者而言，“自决”可以为新共和国奠定议会民主的基础，同时促进道德和文化的复兴。但是，该地区语言、历史、宗教和文化的高度混杂，使得威尔逊的这一提议实现起来困难重重。少数民族不受保护，民族矛盾激烈，都危害了个人的民主自由。

奥地利和匈牙利同样遭受了领土损失，随后也与德国一道强烈呼吁对和平条约进行修订。但正如英国参会代表哈罗德·尼克尔森（Harold Nicolson）所言，奥匈两国的人民和土地只是这场博弈中的爪牙，甚至仅是奴隶。人口稠密的多数族裔获得胜利，而少数族裔却丧失了以往帝国提供的保护，处在风雨飘摇中。德意志民族并非是德国土地上的居民，例如新加入捷克斯洛伐克的苏台德地区人民，但他们也开始以“民族自决”的名义要求加入德国。而在欧洲安全方面，各国边界的重新整合使德国获得了地缘战略优势：德国东部边境曾经面临着许多强大的帝国，而现在它们早已分裂成动荡不安的民族国家。

战胜国并不一定是巴黎和会的“赢家”，同样，战败国也并非都是和会上的“输者”。正如尼克尔森所言，领土解决方案仅仅依照大国间的协调和妥协达成，因此同为战胜国的意大利和日本都认为自己受到了不公的待遇。1915 年伦敦秘密条约曾将达尔马提亚海岸许诺与意大利，但最后这一海岸被南斯拉夫收入囊中，这个消息让意大利首相维托里奥·埃曼努尔·奥兰多（Vittorio Emanuele

Orlando）愤怒地走出了巴黎和会现场。在意大利国内，这一消息也激怒了成千上万仍然陶醉在战时爱国主义热情中的年轻人，让民众更加确信意大利中间派政党无法实现自己的要求。在1922年，这种氛围帮助贝尼托·墨索里尼（Benito Mussolini）逐渐掌握权力。他是一个冷酷的政客，大胆的民族主义者，利用意大利的大萧条和政治动荡获得了选举资本和金融资本。他的座右铭是“敢于尝试一切”，其法西斯政府也成为首个在和平时期尝试重塑社会和政治，以实现战争的组织化需求的政府。随后，亚洲和欧洲的民族主义运动和独裁主义运动也开始模仿墨索里尼的做法。日本对领土条款也表示不满，但其未能成功获得列强对国际联盟盟约种族平等条款的支持，使得日本对和会安排存有深深的不公平感和愤怒。

尽管巴黎和会的代表们认为国联仅仅是临时安排，而且德国和苏联也并非创始国（德国于1926年加入国联，苏联于1934年加入），但其实很多困难本来确实能够通过国联的制度得到解决。很大程度上，世界上第一个政府间组织并没能开辟出新的外交道路，反而重蹈了1914年之前的覆辙。从这层意义上说，尼克尔森一句著名的言论反映了一定的事实：我们初来时，对即将建立的新秩序满怀信心；我们离开时却已觉悟，新秩序不过比旧秩序更加纠缠不清。国际联盟实际上只是致力于加强成员国权威的国家联盟，而非挑战列强的权力。国家主权的首要性被写进了国联盟约中，也嵌入了组织架构和制度实践里。国联呈现出以民族国家为单位的世界图景。国联成员的权利的确严格按照这一原则进行规定，其行动的前提条件是全体成员的一致同意，或至少在强国之间统一意见。随着时间的推移，国联成功地推进了许多前沿领域的发展，例如卫生、金融和经济，而且也确实为一些小国参与对其重要的议题讨论提供了平台，尤其对于那些以国际主义为主要民族认同的国家来说，例如爱尔兰和挪威。但是种族问题仍然影响着国联以及世界各国，而且，亚非国家的成员身份也不过是装饰门面罢了。

国际联盟是当时既定国际权力格局的真实写照——当美国放弃了国联之后，英国和法国便成为了该国际组织的领导者。而美国背弃了对法国安全的承诺，使得法国在20世纪20年代坚称巴黎和会的结果决定了世界格局的现状，这让国际机制的前景雪上加霜。英国的政策也未能“安抚”法国，因为美国的行动为英国提供了跳出欧洲、重新确立本国安全为第一位的机会。尽管英国仍然承诺为法国提供边境安全保障，但是英国担心自己被卷入到了法国的外交政策中难以脱身，也不愿陷入法国与波兰、捷克斯洛伐克、罗马尼亚和南斯拉夫的所谓“小协约国”泥潭里。法国苦心孤诣，希望拉拢任何可能赢取的力量来遏制德国对其东部边境的觊觎。但事与愿违，法国以互相担保为目标的自助行为，破坏了国联的机制，恰恰导致了4000万法国人和6500万德国人之间深层矛盾的升级。

寻求安全

在本已棘手的状况下，全球又出现三股潮流，它们主宰了国际安全格局，并铺垫了走向战争的道路。第一股潮流可以回溯到1648年三十年战争结束时的《威斯特伐利亚和约》。这一条约强调，民族国家的出现是国际和平和安全的保障。而这恰恰深刻影响了国际联盟的创立，也反映在各国政策中——为保证国家安全，允许国家对其人民行使更为广泛的权力。法国总理乔治·克列孟梭（George Clemeceau）被誉为“胜利之父”，他乐此不疲地对外宣称，边境安全保障能够带来国家安稳。许多其他国家的发言人也表达了同样的观点，强调本国只要拥有了足够的武器和训练有素的战士，就能够守卫国土安全。而希特勒挑战的恰恰也就是这些“国界政治家”（Grenzpolitiker）的思维。希特勒称自己是一位“空间政治家”（Raumpolitiker），要以德国纳粹主义的需求来重塑整个世界。

边境保护的强度不仅从技术层面得到了提升，而且政府也从行政层面上巩固了国境。尽管世界各国从 1914 年之前就已经开始引入移民管制的政策，但在一战当中及战后，这些国家才开始广泛实施新的政策，监视和控制个人的自由移动。这些监控行动伴随着护照、身份证和身份文件等制度的引进而变得更加便利，使得各国对公民的监视力度更大了。被划为“不良分子”和“外来者”的人被迫戴上标明“身份”的徽章，这不免让人想起以往对奴隶进行烙印和文身的行为。

此外，各国开始痴迷于“人口堤防”。在国防层面，这反映出政府对一战西线亲历的僵持总体战的惧怕。在这种恐惧的驱使下，倡导发展新型装甲兵、航空兵、精良的职业军队的先驱者们逐步形成了更完善的机动战争的思维方式。将民众按照数量和“素质”进行衡量的观点，与 19 世纪末就已兴起的安全观遥相呼应。第二大趋势则是，安全不再单纯意味着保护人身和财产不受战争威胁，那只是政治学家们所谓的“硬安全”，而现在的安全需要从种族和生物学的层面上重新定义，即关乎身心的完好无损。

不仅欧洲和日本的政府开始积极鼓励生育，以确保拥有足够的人口用于防务，基因科学也为政府的这一计划提供了有力的生物学依据。查尔斯·达尔文的《物种起源》是演化学说的奠基性著作，人们简单粗暴地将其学说曲解为“优胜劣汰，弱肉强食”，这一假说在当时的社会造成了深刻的影响。一些群体和少数族群本已长期被视为低人一等，而如今出现的这种“社会达尔文主义”，更为持这种观点的人提供了伪科学的依据。这就是族群民族主义（ethno-nationalism），它为划分外族和我族提供了标准，也为本国的种族主义和面向“低劣人群”的人种改造政策创造了合法性。

这些观点也加强了国际等级的概念。例如，德国人将自己的民族列于英国人和法国人之上，正如英国人认为自己优于德国人和法国人一样，诸如此类。尽管各国的观点不尽相同，但北欧人（包括那些在美国的北欧人）普遍认为自己高于地中海人种。在亚洲，虽然中国和日本有着相似的等级制度，但和欧洲人与北美人一样，他们也认为自己在种族和文化上高于非洲人，高于所有黑人。民族主义的观念对种族主义、独裁主义和法西斯主义等政治运动带来了深刻的影响。这些政治团体否认国际联盟的合法性，它们认为国际关系是在无政府状态下的生存竞赛，民族国家只能诉诸权力政治和军事力量来自卫。

安全的第三个主要特征是强调经济发展。正如政府高度关注边防和人口那样，经济安全也包含了多方面的内容。早在 1899 年，一位名叫伊万·布洛赫（Ivan Bloch）的波兰银行家和铁路投资者转行为战略分析家，他预测，战争的未来不是战斗（fighting），而是饥荒（famine），是国家破产，以及整个社会组织的分崩离析。第一次世界大战证实了他的预言和分析，不仅从英国海军封锁德国的效果可以看出，而且事实证明，充足、可靠又实惠的食物供给，将对军事和政治后果产生关键性影响。在 1917 年布尔什维克的革命性呐喊——“要和平、要面包、要土地”中，他的预言成为现实。

随着营养科学的发展，“饥饿”有了新的定义，粮食安全也在战时显得尤其重要，包括可以从中获得粮食的土地和海洋。正如当时的营养学所强调的，健康的体魄对于国防而言至关重要。士兵们在饮食上越发重视营养，而且，正如英国外交大臣安东尼·艾登（Anthony Eden）在 1938 年 11 月所指出的，国家的团结和最穷苦人民的生活水平，也是两个不可分割的问题：如果政府想要动员全民投入到战争之中，我们需要为人民的住房和饮食提供足够的保障，而不仅仅是将国家资源投入到军备发展中。

社会的进步，包括维生素的发现和矿物质日益得到重视，拓宽了“饥饿”一词的含义，使它不再简单地意味着食物在数量上的不足，还包括“营养不良”的意思。我们甚至可以说，“饥饿”已经被彻底“再定义”，因为它上升到了饮食质量和健康的层面，已不再仅仅是一种生物现象，而且被囊括进了生物医学和社会科学的范畴。国际联盟卫生组织为营养健康设立了国际标准，而英国营养师约翰·博伊德·奥尔（John Boyd Orr）在当中起了领导作用，他来自格拉斯哥大学，是一位孜孜不倦、经验丰富的专家。对英帝国安全的担忧贯穿博伊德工作的始终，这也促使他在 1938 年向英国外交部报告他的“发现”——德国青年在体型上与营养不良的苏格兰无业或低薪工人有很大的区别。包括博伊德在内的许多专家都被纳粹党人收买，参与到了他们所谓的“雅利安人是优等民族”的宣传中去。实际上，德国工人能吃到的粮食比英国工人少，而且在国家社会主义的主张之下，食物需按照性别、职业甚至是种族进行定额配给。法西斯主义、民族主义和独裁主义政党与政府都希望提高百姓的生活质量，但同时也清楚地认识到资源的有限。而为了提高“选民”生活的质量，他们争抢资源甚至为此不惜发动战争，将敌人视为低等民族。粮食是战争的武器，这一观点在国内外先后得到验证。

食物以及获取食物的领土，与战争起源直接相关。在20世纪20年代，中欧和多瑙河流域国家遭遇的困境，正是农业生产、营养卫生、经济稳定和国际安全相互关联的典型案例。罗马尼亚、南斯拉夫、保加利亚、奥地利和捷克斯洛伐克的命运备受关注（它们的困境与其说是由自身农业因素所导致，不如说是因为受到周边国家危及与连累）。这形成了一个农村资本不足、生产不足、就业不足、营养不良和众人受苦的持续的恶性循环。根据国联的估计，这导致在一年的时间里，东欧有大约1500万农民未能生产足够的粮食来制作果腹的面包。上述这些国家与现代化、工业化的北美粮食大国无法同日而语，就连1927年后苏联农业集体化条件下的小麦出口量，也远远超过它们的全部土地产出。确实，世界粮食供需链上的失衡，导致了价格下跌、关税上涨的农业危机，这对欧洲和亚洲的小农户带了尤其严重的影响。

在20世纪的前二十年中，人们在农业生产上取得了可贵的进步，而随后这种进步却停止了，甚至出现了倒退。这无疑有利于独裁政府上台。在欧洲，农业危机客观上创造了有利于右翼政党上台的政治环境。和匈牙利农民党（Hungarian Peasants Party）一样，很多右翼党派执政后，都致力于实现“被忽视的”农民的需求，实行复仇式的外交政策来对抗巴黎和约带来的不平等局面。

除捷克斯洛伐克这一“高贵的例外”之外，中东欧各国政治都经历了独裁主义转向，使其与民主欧洲国家和美国渐行渐远，隔阂和猜忌也日益加深。如果说大国的态度已开始变得冷漠，那么其中最突出的就是法国立场的改变：对它而言，小协约国联盟从保障变成了累赘。这些国家要借助富国的帮助才能获取国际资本和市场，只是人们对这一事实的认识还相对局限。尽管国联尽其所能，在国际市场上筹集资金，并声援这些国家应在国际贸易中拥有优先地位，但国联的力量毕竟是有限的。在当时，富国并未意识到可以通过帮助相对弱的国家来增强本国的安全，尤其在比较困难的时期。

从一定程度上说，当时的大国没有多大兴趣帮助其他国家提高金融和经济实力，因为政党的命运和政权的合法性比以往任何时候都更紧密地与经济和就业因素联系在一起。政府努力实现人民的需求和期望。在一战期间，国家政府前所未有地介入到了经济运行中。但战争结束后，金融家和工商业者都建议政府应当停止干预，让市场的力量来治愈战后凋敗的经济。但放任市场的弊端也显露无余，由于战争的刺激和战后重建缺乏国外援助，通货膨胀的速度也极快，这对经济带来了毁灭性的打击。于是，金融、政治和社会压力纠结聚集到无以复加的地步，带来了严重的恶性通货膨胀，摧毁了一战同盟国的战后共和制政府，尤其是奥地利、匈牙利、德国和波兰。奥地利早在 1921 年 10 月就陷入了恶性通胀的泥沼中，它的月度通胀率为 46%，失业率超过 33%；1923 年，匈牙利的通胀率以每月 33% 的增幅攀升；同年，魏玛共和国在最严重的时候每两天物价就能翻一番。即使在经济相对稳定的英国，它在 1920 年的通胀率也高达 15.4%。通货膨胀对各国有着深远的影响。政府开始将稳定货币当作第一要务，致力于恢复金本位制。人们广泛认为，金本位作为一种固定的汇率机制，能够振兴经济，像它在19世纪时期那样推动经济繁荣期的到来。在1924年到1929年间，45个国家加入了金本位制（大部分英帝国属国和英联邦国家在1926年加入）。

金本位制将各国经济体更加紧密地联系在了一起。因此，国际借贷在1924年后也迅速增长，为全球经济的复苏提供了关键的助力。但是，经济稳定增长的局面是短暂的。尽管威尔逊“十四点原则”和国联盟约都表达了对国际自由贸易的极度推崇，但战时高筑的关税和配额制度仍在推行。在1920年之后，尤其在全球农业危机的影响下，贸易保护主义开始盛行。到1927年，关税和配额已经造成了严重的影响，各国甚至成立了一个世界经济会议（World Economic Conference）来处理相关的问题。也就是在这一背景之下，法国总理阿里斯蒂德·白里安（Aristide Briand）在1929年9月3日的国联大会提出了著名的“欧洲合众国”计划，呼吁欧洲国家在政治上保持团结，共同对抗当时的经济困境。但就在白里安计划公布之后的几天时间里，道琼斯工业平均指数就达到了前所未有的峰值；一个月后白里安离任，华尔街上的美国证券交易所也破产了。这两个事件共同向世人宣告了20世纪20年代脆弱的外交稳定和经济发展局面的终结。

华尔街的崩盘既预示也反映了不断增大的经济和金融压力。早在1928年，贸易通道就已经被堵塞，金融压力急剧堆积。英美两国在亚洲和欧洲的投资显著下降，德国则首当其冲。与此同时，金本位制带来的通货紧缩对货币估价过高的国家造成了尤为突出的压力（尤其是德国马克，意大利里拉和英镑）。在1929年以后，人们对美国市场已经丧失信心，这更加剧了国债危机。当美国陷入20世纪最大的经济危机中，随即上台的总统富兰克林·德拉诺·罗斯福（Franklin Delano Roosevelt）开始实施新政以对抗经济萧条。但这时候，欧洲和亚洲突然驶向了另一个新的方向。

当时，观察家们相信，这种经济和金融危机为早期的独裁主义、法西斯主义和共产主义运动提供了夺权的机会。在1931年，银行危机横扫奥地利和德国，同时，英镑放弃了金本位制。其他货币也紧随其后，包括各个自治领和英帝国，以及与英国经济关系密切的其他国家和地区，例如为“英式早餐”提供主要原料的丹麦。中欧国家，包括德国在内，却开始推行严格的汇率管控制度。这在日后将对战争经济极为有利，因为在汇率管控之下人们难以携资逃离。但要说跌落最惨重的，当属日本。在20世纪20年代，日本为加入金本位制倾举国之力，最终加入时却赶上了最糟的时间点——1930年1月。到1931年12月，国际金融危机已经对日本经济造成了巨大的压力，使得当时的大藏大臣高桥是清不得不放弃了金本位制。

在日本国内，放弃金本位制，象征着自由主义与民族主义和帝国主义之间的意识形态之战更趋白热化，且后者越来越占据上风。（包括高桥是清在内的许多中立派和左翼政治家都被谋杀，这被称为“暗杀政治”。）在日本退出金本位制的前三个月，即1931年9月，日本入侵中国东北，揭示了日本极度的不安全感，同时也宣示其帝国模式的开端，加剧了其与美英法关系的紧张。日本随后建立了伪满洲国作为傀儡政权，并制定计划扩大占领地区的粮食和原料生产，以满足日本国内的需求。在1934年的“天羽声明”中，中国和东亚都已经被日本划入其利益范围，昭示了日本先征服中国，再征服整个太平洋的野心。

战火蔓延

西方大国对日本的侵略行为袖手旁观。国际联盟的一个成员国入侵了另一个成员国，却仍能逍遥法外，这恰恰揭示了国联的无能，以及英美国家在国联之外有效组织应对措施的失败。但是，这也证明当前出现了一个对和平更为巨大的挑战，那便是帝国主义重新抬头。20 世纪 30 年代的国际关系充斥着分裂，即自然禀赋优越的国家（the “have” powers）和缺乏自然资源的国家（the “have-not” power）之间的分裂和斗争。禀赋较好的国家拥有足够的资源来维护本国安全，例如英国、法国和美国（以“门罗宣言”宣示中南美洲为美国后院）；而禀赋较差的国家则如日本、意大利和德国。1931 年，英国政府开始对本土生产者进行贸易保护，1932 年它则推行了具有歧视性的普遍关税法（General Tariff Act），这种做法恰好给予了缺乏天然资源国家以有力的论据。英国还整合了新的货币区域——英镑集团，英国首相内维尔·张伯伦（Neville Chamberlain）称此为英帝国复兴的计划。

在 1935 年 10 月，意大利入侵了埃塞俄比亚，可谓是对 1896 年阿杜瓦战役失败并承担赔款的一次复仇。墨索里尼称，“对于其他人而言地中海可能只是一个通道，但对于我们意大利人来说这代表了一种生活方式”。战争出现了 20 世纪才有的特征，例如墨索里尼称意大利的军队参加的是反奴隶制的圣战，又如现代武器的使用。许多无辜平民受到了空袭和化学武器的威胁。据埃塞俄比亚历史学家估计，该国约有 30 万到 73 万男女老少死于战火或意大利的镇压。墨索里尼征服地中海的脚步并没有停止。虽然有各国对其侵略的口头谴责，意大利王室、军队和法西斯党内部也对此表示不满，墨索里尼仍满怀热情地支持了 1936 年 7 月弗朗西斯科·佛朗哥（Fransisco Franco）将军对西班牙人民阵线政府的军事叛乱。墨索里尼政权对佛朗哥的支持已经超出了其所能承受的力度，这与希特勒政权的做法不尽相同——希特勒对佛朗哥施以援手，只是为了测试和提高其自身的空中作战能力。

意大利挑起的战火使其政权越发地不安全，这促使墨索里尼寻求新的政权巩固方式。法西斯“大师”开始变得像“小学生”一样手足无措，墨索里尼及其人民的命运被国家社会主义的原则和目标捆绑住了。

1936 年 11 月轴心国签署同盟协定，以及随后即 1937 年 12 月的《反共产国际条约》（Anti-Comintern Pact）（日本也是成员之一）和 1939 年 5 月的《钢铁条约》。法西斯政权声称，意大利人与德国人一样，都是雅利安裔的优等民族，由是，意大利也实行了严格的反犹太法。但是，德意之间的贫富差距变得日益明显，意大利开始向德国派送大量的农民和工人，1938 年共 37095 人，1939 年则达到了 46411 人，到 1941 年为止这个数字以每年翻一番的速度上升。墨索里尼曾经豪言称道：宁如狮子活一天，不学羊羔活百年。1939 年 9 月战争爆发后，他开始闪烁其词，直到 1940 年 6 月希特勒在欧洲稳操胜券，墨索里尼才不再支吾搪塞，他相信意大利不需再付出任何经济、军事抑或政治资源。

轴心国协约和反共产国际联盟推动世界上最野心勃勃的军国主义国家展开全面的合作，尽管在 20 世纪 30 年代这还只是不那么牢固的共识而已。但如今，轴心国已经重塑了世界政治的星云布局，它们站在了民主阵营的对立面，即英国、法国及其同盟，还有美国。1936年国际风云急剧变幻。正当西班牙和北非战火纷飞，德国陷入政治和金融危机的泥潭之时，希特勒迈出了大胆但又不失精心盘算的一步——撕毁曾经作为德国加入国联的前提条件、维护了西欧边界稳定的《洛迦诺公约》，将铁蹄踏入莱茵河。对德国工业中心进行再军事化是有风险的，但希特勒早有计划。在此之前，德国随时可能遭受外国入侵。而如今，德国已拥有牢固的经济和军事基础，俨然成为了一个令人生畏的强国。希特勒成功地让世界其他强国将对德外交置于外交议程之首，这也在近10年内影响了英法美对日本、意大利的外交政策。

纳粹领袖公开表达其对巴黎和会安排的不满，称《巴黎和约》为“耻辱条约”（Der Schandvertrag），并借此宣扬其外交政策的合法性和决心。诚然，希特勒对赔偿的诉求得到了许多国家的认同，也获得了国内民众的支持和喝彩。首先，他通过谈判的方式减轻外债，或者干脆拖欠赔款和二十年代借款来稳定国内的债务。随后在1933年12月，德国退出国际裁军谈判，重建军事基础。1935年3月，希特勒对外宣称德国已拥有空军，并重新启用征兵制，建立了36个师的和平时期军队，同时在1935年6月签署的《英德海军协定》中，托英国的福扩充了海军军备。

在对莱茵河区再度军事化之后，德国开始觊觎边境以外的地区。希特勒首先发起了“德奥合并”（Anschluss），随后提出要将捷克斯洛伐克的苏台德区和波兰的德裔地区并入德国。在这时，德国安全政策深刻的意识形态因素昭然若揭。团结所有德裔人民的想法已经远远跨越了《凡尔赛和约》设定的界限，希特勒还认为德意志帝国的安全受到了来自布尔什维克和犹太民族独裁主义意识形态的威胁。他认为，解决的方法在于扩展本民族的生存空间，开拓资源，为人民获得更多的原材料和粮食。1939 年 2 月，希特勒宣称要发起“全民战争（Volks Krieg）”和种族战争。如果说苏联是德国获取生存空间的终点站，那么在中东欧地区获得领土和属地，将是纳粹行军路上的资源补给站。

但在三十年代大部分时间里，这个问题的导火索由英法两国点燃——英法试图将中东欧作为遏制国家社会主义威胁的工具。同时，美国远离是非，其他欧洲大国则袖手旁观，而期望插手的苏联则被排除在外。作为一项“经济绥靖政策”，以法国为首的西欧国家大量削减本国与东欧、南欧国家的贸易量，而德国被允许接手这些市场。举例来说，到 1936 年，德国 37% 的小麦进口量、35% 的肉、31% 的猪油、61% 的香烟和超过 62% 的工业用铝土矿都来自东南欧。日复一日，被要求优先给德国市场提供初级原材料的中东欧人民受到了越来越难以忍受的高压控制。例如，在 1934 年 2 月德国和匈牙利也签署了这样的贸易安排协定，而 90% 的匈牙利出口货物用于交换德国工业制成品，并且种类由德国工厂生产的情况决定，匈牙利人仅能用其余的 10% 换取原材料和其他战略物资，整个交易过程分毫不获。这种贸易协定是非常不平等的，但当匈牙利想要推翻协定或者协商一个更公平的交易时，等待他们的只有德国的欺凌和欺骗。

1938 年，希特勒开辟了旨在实现其“大区经济”（Grossraumwirtshaft）的新前线，这不由令人怀疑纳粹外交政策的最终目标和意图。希特勒要求捷克斯洛伐克的 300 万苏台德区德意志人加入“大德意志”，这不仅使其获得了捷克的原材料（铝土矿、石油和小麦）和人口，也延伸了德国的边界。尽管英法国内不少部长官员都认为避免战争的代价太高，且西欧国家的舆论也充满了深切的不安，但在1938年9月的慕尼黑会议上，贝内斯（Beneš）还是被迫将苏台德区交给了德国。这就是英国首相张伯伦臭名昭著的"我们时代的和平"。历史学家也认为这样的举措是非常值得商榷的。张伯伦决心已定，他以牺牲捷克优良装备的军队和规模堪比英国全部军工厂的斯柯达军工厂为代价，避免战争。

政治成本同样很高。苏联依旧被排除在谈判席之外，尽管谈判内容直接关系其国家安全。波兰遭受了和苏联同样的境遇，它占领了捷克斯洛伐克的切申（Cieszyn），试图以此巩固自身安全地位，但事后证明这只是徒劳的尝试。法国当时已经深受国内的政治分裂和经济衰退所困扰，在1934年到1937年间，法国经济遭受了大萧条带来的最严重影响。在这样的背景下，它不得不放弃了自己的盟国捷克斯洛伐克。法国总理爱德华·达拉第深感羞愧，他宣称："不，我并不感到骄傲。捷克是我们的盟国，我们对他们是有义务的。"在一个月之内，他提出了"固本政策"（policy of fermeté），并下令加大对重整军备的投入，从1937年的290亿法郎上升到了930亿法郎。同样，《慕尼黑协定》让美国当局决定不再对希特勒做进一步的退让。在这样的背景下，罗斯福总统尽其所能，鼓励英国压住希特勒的气势，尽管罗斯福自己面临着国内坚定的孤立主义舆论和日渐临近的总统大选。当然，此时美国对欧洲事务的参与还是非常有限的。

《慕尼黑协定》使得英法两国的舆论坚定地倒向了反对向希特勒

做任何退让的一边。相比于国内，张伯伦在慕尼黑的所作所为在德国受到了更为广泛的称赞。1938 年 11 月“水晶之夜”事件爆发，德国犹太人遭到了残忍的迫害，而德国重新武装的速度也继续加快。这使得舆论开始抨击英国的行为是背叛盟友的懦弱之举。随后在 1939 年 3 月，希特勒入侵了当时仍属于捷克斯洛伐克的领土，还向波兰提出了要求正式割让在 1933 年 5 月就已被纳粹控制的但泽以及建设一条横贯波兰走廊和东普鲁士的交通干线的要求。

希特勒对东欧领土的觊觎和野心有增无减，那么英国为何纵容了它如此长的时间？诚然，掌握大权的首相先生避免战争的决心在当中起到了关键的作用。而且，他用来包装自己论据的理由也一度说服了人们。因为在一战之后，无论国内国外的舆论都反对将战争作为国家政策，这也是 1928 年《非战公约》（*Kellogg-Briand Pact*）所体现的精神。人们担心一场新的战争又将降临在无辜者身上，这种担心被埃塞俄比亚、西班牙和中国无数平民遭受战火迫害的景象进一步放大。在 1937 年 7 月，为了寻求所谓的“安全”，日本入侵了中国，但它为了避免违背美国的中立立法而没有正式宣战，这保证了它能继续向美国购买战争物资。

如今，伪满洲国的领土已成为日本入侵中国的工业生产基地，尽管到 1941 年之前日本帝国还严重依赖于美国的战略物资供应和技术。日本的扩张行为引起了它与苏联之间的边界冲突，日本以“自给自足的安全”为目标挑起战火，恰好展示了战争在未来将如何联结世界又分裂世界。在 1937 年 6 月，苏联和日本派出炮艇争夺黑龙江的控制权。1938 年他们的军队在中国、朝鲜和苏联之间的边界上争夺战略制高点。1939 年夏天，格奥尔基·朱可夫（Georgii

Zhukov）元帅包围并歼灭了将近 7.5 万人的日本军队，树立了英勇军队指挥的形象。

日本的侵略行为也助长了英国的绥靖政策，而这种姑息纵容在当时被理解为仲裁和协商中的一部分，从那时起这也被视为懦弱的外交，甚至是一种投降的举措。英国以保护帝国的安全为首要目的。而讽刺的是，英国的世界强国地位是具有严重依赖性的。英国的军事力量布局在全球各地，这使其精力分散甚至有时疲惫不堪，只要能保持其与帝国属地（尤其是印度）的贸易链条稳固安全，英国便对激进的扩张主义默许不言。诚然，帝国的整顿维护消耗了大量的资源，印度处在政治动荡之中，而英国在巴勒斯坦的统治也岌岌可危。同时，白人自治领（White Dominions，即澳大利亚、加拿大、新西兰和南非）在英国外交政策形成过程中开始发挥着日益重要的影响。最终，到 1939 年，国家社会主义的威胁已经蔓延到全球，德意志占领了中欧所有地区，而它的盟国意大利和日本也威胁着英国在地中海和远东地区的利益。同时，英国国内外对英政府的绥靖政策发出了强烈的不满之声，这才使得张伯伦无论情愿与否，都只能下定决心加入战斗。

通往战争的道路上有许多路标，而战争开始后也出现了许多重要的标志性事件。轴心国与欧洲民主国家对抗的升级体现在德国在 3 月 14–15 日对布拉格的入侵，墨索里尼在 3 月 26 日威胁对法宣战，随后英国承诺确保波兰的安全，在墨索里尼入侵阿尔巴尼亚后，英国又对希腊和罗马尼亚许诺安全保证。这些事件划分了武装冲突的界限。战争一触即发，但令人意想不到的事情总在发生，尤其是 1939 年 8 月签署的《苏德互不侵犯条约》。就连刚被任命为苏联国内安全总负责人的中央政治局资深成员拉夫连季·贝利亚（Lavrenti Beria）也没有发出任何预示。在20世纪30年代近10年的时间里，苏联一直号称为全球反法西斯联盟的领路人，尤其在西班牙内战中它极力反对意大利和德国。但是，苏联对西方国家充满猜忌，西方国家间的战争使其急于巩固国防，加之斯大林对领土扩张的野心（《苏德互不侵犯条约》附带秘密协定，默认斯大林“自由处置”芬兰、爱沙尼亚、拉脱维亚、波兰东部和罗马尼亚），使得苏联与德国达成了这项任何人都始料未及的协议。

其实，《苏德互不侵犯条约》不应该成为震惊西方的一个事件。直到1939年8月，英法从来没有向苏联提出任何联盟的提议，这种关系也没有给斯大林任何利益和收获。如今，波兰发现自己前后强敌环伺，而希特勒正在等待英法抛弃波兰的一刻，正如此前它们抛弃其他欧洲国家一样。但这时，法国坚守不弃，英国在8月25日与波兰签署了正式的军事互助协议。希特勒在此前一天便已经策划好了向东进攻的计划，而波兰也无疑对这样的互助和盟约能否保证自己的国防安全感到忧虑。德国对但泽市的炮击始于9月1日凌晨4点45分。当晚，罗斯福总统在他日常的“炉边谈话”中对深感焦虑的美国民众说道：“我无法让你们每一位都保持思想上的中立……即便是一位中立者，他也无法逃避自己的良心。”但是美国没有立刻放弃其中立的外交政策。英国和法国陷入了遍布欧洲、地中海和远东地区的战火，其他欧洲国家也尽其所能维护国防安全。西方国家在1939年9月3日周日上午11点正式宣战。持续20年之久的全球安全危机终于转为空前规模的世界大战。

斯蒂芬・休・李
Stephen Hugh Lee

The Japanese Empire
at War, 1931-1945

第二章

战争中的日本帝国
1931-1945 年

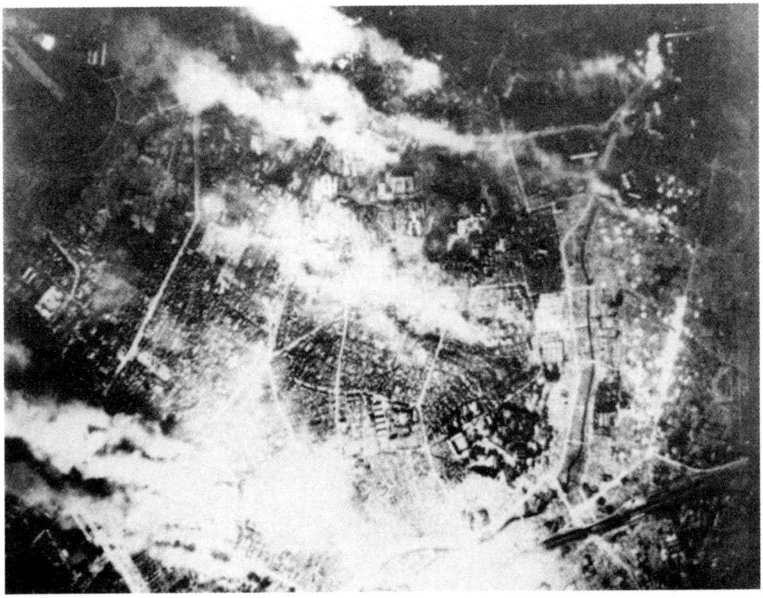

1945 年 3 月 9 日 - 10 日，美国对东京进行的燃烧弹轰炸被称为“礼拜堂行动（Meetinghouse Operation）”，是二战期间世界范围内造成死亡最为严重的非核空袭行动。这次袭击为美国对日本各个城市的大规模全面轰炸行动拉开了序幕，也使得日本开始处决在之后的空袭中被俘的美国飞行员。

1931 年之后的十年间，日本在亚洲发动了一系列堪比 13 世纪蒙古帝国的军事征服行动。1931 年秋天，关东军将帝国扩张到中国东北，拉开了战争的序幕；1937 年夏天之后，中国政府发起抵抗后，战火蔓延至长城以南。1939 年，纳粹入侵波兰，欧洲战争爆发，将毁灭性的冲突从亚洲区域扩展到全球范围，而此时美国尚未参战。到 1940 年三国条约（译者注：即《德意日三国同盟协定》）签署时，推翻风雨飘摇的自由资本主义国际体系业已成为德日两国官员的共同目标。他们希望以一种既反对共产主义也反对自由主义的军国主义世界秩序取代旧的国际体系，此种世界秩序的两大特征，其一是贪得无厌的殖民扩张，其二是对受压迫人民的大规模暴力。轴心国的残暴政策为世界人民带来了巨大的苦难，使世界陷于动荡混乱之中。最终，在同盟国家特别是苏联和中国的抗争之下，德日两国政府的鲁莽政策将这两个帝国导向了毁灭。尽管暴力冲突席卷了世界各地，但在欧亚大陆上，中国和东欧遭受的破坏最为严重。最近的评估表明，战争在世界上人口最多的国家造成了巨大影响，多达 2000 万中国人死亡，近 1 亿成为难民，这些数字可以与德国入侵苏联造成的影响相比，甚至超过后者。第二次中日战争（译者注：即抗日战争）开始于 1931 年，结束于 1945 年，比苏德战争持续时间更久；1937 年 7 月到 1945 年 8 月为期 8 年的战争尤其残酷。尽管战争在中国比在亚洲其他地区的时间更长，但冲突对整个大陆上的人民都造成了深刻影响。与欧洲相比，战争可能更彻底地毁灭了亚洲的旧政治秩序。实际上，在颠覆亚洲各国的战前政治体系方面，第二次世界大战起到了主要的作用（蒙古、泰国、马来亚和香港除外，尽管后三个国家和地区也受到日本侵略东南亚的深刻影响）。战争使一代政治家掌握了权力，而在大多数问题上，这些人的观点和政策都与之前这一地区的帝国或统治者截然相反。后者曾主宰着人口总和占世界一半的亚洲殖民地和国家的命运。与 1945 年之后欧洲大部分地区的情况不同，二战在亚洲引发了进一步的冲突：革命者和民族主义者彼此争斗，向意图卷土重来的殖民势力发起挑战，新成立的国家填补了帝国体系收缩留下的空隙。因而，以第二次世界大战为契机，亚洲地区的一长串战事相继登场，其中一些直到今天还没有解决，而这些战事的结局，在很大程度上塑造了我们当前 21 世纪的世界局势。

日本帝国和第二次世界大战在亚洲的根源，1877–1931 年

两次世界大战之间的联系是有关第二次世界大战起源的史学研究的一项重要主题。1914–1918 年的战争，对日本侵华战争和 1940 年日本与德国和意大利的结盟产生的影响是复杂的。一方面，第一次世界大战似乎显示出德国和日本之间的显著区别。在 20 世纪初期的大部分时间当中，日本在外交上与头号自由主义帝国英国紧密合作。英日同盟吸引了日本的政治家，部分原因在于这一同盟体系默

许了明治日本 1877 年之后的外交和军事扩张。扩张使日本得以进入冲绳、琉球群岛、高丽王朝（朝鲜）及福摩萨（台湾）等地区，而这些地区之前或是视清朝为宗主国，或是在清朝的控制之下。1902 年的同盟也为日本设法限制俄国在东北亚的势力提供了安全保证。实际上，要理解 1931 年之后日本侵华战争的根源，1904-1905 年的日俄战争可以说比第一次世界大战更为关键。日俄战争使日本得以占领萨哈林岛南部，并于 1905 年确立了对高丽王朝的保护国地位，同时也攫取了俄国原先在满洲的属地。俄国在旅顺的海军基地旅顺港和附近因条约规定而开放的大连港落入日本之手，旅顺基地和大连市经由同样是日本从俄国手中夺取的、由旅顺港通往北满哈尔滨的南满铁路，联结在一起。而日本获得此项关键战略利益，有利于我们理解第二次世界大战在亚洲的起源。

日英同盟也意味着德国和日本在大战期间相互敌对，日本趁机以武力将德国的亚洲属地吞并到其帝国版图当中。到战争结束时，南太平洋上的马绍尔、加罗林、帕劳和马里亚纳群岛（关岛除外，1898 年美西战争后西班牙将此岛屿移交给美国），以及德国之前在山东的条约港口青岛，已悉数成为日本的新领土。通过 1921-1922 年间华盛顿会议上达成的一系列海军军备限制条约，日本和英美之间的盟友关系在一战之后又维持了超过十年。与在 1919 年丧失了其帝国的德国截然相反，日本在第一次世界大战中扩张了其殖民帝国。从这层意义上说，日本卷入第二次世界大战的根本原因，与其未曾中断的帝国和殖民扩张史紧密相连，这与德国的情况不尽相同。

然而，在政治和军事领域，德意志帝国为明治元老们提供了重要范本。英日同盟缔结时担任日本首相的桂太郎就曾经研究过德国陆军的官僚制度，曾在19世纪70年代末担任过驻柏林的陆军武官，此人在陆军当中有着相当的影响力。第一次世界大战同时也加剧了日本与中国及美国——后者自命为中国在国际体系中的盟友——之间的紧张关系。1921-1922年的华盛顿条约体系在某种程度上掩盖了这些摩擦，但大战留下了怀疑和冲突的阴影，并为日本在20世纪30年代转向进攻性的威权主义政体提供了部分潜在动机。

第一次世界大战中，中国政府也支持了协约国一方的军事行动，其领导人希望收回山东省的主权，利用该省的宝贵经济资源。然而，北京的军阀政府支离破碎，只能控制中国北部。中国的其他地区也由各路军阀统治，他们彼此争夺权力和资源，使中国无法维持一个有效的全国性政府。1915年，日本利用了中国的这一弱点，将臭名昭著的“二十一条”放在了大总统袁世凯的面前。这一方案所包含的日本对华殖民祸心可谓阴险之至，袁世凯对其表示了拒绝。《凡尔赛和约》确认了日本在亚洲的新占领土，此后，中国爆发了反对日本的大规模民族主义抗议活动，即“五四运动”。因而，广义来看，第一次世界大战在中华民国所激起的民族主义运动，部分地对第二次世界大战的亚洲战事造成了影响。

第一次世界大战同样激化了日美两国之间在意识形态和物质层面上的矛盾。威尔逊总统的自由主义思想和对民主与民族自决的承诺，激起了力主对外侵略的时任陆军参谋次长田中义一和陆军创始元老山县有朋的激烈反对。然而，一战之后，日美两国仍与欧洲国家一同管控了各国在亚洲的利益冲突。1921年12月，各主要大国在华盛顿谈判并达成了一系列海军军备限制条约，并就各国在亚洲的势力范围达成了默契。包括日本驻美大使币原喜重郎和海军大将加藤友三郎在内，代表日本参加会议的高级外交官和海军高层主张，与欧洲国家和美国进行协调将会确保日本的国际地位。尤其重要的是，他们认为，日本战后的经济增长，既需要保证美国作为日本商品市场的地位，也需要维护来自美国的投资与资金渠道。华盛顿条约体系取代了日英同盟，允许日本在西太平洋保持海军优势，使其他大国无法在中国进一步获取独占性的势力范围。日本同意尊重中国的主权，各国与会代表均同意在中国维持一种事实上的“门户开放”。

然而，只有在中国的政权仍然四分五裂时，《华盛顿条约》才能够成功地维持政治局势的现状。20 世纪 20 年代后半期，蒋介石领导的国民党和国民革命军，以南部省份广东为基地，通过名为“北伐”的一系列军事进攻行动统一了中国的大部分地区，日本领导层逐渐开始抛弃这些默契。尽管国民党内部始终摩擦不断，日本政府，特别是日本军方，仍将这些攻势行动解读为对帝国战略和经济利益的威胁。无论是在满洲还是在东京，陆军意见的核心部分与总体战意识形态相符合，这种意识形态认定，要在未来冲突中获得胜利，日本必须能够确保渠道，以获得本土诸岛所没有的大量资源。受到德国一战战败原因相关研究成果的影响，一群陆军军官开始觊觎中国的东北地区，将这一地区视为推动其总体动员战略的关键动力来源。

随着北伐的节节胜利，中国人长期积累的屈辱不平在民族主义、反帝国主义和排外主义的情绪中找到了突破口。外交妥协遭到来自罢工工人、国民党支持者和共产党等各方面的谴责与攻击。日本军国主义者对此的反应是要求东京政府实施更为激进的政策。1927 年 3 月底，军阀和国民革命军部队袭击并抢劫了南京的国际租界。此后，日本陆军高层军官将对日本人的袭击称为外务大臣币原“软弱”外交失败的证据，以此要求实施军事上更为激进的对华政策。南京“事变”成为日本政府下台的导火索，随后，陆军预备役大将田中义一被任命为首相。田中在第一次世界大战期间曾担任参谋本部次长，是吞并中国东北计划的始作俑者。1928 年春天，田中首相预计国民革命军将要进军山东，于是从第六师团派遣 5000 名日本军人进驻青岛，名义上是为了保护该省的日本公民和属地，同时也发出了日本决心维护其在中国势力范围的信号。这支部队的指挥官单方面命令部队进驻省会济南，国民革命军因而与日军发生了冲突。当地时间 5 月 1 日，日本炮击该城，造成了数百平民伤亡。蒋介石十分担心与日本之间的军事冲突扩大，尽管该地区归他领导的 10 万部队可以从帝国军队手里赢得战术上的胜利，但他无力抵抗日本随之而来的报复。蒋介石不久前刚对其盟友共产党人发起了一场血腥清洗，他认为“攘外必先安内”，于是命令其大部分部队撤出济南。尽管如此，几天后日本还是袭击了剩余的国民党部队。到战事结束为止，日本士兵杀戮了多达 1.1 万名中国军人和平民，预示了即将到来的大规模暴力。

日本入侵“满洲”：十五年战争的发端

国民党和日本军队在济南的冲突显示出，陆军军官倾向于背离政府政策，自作主张进行军事行动。陆军的这一倾向反映了日本 1889 年宪法的一个缺陷。该宪法第十一条规定，天皇是日本军队的最高统帅，军队以此绕过首相和内阁的管辖。20 世纪 20 至 30 年代，陆军军官开始以天皇的宪法权威来掩盖其军国主义冒险。单边军事行动动摇了政府，推动了军人在内阁中的崛起，制约后者的主要是陆海两军内部的派系分立。然而，最终，像田中义一在 1928 年所做的那样，日本政府也批准了那些自行其是的军官们所采取的行动。1931 年夏末秋初，日本关东军的一些军官实施了一项密谋，目的是将日本在中国东北的势力范围扩展到整个满洲。从这时开始，日本政府便做出一系列关键决策，以支持军队在当地的行动。日本军人在沈阳（奉天）当地军阀兵营附近的铁路上秘密安放了一枚炸弹，指责中国土匪发动袭击，并攻击了军阀的部队。到 1932 年初，关东军的行动范围几乎已经扩大到“满洲”全境，建立伪“满洲国”，由清朝的末代皇帝溥仪担任名义上的元首。20 世纪 30 至 40 年代，苏联、欧洲的右翼和法西斯政府以及中国的其他傀儡政权承认了满洲国。日本的侵略带来了国际危机，也导致其于 1933 年 3 月退出国联，六个月之后，德国也退出了该组织。入侵“满洲”代表了日本与英美主导的自由世界秩序分道扬镳的第一个重要步骤，尽管此时形势还并非不可逆转。

1931 年的冲突本质上是一场日本军队旨在吞并中国东北的殖民战争，其作战对象主要是中国军阀武装和抗日游击队。日本的公众舆论强烈支持“满洲”的战争。大众媒体传播着路易斯·杨（Louise Young）所指的“战争狂热”，为帝国在 30 年代后期的进一步扩张铺平了道路。报业公司使用了新闻短片这一新兴技术来宣传日本军队在“满洲”的胜利。这些电影短片颇受欢迎，不仅在拥挤的电影院播放，也在全国各地的公园、百货商场和学校中播放。无线电广播中出现了几十场来自靖国神社（祭祀日本阵亡者的神道教场所）的现场直播节目。杂志、书籍、明信片、巡回展览、戏剧、公开演讲、音乐和歌曲都在讴歌逝去的战争英雄，也制造新的战争英雄，死亡与献身之间的联系在这一过程中往往被大肆渲染。《奉天第一步：旭日照耀下的南满洲》《啊，仓元少佐与血染的军旗》以及《大和魂》等电影，《国民们站起来》《行军进发之歌》《爆击机》等沙文主义歌曲在广播、俱乐部和公共场所播放。根据一位日本作家所述，作为中日甲午战争和日俄战争的结果，日本“在满洲平原上埋葬了十万英灵，以国运为赌注换取了我们现在享有的权利和利益”。“胜利果实”是由“日本民族无价的汗水和鲜血赢得的”。到20世纪30年代中期，日本的一些社会团体已将满洲视为日本大规模进行殖民安置的目标，以便解决贫困及国内乡村动荡等长期问题。在这些团体的鼓动下，日本政府加速了向满洲转移日本国民的群众运动，并拟定了将20%左右的农民（约100万人口）安置在中国东北的计划。尽管侵华战争使这一计划最终未能顺利实施，但到1945年，该地区的日本移民数量已多达30万人左右。

“满洲”冲突爆发之初，日本一方节节胜利，相对较为轻松；但到1932年，已经有多达30万游击队和志愿军参与到抗击入侵者的斗争中来。抵抗运动的成员包括军阀残部、农民、秘密会党的支持者，以及中国共产党党员。包括朝鲜的未来领导人金日成在内，许多朝鲜籍中共党员参加了满洲的游击战。在长城以南地区，中国商人、学生以及类似于上海“抗日救国会”的诸多社会团体也组织了上街游行、抵制日货等抗日行动，其中，抵制日货行动颇有成效。

日本陆军军人在中国实施了一系列暗中行动，旨在捏造日本人受到中国人侵害的受害者形象，利用这一点来打击中国的抗日积极分子。1932 年 1 月下旬，一起精心设计的“事故”刺激了上海的平民采取暴力行动，日本向蒋介石发出了最后通牒；尽管蒋介石努力压制冲突，但日本军队还是在国际租界北部与中国军人交火。战斗迅速升级为一场大规模军事冲突，约 7 万名日本军人与 6 万名中国军人交战。这场为期六周的冲突通常被轻描淡写地称为“上海事变”，其间却发生了空袭平民的事件，也造成了 23 万难民从该城逃亡。据估算，中日两国伤亡分别为 1.1 万人和 9000 人。中国国内日益增长的反日情绪迫使犹豫不决的蒋介石派兵增援，但中国领导层希望事件以外交手段解决，日本政府内部的权威人物也有类似愿望，后者担心冲突会对日本的股市及在美国发行的日本债券造成不利影响。日本政府的关键人物此时尚未放弃努力，正在设法寻找一条路径，让西方列强适应这个新兴军事帝国的存在。1932 年 3 月，中日两国官员达成停火协议，战斗平息下来。

但是，尽管上海的战斗告一段落，从 1933 年到 1937 年，关东军在日本政府的支持下，将其军事行动范围扩展到内蒙古，甚至长城以南地区的北缘。日本提出种种要求，包括增加其势力范围、在中国领土上维护其主权、撤免中国省长及市长、将中国军队撤出某些省份全境等等，蒋介石一一予以妥协。一些中国士兵回击了日本进犯，同时，蒋介石却在镇压民众的反抗运动，而这些运动正是其政策造成的。他并未抗击日本，却将中国的军事资源耗费在 1930 年至 1934 年间对毛泽东领导的江西苏维埃政权进行的五次“围剿”上。江西根据地被蒋介石击败，到 1935 年，对中国其他地区的苏维埃政权发起的军事攻势成功地削弱了共产主义运动。江西的共产主义者进行了名为“长征”的逃亡，但遭受了毁灭性的损失，由于国民党军队的不断袭击，加上饥饿、寒冷与疾病，长征开始时的10万人只剩下了7000人左右。1935年，疲惫至极的革命者在贫困的陕西省延安地区建立了新的根据地，将几支共产党的部队聚集在一起，建立了一支2万人的小军队。

1935年8月1日，就在毛泽东抵达延安之前不久，苏联支持下的共产国际宣告了一项新的战略，要在各地建立反法西斯统一战线，以对抗希特勒、墨索里尼及其世界盟友造成的威胁。数月后，德国和日本政府签订了《反共产国际协定》。对中共而言，苏联政策的变化要求他们重启1924-1927年间与国民党结成的统一战线。尽管蒋介石实际上仍在继续执行其粉碎共产党的计划，他还是表现出愿意与后者达成妥协的态度，条件是协议将规定共产党的军队归国民党军事委员会指挥。国共两党的代表们达成了合作的初步协定，但对两党间的协商一无所知的东北军阀张学良绑架了蒋介石，试图说服他结束内战，建立抗日救国政府。共产党高层曾在绑架密谋中帮助过张学良，此时却收到斯大林的指示，指示中向毛泽东强调了蒋介石对于新的统一战线的关键作用。得知这一消息，张学良释放了国民党总裁。蒋介石保证，只要张学良在军事上忠诚于他，他一定支持国共合作。

抗日战争

第二次中日战争开始于1931年，而蒋介石做出与日本军国主义正面对抗的决策，可以说是战争的转折点。1937年7月，驻扎在北平城外的日本军队与中国士兵在卢沟桥（即马可·波罗桥）附近发生冲突。现场的指挥官达成了妥协，但蒋介石拒绝批准，并命令向河北调遣四个师。东京的近卫文麿政府要求国民党为其反日行动道歉，从而将冲突升级。近卫相信，与中国的军事冲突可以速战速决，并给国民政府一个教训，于是向中国派遣了三个师团。7 月 28 日，北平爆发了激烈的交火，标志着中国称为“抗日战争”的战事拉开序幕。中华民国总统下令，向上海附近的非军事区派遣 10 万名军人；之后，近卫公开宣布，他决定与“残暴的中国军队”决一胜负。8 月中旬，双方都已卷入到一场全面战争之中。

20 世纪的第二次全球性冲突甚至比第一次世界大战更有资格成为“总体战”，它在世界范围内动员了数以亿计的各国公民和殖民地居民。在战事的中心地带，中国北部和中部以及欧洲东部的人口，成为了日本和德国参战军队所实施的种族屠杀行动的受害者。由于城市代表了权力、财富和文化的中心，它们成为了攻击和破坏的重点目标：日本和德国侵略者恰恰想要在这些方面实现压制、清洗和征服。上海的战事持续了三个月，50 万至 70 万中国士兵对抗的是一支规模更小但装备更好且有海上和空中支援的日本部队。战事一开始，便有大约 60 万人逃离该城的非租界地带，其中一半设法在租界避难，但市政当局和 175 个难民营都无力为他们提供帮助。到 1938 年初，在上海街头死于饥寒或疾病的人数已超过 10 万。中国军队撤离上海，为日本人进军首都南京打开了通道。日本军队沿途对平民烧杀劫掠，在常州杀害了 80 名男子、妇女和儿童。

1937 年 11 月，军政首脑们撤出南京，留下了大量军民。富人可以雇船溯江而上，抵达武汉或重庆，国民党政府官员正是沿着这一路线逃往中国内地的。11 月中旬，日本兵包围了南京，并炮击该城。此时，蒋介石已经开始从苏联获得大批武器，苏联飞行员甚至用伪装过的苏联战斗机执行过一些保卫南京的战斗任务。然而，城防最终宣告崩溃。12 月 13 日，日本陆军袭击了平民，发动了臭名昭著的“南京大屠杀”，猖獗的折磨、强奸和屠杀持续了六周之久。根据德国外交官约翰·拉贝（John Rabe）对国际安全区内幸存平民的估计，平民死亡人数保守可达 5 万之多，当前中方的说法则是 30 万。这一屠杀事件恶劣至极，数字大小已经不能影响其性质。南京事件应当与日本进行心理战的背景联系起来进行理解：这是为了让当地的人民感到恐怖，以便使中国和中国人民投降。在南京和中国其他地方对平民进行的屠杀给中国人民留下了不可磨灭的心理创伤。1938 年春天，南京城与南京人（或其中的幸存者）在这片被蹂躏过的土地上苟延残喘。约八成战前居民逃离了该城，而在留下的人当中，也有八成没有收入来源。其中许多是寡妇，竭尽全力想要喂饱她们的孩子。这一时期，类似的场面在中国东部和中部不断重演，但抗日战争初期，仍有许多中国人不屈不挠，傲骨铮铮。

接下来，华中的日本陆军袭击了南京附近长江沿岸及南京北部的一些城镇。1938 年冬春之际，中日两国陆军在南京以北 300 公里、位于长江与黄河之间的徐州展开了一场为期五个月的大规模战役。徐州战役使华北和华中的日军首次开展联合行动，其目的是为对武汉三镇地区的攻势作战拉开序幕。国民党的军队里既有军阀部队及其指挥官，也有首先效忠于蒋介石的部队。共产党部队在战争的这一时期规模在 10 万人左右，但在争夺华中的作战当中影响甚微。

中国的军事官员们实行了“焦土战略”来阻碍日本进军，结果使大量的百姓丧生。1938 年 6 月，为阻止日军进军临时首都武汉，蒋介石不顾一切地命令他的部队毁坏黄河大坝，以便 20 万中国军队能够逃往西南。大坝决口造成了另一场人道主义灾难。大片平原被淹没，官方数字显示因洪水而丧生的人数约 80 万。此时，收割忙季正值高峰，洪水毁坏了庄稼、牲畜和房屋，使几百万人四散逃亡，但他们不能向东逃，因为那里是日占区。1937-1938 年的华中战事导致了 100 万中国士兵伤亡，到 1945 年，仍有 600 万难民流落在黄泛区之外。

从洪水和惨烈暴行中逃离的人群显著增加了武汉的人口，这一情况也发生在南京，以及其他日军攻势暂告完成的城市。7 月，武汉的难民已多达 43 万，其中的 6.5 万人在城中的 100 多个庇护所找到了容身之处。中国政府、商会、教会救援活动和国际红十字会为这些庇护所提供支持。许多难民是孤儿，武汉的一个孤儿院收容了从徐州逃出来的几百名孤儿。武汉城中的一些知名女性对这些孤儿给予了特别的关注，这些妇女包括曾在美国接受教育的蒋介石夫人宋美龄和中国首批女律师之一史良，后者曾是 20 世纪 30 年代武汉著名的公益辩护人。在政治上十分活跃的史良曾因公开号召与日本开战，于 1936 年被蒋介石政府逮捕下狱。1938 年冬天，这两位女性协助成立了非党派组织战时儿童保育会。史良还建立了一个旨在动员妇女支援抗战并为难民提供帮助的组织。对士兵和平民来说，缺乏训练有素的医务人员是一个重大问题。疟疾在妇女儿童当中肆虐，在参战部队当中也动辄流行开来。武汉的救援体系为全国范围内的难民卫生机构建设提供了榜样，后来也成为中华人民共和国和台湾“中华民国”政府社会福利体系的范本。

黄河决堤并未阻止日本进军武汉。1938 年，日本人攻克该城，数百万难民逃离战区，加剧了中国的难民和人道主义危机。许多难民继续深入中国内地，重庆成为中国的新战时首都。然而，许多人仍然相信侵略者将被击败并赶走。公民社会组织立刻采取行动，动员人民反抗侵略者，以此抗击侵略。中国人民试图通过报刊记事、电影、巡回剧团、歌曲和漫画，创造出一种全民抵抗运动。在现代中国，政治第一次接触到文化生活的所有领域。演员们组成剧团，从上海去往农村地区，以动员各地人民。到 20 世纪 40 年代初，已有约 2500 个此类剧团在中国内地上演街头剧、活报剧、木偶剧和茶馆剧等各类剧目。20 世纪 30 年代末，有演员改编了一出写于 1931 年、旨在抨击中国政府腐败的话剧《放下你的鞭子》，用来批判日本帝国主义的扩张和占领，这出戏的一位主角说，“不赶快团结起来抵抗日本侵略者，我们很快也要落得和东北同胞一样的命运”。

中国人民抗日运动的兴起，削弱了日本人到处施暴的能力。另一方面，部分地由于受到了自然及地理条件的阻碍，占领武汉之后，日军的前进速度明显放慢了。日本陆军没有溯长江而上追击蒋介石，而是集中精力在华北和华中建立战时政府，以取代国民党政权。日本在中国人当中寻找合作者，设法建立傀儡政权，凸显出其占领政策中的殖民主义内容。然而，汉奸不出意料地无法获得各地群众的支持，上述实验因而宣告失败。由于征服时所使用的暴力和对中国人民的种族歧视，日本对农村地区的控制从开始时就十分虚弱，之后则因游击队在东部省份的活动而更加摇摇欲坠。在上海等城区，小股游击队实行了破坏活动，并暗杀了一些汉奸和日本官员，这些游击队往往与有着农村活动基础的抗日运动有所联系。

从 1937 年到 1940 年，共产党重建了他们的军队。中国红军

1937 年之后改名为八路军，在华北进行了引人瞩目的扩充。在日本的华北方面军和中国的傀儡政权部队反复进行“三光”恐怖袭击作战的那些地区，农民很容易被共产党干部所动员，使八路军的扩充更为顺利。共产党一方军事活动的高潮出现在“百团大战”，于 1940 年秋季进行，40 万八路军在五个省份发动攻势，主要的目标是铁路和采矿设施。这些行动达成了一些有限的短期目标，但伤亡数字高达 10 万。在华中地区，抗日战争于 1937 年促成了另一支共产党军队新四军的创建。这支军队名义上属于国民革命军，但正式交给共产党领导人指挥。国民党试图限制共产党军队的规模，控制其行动，同时共产党也试图限制国民党军队在华中的扩充。国共两党的矛盾导致了严重的冲突，1941 年 1 月的“皖南事变”即是一例：国民党军包围了 9000 人左右的新四军部队主力，将其大部分杀害，第二次国共合作就此宣告终结。（译者注：实际上，第二次国共合作正式结束于 1946 年 6 月解放战争爆发。）

日本的军事威权主义

日本的军政精英在意识形态方面与德国法西斯主义者有着一些共同的信条，如反对自由主义、反对共产主义等。像德国一样，日本政府也推行了征服邻近大陆领土的外交政策。日本的一些政策制定者研究了法西斯主义在欧洲，特别是在德国的演变过程，并根据法西斯主义的范本改造了日本国家–社会关系中的一些部分。中日战争爆发前，日本国内曾存在着一些有着国家背景的社会组织，如青年团体和妇女团体等；20 世纪 30 年代，日本政府以纳粹为榜样，扩张了它们的规模，强制公民加入这些组织。

以国家控制的社会组织取代自治组织是德国、意大利和日本大众组织的标志性特征之一。战争期间，在日本本土和朝鲜等殖民地，这些团体负责向平民人口分配食物、工作岗位和其他资源，因此，不能加入这些组织的人会遇到严重的困难。这些组织是反民主的：它们为国家的目标而动员民众，却不允许公民参与政策制定。政权预先阻止了公民社会的发展，从而强化了政治体制的威权主义属性。国家引导下的大众组织的发展，与德日两国为建立按国家设定目标运转的“有机”或“生活协同”社会而进行的努力有着密切的联系。在《德意志崛起真相探源》（1938 年）一书中，日本铁道大臣兼商工大臣伍堂卓雄海军中将（Admiral Godo Takuo）赞扬了纳粹的劳动法，认为它通过坚持“种族精神”，克服了阶级冲突。他指出，由于两国都负有反共产主义的使命，只要将焦点置于“最纯粹的大和魂（absolutist Japanese spirit）”方面，德国的劳动立法便可以成为日本的范本。

日德两帝国的一个重要差异在于，纳粹党在德国扮演着领导角色，但在战时日本，政党几乎不再起到任何作用。两国国家的强制力也有所不同。日本也有“思想警察”，但与希特勒德国出现的制度性、系统性国家暴力存在本质区别。日本对待朝鲜人和中国人的方式常被拿来与德国对待波兰人和东欧人的政策进行类比，但是，日本并未建立贝乌热茨、海乌姆诺、特雷布林卡（译者注：均为波兰地名）那样的死亡工厂。然而，日本的确进行了化学战研究和致命的生物实验。分散于满洲各地的 731 部队是进行上述研究的主要力量。1936 年，日本强迫中国劳工在哈尔滨附近建立了一组巨大的建筑复合体，用来在俘虏身上秘密进行细菌学活体实验研究。大多数俘虏都是中国人，其中很多是共产党人，但也有俄国人、朝鲜人和其他国籍的人。附带的火葬场处理了因实验而丧生的几千名遇难者的遗体。另一处生物战基地设立在南京，其生产的大量化学药品被用来给华中的水井下毒，并传播各种致命疾病。20 世纪 40 年代初期，日本人还在东南亚建立了其他的细菌战工程。

富有魅力的领袖是欧洲法西斯主义的一大突出特征。然而，与一战后的德国不同，日本保留了君主制，天皇嘉仁和裕仁相继在位。日本政治的终极权威仍是自称为天照大神后裔的王朝统治者，即便这一点并非实际情况，但至少在理论上它也是成立的。对于许多统治精英来说，“国体”是日本政治的核心，这一概念关乎国家政治的基本架构，其基础是对天皇的文化与政治合法性的认知。裕仁成为公众领袖的文化基础与希特勒截然不同，日本民众从未看到过他本人，也只有在 1945 年他通过广播宣布投降时，才第一次听到他的声音。类似于德国“元首（Führer）”或意大利“领袖（Il Duce）”的职位在日本也并不存在。日常的决策权威并非以某个个人为权力核心，而是由内阁、军队和官僚集体决策。在日中战争期间，日本共有十五位首相，其中没有一位能够像希特勒那样将权力和威信集中在自己手中，甚至连接近其水平的人都没有。即便是这一时期权力较强的首相东条英机，身为军国主义者和陆军大将，也受到既有的宪法实践特别是“统帅权独立”的制约。纳粹在魏玛共和国和第二帝国的废墟上建立了第三帝国，日本的政治家却并未重新设计明治政治体系，而是求助于有关日本前现代历史的半宗教神话，以支持既有的政治秩序。政府内阁计划委员会撰写的一份文件指出，“从立国以来，日本便有着总体主义（totalitarianism），这是独一无二的……我国的国家政治反映了一种理想的总体主义……德国的总体主义刚刚出现了八年时间，而日本的总体主义一直照耀着三千年来的永恒传统”。

对宗教的重视渗透于日本的政治思想之中，尤以神道教为甚。侵华战争前的政府宣传与极端民族主义的神道教密切相连，后者肯定了日本人的纯洁性，并对“战争有助于维护纯洁的社会”这一信念加以鼓励。1937 年，文部省的一份出版物指出，由于“我国是由一位现人神天皇统治的神国”，日本在世界上是独一无二的。非日本人无以达到日本的卓越文化水准，因而，“正道”要求殖民地居民和中国人在政治上俯首听命于日本主子。与之类似，“稳定”要求以不平等的殖民地半殖民地权力结构为基础，建立一种长期持续的威权等级制度，使其全体成员能够“各得其所”。这些思想是日本提出的所谓“东亚新秩序”的关键起点，由近卫在 1938 年 11 月宣布。可见，日本帝国的“和平”概念与对外征服的理念紧密结合在一起。

“纯洁性”思想也加强了这样一种观念，即日本人不仅是亚洲的最优种族，也是世界的最优种族。然而，日本领导层也对歧视亚洲人的西方种族主义有着清楚的认识，这鼓励了官方对自由主义的内在矛盾加以批评、同时将亚洲视为日本的“天然”势力范围的倾向。因而，日本在中国的宣传活动强调“将亚洲从白人的监狱中解放出来是每个亚洲人的天职！在白人重轭下呻吟的全体亚洲人，团结起来”！宣传者的语言自然而然地包含了种族主义。

日本人在道德上属于优越种族的思想，可能也加深了日本人对于其纳粹盟友的幻灭感。一些日本帝国军人将德国人视为应当容忍的权宜盟友，对于在东线斗争共产主义者，或者在西欧斗争自由主义欧洲列强，尚有利用价值。与之类似，日文版的《我的奋斗》受到严格审查，对日本人的批评均从书中删除。在德国，希特勒这样抱怨其日本盟友："天皇是晚期俄国沙皇们的一个近似版本。他孱弱，怯懦，犹豫不决，可能在革命面前倒台。我与日本的交往从未广受欢迎……让我们认为，自己才是主人，而那些人至多只是粉饰过的半人猿，需要感受到鞭笞的力量。"由于双方都相信，自己的"纯洁"种族拥有世界上最为卓越的文化，日本和德国无法在战争期间进行密切的政策合作也就不足为奇了。然而，对于许多日本领导人来说，在欧洲存在着一个想法类似、主张暴力的革命性大国，使得在世界范围内扫除共产主义和英美自由主义强国霸权的目标有可能加速实现。

日本、美国与太平洋战争的爆发，1940-1941 年

像德意志帝国的开国元勋们一样，日本决策者也寻求在与本国毗邻的领土上建立自给自足的帝国。这一目标是"总体战"意识形态的一部分，为陆军制定战略的一小群人鼓吹这种意识形态，要求日本将推行战争所需要的资源置于其领土范围内，进行直接控制。然而，日本自认为需要来自美国和东南亚的战略原料，使这一计划复杂化，这也可以看成是同时应对陆上和海上敌国而带来的问题。甚至到 1940 年，由海军大将米内光政领导的日本政府，仍对与英国和美国展开外交合作的可能性持开放态度。但由于政府内部陆军官员的地位根深蒂固，希望妥协纯属痴心妄想。1940 年 3 月，日本在

中国北部建立了汪精卫的傀儡合作政权，米内政府与那些要求日本放弃对华战争的美国人士因而更加疏远。当年春天，日本在中国南方对蒋介石发动攻势，中国军队继续抗日战争的决心得到进一步展示。1940年春季德国陆军在西欧的胜利，使米内政府向英国和法国新成立的维希独裁政权施压成功，英法不再通过滇缅公路和中越边境向中国提供援助。7月4日，一位陆军军官观察称，“我们当前的目标是，给70年来对英国和美国的贸易与经济依赖画上句号”。

1940年夏初，日本陆军要求加强日德关系使之更为密切，强迫米内辞职，因为后者表达了对同德国结盟一事的保守态度。近卫文麿重掌政权，他确信，有必要推翻英美对国际体系的统治。同德国结盟有利于“新秩序”在亚洲的扩张，而此时其扩张的目标已经包括了东南亚。在9月签订的《三国同盟协定》中，日、德、意同意，在缔约国之一与目前尚未参战的国家之间爆发战争时给予相互支持，作为唯一的例外，日本或德国与苏联之间爆发冲突时可不受此条约限制。包括外相松冈洋右在内的政府官员们希望同盟可以遏制美国，或者在太平洋战争真正爆发时，巩固日本对英美列强的地位。当月晚些时候，日本政府胁迫维希政权允许日本陆军占领越南北部。为了获得战时相对自给自足所需要的资源，如石油、锡、橡胶、铜、大米等，陆军此时计划侵略并占领东南亚全境。无限制领土扩张的逻辑很快导致了与西欧殖民列强的战争，而美国在这一地区也有其殖民地菲律宾。

欧洲战争仍然是罗斯福总统战略关注的首要焦点，但东南亚模糊了两个战场之间的界限。英国、法国和荷兰在马来亚、香港、新加坡、缅甸、印度支那和印度尼西亚有着重要的殖民利益。对于美国与欧洲的资本主义来说，东南亚至关重要，而日本入侵这一地区的前景为罗斯福政府加强与英国的合作提供了另一个理由。1940 年底，美国一些重要的战略制定者相信，关键在于保卫新加坡，因为英国海军对这些战略海域的控制使得自由资本主义的美国可以获得南亚和东南亚的资源。为遏制日本向这一地区进军的步伐，1940 年春天，罗斯福命令美国海军舰队的大部分舰只，在完成太平洋年度训练之后留驻夏威夷，而非返航西海岸或重新部署到大西洋海域。

从 1931 年到 1941 年，日本经济日益依赖于美国的精密机床、废钢铁、金属，以及用来发动战争武器的石油。美国的政策制定者将日本对美国物资的需求视为一个战略弱点。1938 年到 1940 年，当日本向南中国海扩张并缔结《三国同盟协定》时，美国的反应是向日本帝国施加了一系列的经济禁运和制裁。受到制裁影响的物资包括飞机及其零部件、航空燃料、钢铁和其他废旧金属。日本官方抨击了这些制裁措施，宣称美国维持“门户开放”的口号实际上包藏着自己的帝国主义图谋。这些指责在某种程度上也符合事实：美国寻求在中国和东南亚获得自己的势力范围，而这些地区远在其西海岸上千英里之外。然而，对美国来说，问题不在于贸易或资本主义在亚洲的扩张，而在于大国之间开展交涉过程的方式。包括国务卿科德尔·赫尔（Cordell Hull）、中国问题专家斯坦利·洪贝克（Stanley Hornbeck），以及海军部长哈罗德·斯塔克上将（Admiral Harold Stark）在内，罗斯福政府的主要成员都不愿允许日本独占东南亚的资源。因此，尽管罗斯福相信，筹划欧洲战争应当优先于亚洲事务，要员们还是为使用武力阻止日本将其“新秩序”进一步扩张到南中国海地区做好了准备。一年多一点之后，日本帝国与美国的自由帝国主义之间的军事-经济对抗走向了战争。

1941 年 7 月下旬，纳粹入侵苏联不久，近卫政府成功迫使维希政权允许日本军队占领印度支那南部。这一行动增加了对英国、荷兰和美国殖民地的威胁，旨在强迫荷属东印度扩大日本获取其资源特别是石油资源的渠道。在决定建设“大东亚共荣圈”时，日本政府私下认定，“帝国不惧怕与英美交战”。当下日本帝国已经将“新秩序”完全扩展到东南亚的欧美殖民地区。8 月初，日本政府颁布了一本题为《臣民之道》的教育性宣传册，宣称“从近代史发端之初开始，几百年来将人性置于个人主义、自由主义和物质主义之下的旧秩序正在崩溃”。日本的臣民们被教导要拥抱“正在史无前例的世界性变革中逐渐形成的新秩序”。对于日本在荷属东印度的动作，罗斯福的反应是冻结日本在美国的资产，禁止向其出口航空燃料。迪安·艾奇逊（Dean Acheson）满怀热忱地在财政部实施了禁运，并成功地禁止了全部对日石油出口。

即便在日本摆好阵势准备入侵东南亚和西太平洋时，近卫仍希望避免同美国的战争。6 月，日本驻美大使野村吉三郎与国务卿赫尔之间的一轮谈判已经以失败告终，但近卫仍寄希望于夏末的最后一次努力。如果这次外交行动失败，他便同意进行对美作战的准备。然而，日美双方都不愿妥协。美国要求日本撤出印度支那和中国。1941 年 8 月由丘吉尔和罗斯福公布的《大西洋宪章》则走得更远：两位领导人宣称，所有民族都有权决定其政府；这一立场预示了日本海外帝国在 1945 年的最终瓦解。商讨折中方案的努力不过是强调了两个帝国之间的差异。近卫的失败导致了东条英机领导下新政府的成立，但新政府同样未能与美国达成妥协。美国战争部部长亨利·史汀生（Henry Stimson）的记录显示，1941年11月底，美国政府认为，需要想办法将日本“置于开第一枪的位置，但不至于对我们构成太多危险”。

1941年12月1日，在御前会议上，东条英机内阁做出了向东南亚、西太平洋以及珍珠港美国海军基地发起攻击的致命决定。讨论期间，枢密院院长原嘉道颂扬了日本帝国，并指出，接受美国提出的条件将意味着“一举丧失日中战争和日俄战争取得的成果，以及满洲事件带来的利益”；日本的生存受到威胁，而“明治天皇的伟大成就付诸东流，且……我等别无选择……此事实为我国19世纪开国以来最为重大的一项事业”。之后，日本于12月7日袭击了珍珠港，美国全无因之而求和的打算，史上规模最大的一场大国战争就此引爆。

战争与占领：东南亚

1941年末，与奇袭珍珠港同时，日本政府下令，对马来亚、菲律宾群岛和印度尼西亚同时发起进攻。到1942年5月6日，随着菲律宾群岛中的科雷吉尔多岛陷落，日本军队已经控制了西起缅印边境、安达曼岛、尼科巴群岛，南至印度尼西亚、巴布亚岛北部、吉尔伯特群岛，北至威克岛及阿留申岛链局部的广大陆地和海域。令策划这些攻势的山本五十六海军大将欣慰的是，在获取这些领土和领水的过程中，日本海军并未损失任何一艘战列舰或航空母舰。看上去，日本帝国对西方强国的伟大胜利近在咫尺。

占领东南亚尽管为日本提供了大量获取自然资源的渠道，但日本帝国能够提供的人力也因之接近极限。1941 年 12 月之后，日本搁置了入侵苏联的准备计划。用区区 3 万人就占领了越南等地。然而，各地纷纷发起反对日本帝国统治的抵抗运动，以菲律宾群岛为甚：这里吸引了数以十万计的游击队员。在马来亚，亲共产党的马来亚人民抗日军对日本人发起袭击。在日本入侵新加坡期间，志愿者组成了新加坡“华侨抗日义勇军”，其中还包括女性成员。在新几内亚，当地人民与澳大利亚和美国军人合作；在缅甸，“反法西斯同盟”（后改名为“反法西斯人民自由同盟”）于 1944 年到 1945 年获得了民众支持。1941 年，胡志明从苏联返回越南，中途在延安的中国共产党根据地稍作停留，之后在中越边境地区建立了他自己的基地。印度支那共产党资助了“越南独立同盟会”，后者是用来广泛吸引民众支持的组织，其内部充斥着意见分歧和钩心斗角。抵抗组织向英国特别作战委员会（British Special Operations Executive）136 部队，以及美国中情局的前身——战略情报局（Office of Strategic Services）寻求帮助，并获得这两个机构的支持。

日本利用战前活跃的东南亚政客来统治这一地区。在二战后这一地区的著名政治领导人的名录里，可以找到许多与日本合作过的通敌者，包括低级别政府官员或安全部队成员：銮披汶·颂堪（Phibun Songkhram）、苏加诺（Sukarno）、苏哈托（Suharto）、拿督翁（Dato Onn）（译者注：翁查化）、东古·阿卜杜勒·拉赫曼（Tunku Abdul Rahman）、奈温（Ne Win）、吴努（U Nu），以及昂山（Aung San）。1942 年 1 月 25 日，在与美国和英国宣战时，泰国总理銮披汶预言：“该站在胜利者一方参战”。1943 年之后，随着日本在亚洲的威权变得岌岌可危，各地领导人或将銮披汶这样的通敌者赶下台，或参加道义上的抵抗运动（东古·阿卜杜勒·拉赫曼），或转变了效忠对象（昂山）。日本人小心地限制本土领导人的权力，严格控制公民社会组织在城市中心的活动。例如，1943 年 8 月，在给予缅甸名义上的独立之前，日本当局解散了与其合作的缅甸独立军，将其规模从 2.3 万人缩减到 5000 人，并改名为缅甸自卫军。

在名不副实到令人作呕的“大东亚共荣圈”之内，东南亚的大多数地区都经受着巨大的苦难。日本发起的入侵使用了地面攻势、密集炮击以及空中轰炸，造成大量民众流离失所，处处皆是恐慌、震惊与绝望。像在中国一样，日本军队制定了在群众中制造恐怖氛围的计划。新加坡陷落一周前，日本飞行员投下了装满废金属、硫磺和汽油的炸弹。新加坡的城防崩溃后，占领军命令全体 8 到 50 岁的男孩和成年男人向日本警察“宪兵队”报到。人们被任意拣选处决。1942 年二三月间，在三周多一点的时间里，数万名新加坡华侨在臭名昭著的“肃清”运动中遭到杀害，这一运动意为“旨在净化的屠杀”，是典型的种族清洗。

战俘们同样遭到了虐待与杀害。1942 年 4 月，美国远东军总司令道格拉斯·麦克阿瑟（Douglas MacArthur）的部队在马尼拉西部的巴丹半岛被击败；之后，在菲律宾的日本第十四军强迫美国和菲律宾战俘转移到战俘营。由于虐待、殴打、饥饿和杀害，在抵达战俘营之前，数千名菲律宾军人和几百名美国军人便已经丧生。这种对待敌国军人的手段是日本人在中国所犯暴行的延伸。实际上，在日本第十四军司令官本间雅晴指挥的师团当中，第十六师团曾参加过攻击南京、徐州和武汉的作战。在攻打南京期间，第十六师团当时的师团长中岛今朝吾中将曾在日记中写下，部队的方针是将所有的战俘当场杀掉。1941 年，这一方针的目的似乎变成了延长战俘们受折磨的时间。巴丹半岛的事件已经是臭名昭著，但亚洲各地的诸多地区也发生了处决。例如，在 1942 年 1 月的马来亚作战期间，日军在柔佛的巴力士隆对 150 名印度和澳大利亚士兵进行了集体处决。

在日本占领的大部分地区，饥饿、疾病、政治迫害、任意暴行、强制劳役和过度征索资源司空见惯。即便如此，欧洲殖民主义的遗存还是培养出了愿意与日本兵并肩作战的通敌者。1942 年 2 月，日本人开始在马来亚及新加坡战役中俘获的 7 万名南亚战俘中招募所谓的“印度国民军（Indian National Army, INA）”，以在南亚推翻英国的统治。然而，这支军队成立太晚，没有赶上参加日本在缅甸的进军。1941 年 12 月下旬，日本对缅甸的轰炸便已经开始，接着是 1942 年 1 月末的陆上入侵。缅甸社会早已对英国的殖民统治不抱幻想，因而也不愿大力抵抗侵略者。英国军队很快便撤退了，一起撤退的还有数以十万计的难民，其中许多绝望地渴求在阿萨姆邦甚至加尔各答获得庇护。1942 年春天，日本军队控制了缅甸，切断了从缅甸到中国的公路补给线，开始轰炸加尔各答。日本帝国海军在马来亚湾海战中击沉了英国的“威尔士亲王”号和“反击”号两艘主力舰，因而可以轻易地远航至孟加拉湾；只是由于美国在珊瑚海海战中取得了战略性胜利，保证盟军控制莫尔兹比港和前往澳大利亚的重要通道，才对日本海军的活动范围有所限制。

战时中国和越南的食物政治

亚洲的战事严重地扰乱了食物供给，也明显加剧了自然灾害引起的短缺。本书的第十一章将在战争引起的非自然死亡背景下讨论饥荒，但饥荒同时也是关于亚洲战争的政治史不可分割的一部分，与越南和中国共产主义的发展具有特殊的相关性，尽管在中国的相关程度可能较小一些。

1942 年到 1943 年，中国出现了饥荒，而河南省的受灾尤为引人注目。由于日军占领了该省 110 个县当中的 44 个，这一地区被割断在交通网络之外。国民党控制着该省的西部地区，也是饥荒最严重的地区。缺少降雨和 1942 年的蝗灾毁坏了庄稼，和平时期可以向被围困的人民提供援助的支持体系在该省也并不存在。日本人掠夺了谷物并将其霸占，向中国人分配的数量极少，远远不足以满足需求。国民政府也控制了谷物，但政治意愿的缺失、蛮横固执的军官和腐败现象阻挠了他们的救灾行动。灾民家庭将其成员卖为奴隶，或是用土地交换金钱或食物，有的沦为娼妓。谋杀食人事件亦有发生。饥饿加上战乱，迫使中国人诉诸各种求生手段。战争的社会悲剧引发的影响远超中日冲突。在这一背景下，中国共产党在社会规范瓦解的废墟中提出了以集体行动作为生存手段的意识形态，在村民当中获得了支持。在河南东部，新四军在 1942-1943 年间惨淡经营，但随着 1944 年春日本部队部分撤出这一地区，新四军大为壮大。尽管共产党也征收粮食，但共产主义在这一地区得到发展的重要因素在于，共产党有能力保卫谷物供给，使之不致落到伪军和国民党军队手中。共产党的干部们也鼓励农民返回被洪水毁坏的家园，借贷种子给农民，帮助他们种粮食。动员工作培育了农民的共产主义-民族主义情感和战前缺失的政治自觉性。然而，与八路军在华北取得的成功相比，新四军在华中的发展还是受到了持续不断的国共冲突的限制。1945年，八路军已有超过100万军人，控制了居住着约1亿人口的80万平方公里土地，新四军则在3400万人口居住的25万平方公里土地上发展到31万人左右。总体上，中日冲突期间，共产党部队参与的主要是小规模的游击战，伤亡相对较小。

地方汉奸政权的建立，共产党根据地的发展，以及国民党抗击日军扩大侵略的失败，标志着第二次世界大战期间中国政治局势的复杂特征。中华民国的土地被军阀、日军及伪军、国民党和共产党的军队占领，因而并不存在有效的全国政府。这些局势为1945年日本失败后爆发的中国内战设定了背景。日本发动的战争促成了共产主义在中国的崛起，而日军的本意恰恰是设法防止这一点。

在印度支那北部，原属法国保护的东京（Tomkin，越南北部地区旧称，译者注）在1943年下半年爆发了一场饥荒，造成了100万农民丧生，这一事件促成了越南共产党的掌权。尽管反对西方的情绪一直存在，在战争的大部分时间里，日本人还是通过维希政权的官僚来统治印度支那。例如，1943年7月，前上海远征军司令官松井石根（上海远征军正是造成了南京大屠杀的部队）在西贡对越南记者表示，日本人将从英国、美国和法国的殖民者手中解救亚洲人民。像在亚洲其他地区一样，日本占领者无情地剥削印度支那的人民（在一定程度上这与之前的法国殖民者有所类似），强迫他们放弃种植水稻，改种大麻、黄麻等工业用纤维。1940年之后，法国要求向新近建成的应急仓库中装满以固定价格收购的稻米。这一政策使佃农更加贫困，成为其转向激进的背景。在松井于西贡发言的同时，日军在北方建立了新的基地，强迫村民以低于市场价的价格将稻米出售给他们。为满足日军的要求，越南农民卖掉了土地，在市场上购买稻米，再以三分之一的价格将稻米卖给日本人。法国和日本的上述经济政策加剧了饥荒的影响。

1944 年 8 月，盟军攻克巴黎，法国维希政权倒台，加之美国对南中国海及东南亚内陆地区日本船只与运输系统的轰炸，为日法关系带来了严重的压力。1944 年，法国官方告知日本，无法继续满足日本对粮食的索求。尽管双方随后达成了收购稻米的合同，1945 年 3 月，日本还是推翻了法国殖民政权，在签署粮食协议的仪式上逮捕了殖民部长让德句（Jean Decoux）。日方仅向受灾挨饿的人民发放了少量储粮，继续从东京地区农民手中强征粮食。饥荒为共产党的群众动员起到了关键作用：共产党人替濒临死亡的人民抢到了储粮。新成立的亲日越南政府由保大皇帝（Emperor Bao Dai）和陈仲金（Tran Tron Kim）（译者注：亦有译陈重金）首相领导，后者是一位儒学学者，并不适合这一职位。在 1945 年越南的“八月革命”当中，新政府迅速倒台。

日本帝国中的征兵、强制劳役和奴役

从 1942 年开始，为满足帝国过度扩张的战略需求，日本政治家加速了军队的征兵工作。不包括预备役人员，陆军从 1941-1942 年的略超 100 万人扩张到 1945 年的 240 万人。日本从 1873 年开始就实行了征兵制。1943 年，政府将征募年龄从 20 岁降到了 19 岁，将服役年龄的上限由40岁延迟到45岁。日本帝国同时也将殖民地居民，特别是朝鲜人和台湾人，列为了征兵目标。1942年5月，朝鲜当局宣布，将于1943年8月开始实行征兵制，第一批兵员于1944年下半年编入既有的帝国部队单位。1938年到1943年，殖民地政权以志愿兵征募系统为基础，接收了2.5万名朝鲜人参军，约为申请人总数的四分之一。1944年至1945年，另有11万朝鲜人参加了日本的帝国陆军和帝国海军，其中大部分驻扎在朝鲜、日本和中国。朝鲜殖民地的精英公开支持征兵制，但到战争末期，民意开始对动员过程表示冷淡和反对，逃避兵役和开小差成为了与这种强制性帝国建设内容相抗争的方式。在台湾，1942年开始的志愿兵体系吸引了几十万应募者，并从中征召了约4500人。1945年开始实施的征兵制在此之外又招募了超过20万兵员，其中约半数被部署在岛外。战争期间，约有3万名朝鲜士兵和至少2100名台湾士兵死亡。

日本国内军事用品生产的增加，日本所控制地域的显著扩张，以及1942年之后军队规模的扩大，导致了帝国各地的工人短缺。强制劳役计划是日本政府官员及其代理人用来应对人力短缺问题的手段之一。在华北，强制劳动力主要来自中国战俘、城市流浪者、战争难民和战斗中俘获的平民。例如，华北方面日军为打击共产党的八路军，在1942年夏天强令约10万名平民到满洲劳动。在华北各地，陆军在摧毁村庄之后强迫原有的村民前往日本工厂工作。日军甚至设立了一个难民营用来强征中国居民。从1941年1月到1945年8月，300万工人在华北的工厂和矿井中劳作，另有260万工人被派遣到帝国的其他地区，如满洲和华中等。在此期间，100万中国人为华北方面军提供劳役，修建壁垒、堑壕、临时营房和道路。

在东南亚，修建泰缅铁路期间亚洲人和盟军战俘遭受的恐怖苦难堪称强制劳役的最典型案例。日本兵对修路工人进行殴打，使之挨饿，并将其杀害，数千人死于霍乱和疟疾。1943 年 6 月，日本军队命令将包括男女成人和儿童在内的 250 名病号活活烧死在其住所。在参与修路的 7.8 万名马来亚人中，有 3 万人丧生。起初，征召工作还使用欺骗手段，之后则变为强迫。像在中国一样，被征召的人当中有无家可归者和难民。1943 年到 1944 年，多达 15 万人在修筑该铁路时丧生。1944 年夏天，盟军飞机开始轰炸该铁路。铁路甫一完工，许多战俘就被送往日本服劳役。

在帝国范围内，约有 100 万朝鲜人也被征召或强迫为日本战争机器做工或充当性奴。1939 年到 1945 年之间，72.4 万名朝鲜男女前往日本工作。他们就职于各行各业，包括化工、纺织、金属、建筑等等，但大多数参与的是采矿业。1939 年，日本矿工中有 6% 是朝鲜人，但到战争结束时，12.8 万名在日朝鲜矿工占了该行业工人总数的三分之一。在北部的北海道岛上，朝鲜人超过了矿业雇员总数的 40%，但挣的工资远低于其日本同行。他们在奴隶般的条件下艰苦劳动，还要因逃跑、工作迟缓甚至不懂雇主指示而遭受殴打、私刑处死和折磨。北海道一家矿业公司的警卫宣称："抵债劳工和朝鲜人都不是人。即便其中死掉一两个，也没有时间给他们举行葬礼。让他们苦干快干。"从矿井逃走的朝鲜人一旦被抓获，就会被"用皮鞭抽到昏迷，或倒吊在横梁上，下面点起一堆火，让他们被烟熏晕"。

朝鲜女人也被编出来的虚假条件诱拐到半岛之外，在亚洲各地被迫为服役的帝国部队提供性服务。所谓的"慰安妇"不过是性奴隶的一个好听名头，她们来自战时帝国的各个地区，包括中国大陆、台湾地区、菲律宾、印度尼西亚和马来西亚。在被迫卖淫的约9万名妇女当中，大部分都是朝鲜裔。许多沦落到日本帝国陆军附近所设营地的妇女曾上当受骗，相信自己将到日本或海外工作，在良好的工作环境中赚取可观的薪水。一些人则完全是被日本兵绑架并运往海外的。在某些情况下，女儿们被她们的家人在绝望中卖掉，换得用来买食物或者还债的钱。到1942年底，400个日本慰安所中的280个设在中国，100个分散在东南亚各地，10个设于太平洋战区，另外10个设于萨哈林岛。通常情况下，妇女们只有在抵达“慰安所”时，才第一次发现她们的非人生活环境。一个女孩被“到日本的毛刷工厂上班”的谎言骗离朝鲜，沦落到南太平洋帕劳群岛上的一个岛上，起初她也曾反抗强暴，但最后还是在殴打和刺刀下妥协了。

这些形式的暴力与日本在亚洲所进行的殖民活动的种族主义底色密不可分，也与蔑视妇女、将其视为性奴隶的男权主义密不可分。慰安所是日本军队在亚洲各地实行政策的组成部分，这反映了军事体制对暴行的制度化，以及对为士兵提供服务的妇女所处环境与所用服务手段的漠不关心。与战争期间出现的其他形式的剥削与折磨一样，恐怖的经历在受害者身上留下了终生的伤痕。

大洋上的战争，1942-1945年

美国海军对日占领土的攻击从两个方向开展。在西南太平洋，以澳大利亚为基地，道格拉斯·麦克阿瑟上将指挥其部队向新几内亚、菲律宾群岛、琉球群岛和日本南部进军。而海军上将切斯

特·尼米兹（Chester Nimitz）的舰队则从夏威夷横跨太平洋中部，从威克岛向塞班岛和硫磺岛发起攻击。舰队北上与麦克阿瑟的部队在琉球群岛的冲绳会师，两支部队计划从此处向日本列岛发起联合进攻，九州将是第一个目标。

本书其他章节将详述太平洋战争的战略史与军事史。本章节将主要关注战争的文化和种族维度：日美双方争夺太平洋岛屿的斗争伴随着强烈的彼此仇恨，而双方的种族主义观点则加剧了这种仇恨。从 1942 年到 1945 年，美国媒体对日本人的描绘使后者在残暴程度和杀戮欲望方面显得世间罕有。新闻和广播十分关注日本的战时暴行，公众对日本杀害美军战俘的行为特别愤慨。在被日本杀害的战俘当中，也包括参与 1942 年春天对东京进行“杜立特尔空袭”的几名飞行员。直到 1945 年，美国公众才了解到纳粹集中营的恐怖情形，从而对德国人在欧洲的暴行有所认识。美国的民调显示，约有 10% 的美国人相信，日本人应当遭到种族清洗或灭绝。而一些官员们则鼓励这种态度，例如，美军南太平洋战区总司令威廉·哈尔西（William Halsey）海军上将就曾煽动其部队“杀日本鬼子，杀日本鬼子，多杀日本鬼子！（Kill Japs, kill Japs, kill more Japs.）”，并因此广受诟病。1945 年的一次调查显示，在太平洋战区作战的美国士兵当中，有 25% 公开表示，其主要目标是尽可能多地杀死日本人。1945 年 12 月，由一份美国杂志举行的另一次调查则表明，约有四分之一的美国人曾希望，尽可能地使用原子弹轰炸日本目标。

日本政府用一点表面功夫敷衍了日德的同盟关系，告诉其宣传官员不要以种族主义视角阐述日美战争。与此同时，政府继续将新世界秩序的创设与一场神圣的“总体战争”捆绑在一起，战争的目标则是为了创造“永久的世界和平”，而这又与神武天皇在三千年前创造日本有所联系。厚生省 1943 年颁布的一份文件为殖民活动制定了规划，计划将 14% 的日本人口永久移民到海外，使之成为新帝国的定居者。这份报告的某些地方接受了德国的战争目标，如纳粹对犹太人的政策等，但另一些地方则认为日本的目标是建立全球范围的文化与种族霸权。日本帝国应当取得“新世界秩序创设中的领导地位”，在日本政权之下，“世界各族人民”将“各得其所”。战争中融合形成的“联合体”“将把整个世界置于同一屋檐下”。

即便在盟军力量开始越过帝国防线的时刻，这些政策仍然在被机械地重复。1942 年 6 月中途岛战役结束，8 月，瓜达尔卡纳尔岛争夺战开始，日本逐渐失去了对其太平洋帝国的控制。日本国内民众所遭受的物资匮乏也日益加剧，一些评论员将这种匮乏称为“瘦而益忍（译者注：日语瘦せ我慢，意为硬挺、逞能）”，当成一种应当体验的修行。1943 年，在绝望的边缘，日本宣传者鼓励人们坚强起来，牺牲、战争和大规模死亡被当成净化日本乃至世界的途径。在这一背景下，军队中组织起了飞行员自杀式袭击小分队，其任务意味着对污秽和不洁进行清洗。与之相对，英美敌人变成了恶魔、怪物和兽性的魔鬼。1944 年，一份流行杂志头条写着：“这就是敌人！鬼畜美国人……打死美国人。”美国人被描绘成特别没有人性，只对性和征服等低等本能有兴趣。新闻报道特别关注美国对日本人和非洲裔美国人的种族歧视，描绘了美国人为毁灭“日本神国”而进行的杀婴行为。

最后的攻势：中国与东南亚，1944-1945 年

1944 年春天，缅甸日军在缅北地区向柯希玛和英帕尔的英军发起了一次重要攻势。此次代号为“乌”的作战行动的主要目标是侵入印度，并在 4 万名印度国民军的协助下策动反对英国统治的叛乱。对英国的作战行动如能取得成功，日本也可以在缅甸西北建立基地，以备侵略云南之用。“乌号作战”的军事计划产生于 1943 年 9 月于东京举行的一次御前会议，该会议要求人们提出在印度和中国对盟军发动局部攻势，并在太平洋上取得对美海战重大胜利的战略。该计划的总目标是迫使美国参加和谈，同时一举将印度和中国赶出战场。考虑到盟军对抗日本的军事和经济能力正在增长，这一计划是十分不切实际的。到 1945 年，美国已经基本不再将中国视为主要战区，而是集中利用其太平洋基地特别是 1943 年占领的部分马里亚纳群岛，来进行针对日本目标的空袭行动。日方继续战斗的决定，不仅为日本人民，也为仍处于“新秩序”下的其他数百万亚洲人民带来了毁灭性的后果。

“乌号作战”的指挥官牟田口廉也中将曾在 1937 年拉开中国抗战序幕的卢沟桥事变中指挥日军联队。在其日记中，他这样阐述了“乌号作战”的合理性，“如果我……能够决定性地影响”战争，则“要向国民证明自己”。然而，到 1944 年，由于疾病和食物与药品的短缺，日本和印度军队的战斗力已经严重受损。机械化运输和作战车辆处于短缺状态。尽管日军几乎越过了柯希玛，英军的规模仍然可观，在该地区的兵力部署约达两百万，另有数十万人担任劳工，起到了关键的支持作用。其中一些在战斗中丧生的人之后被葬

于锡兰康堤的英联邦战争纪念公墓（Commonwealth War Memorial Cemetery in Kandy, Ceylon）；1944 年 4 月，蒙巴顿勋爵（Lord Mountbatten）曾在此地附近设立了东南亚盟军司令部。英军雇用少数族裔作为劳工，约有 20 万娜迦人（译者注：Nagas，印度一少数民族）在阿萨姆担任脚夫便是其中一例；然而这些人之后也担当了向英国部队通风报信的工作，报告日军在缅甸的驻营和防御要塞的动向。在柯希玛，英国的坦克起到了决定性作用，印度和尼泊尔部队（旁遮普人和廓尔喀人）则提供了关键性的支持，使冲突向对英国有利的一方倾斜。像在太平洋战场上发生的情况一样，这些战斗既残酷，又充满了种族暴力。一位英军指挥官回忆道："我们之前在若开与日本人交过手，（他们）用刺刀捅死伤员和战俘……他们不配有任何被当成人类的权利，我们把他们当成要消灭的害虫。这一点很重要——我们的天性是热爱和平的，但一旦被激怒，我们的战斗力也相当了得。"

总体来看，1944 年春季在英帕尔和柯希玛的战斗使日本遭到了整场战争中最为严重的部队伤亡。在参加战斗的 8.5 万名日军当中，3 万人丧生，其中半数死于疾病和饥饿。不久，中国、缅甸（克钦族武装）和美国部队在北部发动了攻势，到 1944 年 8 月，日本在缅甸北部的力量已经崩溃。盟军掌握了制空权，空军对缅甸各地的日军据点进行轰炸。空袭造成许多平民伤亡，毁坏了包括仰光在内的许多城镇。1945 年 5 月初，英军占领仰光。

与盟军发动攻势扫荡缅甸同时，日军继续蹂躏中国大地。为配合己方在缅甸的进攻，日本发动了其陆军历史上最大规模的军事行动“一号作战”，到1945年2月已占领了华中和华南的许多地区。此次军事行动的目的在于，在东北亚和东南亚之间的海上交通线已经易手给美军的背景下，建立陆上走廊，打通铁路线，击溃中国军队，摧毁华南的美国空军基地（这些基地曾被用来对东南亚和东中国海上的日本帝国领土进行轰炸）。为此，中国远征军于1944年初动员了50万军人，进行了两次主要战役，直到1945年初才告终结。日军占领了华南的美国空军基地，但美国的第14航空队转移到内陆，并用航程超过5000英里的B-29远程轰炸机取代了中程轰炸机。例如，早在1944年6月，B-29轰炸机便开始从成都对日本九州岛南部进行空袭。

“一号作战”对中国产生了重大的社会与政治影响。在华中，攻势最开始时人民还处于饥荒之下。中国士兵的口粮和军饷都十分匮乏。食品和医药的短缺导致了营养不良、疾病和死亡。恶劣的运输系统造成了灾难性的损失。红十字会的一项调查显示，由于缺乏食品和交通手段，80%到90%的新兵在抵达军事单位之前就流失了。“一号作战”也给中国军队造成了巨大的战场伤亡，在九个月的战斗中，约有75万人战死或受伤。这些因素严重削弱了蒋介石部队战后的实力，阻碍了其在中国内战当中击败共产党人。

日军将“一号作战”与东南亚的军事行动结合起来，后者的代表是在菲律宾进行的“捷号作战”。尽管不切实际，“一号作战”的大目标是使日军能够在1946年从菲律宾群岛发动攻势，以夺回太平洋战争的主动权，迫使美国进行和谈。1944年10月，与麦克阿瑟上将所指挥的部队在菲律宾的莱特岛登陆同时，日本海军诱使哈尔西海军上将的第三舰队北上，并试图孤注一掷，在菲律宾附近击败美第七舰队。由此引发的莱特湾海战从10月23日开始持续到25日，成为了史上最大的海上战役。莱特湾海战对日本海军舰队造成了毁灭性打击，使之一举失去了四艘航空母舰。直到战争结束，日本海军舰队的战略影响力再也未能恢复。

尽管美军在海上取得了胜利，但菲律宾群岛争夺战还是一直持续到1945年8月日本投降。最为惨烈的战斗之一发生在马尼拉：1945年2月初，美军抵达该城，当地的日本海军指挥官拒绝接受日本陆军发布的“马尼拉城不设防”命令，要求其手下1.7万名日军同美军和城内的菲律宾游击队展开战斗。在接下来的战斗当中，马尼拉城的大片地区被夷为平地，日军烧毁建筑，对菲律宾人实行枪杀、刺杀和强奸。美军的炮击则显示了其对平民全无关心。日军袭击行动和美军在首都进行的无差别炮击造成的平民伤亡数量比约为六比四。第37步兵师在很大程度上要为这些炮击负责，该师司令官罗伯特·S. 贝特勒（Robert S. Beightler）宣称，他的士兵“将老城化为灰泥，直到其凌乱不堪”，堂皇的政府建筑变成了“由尘土和垃圾堆起的高高废墟”。美国的轰炸机也制造出“一些堪比之后柏林和东京情景的漂亮杰作”，他希望“轰炸机部队能够看到，我们小小炮兵对小日本的马尼拉要塞做了什么”。贝特勒认为他的行动拯救了美国士兵的生命，然而这些行动也使当地人民饱受折磨、大批死去、家破人亡：在该城的70万居民当中，多达10万人丧生。

对日战争的结束

美国和盟军的种族主义与对日德两国的报复情绪，成为在欧洲和亚洲实施无限制轰炸政策的关键背景。早在抗日战争爆发初期，罗斯福总统便明确表示了他对日本轰炸中国城市一事感到的恐慌。1937 年秋天，美国国务院以“对任何居住有大量平民人口的广阔地带进行任何大范围轰炸，都是违反法律和人道原则的不当行为”为理由，对日本提出了批评。英国空军则从 1941 年开始对德国进行燃烧弹轰炸。1943 年夏天，英国的信息部大臣布伦丹·布拉肯（Brendan Bracken）则公然宣称，盟军将对德国和日本进行“轰炸，焚烧和无情的摧毁”。尽管美国的航空部队最初试图在欧洲和亚洲实行“精确”轰炸，但 1945 年 3 月初，他们放弃了此类行动，柯蒂斯·李梅（Curtis LeMay）的第 21 轰炸机司令部以马里亚纳群岛为基地，使用凝固汽油和燃烧弹对东京进行了空袭。3 月 9 日和 10 日的夜间空袭造成了 8 万平民死亡，超过 25 万栋建筑物被毁。轰炸机的空袭一直持续到战争结束。为了消灭敌人，英美的政军领导人不得不认定，他们必须进行大规模的屠戮。

日本人迟迟不愿投降，显示出军方对帝国国内遍布的苦难并无关心。罗杰·道沃（Roger Dower）指出，1944 年到 1945 年，日本军方和社会的部分成员已经准备让日本人民遭到灭绝，以“玉碎”来保存国家的荣誉及民族的纯洁。日本本土防御“决号作战”的策划者、时任陆军参谋本部次长河边虎四郎的日记当中，显示了军方一些人对和谈的反对态度。1945 年 8 月 9 日，广岛核爆数天之后，在获知苏联加入对日战争的消息时，河边写道：“我们不应考虑寻求和平。”为了“挽救大和民族的荣誉，除继续作战外别无他途……我不想考虑和平与投降。无论结果如何，我们除了努力之外别无选择”。

作为第二次世界大战中所使用的最具毁灭性的武器，原子弹经常被认为是让日本政府对盟军无条件投降的关键原因。然而，历史学家长谷川毅认为，使天皇和军方接受无条件投降的决定性原因是苏联加入对日作战，而非广岛和长崎爆炸的原子弹。尽管广岛的核爆对裕仁天皇造成了巨大的冲击，但苏联对他的权力构成了威胁，天皇对此也十分清醒。1945 年 2 月，前首相近卫文麿上书天皇，表示日本无须担心被英美强权击败，因为“美国和英国的民意还不足以摧毁国体”。然而，日本应当担心的是“可能伴随失败而来的共产主义革命”。近卫认为，保存国体要求天皇通过积极干预控制军队。外部威胁和国内动荡的危险对天皇的想法造成了重大影响，直到最后时刻，他都在设法尽可能保存自己的权威。8 月 9 日，天皇对其最亲近的顾问表示，由于苏联参与了亚洲战事，“有必要研究并决定结束战争”。正如长谷川毅所指出的，此时，维护天皇的地位，需要将战争责任推到军方身上。然而，出于对苏联参与日本的战后占领，从而产生政治影响的担忧，许多军方领导人此时开始不情愿地接受美国政府开出的终战条件。8 月 14 日，天皇告知日本内阁，他决定接受无条件投降；翌日正午，广播向日本全体公众放送了其宣读投降诏书的录音。

投下两颗原子弹所造成的战争暴行，是由一个自由帝国和一位决心对日本人实行复仇的总统有意采取的行动。正如长谷川毅和其他人所说，受害者意识与日本人对战争的认识共同存在，使日本政府不愿为自己在战争中的行为承担全部责任。战争末期，日本和德国遭到的毁灭性打击，一方面是由美国和盟军的战争机器所造成，但更多的是由日本和德国的领导人自己造成的。

尼古拉·拉班卡

Nicola Labanca

The Italian Wars

第三章

意大利的战争

东线俄国境内的意大利军队。1941 年，墨索里尼决定派出一支远征部队，但该部队遭到了灾难性的损失，装备也十分低劣。

战争中的意大利与国民的刻板印象

1940年6月10日，法西斯党“领袖”和首相贝尼托·墨索里尼在集结的意大利群众面前，以高亢的语调宣布，意大利将站在其盟友国家社会主义德国一方参战，对抗自由民主政权。

陆海空将士们，
参加了革命运动及武装的黑衫党同志们，
意大利本土、帝国及阿尔巴尼亚的男女同胞们……

我们将要同西方的财阀反动民主政权决一胜负，他们长久以来阻挡了我们前进的道路，常常威胁着意大利人民的生存……如果四千五百万意大利人民不能掌握直达大洋的通路，他们就得不到真正的自由……

法西斯党的道德律令要求我们，在有伙伴的时候与他们并肩前进到底。为了德国人民和她的胜利之师，我们过去如此，未来也仍将如此……我们向伟大德国盟友的领导人和元首大声致敬。无产阶级的法西斯主义意大利将第三次站起来，她的强大、骄傲和团结都是前所未有的。

只有一句口号，它直截了当，使所有人同心同德。

从阿尔卑斯山到印度洋，它已经广为流传，并在人们心中燃起火焰：胜利！

胜利将属于我们……

这一宣言将法西斯意大利从一个尴尬的处境中解脱了出来。1939年，当德国发动战争时，墨索里尼并未做好军事准备，但又急于宣布自己站在希特勒德国而非民主国家一方。因此，他宣称意大利“非交战”，而不是中立。这一行动产生的直接后果却对他不利。一方面，他没有立即加入第三帝国一方参战，这一事实加深了对于意大利的旧有偏见，人们认为它是一个叛徒国家，从未与其盟友共同参战，至少未能坚持到战争结束；另一方面，这一事实也再次强化了人们对意大利人的刻板印象：他们要么不能参加战斗，要么即便参战也全无用处，只能给盟友增加负担。

如果刻板印象和偏见没有被当成历史的材料，人们倒是有可能将其忽略；但事实是，刻板印象和偏见是历史中的一股力量，尽管它们也可能妨害历史研究的进行。它们甚至影响了领袖墨索里尼：他总是担心自己会被看成是统治着披萨爱好者、牌桌老千和曼陀林琴手们的一国之君。早在埃塞俄比亚战争时期，他就向意大利媒体下令，一律禁止刊登带有士兵打牌或弹奏乐器的照片，尽管这些照片无伤大雅。这一禁令现在仍然保存在档案当中。对于领袖来说，法西斯意大利只能是“八百万刺刀”的意大利，绝无其他。刻板印象和针对意大利的偏见所产生的影响不仅对国外的敌友双方有效，也存在于国内及其独裁者的脑海中。

从1939年到1945年，意大利战争的历史，或者说战争中意大利人的历史，比刻板印象和针对意大利的偏见远远复杂得多。然而，这些偏见仍然存在于那些亲历者的记忆中，存在于许多流行书籍当中，甚至存在于一些学术研究当中。

形象或复杂的现实

例如，很难可靠地证明，法西斯意大利的参战对其德国盟友来说是多余的，甚至成为负担。第三帝国和德国的武装部队都不敢设想完全独立行动。即便希特勒和德国的军方指挥官对意大利战斗部队的效率和能力缺乏信心，柏林也需要罗马在北非遏制英国部队，并在巴尔干、苏联及其他地方提供占领军。

法西斯意大利的敌人们有时也会夸大其词，说罗马的弱点是轴心国的软肋。的确，法西斯意大利到头来是第一个撤出战争的轴心国成员，但出现这种结局也花费了一定的时间。同样，在北非，尽管英国人十分清楚意大利在军备方面的困难和不足，但他们也花了三年时间才击败意大利人（德国人向意大利提供了一些援助），一些意大利部队的作战方式也出乎伦敦和华盛顿的意料。

最后，最重要的是，意大利的第二次世界大战并未与法西斯战争一同结束。1943 年 7 月 25 日，法西斯政权崩溃，当年 9 月，停战协议达成；之后，意大利成为了一个分裂的国家。数十万军人仍是“南方王国”军队的成员，这一地区仍然忠于意大利王室，政府首脑由英美控制下的陆军元帅佩特罗·巴多格里奥（Pietro Badoglio）担任。南方王国的常规作战部队以各种不同的名义参战：战斗军团（Combat Groups）、第一摩托化大队（the First Motorized Group）、意大利解放军（the Italian Liberation Corps）。而意大利辅助作战师（the Italian Auxiliary Divisions）为英美军队提供的后勤与支持工作同样也是十分宝贵、不可或缺的。

无论如何，一部分意大利人民在德国占领下仍然响应了反法西斯政党的号召，以各种方式使德国占领军及其孱弱的新法西斯盟友——于 1943 年 10 月在墨索里尼领导下成立的意大利社会共和国——难以生存。与“意大利人不打仗”的迷思相反，无畏而富有公益精神的意大利人民所发起的抵抗战争在艰苦的条件下坚持了两年之久，其间败退的德国人对平民和所谓的“土匪”实施了令人发指的暴行与屠杀；除南斯拉夫的抵抗战争外，意大利的抵抗战争在纳粹占领下的欧洲可谓鲜有匹敌。来自英美控制下南方王国的其他意大利人则参加了重组的意大利武装力量，在数不胜数的重重障碍面前尽可能坚持与抵抗运动并肩作战。

需要解释的是，在 1943 年 9 月 8 日休战协议签署当天，一听到消息就扔下武器返回家园的意大利士兵的形象，不能够代表这个国家和民族在第二次世界大战当中的参与情况。同样，战争期间“厚道的意大利人”或“意大利好人”的令人安心的形象也不是一直值得信赖：在法西斯战争期间，意大利部队和德国同行们一样，犯下了战争罪行；这些罪行与政权的意识形态有关，正是这一政权让他们到非洲殖民地、巴尔干地区和苏联进行战争。战争结束 70 年后，无论是 1943 年 9 月 8 日发生的情况，还是所谓的“意大利好人”，这两种形象都必须从根本上加以重新考察。

“和平”年代：从一场世界大战到另一场世界大战

墨索里尼 1940 年的言辞，尽管根本上是法西斯主义的，但也非全无根据。

直到 1861 年，意大利才实现统一；其国家历史较短，经济上也较为落后。通常认为，直到 19 世纪末期，意大利的工业发展才开始起步；直到 1958 年“经济奇迹”前夕，意大利的工业产值才超过农业产值。这解释了为何一战结束后，当意大利人发现自己跻身胜利者之列时，既感到骄傲，也感到意外。

1919 年的凡尔赛会议，面对着迥异于 1914 年的世界局势，意大利仍然是“列强中的最后一位”，但列强的名单已经大大缩短，俄罗斯、奥斯曼、德意志和奥地利四大帝国都随着一战的终结而消失，而它们的消失则使得意大利可以作为四大战胜国之一享有更为重要的地位。

实际上，从世界大战中诞生的自由意大利在很大程度上是虚弱和分裂的。早在 1922 年 10 月 29 日，意大利国王便要求“骑士”贝尼托·墨索里尼建立政府（这位新的政府首脑并非贵族出身，授予他“骑士”头衔纯粹是出于礼节考虑）。1925 年 1 月 3 日，“领袖”扔掉了面具，建立了对内极权、反对民主、消灭自由的新政权。然而，在国际政治层面，大战业已改变了意大利与其他欧洲列强之间的关系；在之后的几年当中，罗马在国际舞台上扮演了较为重要的角色，1933 年 6 月 7 日，法、英、德、意签订了《四国公约》。只有在这一转变了的战略框架之内，才能理解法西斯意大利的修正主义外交政策，包括反对和平主义、殖民主义、扩张主义、好战主义等种种内容。

对墨索里尼来讲，不幸之处在于，1933 年，随着阿道夫·希特勒在德国的崛起及其代表的德国转向激进，意大利的国际地位再一次发生了转变。这一新的形势非但没有限制住墨索里尼的独裁统治，反而刺激了法西斯主义战争政策的进一步激进化。

转向激进

墨索里尼政权的好战政策早在 1923 年 8 月 31 日至 9 月 1 日的科孚事件中就有所体现；此外，意大利还固执地拒绝将 1912 年意土战争期间占领的多德卡尼斯群岛归还给希腊，而它本来承诺一旦冲突结束就立即放弃这些岛屿。另一个标志则是 20 世纪 20 年代意大利在索马里和利比亚（后者尤甚）所进行的多次殖民战役。墨索里尼上台时，意大利对这些非洲殖民地的控制被有效地限制在海岸地区，法西斯政权对内陆地区发动了精心策划的军事行动，冷酷无情地将这些地区纳入到其完全控制之下。

然而，希特勒在德国崛起后，意大利于 1935 年发动对埃塞俄比亚的进攻，才清晰地揭示了法西斯意大利对国际成功的渴求，以及其否定国联和凡尔赛和平架构的意图。尽管人们认为，意大利这样的现代欧洲国家战胜埃塞俄比亚这样的传统非洲国家是天经地义的，但埃塞俄比亚战役还是制造了一些意外：包括 J. F. C. 富勒（J. F. C. Fuller）在内的各国军事观察家们惊讶地发现，赢得一场非洲战争，需要 50 万人进行 7 个月的战斗。

法西斯意大利并未就此停歇。1937 年，它入侵西班牙以支持弗朗西斯科·佛朗哥（Francesco Franco）的政变，从 1937 年到 1939 年，意大利承诺为佛朗哥提供 5 万“志愿军”帮助其对抗民主共和国（尽管实际上这些人只是不穿意大利军服的义务兵，到 1939 年春天也只达到了 2.8 万人），以及 764 架飞机和 5700 名飞行员。意大利还在西班牙附近的地中海发动了一系列针对英国的潜艇作战。广义上看，意大利武装力量的战争计划的基本确定，早在多年之前就已经不限于同传统敌人法国之间爆发的冲突，也包括（意大利海军）同英国皇家海军之间的冲突。外交政策的这种激进转向，也与内部事务的相应转变相伴发生：法西斯意大利政权在没有德国刺激的情况下，主动设立了种族歧视的制度体系，首先于 1937 年在非洲殖民地实施，之后于 1938 年在意大利本土实施，并施行了反犹主义的政策。

简而言之，在对内和对外事务中，意大利的法西斯主义都转向激进化。由于两国之间在经济能力和军事准备程度上存在着显著差异，意大利的法西斯主义不具备德国纳粹主义那样的破坏力；然而，在 20 世纪 30 年代末期，法西斯意大利也对欧洲秩序构成了明显的威胁。

战争准备?

20 世纪 30 年代后半期，法西斯政权带来的威胁仍然主要体现在政治和战略层面，而非军事层面。然而，在具体的军事问题上，意大利也已经不容小觑。法国可以动用的军队有 86 个师，英国在战前则只有勉强超过 30 万军人，其中超过半数是印度部队，需要在印度进行本土防御。在这一背景之下，法西斯意大利声称其可以调遣的

73个师，一旦与希特勒德国的103个师配合行动，足以改变欧洲的军事平衡。法西斯意大利之前没有能力独自推翻凡尔赛确立的国际关系格局，在1933年之前更是如此；然而，与德国结盟之后，它便能够向欧洲发起挑战。这一局势在政治层面上已经显而易见，并在军事上得到了反映。没有哪个法西斯主义大国为长期作战做好了准备，然而，它们却可以通过一场短期的冲突对欧洲的民主国家造成严重的威胁。德意两国军队的军事学说也清晰地体现出，这样的冲突对罗马和柏林来说可谓正中下怀：意大利主张的是“短期速战”，德国则提出了“闪电战”。

许多观察家和绥靖政策的鼓吹者接受了这样的观点，即认为应当强调法西斯政权在军事架构上的缺陷，而这种缺陷的确为数不少。20世纪30年代末期，由于在埃塞俄比亚战争和西班牙战争中消耗了大量的武器装备，法西斯政权的武装力量遭到严重削弱。意大利的军事工业无法为法西斯国家提供它所需要的武器，因此，在任何情况下，意大利都不具备必要的资源。意大利在埃塞俄比亚和西班牙的战争上至少花费了600亿里拉，而1939年之前的几年间，意大利的年度国家预算约为200亿~250亿里拉，1939年意大利参战当年则为420亿里拉。这一消耗程度意味着，意大利的重整军备工作已经难以为继，无法按计划及时进行。

由于墨索里尼不愿为各军种之间的实际合作提供支持，上述弱点显得越发棘手。总参谋长佩特罗·巴多格里奥将军没有足够的参谋人员来完成其职责，也没有明确迹象表示，一旦战争打响，他将成为军队的最高司令官。有一个最高国防委员会，但该委员会开会的次数极少，在国家军事计划当中也并不发挥作用。在法西斯政权统治下，国务秘书和各军种的参谋长——政治和军事方面各自的最高职位——长期由同一个缺乏政治远见的现役军人把持。这意味着，各军种不经必要的相互协商，分别制定自己的战争计划；而后果则极为严重：军事计划无法具备超越眼前需求的远见，且这成为了一种常态。

然而，法西斯主义的空虚与肤浅，要比上述弱点严重得多。关于技术现代性的一切华丽辞藻，给意大利带来的不过是表面上的军事化。在坦克、轰炸机和航空母舰的时代，意大利人更喜欢的口号却是“八百万刺刀”，这一点颇为发人深省。

出于这些原因，1939 年时，“意大利的武装力量直到 1942 年才能做好参战准备”这一点，令国际观察家们将信将疑，令意大利的德国盟友深感焦虑，而意大利的军事领导层则对此深信不疑。军事领导层向墨索里尼做了汇报，而墨索里尼甚至将这一判断写信告诉了希特勒。陆军参谋长估计，在他能调遣的 73 个师当中，有 19 个已经准备好采取行动，32 个在乐观情况下可以看做是有效的，其余的则全部有待完善，换言之，其状态不适合参战。然而，这些人都低估了法西斯意大利在参与一场联合作战而非单打独斗时，能够对欧洲命运造成的影响，可以显著到何种程度：墨索里尼则希望，这种影响是决定性的。

当“领袖”向意大利人民宣布，“非交战”状态告一段落，法西斯政权即将与它的国家社会主义工人党盟友并肩迈入战争时，上述种种或许都掠过了他的脑海。他无从知晓的是，战争将会为期漫长还是短暂，战争范围是欧洲还是世界；他更无法想象，自己签署的，正是他的政权以及他本人的死亡判决书。

法西斯的战争：一场赌博

法西斯主义的野心不小；学者们将这些野心归结为一种蓝图，或是一套思想，其目标是“地中海新秩序”，与希特勒梦想的欧洲新秩序相互呼应。1940 年 9 月德、意、日缔结的《三国同盟协定》表明，这三个法西斯大国已经在设想着在它们之间瓜分势力范围。法西斯意大利立志要控制地中海和巴尔干半岛的部分地区，尽管在后一处地方它将面对着德国的竞争；同时，它还希望在非洲和中东扮演领导角色。

墨索里尼处心积虑地希望将科西嘉和突尼斯纳入其控制之下，尽管这样将损害法国的利益；他也希望迫使法国接受意法边境线的一些调整。随后，他打算在巴尔干地区逐步确立意大利的商贸存在，以阿尔巴尼亚为起点，向克罗地亚和希腊发展，更不必说也包括门的内哥罗；他甚至将目光投向了土耳其的部分地区。其他的想法包括向埃及和苏伊士运河扩张，也隐约涉及中东方向。在西班牙问题上，他的考虑是，如有可能，使西班牙承认意大利的盟主地位，而非对其进行征服；这一态度在佛朗哥政权巩固之后变得更为突出。上述这些目标结合起来，将使意大利能够控制地中海及沿岸广大地区的许多国家，对法国和英国造成打击。的确，巴尔干问题仍是德意两国发生摩擦的根源，但总体上看，这一计划与纳粹的欧洲大陆政策是互补的。

但是，意大利是否有足够执行这一计划的军事力量？其军队的准备水平又能否与这些战略目标匹配呢？多米尼克·卡瓦那里（Domenico Cavagnari）海军上将领导下的海军，准备的是与“不列颠叛徒”之间的一场冲突，或者说是被动地接受了这一目标；但它缺少航空母舰和雷达，潜艇舰队尽管数量庞大，也存在着一些问题。阿尔伯托·帕里亚尼（Alberto Pariani）将军领导的陆军为对法国和南斯拉夫的两线作战制定了计划，但它也希望这些计划不要受到检验；其“短期速战”的军事学说，目标是在北非击败英军的坦克，但即便在北非，意大利拥有更多的，也是刺刀而非装甲车辆，意大利的坦克偏于轻巧，缺乏无线电通信手段。最后，尽管意大利空军是法西斯宣传的骄傲，也是其参谋长伊塔洛·巴尔博（Italo Balbo）的骄傲，但它在跨大西洋飞行等宣传炫技方面投入更大，对军事作战方面则投入较少，后者包括朱利奥·杜黑（Giulio Douhet）提出的战略轰炸，以及与步兵协同进行的战术行动等。

简而言之，抛开宣传，人们可以清楚地看到，法西斯政府的目标太大，其所掌握的军事手段不足以应对。归根结底，意大利人是否准备好了打仗？以20世纪30年代为突出代表，法西斯政权在学校设立了军事课程，要求意大利青年参加军事游行。到1939年，政府已经将经过正式训练、接受全额拨款的陆军军人数量增加到54.4万。它也大幅度扩充了法西斯党的军事组织，即所谓的“国家安全志愿民兵（Milizia volontaria di sicurezza nazionale, MVSN）”。1940年6月1日，陆军总人数为110万，海军为17万，空军为10万。法西斯民兵共有31万，其中4万属于黑衫军。但是，这一切组成的不过是一个好战的幌子，而不是真正专业的军队调整，与其说是为了取得实际效果，不如说是为了装饰。由于缺乏现代装备，且没有获取石油的渠道（对于重视机动和“短期速战”的战争来说，燃料至关重要），意大利的常规武装得不到他们需要的训练。同样，在这些军官当中，也有许多人不能胜任新政权为实现其目标而提出的任务。

最后，也许最重要的是，20 世纪 30 年代末期，法西斯政权面临着其与整个国家之间关系的一场危机。法西斯主义在中产阶级的某些群体当中失去了支持，大众也不再认同它。正是因为此，墨索里尼才没有在 1940 年 6 月宣布总动员；他既不想惊动公共舆论，也不想检验其忠诚。因而，“八百万刺刀”并不存在，响应号召的人数刚刚超过这一数字的一半，这甚至比自由意大利为一战而动员起来的人数还要少，尽管 20 世纪 40 年代初期的意大利人口数量高于 1915-1918 年的水平。

攻势与占领

1939 年 9 月之后的数月间，法西斯政府在慌乱中采取了一系列行动。要使意大利的武装力量为一场漫长的总体战做好准备，还需要数月乃至数年的时间，但墨索里尼希望战争速战速决。墨索里尼在 1940 年决定参战，许多意大利人和后世的一些历史学家为此懊悔不已，但历史学家乔治·洛查特（Giogio Rochat）对此的描述更为恰切：用他的话来说，这是“被迫的干预”。如果墨索里尼想要保全一点点面子，如果法西斯的意识形态有那么一点实际意义，如果意大利不打算断绝与德国的同盟关系，除了参战之外，墨索里尼别无选择。

意大利采取的第一个军事行动是 1940 年 6 月 21 日对法国发动进攻。当意大利军队越过法国边境时，法国政府已经于 6 月 10 日离开了巴黎，并于 17 日开始与柏林商议休战。当意大利人遇到法国军队的抵抗时，他们十分震惊，并且发现自己尚未准备好面对这样的战役。长期以来，意大利的军事计划是在阿尔卑斯山进行防御作战，尽管他们能够沿着海岸线前进，但山区作战还是十分困难。根据原先的设想，空军可以与地面部队进行配合，对法国的防御力量进行轰炸，但这种协同空袭遭到了失败，起到的作用有限。这一行动的唯一重要成果是攫取了科西嘉。

对于墨索里尼来说，不幸的是，战争并未在 1940 年夏天结束。意大利在法国已经屈服的时候对其进行武装干预，使墨索里尼能够对法国强加一些条件，并占领后者领土的一小部分。但这并未使意大利在欧洲和平大会上取得一席之地，因为根本没有召开这样的会议。更重要的是，这将意大利拖入了世界大战，也暴露了其在军事上缺乏准备。

同时，在法国的意大利武装力量改组为占领军，到 1942 年 11 月，他们在法国南部的人数已经从数千人增加到近 15 万人，另有 8 万人驻扎在科西嘉。他们为德国提供的支持，不过是令后者能够集中精力占领更广阔、更富饶的法国北部地区。法西斯政权试图从其占领的地区榨取资源和工业制成品，但其采取的措施并不总能互相协调、有所成效。然而，对科西嘉的占领却是严酷的，其目的是使意大利得以控制这个对掌握地中海和意大利的本土防御来说都有着重要战略意义的岛屿，同时防备当地抵抗运动带来的危险。因而，虽然法国战场一直处于次要地位，但夺取和占领法国领土立刻绑定了大量的意大利军队。

阿尔巴尼亚、希腊和巴尔干地区

对于意大利来说，巴尔干战场上的战争远比法国战场更具决定性意义。法西斯政府在这一地区已经秘密经营了数十年，其影响渗透到克罗地亚人、塞尔维亚人和阿尔巴尼亚人各自的政治运动当中。人们经常忘记，1939 年 5 月，早在德国入侵波兰六个月之前，意大利就入侵了阿尔巴尼亚。

在墨索里尼对法国采取军事干预之后，从非洲前线传来的消息（详情稍后说明）并不理想，他随之决定入侵希腊。选定的日期是 1940 年 10 月 28 日，正是法西斯党 1922 年“进军罗马”的纪念日。包括早先被解职的巴多格里奥在内，陆军将领们反对入侵行动，但还是接受了“领袖”的政治决策。10 月 28 日的入侵很快被证明是一场灾难，尽管补充兵员源源不断，意大利的陆军还是无法突破希腊陆军的防御。意大利人再一次被山地作战和后勤问题击败了，巨大的冻伤者数字本身就说明了一些问题。直到 1941 年 4 月 6 日，这一僵局才得以打破。德国和保加利亚军队攻击了南斯拉夫和希腊，以便在未来对苏联的攻势当中保护好自己的后方；面对这一猛攻，希腊部队或是投降，或是撤往克里特岛，德国和意大利随后对巴尔干地区实施了分区占领。

几个月间，意大利征服希腊的企图遭到了实打实的失败，然而，这并未能抹去之后意大利长年占领巴尔干地区留下的相关记忆。从 1941 年春天到 1943 年夏天，意大利军队将其可用的 65 个师当中的 30~35 个投入到巴尔干地区的占领工作中，对柏林来说，他们起到的作用是十分宝贵的。一些地区被意大利直接吞并，如斯洛文尼亚、达尔马提亚海岸、阿尔巴尼亚和科索沃。对于其他一些地区，意大利实现了控制，但不得不面对强有力的反法西斯抵抗运动，门的内哥罗和希腊就属于这种情况。德国保留了一个小小的控制区，包括斯洛文尼亚的一部分、塞尔维亚、萨洛尼卡和克里特岛，其余地区则被置于轴心国同盟克罗地亚、保加利亚和匈牙利的统治之下。如果柏林和罗马赢得了战争，很难设想这一局势仍能令双方满意，但无论如何，这些地区是法西斯同盟集团在军事上的重大收获，尽管它们更多的是占领者，而非征服者。

60万~65万意大利占领军为其所占领土带来了严重的负担，突出原因在于该地区土地贫瘠，占领者组织涣散。占领者的处境同样十分艰难，他们不得不与南斯拉夫抵抗运动相抗衡，而后者是在纳粹占领下的欧洲地区抵抗运动中的佼佼者。意大利的军事司令部不时强调一下自己的独立性，当纳粹官方要求将犹太人集中起来时，意大利要么不配合，要么拖延配合行动，但与其说这是为了保护犹太人的生命，不如说是为了强调意大利在某种程度上具有国家自主性。意大利占领者大量利用生存条件极为苛刻的拘留营。占领行动的一些方面仍然有待研究，但可以肯定，与德国占领者形成对比的“意大利好人”形象，是站不住脚的。

帝国的崩溃

1940–1941年冬天，就在意大利难以在希腊取得突破的同时，其终究无可避免的东非败局正在浮现。

1935–1936年，一场集中的宣传战声援了法西斯对埃塞俄比亚的侵略；从那时开始，一种模糊不清却颇具雄心的帝国观念在意大利得到了推广。征服埃塞俄比亚，使意大利不再仅仅是一个王国，而成为了帝国，因为前者拥有广袤的领土：埃塞俄比亚的领土面积超过100万平方公里，几乎是意大利的四倍；同时又十分富饶，虽然其资源难以利用。占领阿尔巴尼亚则肯定了意大利的帝国地位。法西斯宣称，所有的意大利人现在都应该“从帝国的高度”考虑问题，他们应当把自己看成“帝国的建设者”。1940年6月，宣布对民主国家开战的也是意大利帝国。

1940年至1941年的现实似乎不支持这一宣传。意大利在法国收获甚少，在希腊的计划也受到了挫折。随后，1941年1月到5月之间，意大利又丧失了其在东非的帝国。部署在当地的意大利部队规模不大，1940年6月约为18万人，主要由殖民地部队组成；然而，面对人数远少于意大利但更为先进的英联邦部队发起的攻势，意大利的军队崩溃了。最后一批意大利据点一直坚守到11月，直到其处境陷于绝望；然而，1941年春天，意大利帝国便已经注定要丧失了。当局尽力通过审查限制失去东非在公共舆论中引起的负面效果。总体的战略局势意味着罗马无法为其在东非战场上的部队提供支援，只能任其自生自灭。然而，1940-1941年的失败，为意大利作战单位及其指挥官们的军事效能清清楚楚地敲响了警钟。

很难说这一战略性的败局是出人意料的，因为从意大利本土向意属东非进行增援的任何尝试都被英国扼制，无法通过苏伊士运河。但是，败局对意大利公众舆论的影响要比通常认为的情况严重得多。此外，丢失意属东非，意味着第一次有意大利军人成为了战俘，而这种经历是令人丧气的。

中央前线

归根结底，东非不过是一场助兴表演。无法在地中海和北非前线取得成功，才使得东非溃败对法西斯政权的影响更为严重。如果法西斯认真打算实施其“地中海新秩序”的蓝图，意大利的真正战争聚焦点无论如何应当放在北非。1941 年 12 月，英国已经陷入了从中东到日本的多个战场，只能为其在埃及的部队提供有限的补充力量，这为罗马带来了希望。如果意大利在地中海和北非取得成功，将意味着其可以控制从意大利到利比亚的海上交通，突破埃及的防线，打开通向亚历山大和苏伊士运河的通道。

意大利在这一战场进行了大量投入。仅就陆军的情况来看，1940 年，该地区部署的军人就从 1939 年的 9 万增加到了 17 万，到阿拉曼战役期间降到约 14 万。其他军种也需要配合陆军的兵员投入：海军不得不调派约 20 万人，这还不算德国的兵力。在西西里和利比亚之间的海面上展开的“护航战”看似无法带来军事上的光辉成就，但在战略上是生死攸关的。护航行动的次数由 1940 年的 90 次增加到 1941 年的 350 次，1942 年为 550 次，1943 年冬季和春季为 450 次。绝大多数护航编队顺利通过了这段海域，但物资的损失从 7% 增加到了 30%，燃料供给至关重要，但相应的损失从 6% 增加到了 71%。

意大利海军已经承受了数次失败的耻辱：1940 年 7 月 9 日在斯蒂洛角（Punta Stilo），7 月 19 日在斯巴达角（Capo Spada），11 月 11–12 日在塔兰托，11 月 27 日在特乌拉达角（Capo Teulada），以及 1941 年 3 月 27–29 日在马塔潘角（Capo Matapan）。然而，由于深知本国的工业水平无法更换主力舰，意大利在运用它们时十分小心谨慎。此外，海军没有航空母舰，其舰艇上也没有装备雷达，其潜艇既无超声波水下探测器（ASDIC），也没有声呐。通过“护航战”保卫其与利比亚之间的交通线对意大利的资源来说已经是一个沉重的负担。更糟的是，英国情报机关在战争早期就开始破译意大利的电文；实事求是地讲，情报工作对于意大利战争的影响，无论怎样强调都不为过。

尽管有“短期速战”的军事学说，意大利陆军仍然尚未为一场现代化沙漠战争准备就绪。它的坦克太少、防护薄弱、火力不足，步兵又缺乏在这样一种战场上作战所需要的训练、装备和战术。意大利指挥官们学习得很快；塞卢姆方向的春季进军和之后一年中、阿拉曼战役之前意军所取得的进展表明，他们中的一些人将学到的知识运用到了实践当中。1942 年的溃败之前，胜利并不都是德国人取得的。但事实是，意大利部队只在数量方面拥有优势。墨索里尼希望北非战争由意大利主导，但 1941 年 2 月，或多或少地与希特勒的坚持有关，埃尔温·隆美尔（Erwin Rommel）率领的德国部队抵达了北非，这改变了军官当中的情绪。然而，意大利对战争的贡献不及德国；这不是因为德国人的到来立刻转变了战役的局势，而是因为向在北非作战的意大利和德国军队提供支援极为困难。由于英国牢牢控制着马耳他，穿越地中海的风险一直很高。另一方面，尽管意大利存在着这些弱点，也没有理由过度夸大英国一方的乐观形势：英国人花了三年多的时间，才在埃及和利比亚克服了意大利和德国的防御行动。

这样，意德与英国之间的战斗前线前后移动了三次。1940 年 9

月 13 日，意大利第一次进抵西迪·巴兰尼，之后于 12 月 9-12 日被英国赶回了阿盖拉。意军和德军于 1941 年 3 月 23-4 月 15 日发动反击，最远进至塞卢姆，但 11 月 18 日到 12 月 31 日英军再一次从埃及进行反攻，进抵阿杰达比亚和阿盖拉。德意的反攻最远渗透到阿拉曼（1942 年 1 月 21 日至 6 月 30 日）和海法（8 月 30 日至 9 月 5 日），之后再一次占领阿拉曼（10 月 23 日至 11 月 4 日）。然而，此时英联邦部队发动了势如破竹的攻势，从西迪·巴兰尼直取特布鲁克和班加西，又从苏尔特进兵的黎波里，一直打到突尼斯边境（1942 年 11 月 9 日到 1943 年 2 月 4 日）。在这里，意大利和德国军队继续进行了一段艰苦而毫无希望的作战，之后于 5 月 13 日在突尼斯被迫投降。显而易见，这是一场久拖不决的战役，对于英国来说，赢得北非远没有赢得东非那样轻而易举。

北非前线的溃败，敲定了意大利战争和法西斯政权的命运，这不仅是因为大量的人员损失——战争结束时，英国俘虏的意大利士兵超过 40 万，其中很大一部分是在东非和北非战场上俘获的——也是因为在北非战场的失利，标志着法西斯计划的整体失败。

从“平行战争”到“扈从战争”：苏联战场

然而，在最终崩溃之前很久，改变意大利战争战略框架的根本性转折就已经发生了。1940 年 6 月，墨索里尼还可以相信，通过一场与德国同时进行的短期对俄“平行战争”，意大利可以在和谈当中获得一席之地。然而，这场战争却被日复一日地拖长。希特勒德国实现了扩张，但无论是在西部对阵英国，还是在东部对阵苏联，都没有获得完全胜利的迹象。与之相反，柏林和东京的决策使当时有着最强工业和经济实力的美国于 1941 年 12 月 7 日加入了战争。如我们已经知道的那样，在那前后几个月间，希腊、东非和北非的意大利武装部队尽管在一些时刻表现勇猛，但总体来看是实实在在地失败了。更糟的是，由于意大利半岛缺少煤炭、石油、橡胶等原材料和战略资源，意大利日益依赖于其强大的德国盟友。出于这些原因，墨索里尼逐渐增加了其对乔治·洛查特所谓的“扈从战争”的热情：

> 1941-1943 年的战争可以说是一场“扈从战争”，因为它完全依赖于德国人的决策。实际上，1940 年，意大利的战争行动就已经从属于德国，胜利的希望被寄托在德国军队取得的成功之上。然而，“平行战争”多少还为意大利保留了一点点自主权，或者说是自主权的幻象，但这种幻象也随着（1941 年）冬季的失利而丧失了。

参加德国对苏联的进攻，便是意大利法西斯进行扈从战争的最为典型和最具戏剧性的例子。

在进攻俄国的计划方面，柏林将罗马完全蒙在鼓里，德国人也不想用那些自己不能信赖的部队和指挥官。墨索里尼坚持要让意大利部队以一种有意义的方式参与东部战役，从这一点上可以很清楚地看出，他起初并不希望法西斯在战争中扮演从属性角色。墨索里尼成功地首先派遣了三个师、6.2 万人的装甲部队，之后又派了超过六个师、17 万人的一整个军，军事首长们将能够动用的最好的装备提供给了这些部队。意大利军队通常不参与征服新领土的作战，而是对德国军队碾压过的领土进行防御和占领，使德军得以集中精力对付前线，这对后者来说也是十分宝贵的。

然而，即便是意大利指挥官们能够动用最好的装备，也不足以弥补一些严重的失误，如将为山地作战而训练的阿尔卑斯部队派到俄罗斯平原上作战，以及无法为他们提供恰当的机械化运输手段，迫使他们只能通过步行转移，因而精疲力竭。这些装备也不足以在1942–1943年的冬天，抵御苏联在“小土星行动”和之后的奥斯特罗戈日斯克—罗索什攻势（Ostrogorsk-Rossosk Offensive）当中的强势进攻。

这样，意大利的军队就注定要进行一场灾难性的撤退，而他们完全没有为此做好准备，也基本没有从德国盟友那里得到什么援助：后者的关注差不多都集中在他们自己身上。意大利的损失是巨大的：15万人当中损失了8.5万人，2.7万人受伤。从俄国撤退的情景破坏了民众对政权的支持。此外，很大一部分意大利战俘在被迫的徒步转移或之后的俄国战俘营当中死去。

撤出战争

1943年初的几个月间，法西斯意大利在第二次世界大战中的总体处境可以用岌岌可危来概括：乱成一团的意军从俄罗斯和北非撤退，东非的帝国已经丧失，只在法国和巴尔干还维持着占领。然而，在巴尔干地区，南斯拉夫抵抗运动令意大利部队疲惫不堪，不得不进行艰难的反暴乱作战。因此，法西斯政权在国内的地位日益衰弱，也是意料之中的。

多年来，意大利国王一直相信墨索里尼是“命定之人”，但现在他担心“领袖”正在把国家和王室拖向深渊。一连串的失败终于让军事首长们开始感到绝望，这些失败既是因为意大利部队没有为诸多战线上的长期作战做好准备，也是因为墨索里尼的大量战争目标造成的力量分散。尽管独裁统治和战争期间的言论审查起到了一定的遏制作用，但公众舆论还是越来越疏离政权。1943 年 3 月-4 月，为反抗战时环境和法西斯主义而进行的一场大型罢工使意大利北部的多家大工厂陷于瘫痪。实际上，许多实业家自己也在切割与政权之间的联系，而由于墨索里尼并没有发动工业领域的总动员，这种切割也变得更为容易。墨索里尼同样没有制度化地实行全国征兵，这与 1915-1918 年的自由派统治阶级形成了鲜明的对比。因而，与战前就已存在的、基于原则的反法西斯运动一道，出现了一种战时的反法西斯运动，而在官方宣传之下仍然接连传出的关于失败的新闻，则为这种新的反法西斯运动提供了养料。

不仅如此，第二次世界大战的战场不局限在士兵当中；空战的发展意味着，平民人口也直接暴露在火力之下。的确，在战争的最初几年，英美对意大利进行的轰炸烈度不大，也没有对整个国家造成影响：从英伦三岛起飞的轰炸机可以打击北部的工业城市，但那不勒斯等南部港口就只能由从埃及、马耳他、中东和塞浦路斯起飞的飞机进行轰炸。直到 1943 年春夏，意大利被赶出利比亚之后，英美飞机才可以较为容易地打击到意大利半岛的其他地区。尽管英美军队面对着技术难题，但还是使意大利人民强烈地意识到，在法西斯意大利为其空中力量高唱了多年赞歌之后，政权的空军及防空手段完全失败了，无法对来自空中的攻击提供任何有意义的防御。由于过度迷信杜黑理论中的一个核心部分——空军的打击能力，罗马低估了防空手段的必要性。

因而，归结起来，政府未能向国内战场提供相应的援助、未进行总动员、法西斯党内和政权内部士气瓦解、家庭担心其在战场上的成员的命运，再加上从战俘那里传回的消息，所有这些因素从内部破坏了法西斯政权，与此同时，英美和苏联对手正在战场上与之交战。对于那些有挚爱成员成为战俘的家庭而言，他们感到的焦虑尤其不应当被低估；此时，约有 70 万人已经被俘，其范围遍及五个大洲：亚洲（印度）、非洲（肯尼亚、南非、埃及）、澳大利亚、美洲（美国）、欧洲（英国、苏联）。

墨索里尼上台以来，被放逐到国外的反法西斯主义者，以及那些在埃塞俄比亚战争短暂胜利期间在国内面对艰难时局的反法西斯主义者，此时不出意料地重新开始了他们的活动。共产主义者、社会主义者、为数不多但具有影响力的“行动党”（Patito d’azione，拥护战前“公正与自由”运动理论原则的左翼群体）激进成员、天主教徒，以及温和的自由派及保守派，都在积聚能量。现在，战时的反法西斯主义运动也加入到他们当中。

覆　灭

政权的国内支持摇摇欲坠，但来自英美的压力却一如既往。潘泰莱里亚和兰佩杜萨两个外岛上的意军于 6 月 11–12 日投降，7 月 9 日，美英军队在西西里登陆。进军意大利的军队实力强劲：远征军最初由英美各三个师，一个加拿大师合编而成，共计约16万人；但数周之内，远征军就扩充到了近50万人。墨索里尼和意大利无从设想任何反抗手段，只能带着复杂的情绪坐视政权末日的到来。

随着军事局势的发展，政权内部的密谋日益增多，逐渐分崩离析。法西斯党高层的一些成员开始幻想抛弃墨索里尼而维护法西斯统治。军内的一些小圈子则考虑夺取政权，将这个给他们带来诸多屈辱失败的独裁者赶下台，或至少支持他的反对者。工业界的一些领袖明确发出信号，表示他们不反对支持地下的反法西斯运动。而这一切密谋的核心，国王维克托·伊曼纽尔三世（Victor Emmauel III）正焦虑地想要避免王朝和国家的毁灭，或至少控制破坏的程度。

然而，与此同时，德国人采取了行动。这既是为了保卫盟友，也是为了保卫他们自己。这一行动成为之后一年中的重要事件。即便不考虑英美征服意大利对欧洲战场造成的巨大心理冲击，这一局面也将使德国城市更加暴露于敌人的空袭范围内，而在此之前，空袭已经给鲁尔-莱茵兰地区和汉堡的平民人口带来了巨大损失。因此，早在1943年春季，德国就实施了“阿拉里克行动”（Operation Alaric，译者注：西哥特国王阿拉里克一世，曾于公元410年入侵意大利并征服罗马）（这个代号从意大利的角度来看甚为不祥，因此后来改名为“轴心行动”），以增加其在意大利的军事存在。这样，一旦需要，即便意大利人反对，他们也可以随时占领意境内的战略据点。显然，德国人不再信任他们的盟友了。

这个由秘密行动织成的复杂网络，最终在法西斯执政二十多年之后将其导向了覆灭。此时，意大利士兵仍然在战斗并死去。1943年7月24-25日夜间，法西斯党的最高权力机构法西斯大会（Fascist

Grand Council）以多数票反对“领袖”，25 日下午，国王命令军警逮捕墨索里尼，以佩特罗·巴多格里奥元帅领导的政府取而代之。巴多格里奥曾于 1918 年策划了维托里奥－维内托（Vittorio-Venetto）战役（尽管同时也为 1917 年卡波雷托战役的失败负有一些责任），20 世纪 20 年代曾指挥再次征服利比亚的一系列殖民地战役，也是埃塞俄比亚战争的统帅；在因反对希腊战争而被解职之前，巴多格里奥一直担任总参谋长。现在，军队希望引领战败的意大利从法西斯主义转向后法西斯时代。

艰难的四十五天

意大利战争最为激烈、最为艰难的段落之一，此时才刚刚开始。

毫无疑问，军队是这个国家正在进行的政体变革的动力来源。然而，1943 年 7 月，仍有约 300 万未解除武装的陆军军人身处欧洲战场（另有 50 万新兵），与德国“盟友”并肩作战；战俘数量达 70 万；在意大利本土，约有多达 250 万军人，他们或是正在参加训练，或是等待北非战败后的重组，或是在法西斯政权的最后时日被留驻国内维持公众秩序。新政府迅速转向，可能会将许多人置于生命危险当中。总之，从军队和王室的角度来看，这样做将给反法西斯主义者巨大的政治影响力，而军队和王室将因此而受损。显而易见的是，在 7 月 25 日之后的那几天，意大利全国都无心作战；各地的城市被接二连三的群众游行席卷，人们庆祝法西斯的倒台，从公共建筑上拆除政权的标志，为他们误以为的终战而欢欣鼓舞。

由于上述原因，国王和巴多格里奥宣布“战争继续”，意大利部队接到命令，继续与英国和美国交战。实际上，意大利与英美进行秘密接触，为休战进行谈判。9月6日，官方起草了一道命令，要求军队将作战目标转向德国。但是，国王和军事首长们采取的立场，出人意料地招致了各个方面的不信任。其原因包括，战争仍在继续；反法西斯主义者对新政府表示怀疑，认为巴多格里奥不是一个可靠的支持者；希特勒和德国军队对新政府评价不高，因为一切迹象都向他们表明，意大利即将“背叛”；由于没有明确的命令（如要求在海外作战的部队返回祖国），军队感到十分不安；此外，由于新政府迟迟不能表明立场，英美对手对其也并不信任。

这一不确定时期持续了整整四十五天，直到艾森豪威尔将军在1943年9月8日通过广播宣布意大利已经同盟军签订了休战协议。之前，巴多格里奥曾与盟军约定，几天之后再公布这一消息；盟军破坏了这一约定，几小时之后，巴多格里奥本人也尴尬地通过广播发表了声明。同日，国王、王室以及高级军事指挥官们从首都罗马出逃，在南方设立了一个新首都，声称这是为了维持制度的连续性；但批评者们表示，这些人为了免受皮肉之苦，将国家弃之不顾。休战将意大利的状态由敌对国转变为“共同交战国”（co-belligerent），一个暧昧模糊的新词，南部王国的意大利人与英美一道使用这个概念，徒劳地试图将自己重新定义为盟友而非敌人。

国王和巴多格里奥的最高司令部脱离德国同盟军的过程在完全秘密的状态下进行，因此，战场上和国内的部队没有收到任何命令，意大利军队充其量只能按照自己的良心行事。关于应该怎样做，指挥员和军官们没有收到任何正式命令或指示，因此也不知道应当对他们的部队和人民说些什么。意大利堕入了混乱。与之相反，德国的“阿拉里克行动”倒是为这种形势下应当采取的行动提供了详细的指导，德国军队立即行动起来，发起了攻击：他们要夺取武器和战略要地，解除“叛徒”的武装并将其逮捕，如果有意大利士兵试图武装抵抗，就对他们开枪。

一些意大利军队没有解散，并对德国的袭击进行了武装抵抗。这种情况发生在罗马的圣保禄门、那不勒斯、托斯卡纳海岸上的皮翁比诺，以及希腊岛屿凯法利尼亚。在最后一处，由于控制该岛具有重要的战略意义，意大利军队采取了武装回应；而此地虚弱的德国要塞与精干的意大利驻军阿奎步兵师（Acqui division）之间在力量上并不平衡，这刺激了德国人于1943年9月23–28日解除了意大利人的武装，并冷血地杀害了数千人。（传统认为，在此次屠杀中受害的人数为9500人，最近的研究质疑了这一数字，但同时确认了至少有2000名士兵在作战数天后投降并成为战俘，之后遭到枪杀；另有3000人被装进一艘轮船送往希腊，并在船难中丧生：由于船上过于拥挤，他们全无逃生可能。）其他意大利部队则自行解散，一些军官和士兵逃脱了德国人的逮捕，其中一部分试图返回家乡，另一部分则辗转来到山区，参加了之前在反法西斯抵抗运动中获得或夺取了武装的军事组织。另一些人，特别是那些在海外作战、无法逃脱的人，则被德国人解除武装，成为了他们的战俘；巴尔干地区的一些军人加入了先前曾经被意大利围剿过的南斯拉夫抵抗运动。几天之内，便有超过100万军人放下武器。

同时，9月8日之后仅过了4天，一支德国空降部队便从贝尼托·墨索里尼被囚禁的阿布鲁奇大萨索山上的“皇帝营帐”（Campo Imperatore）酒店将其营救到慕尼黑，之后又护送到希特勒在东普鲁士拉斯滕堡的“狼穴”。9 月 23 日，在德军占领罗马之前，新法西斯主义政权“意大利社会共和国”便在加尔达湖畔的萨罗城成立，墨索里尼担任其首脑，与国王和巴多格里奥相抗衡。

新政权的成立是法西斯战争的最后一着，也清楚地表明，走出法西斯主义仅通过政治手段难以完成，以新法西斯主义者为一方，以王室、南方政府和各个反法西斯群体为另一方，二者之间的军事对抗不可避免。此外，意大利土地上的德国军事存在，明确预示了意大利将沦为战场。

意大利遭受了被占领的屈辱、分裂和内战；与此同时，意大利战争仍在继续。

解放战争：从南部开始

1943 年 9 月底，意大利国家已经分裂为两个部分：意大利王国的残余部分、国王、巴多格里奥和军事长官们控制着南方，墨索里尼和意大利社会共和国控制着北方。然而，实际的权力掌握在南方的英美盟军司令部和北方的第三帝国军队当中。八十年前“复兴统一运动”实现的意大利统一似乎就此完结。内战时期开始了，用克劳迪奥·帕瓦内（Claudio Pavone）的话来说，意大利在两股占领军（盟军和德国）与三个政府（南方的王国，北方的傀儡共和国，以及北方的反法西斯地下抵抗运动，它与南方政府较为亲近）手中四分五裂。

然而，说意大利人在 9 月 8 日之后就停止了战斗也是错误的。形势很明朗，大型军队不可能再行组建；应当记住，目前已经有 130

万前战斗人员成为了战俘。但对于许多意大利人来说，战争仍在继续，还要从纳粹和法西斯占领军手中解放意大利；这既是一场常规战争，也是一场游击战。

继续进行的常规战争由南方王国的军队承担；意大利盟军军政府（the Allied Military Government of Italy, AMGOT）和意大利陆军军事代表团（the Military Mission Italian Army, MMIA）负责批准军事行动；这些组织的人数起初甚少，但一直在稳定增加。最开始，只有 1943 年 9 月 26 日成立、规模数百人的“第一摩托化大队”，之后演变为六千人的“意大利解放军”（1944 年 3 月 22 日成立），最后发展为五个师、总计五万人的“战斗军团”（1944 年 7 月 31 日）。对于那些加入到辅助部队当中的意大利人来说，战争也在继续；到战争结束时，辅助部队已经达到 19.5 万人。英美指挥官为扩大辅助部队的规模而颇费功夫，因为他们可以将一些重要性较低的任务分配给意大利辅助人员，从而让自己的部队集中精力应对意大利战役。意大利陆军军事代表团反对将辅助部队整编为战斗部队，这绝非偶然。

低估这些常规部队起到的作用则同样是错误的。南方王国要加强其作为“共同作战国”的合法性，全靠这些部队。在许多情况下，他们缺少恰当的装备，动员水平很差，服役时间过长，指挥官也并不总能把握国家正在经历的深刻变革。然而，在没有开小差脱逃的时候，他们在战斗中满怀着对国家解放的信念。

对于平民来说，战争也在继续；北方的形势显而易见，但意大利的其他地方也是一样。随着意大利被英美军队、南方王国的常规部队，以及由罗马北上的、规模虽小却意志坚定、影响深远的反法西斯抵抗运动武装逐渐解放，和平的经验也伴随而来，尽管并不是完全的和平。仍有许多家庭因其成员正在服役或被俘而生活在焦虑之中。在这个经历了战乱、遭到轰炸、地雷遍布的国家，回归日常生活困难重重。平民人口仍然背负着总体战的创伤，一些社群遭受了溃退德军的暴行与屠杀。甚至在英国、法国和美国军队中，也出现了对平民使用暴力的案件，涉及强奸和一些其他罪行；显然，此类事件的规模不能与纳粹和法西斯的暴行相比，但本来应当为文明和民主等更高价值而战的“解放者”犯下如此罪行，也是令人不安的。

简而言之，战争仍在继续，意大利战役似乎正在陷入久拖未决的泥潭。这样强大的一支军队曾击败法西斯政权，为何却不能解放意大利半岛呢？在亚平宁山区的崎岖地带取得进展确有困难，而1943−1944 年冬天也确实十分严酷，但技术原因并不能提供充分的解释。事实上，将德国最强大的盟友逐出战争这一战略目标一旦实现，对盟军而言意大利战役就不再具有战略上的优先意义；在 1944 年 6 月 4 日攻占罗马、8 月 15 日登陆普罗旺斯以及之前 6 月 6 日诺曼底登陆之后就更是如此。从华盛顿和伦敦的角度来看，在意大利境内牵制住几个德国师就足够了，意大利全国的最终解放不再是一个主要问题，在很大程度上只是南方政府和中北部反法西斯抵抗运动中那些意大利人的关切所在。

抵抗运动

1943 年到 1945 年间意大利战争中出现的全新事物，既不是南方王国的常规部队，尽管与新“盟友并肩作战”的他们也十分重要；更不是墨索里尼意大利社会共和国的小规模武装，这些部队的指挥水平很差，后文将有介绍。真正令人耳目一新的是，数十万名意大利男女拿起武器，与德国侵略者和他们的新法西斯主义傀儡进行斗争。

在纳粹占领的欧洲各地，反法西斯抵抗运动以各种形式兴起，结果也不尽相同；但是，除了南斯拉夫和苏联的沦陷区之外，欧洲其他地方的抵抗运动都没有像在意大利这样强大，这样具有军事效果。意大利抵抗运动的部分力量来自南方王国和盟军的支持，特别是后者，曾经发起过配合抵抗运动的军事行动，并向其提供武器和战略指导。许多于 9 月 8 日被遣散的意大利军人，以及其他不少不愿意服从意大利社会共和国强制征兵的年轻人，设法来到山区，使抵抗运动的人数大为增加。但是，在山区和城市组织抵抗运动的主要功劳，毫无疑问应当归于那些反法西斯政党。二十年来，法西斯政权的压迫未能将其毁灭；1940-1943 年，他们重新登上了舞台。大部分党员属于向左翼政党效忠的军事组织。但是，意大利抵抗运动所获得的政治力量，最终应当归功于其在联合法西斯主义的一切反抗者并在他们当中创造最大可能程度的团结这两个方面的成功。从最为激进的共产主义者、社会主义者、行动党，到最温和的天主教徒、自由派、保守派，都以不同形式团结起来反对意大利社会共和国和法西斯的回归。

很难准确给出抵抗运动武装力量的规模，这在很大程度上是因为，战后不同时期，给出的数字时大时小。1945 年之后，意大利认定为游击队战斗人员（“partigiani combattenti”）的人数为 18.5 万，积极支持者（“patrioti”）为11.5万人；死亡人数被定为2.8万人，2.1万人受伤或失去战斗能力。这些数字尽管未必精确，却显示了参与者的规模：他们无疑是少数派，然而数量也是相当可观的。游击队支队及其地方基础的数量规模，有助于解释为何意大利的抵抗战争不只是破坏与伏击，而是集成了各式各样的战斗形式。抵抗运动在其解放的土地上进行管理时，甚至成立了一些功能完整的游击队共和国，尽管这些共和国寿命不长，通常也处于边缘地带。在纳粹占领的最后时日，反法西斯运动的军事与政治能力得到了明确体现。1945年春天，在意大利北部（但在佛罗伦萨则早在1944年夏天），抵抗运动在纳粹占领的各个城市全力发动了大规模的起义，此时，盟军主力尚未到来。抵抗运动在解放米兰、都灵、热那亚等城市的过程中起到了决定性作用；英美军队到来之前，抵抗运动凭借自己的力量，任命其成员担任市长、地区长官等主要行政职务。通过这些事件，意大利反法西斯主义者向世人表明，法西斯曾导致了意大利的分裂与失败，但意大利并不是完全依靠外部援助才从废墟当中崛起的。

显而易见，仅靠意大利抵抗运动本身，并不能解放意大利；同样显而易见的是，盟军的支援为抵抗运动得以延续起到了关键作用。然而，盟军也有令意大利人失望的时刻。例如，1944年11月13日的《亚历山大公报》（译者注：Alexander communiqué，因英国陆军上将、时任地中海战区盟军最高副司令的哈罗德·亚历山大而得名）建议游击队员，即便不能实际解除武装，或者将游击队遣散，也应该停止作战行动；而在游击队员看来，对德战事甫一结束，盟军就提出这种要求，未免为时过早。但是，抵抗运动的贡献是不可磨灭的：军事上，他们消耗了占领军的能量；政治上，他们形成了一个足以在需要时取代法西斯和新法西斯主义者的全新地方性统治阶层。

从欧洲范围来看，意大利游击队抵抗运动的规模是罕见的；因而，最近开始有历史学家将抵抗运动的定义从“参加游击战的意大利人”（the maquis）扩展到南方王国的常规军军人、9 月 8 日被解散后参加了反纳粹武装的海外部队（特别是巴尔干地区的部队）、没有参与意大利社会共和国动员的意大利军事留置者（后文将详细介绍），以及广义上，以武装或非武装的抵抗运动对纳粹主义和法西斯主义进行了阻挠、妨碍或抗击的全体意大利人民。

这种广泛的定义清晰地表明，“抵抗运动”一词失去了其传统的军事或战斗意涵；另一方面，这对在意大利的反法西斯斗争给予了公允的评价；毫无疑问，这些斗争即便并非全员参与，也十分普遍，具有深刻的基础。

在北方

那些反对抵抗运动和盟军部队的武装力量怎么样了呢？先后由陆军元帅阿尔伯特·凯塞林（Albert Kesselring）和海因里希·冯·魏廷霍夫（Heinrich von Vietinghoff）将军指挥的几个德国师都相当精干，他们既在前线作战，也维护国内秩序。其人数从 1943 年夏天的刚过 20 万人增加到 1945 年春季的 44 万余人，这显示德军与盟军和意大利反法西斯抵抗运动之间的冲突是如此激烈，以至于德国人不得不占领意大利。

没有傀儡政权，占领势力就不能生存；而萨罗共和国的绥靖活动也扩展到了军事领域。对墨索里尼及其国防部长罗多佛·格拉齐亚尼（Rodolfo Graziani）来说，不幸的是意大利社会共和国的军队在数量和效能上都有些不足。官方公布的数字中包括1.5万名军官和23.9万名士兵，义务兵不计在内；此外，还有14万人参加了警察武装“国家共和卫队”（National Republican Guard, GNR）。但是，这些都是宣传用的数字，1944年9月，“国家共和卫队”人数不到5万，不但缺乏训练，组织指挥水平也很堪忧。新法西斯主义的意大利社会共和国的意大利武装的主要任务是维护内部安全，因为德国指挥官对他们在前线作战时的表现实在全无信心。

意大利社会共和国的部队就这样被留下来维护后方的公共秩序，包括执行镇压抵抗运动的肮脏工作。此外，格拉齐亚尼从未成功对“意大利社会共和国”的“军队”下达过命令，这支“军队”的成员面目各异，有些是装备和训练不足的小股常规军部队，有些是由主攻反暴乱的狂热新法西斯主义团伙组成的乌合之众，还有3万人的政治化军事武装“黑旅”。

意大利社会共和国在意大利中部和北部不得人心的表现之一，是他们试图在所控制的领土上实行征兵制，甚至威胁要枪毙逃避兵役者，但这一举措使更多的青年逃到山区参加抵抗运动，而不是应征参加他们的军队。

特殊战俘：意大利军事留置者

意大利人对德国占领军和社会共和国缺乏支持的另一个例子，是关于“意大利军事留置者”（the Italian Military Internees, IMIs）的历史。在意大利之外的地方，这段历史仍然鲜为人知。如前所述，1943年9月8日，100多万名意大利军人被德国人解除武装。在这些人当中，约有20万被俘后脱逃，约有9.4万人从民兵编制转为社会共和国的正规军，约有75万被送往战俘营。然而，第三帝国感到，将这些意大利人称为战俘是令人尴尬的，在以墨索里尼为首的意大利社会共和国建立之后就更是如此。因此，这些人被称为“意大利军事留置者”，这也为柏林提供了方便，可以将他们转移到国际红十字会的视线之外。希特勒和墨索里尼表示，如果这些留置者愿意支持意大利社会共和国，并加入其武装，就可以返回意大利。由于战俘营里的条件极为艰苦，战争结束前约有4万名留置者死去，这一事实使得希特勒和墨索里尼开出的条件更具有吸引力。

在留置者当中，压倒性的大多数人拒绝与纳粹和新法西斯合作，宁愿在战俘营中被强制劳动，也不愿参加社会共和国；对于这一时期的军事和政治史来说，这一情况具有最为重大的意义。大约有11万人答应了条件，然而其中一些人一回到意大利，就前往山区加入了抵抗运动。然而，大多数留置者的拒绝，可以看做是反对法西斯的一场出色的民意投票，这也大大削弱了意大利社会共和国在政治上和军事上的发展前景。

大西洋对岸的另一件事也应该一并考虑。如前所述，另有70万意大利军人被盟军俘获成为战俘，他们也获得了与英美作战行动合作的机会，尽管这违反了《战俘公约》。压倒性的大多数人——关押在美国的5万人中的大概三分之二以上——选择了合作，其余的仍被关在“法西斯战俘营”当中。

德国人手中的“意大利军事留置者”和盟军手中的合作人员，

做出了迥异的选择；然而，这两个情况放在一起便非常不容忽视。尽管法西斯的宣传进行了二十年，墨索里尼还试图培养“新人”，但法西斯仍然不能从意大利人那里获得足够的忠诚，因而无法立足。纵观全局，结合南方王国正规军的数字与抵抗运动队员的人数（由于国家的主流局势，后者相对较少，然而仍然比为意大利社会共和国效忠的武装人员人数多得多）来看，这些情况已经为意大利在战后时期的道路选择指明了方向。

考虑到这些情况，不能说意大利的解放完全是由盟军部队的军事胜利获得的，尽管它起到了决定性的作用。

分裂的国家与纳粹的屠杀

然而，1943–1945 年的意大利战争，并不是只有武装的军人参加。总体战中的平民人口也会以独特的方式（主要是轰炸）卷入到作战当中。空袭战加剧了意大利南北双方的分裂。在更多情况下，北方的城市和交通线成为了密集空袭的目标。整个战争期间，至少有 6 万人死于空袭，在全体意大利死难者人数中占相当比例。平民也遭到了德国人和法西斯反暴乱行动的暴行。特别是当德军在英美的前进面前撤退的时候，他们总是设法消除战线背后的任何威胁，出现了许多起以手无寸铁的平民为对象的大屠杀：1943 年 10 月 13 日，卡亚佐，23 人丧生；11 月 21 日，罗卡拉索的皮耶特拉涅利（Pietranieri di Roccaraso），143 人丧生；1944 年 3 月 29 日，罗马的阿蒂纳山洞（Ardeatine Caves），335 人丧生；6 月 29 日，奇维泰拉·瓦尔蒂奇亚纳（Civitella Valdichiana），173 人丧生；8 月 12

日，斯坦泽玛圣安纳，560 人丧生；1944 年 9 月 29 日，马尔扎博托，770 人丧生；等等。上述这些地方并非全都是抵抗运动的发生地，纳粹国防军在意大利的罪行也不能完全解释为镇压活动；无论如何，战争原则禁止对非武装的平民采取任何军事行动。实际上，这是国防军在东线和巴尔干地区早已使用过的战略和作战形式，德国和意大利的历史学家将其称为“针对平民的战争”（war on civilians）。

与之形成对比的是，在半战半和的奇特局势下，意大利战役中盟军战线背后的半个国家处于盟军的控制之下，意大利南部人民的生活因此十分艰难。妇女承担了照顾老人和儿童的重任，与此同时还要工作糊口。尽管有种种困难，尽管盟军的空袭带来了痛苦，尽管德国人的屠杀在许多受害的社群当中造成了分裂，在意大利南北双方，人民对反法西斯斗争的支持一直是坚定的。

起义与解放

1944 年 6 月 4 日，罗马解放；8 月 11 日，佛罗伦萨解放。此后，英美两国在意大利战役中的进展不再像先前一样有力。华盛顿和伦敦准备投放在意大利的兵力，似乎不足以突破佛罗伦萨以北的德军“哥特防线”。1944−1945 年冬天，消耗亚平宁半岛上德军力量的任务被留给了轰炸和抵抗组织的活动，而在其他地区，东线苏联的进军和西线的诺曼底第二战场即将带来盟军预想中的战果。

然而，1945 年春天，形势发生了转变。德军的力量大为衰弱，盟军在意大利开始再次取得进展，亚得里亚海一侧的平原上的进军较为顺利，而中部山区和西部海岸的进军就要缓慢得多。4 月 21 日，南部王国的“战斗军团”进入博洛尼亚，该城解放，为沿波河谷地的进军打开了通道。在这一背景下，抵抗运动相继解放了意大利的“工业三角”热那亚、米兰和都灵：4 月 25 日，热那亚和米兰解放，4 月 28 日，都灵解放；这场协调进行的军事行动之后被定性为起义。4 月 26 日、29 日和 5 月 1 日，英美的首批部队相继进入三城。实际上，这意味着意大利的解放是由意大利人自己的协调军事行动实现的，这一情况没有出现在德国，更没有出现在被占领和分裂的法国。同样，由于这一点，意大利战争具有一定的复杂性。

这一点在政治上起到了极大的作用，也部分解释了为何意大利共和国现在仍然将 4 月 25 日作为终战日来庆祝，而没有选择德军代表在卡塞尔塔正式向盟军投降的 5 月 2 日，或是德军最终向艾森豪威尔宣布停止抵抗的 5 月 7 日。

当然，没有盟军的干预，对德国和墨索里尼的意大利新法西斯政权的战争不可能取得胜利。但是，这终究是意大利人使用他们手头的一切武器作战取得的胜利。山区和城市中的游击队员、南方王国的正规军、加入其他国家抵抗运动的军人、拒绝支持萨罗共和国的意大利军事留置者以及采取多种形式进行非武装的和平抵抗运动的平民人口，都以自己的方式参加了作战。在如此复杂的一场战争中，很难坚持认为，意大利人没有打仗。

战后记忆：战争仍在继续

枪声最终归于平静，但意大利卷入战争所带来的后续影响，却远远不是一目了然的。冷战的开始，甚至将原先已经相当复杂的事情变得更加复杂。

在战争持续的 69 个月当中（到向广岛和长崎投下原子弹为止则是 72 个月），有 9 个月意大利是纳粹德国的非交战盟友，之后的 39 个月是与其共同作战的盟友，起初是平行作战，后来变为扈从战争；接下来的 21 个月，意大利分为两半，反法西斯主义者和新法西斯主义者之间彼此交战。在之后的岁月中，反思这种复杂的遗留问题，很难不去加深那些战争本身造成的创伤。

战争结束后，从雅尔塔会议开始，意大利让自己站在了西方同盟一边。1947 年 2 月 10 日签署的和约对罗马提出了严厉的军事条款，但政治上，对意大利的处理区别于对德国和日本的处理；西方要控制地中海，意大利起着重要的作用。1949 年，罗马决定加入北约（尽管大西洋与意大利半岛之间相隔甚远），缓和了 1947 年加诸意大利的一些条款，但直到 1955 年，意大利才被接受为联合国的成员国。

同时，在解放战争期间获得的威望加强了共产党和左翼在国内政治中的实力，使其获得的选票份额超过了西欧任何其他地方：1948 年为 31%（与社会党组成了竞选联盟），1953 年为 22%，1963 年为 25%，1976 年则增加到 34%。1947 年，共产党被逐出意大利的联合政府，人人都明白冷战开始了；共产党与苏联之间的联系，以及冷战带来的怀疑，使它们不可能找到愿意在政治上共同站台的其他政党。从 1947 年开始，直到 1996 年，共产党（现已改组）才回到联合政府当中。显然，由于这样的战后政治背景，人们更加难以对 1939–1945 年战争期间的复杂形势形成任何共识。

因此，1940–1943 年的法西斯战争便大体上悄然沉寂下来。将军们争议性的回忆录、退伍老兵们痛苦的回想，会触及这段历史；但几乎没有为战死者建立的纪念碑，更常见的是教堂外墙上意味模糊的椭圆形纪念牌，写着“向所有战争中的牺牲者致意”。自然地，人们纪念更多的是解放战争，但由于左派处于反对党地位，对于抵抗运动的纪念程度远远低于人们今天的预期。意大利军事留置者几乎被完全忘记了，他们毕竟曾经当过俘虏，之前又曾为法西斯而战。南方王国的正规部队规模太小，不足以引起公众的歌颂，但官方的纪念活动承认了他们的地位。只有新法西斯主义者还对意大利社会共和国的军人们抱有一些怀想。尽管抵抗运动开启了国家解放和国民自尊重建的历程，在转变之后的冷战大气候下，一些之前曾为抵抗运动而战的人甚至遭到了起诉，并且为数不少。战争具有复杂性，而对战争的回忆本身也具有复杂性。

此外，像其他几乎任何地方一样，意大利在第二次世界大战中的死者数量比第一次世界大战中要少。第一次世界大战时，意大利只参与了一条战线的作战，但 1939-1945 年的意大利战争在许多不同的战线上发生。由于这个原因，同时也是由于意识形态因素，老兵的组织是分散的，这也使得后来人更加难以公正看待战争的复杂性。

军队内部的紧张关系则又属于另一种类型。一方面，怎么能够忘记那些死于常规的（法西斯）战争当中的人呢？但另一方面，既然意大利已经是一个民主国家，又能怎么纪念他们呢？既然在冷战气候下，似乎只有共产党和左翼在纪念抵抗运动，对于那些在 1943 年 9 月 8 日脱下制服、加入抵抗运动的军人们，又该如何回忆呢？既然意大利和德国已经同为北约的成员，对于那些在塞法罗尼亚遭到屠杀的战士们，怎样的纪念方式才算是恰当呢？（有一点很重要：在意大利，与1943–1945年德国人进行的屠杀有关的一些罪行档案被搁置一边，也有许多犯罪者从未受到审判。）

当意大利从战后重建逐渐走向经济奇迹时，对于数十万名寡妇、孤儿和战争伤员而言，对于数十个亲历了屠杀的社群而言，战争仍然远未结束。

从记忆到历史

与意大利战争相关的回忆录、日记、出版及未出版的自传浩如烟海，要在本文有限的篇幅当中理出任何头绪，即便不是不可能的，也是十分困难的。毋庸置疑的是，意大利政治气候的变化，影响着人们对1939–1945年间战争的回忆方式。

在冷战的高潮时期，意大利出现了连续数届中间派政府，常规战争最为人们称颂；但在60年代，随着中左派上台，官方更加欢迎关于抵抗运动的回忆，后者也得到了大范围的纪念。冷战中极端化的立场，导致各方分别纪念1939–1945年意大利战争的不同方面，并各自忽略对立一方的战争记忆，这成为了一条总体的规律。直到近些年，在右翼政客西尔维奥·贝卢斯科尼执掌政权的二十年间，出版游击队员或抵抗运动成员的回忆录，在贡献其历史记录价值之余，似乎再一次带上了表达某种政治姿态的色彩。

与之形成对比的是，从来没有哪一段时期让战俘们受到较多的关注。例如，数十年间，意大利军事留置者们一直在默默地出版着他们的回忆录，但只有在80年代，他们才获得了一点点公共关注，一些之前沉寂或未出版的回忆录在鼓励之下浮出水面。近年来，他们做出如是选择的原因再次成为讨论话题，人们现在认为，他们的动机只是“人权抗争”或“逃离战争”，而非对法西斯主义表示的普遍反对。关于一场七十年前发生的战争的记忆，终于也难免受到当前意识形态崩溃的影响。

简而言之，对于意大利人来说，关于第二次世界大战的记忆似乎仍然是分歧的来源。实际上，它也在意大利和其他国家之间造成了分歧。最近的一个例子是，2012 年 2 月 3 日，联合国最主要的司法机关海牙国际法庭收到申请，要求审理裁决关于意大利军事留置者被迫参加强制劳役和德国人在意大利实施暴行的一些案件，而这两个问题至今仍在意大利（以及希腊）与德国之间制造分歧。

由意大利人进行的意大利战争相关历史研究，难以避免地要反映上述这些趋势。众所周知，意大利人对当代史的研究与政治之间有着很强的联系，对于这样一场为战后的民主共和国奠定了基础的复杂战争，观点分歧也是不可避免的。尽管如此，历史学家们设法以有条理的方式，记录意大利在这场复杂战争中的参与情况，这既具有史料意义，也是公民职责的体现。在重建被遗忘的历史片段，将研究工作向前推进时，他们的目标不仅仅是为不同的战线、不同的经历、不同的阶段以及战争的不同参与者进行重要程度的排序。在某种程度上，他们的工作既具有纯学术意义，也对当代政治和公共领域起到了作用，因为他们所研究的目标，正是民主与意大利共和制的起源。

在完成这一使命的过程当中，历史研究常常不得不对付三重潜藏的障碍：尽量矮化意大利的倾向，给意大利打上受害者标签的倾向，以及关于“意大利好人”的神话。

作为一个整体，意大利在国家层面应对法西斯主义的过程是十分艰难的，历史学家不止一次提醒人们，不要轻易矮化意大利在二战中的参与程度。一些关于“另一种历史”的小说曾经想象，如果法西斯对战争采取袖手旁观的态度，有可能在战后生存下来；但意大利不是西班牙，到 1940 年，墨索里尼与希特勒之间已经绑得太紧。

另一个在意大利反复出现的倾向是，将国家看成是受害者。记忆有可能会模糊因果联系，甚至将其倒置。在很长一段时间里，意大利人即便不能说是征服者，也是占领者，但他们却宁愿回忆自己在占领、轰炸、监禁和屠杀当中的受害经历，并悲叹命途多舛。因此，扎实的历史研究有利于人们回忆起法西斯国家及其战时政策的性质，而这些内容常常会被格外轻易地遗忘。

然而，尤其应当注意的是，在一层薄薄的面纱之下，“意大利好人”的神话仍然主导着公众的观念。但在利比亚、埃塞俄比亚、巴尔干地区以及苏联，意大利军队犯下了累累战争暴行；也很难忘记，1943-1945 年内战期间的大范围暴力行动，以及法西斯政权在之前的二十年间不断上演的暴力事件。事实是，即便正是意大利战争使真正的民主第一次在这个国家出现成为可能，但意大利战争中的残酷暴行，并不比其他任何战争中少见。

理查德·奥弗里
Richard Overy

The German Wars

第四章

德国的战争

1939 年 11 月，一艘德国潜艇及其乘组官兵在完成搜索英国运输船的任务后返航基尔港。

1945 年 2 月，在对德军近来在欧洲遭遇的失败进行反思时，希特勒对他身边的小圈子表示，他是欧洲最后的希望。“欧洲显然无力通过自愿的改革来让自己焕然一新”，希特勒继续说道，“我不得不使用武力来改变她。”希特勒认为自己正在重演拿破仑的命运，虽然一直冀望和平，但被环境所迫无法鸣金收兵。这是希特勒世界观的典型体现：是别人的冥顽不化、居心不良和好大喜功，把战争强加给了他。实际上，1939−1945 年间德国所参加的战争，全都是希特勒一方有意挑衅的产物。对他来说，按照德国的面貌重塑欧洲，暴力是真正的核心环节。

或许可以说，20 世纪 30 年代，任何一个德国政府都可能加强对外施压的力度，要求允许德国重新武装，并继而逐步消除 1919 年《凡尔赛和约》加在德国身上的诸多限制。但是，有证据显示，如果没有时时提出要求进行冒险挑衅的希特勒，20 世纪 30 年代的德国陆军领导层和保守派国家主义者，更有可能像 50 年代那样努力确立其作为主要经济和政治大国的地位，而不是转向战争。希特勒代表着各阶层各群体的德国大众在面对所谓“更富有、武装得更完备的西方国家”强加给德国的军事弱势和经济衰颓时，所感到的怒火，对此他自己也心知肚明。他同样也代表着大众中流行的对共产主义的憎恶、对俄国革命在欧洲其他地方产生影响的恐惧，以及一小群人将所有这些问题都归罪于犹太人的思想倾向。纳粹党 1933 年 1 月之所以最终获得选举胜利，使希特勒成为总理，与其能够动员这一小群满怀愤懑却一盘散沙的选民关系甚大。

希特勒与德国的外交政策

1933 年，一场真正的群众运动将激进民族主义释放出来，鼓励了军方与保守派的精英与希特勒合作，以求控制住运动中的革命冲动；然而，他们所造成的局面，也使得自己难以抽身脱离同独裁者的合作关系。1937 年，保守派银行家、经济部长亚马尔·沙赫特（Hjamar Schacht）曾试图限制军费开支，但之后他就遭到边缘化，两年之后又被解除了中央银行行长的职务。希特勒的外交政策及最终的侵略扩张政策得以实施，仅仅是由于激进的国社党活跃分子中的大多数人支持再军事化、反共产主义以及惩罚德国犹太人；与此同时，自身意识形态与新政权在多个重要方面相互重叠的德国精英阶层，以牺牲消费者需求为代价，与纳粹政权合作创建了现代化武装力量，并以大规模军事建设为核心开展了经济重建计划。

人们从未完全搞清楚过，20 世纪 30 年代希特勒所盘算的究竟是何种侵略扩张。他的外交政策指向推翻《凡尔赛和约》的限制，如果可能，通过谈判或胁迫推翻战后的领土安排。1936 年 3 月莱茵兰的再军事化，以及 1938 年 3 月与奥地利的“合并”，均是怀着战争可能避免的侥幸而进行的冒险行动。德国重整武装是在匆忙中决定的，其基本想法是，德国必须能够对付帝国的封锁，从内部组织起来，为战争准备提供资源。德国军事建设的参考对象，是斯大林在苏联进行的大规模重整军备活动：20 世纪 30 年代末期，为战争而进行的生产成为这一新兴工业经济体的主要任务，使得苏联在纸面上成为世界上武备最为充实的国家。在德国空军总司令赫尔曼·戈林（Hermann Göring）指导下，1936 年 10 月公布的“第二个四年计划”，其背景正是对红军过于壮大、“犹太–布尔什维主义”有可能威胁欧洲的担忧。这一计划为化学、机械、合成石油及橡胶和钢铁业等重工业的扩张，以及更大程度上的农业自给奠定了基础，而对于在 20 世纪 40 年代进行某种大规模战争来说，两者都是至关重要的。到 1939 年，德国国民生产总值的四分之一左右被用于了军事目的，而长期维持这种水平的投入几乎是不可能的。从希特勒对他的军事和政党领导层的表态来看，他似乎倾向于在 1942–1944 年间的某个时间发动一场大规模战争，但从未明确指出与谁作战、为何而战。

战争本身便具有价值，这种思想深刻地影响了希特勒。他怀有一种庸俗达尔文主义的观点，认为人类世界是自然竞争的镜像，只允许适者生存。战争是适应性的试金石，在希特勒眼中，要将德国重新树立为最适宜重振欧洲生命力、遏制苏联威胁、隔绝美利坚粗俗影响的天定民族与天定文化，战争是唯一的手段。毫无疑问，在希特勒青年团和军事组织中成长起来的许多德国青年也抱有这种“战争救赎论”的观点，但或许直到 1939 年，无论对德国人曾遭受的对待怀有怎样的怨忿情绪，大部分德国人仍然不想对 1914 年的敌人真正再次交战。1939 年 9 月 3 日，当德国与英法之间的战争爆发时，中立的媒体人可以看出德国民众突然间变得多么震惊和沮丧。1936 年以来，所谓的“不流血的胜利”——重新占领莱茵兰、与奥地利合并、1938 年 10 月占领捷克斯洛伐克的苏台德地区、1939 年 3 月占领波西米亚和摩拉维亚——迎合了急切地想要恢复德国大国地位的民众；然而，人们对此表示欢迎，正是因为这些都是不战而胜。1939 年春夏的形势十分明朗：一旦波兰政府彻底拒绝就前德国城市但泽及 1919 年划归波兰的普鲁士领土的未来命运展开谈判，希特勒就要对波兰发动战争。但人们并不清楚，他是否想让这场战争升级为第二次世界大战。希特勒与苏联达成协议，于 1939 年 8 月 23 日签订“莫洛托夫-里宾特洛甫”（Molotov-Ribbentrop）互不侵犯协定，这一决策表明，他相信西方国家在面对独裁者的牢固同盟时会变得畏怯和摇摆，并在这一点上下了赌注；希特勒要让他年轻的军队在波兰“浴血奋战”，但同时也希望避免其他的任何风险。

1939 年 8 月底，希特勒做出了对波兰开战的最终决定，实际上，这也是把他自己放在了一条不归路上。要逆转德国的政策，要么通过尴尬的倒车吐出德国的既得利益，要么通过政变将希特勒取而代之（军队和保守派领导人 1938 年秋天和 1939 年曾两度尝试这样做）。对于他的战争将会怎样展开，最终会与谁为敌，希特勒几乎一无所知。1939 年 10 月，他向西方提出，如果能够接受德苏瓜分波兰，便可以恢复和平，结果被干脆地拒绝了。德国军队取得的胜利或遭遇的失败，都推动着战争的扩大。希特勒后来意识到，这场毫无计划的战争与拿破仑的帝国扩张确有几分相似之处。必须先通过战争摧毁英国和法国在欧洲的势力，之后才有可能考虑德国统治欧洲的长久规划，并调整适应同苏联之间的古怪的同盟关系，而后者的实力正在逐月增长。

德国孤身作战

这是一场以单打独斗开始的战争。德国的盟友们并未群起拥护德国的崇高事业。墨索里尼领导下的意大利尚未准备好迎接一场大规模冲突，而意大利军方的领导人拒绝德意联合作战。墨索里尼宣布成为“非交战国”。波兰危机爆发时，日军正困于满洲国边境与苏联红军的一场大规模对峙难以抽身，因而也无意在太平洋战区挑起英美的武力报复。德国的军队尽管重新武装起来，但尚未完全实现现代化，却要面对法国、英国和英联邦联合起来的军事及经济力量；正是为此，西方国家确信，长期的消耗战（预期计划是三年时间）将像 1914–1918 年一样，再次拖垮德国，带来西方的胜利。1940 年，对于向西方国家发动攻势能否取得胜利，德国的军方领导人并无信心，但希特勒执意要这样做。最终拟定的方案是 1914 年施里芬计划的变种：德意志大军将通过荷兰和比利时，直扑佛兰德斯平原上的法国陆军和英国远征军（British Expeditionary Force, BEF）；与此同时，由德国的大部分新装甲师组成的第二支打击主力将从阿登森林撕开一条道路，捣向法国陆军最为虚弱的部位，让机动部队向英吉利海峡迅速推进，以便将全部英军和较大的一部分法军围困起来。对于尚能回忆起1914年，德国在马恩河受阻前曾经十分接近胜利的那些将军们来说，这一计划的内容隐含着极大的风险，但也包含着取得光辉胜利的可能性。在之后的四年中，赌徒式的冲动一直是希特勒进行战争指导的重要特点：无论掷出的骰子如何，他总是要一直赌下去。

与墨索里尼不同，希特勒的野心并没有建立在对德国军队能力的过度夸大之上。人们常常忽视1939年9月波兰战役的军事意义，认为这是一场不对称冲突的结果，但是波兰的武装力量规模可观，也为防御作战做了大量准备。在三周多一点的时间里，德国的作战计划，以及车辆、坦克及飞机等高效能多平台复合作战的引入，带来了全面的胜利。这一冲突中，一些值得吸取的教训并未被西方的盟军吸取。1940年4月，德国军事能力的复兴得到了进一步证明：听说英国打算在挪威和丹麦周围的水道布雷，以阻止德国的铁矿补给，并困住德国舰队之后，希特勒在极短的时间内就向北方派出了一小股远征部队。与波兰的情况类似，这一行动成为了联合兵种作战的典范，同时也是战争中的第一次大规模两栖战役。尽管德国海军付出了不小的代价，但德国还是在4月9日占领了丹麦，对方几乎未发一弹；挪威则在为期两周的战斗之后被有效控制。在挪威北部，一小支盟军远征部队在缺少飞机和补给的情况下仍作困兽之斗，直到6月被迫撤离。此时，德军业已于1940年5月10日进军荷兰和比利时，希特勒在西欧的赌博已经开局。

后来的形势证明，西进行动所冒的风险是值得的：这一战役带来了德国在整场战争中最具决定性的胜利。对手拥有更多的坦克、更多的师，如果满员配备，他们的空军规模也不小于德国空军；但仅仅用了五个星期，德军就击败了他们。荷兰和比利时的抵抗被迅速扫荡，荷兰于 5 月 15 日投降。比利时陆军像 1914 年一样西撤，想与英法部队会合，但这一次无法建立坚实的防线，比利时国王于 5 月 28 日投降。德军计划的前提假定是盟军会将经过比利时的入侵视为主要威胁，英法部队也的确迅速推进通过佛兰德斯平原，以便顶住他们认为的轴心国进攻主力。埃瓦尔德・冯・克雷斯特（Ewald von Kleist）的第十五集团军在阿登森林集结了多个德军装甲师，其中包括由坦克专家海因茨・古德里安（Heinz Guderian）中将率领的一支部队。由于盟军的飞机能够看到排成长队的车辆，这一部署方案并非秘密，但盟军恰恰没能意识到，有多少德军力量隐藏在森林当中。5 月 13 日，古德里安率领装甲部队冲出林区，径直越过默兹河，在英国远征军和法国第一军、第九军背后迅速推进，通过法国东北地区。5 月 19 日，坦克部队已经抵达海边的阿布维尔。四天后，英国各军种的参谋长们认定战役失败。被包围的盟军发动了多次有力的反击，延迟了最终的失败，使约 33.8 万英法军人得以从敦刻尔克撤退，但这仍是一次完败。法国陆军在防御坚固的马奇诺防线和重新集结援救巴黎两项任务之间首尾不能相顾，趋于崩溃。6 月 11 日，法军放弃首都，向南撤退。6 月 10 日，墨索里尼宣战，在意法边境发起了有限的入侵。6 月 17 日，新总理费利佩・贝当（Philippe Pétain）元帅请求停火。到 6 月 22 日，冯・克雷斯特的部队已经抵达比亚里茨以南的西班牙边境。

德国的胜利有着多种解释：将机动部队集中起来进行有力一击

的决策，完全搅乱了盟军更具防御性的战线；大规模运用飞机实现局部制空权并支援地面部队的行动则改变了现代战争的性质；坦克部队跃出阿登地区造成的震惊则让法国陆军在较长一段时间中处于首尾难顾的状态，使德军得以给有效的大规模行动争取地理空间。盟军的失败也有自身的原因。英国人派出了一支对机动作战几无经验的小型远征军，却将他们的大部分飞机留在国内保卫英伦三岛，让规模更小的法国空军独自对付德国的攻击。法国人则把他们的飞机分散部署在法国各地以保卫重要的核心地带，使前线的盟军空中力量更加虚弱。法国预期的战略是固守既定的马奇诺防线，许多步兵和坦克单位因此被束缚在主要战场之外。在两次世界大战期间的大部分时间里，德国的武装力量都在筹划创新，以避免第一次世界大战中的错误；赢得一战的盟军则固守曾在 1918 年取得胜利的思维方式，仍在设想如何运用固定的前线，打赢消耗战。

击败法国和英国使希特勒面对着更多的可能性，但由于算上墨索里尼在地中海的意大利，德国已经统治了整片欧洲大陆，超越了许多德国军政领导人的预期，这也给希特勒带来了无法把握的难题。有人认为，希特勒此时决定转向东方，对付其真正的敌人：苏联的共产主义；但证据清楚地表明，在取得西部胜利后的几周，对于接下来该如何行动，他仍然十分犹豫。他希望能够与英国达成协议，在使其保住帝国的条件下，让德国控制欧洲。7 月 19 日，他在国会讲话时，隐晦地向英国提出条件，并要求后者通情达理、接受妥协。同时，他命令武装力量做好准备，一旦恰当的军事条件得到满足，便可能在早秋对英格兰南部发起进攻，即所谓“海狮行动”。在这些准备工作的进行过程中，德国陆军领导层提出，可以对苏联红军发起行动。从西线战争中获利的苏联政权已经完全控制了波罗的海国家，向罗马尼亚施压使之交出了布科维纳地区的领土，并且显然正对巴尔干地区和土耳其海峡虎视眈眈。德国陆军此时业已充分动员，正沐浴在其作战胜利的荣耀当中，因而认为给苏联陆军一记干净利落的重拳可以让斯大林安分守己，并为德国在欧洲树立的新秩序锁定东部边疆。希特勒为苏联的威胁深感忧虑，也倾向于将乌克兰的资源和俄罗斯的西部地区视为日耳曼“生存空间”（Lebensraum）的可能组成部分。7 月 31 日，在“海狮”的准备工作还在进行的当口，希特勒便召集其军事首长，告知他们自己已经为 1941 年春末对苏联进行毁灭性打击拟定了计划。与“海狮行动”类似，这一计划尚未定为战略决策，但它显示出，西线的胜利确实为希特勒开启了拿破仑视角：在声名赫赫、战无不胜的德意志军队推动下，帝国的辉煌一往无前。

许多历史学家认为，“海狮行动”从未成为一个严肃的选项，因为与苏联的较量是希特勒世界观的核心部分，可以追溯到《我的奋斗》当中关于需要东方领土的段落。事实并非如此简单明了。“海狮”能否前进，取决于德国海军为脆弱的渡海行动提供保护的能力，更取决于能否在入侵兵力上空形成空中掩护，使皇家海军无法行动，并消除皇家空军的残余力量构成的威胁。入侵并击败英国将切实改变势力均衡，因而是一个具有高风险收益的决策。入侵的日期被定在 9 月中旬，此时的潮汐比较有利。德军进行了大规模的演习，也改造了装备使之适应两栖作战。人们期待德国空军能够重演其在波兰和法国的胜利：攻击敌方的空军及其补给与生产基地，使之不再构成任何威胁。8 月初，戈林下令对英国发动为期一周的毁灭性空袭，以摧毁皇家空军，为入侵英国创造条件。由于天气糟糕，空袭的开始日期“鹰日”（Adlertag）被推迟到了 8 月 13 日，但之后天气仍未好转；直到 8 月 18 日，成体系的作战行动“英格兰袭击”（England Attack）才终于开始。空军对胜利确信不疑，根据飞行员的报告和零星的侦察摄影，到 8 月下旬，皇家空军已被击溃，剩余飞机数量仅有 200~300 架，飞行员的数量也日益减少。显而易见的成功使希特勒下决心批准下一阶段的作战行动：对伦敦的军事和经济目标发动毁灭性打击，以在首都制造恐慌，作为暂定于 9 月 15 日发动入侵的序曲。

像后世人们所知道的那样，德国并没有在 8 月赢得不列颠空战；实际上，随着战斗的展开，皇家空军战斗机司令部（Fighter Command）在飞机和飞行员两方面都有所加强。9 月的头两周，德国空军遭受的损失表明，他们已经不再拥有制空权，希特勒再次推迟了“海狮行动”。9 月 19 日，他最终下令缩减准备工作的规模；三周之后，“海狮行动”被无限期推迟到 1941 或 1942 年，待能为入侵创造出更适宜条件之后再行启动。在此期间，对苏联的作战一直处于计划阶段，由后来败于斯大林格勒的司令官弗雷德里希·保卢斯（Friedich Paulus）将军领导，但并未做出明确的决策。希特勒反而继续探讨迫使英国放弃战争的手段，以便他能够腾出手来进行东线作战。直接的办法是对英国实行海空封锁，以切断粮食、石油及原材料（以及日益增加的美制军需品）供应。从 1940 年到 1941 年，由潜艇和飞机进行的海上战争造成的船运损失达到了具有相当破坏力的程度。潜艇的生产迅速扩大，由卡尔·邓尼茨（Karl Dönitz）海军上将率领的大规模潜艇部队“狼群”，对单独航行的船只或护航船队中的掉队者进行了围追堵截。在英国被称为“大轰炸”的空中战事则将目标定为英国的港口、储油设施、仓库、面粉磨坊、堆栈库，以及支撑飞机和空中发动机生产的工业场所。对英国城市的空袭常被描述为有意为之的恐怖袭击，但希特勒禁止此类行动，倾向于袭击更具战略意义的封锁目标；86% 的德国炸弹落在了港口及其配套的仓储区域。希特勒不相信轰炸会使英国的士气瓦解，但他确实希望轰炸和潜艇战共同带来的压力会创造条件，让陷于孤立的英国恢复理智，寻求和平。

尽管可以将“海狮行动”崩溃后的几个月轻易地看成德国将要在东部发动大规模歼灭战的序曲，但 1940–1941 年的冬天，德国的战略焦点实际上是为击败正在交战的英国寻找间接路线，而不是为向尚有条约关系的苏联开战而进行准备。德国海军和戈林偏爱的间接战略打算孤立地中海上的英国军队，在西班牙的默许下占领直布罗陀，与意大利一同向苏伊士运河开进，与此同时隔离英国，使其不能在欧洲产生任何政治影响。10 月 23 日，西班牙独裁者弗朗西斯科·佛朗哥在昂达伊会见希特勒时，拒绝保证为德国攻占直布罗陀的“费力克斯行动”（Operation Felix）提供支持。德国提出帮助意大利从利比亚对抗埃及的英联邦军队，但被意大利拒绝。不过，德国向英国间接施加压力的希望并未破灭。1940 年 10 月 28 日，意大利在未事先通报德国的情况下向希腊宣战，之后的战役呈现了灾难性的进展，德国为介入这一战区而施加的压力终于有了回报。1941年2月，埃尔温·隆美尔中将指挥下的德国军队被派往北非（“向日葵行动”）支援意大利部队。隆美尔立刻开始将英国人逐往苏伊士运河。由于墨索里尼在希腊的战争趋于失败，而南斯拉夫在支持轴心国问题上摇摆不定，巴尔干地区局势并不明朗，这使德国开始计划进一步干预这一地区，并最终于1941年4月8日入侵南斯拉夫。十天后，南斯拉夫投降，之后德国入侵希腊；4月23日，希腊军队投降。被派往希腊提供援助的英国军队遭到溃败。5万名英联邦和希腊军人撤离到克里特岛，这刺激了希特勒，使其对该岛发动了一场成功的空降作战，尽管也付出了惨重的代价。5月下旬，英国被迫进行另一次屈辱的撤离。然而，这一间接举动仅仅增加了德国的军事负担，却没有将英国向谈判桌推动一步。

假定“苏联代表了英国在欧洲的最后希望”，是希特勒用来劝说其将领和党派领袖们相信东进必须进行的一项关键论据。苏联的失败将锁定英国的屈服。这样，对英战略与对苏战略就并非彼此替代的关系，而是相互补充。希特勒称，如果英国始终执迷不悟，可以在1942年春天的某个时间对其进行更加猛烈的轰炸，并以军队入侵。当然，也有其他的有力理由支持对苏开战：尽管存在《苏德互不侵犯协定》，国社党信徒们仍将莫斯科视为共产主义世界与一直威胁欧洲未来的犹太国际阴谋的心脏；苏联在东欧及斯堪的纳维亚的军事和政治压力对日耳曼统治区的设想和日耳曼“新秩序”的经济利益构成了挑战；苏联的武装部队加入了超大规模的军备竞赛，使苏联即将成为军事上的超级大国（这一判断的确与事实相差无几）。

然而，最重要的是时机问题：德国军事情报机构判定，苏联这个庞然大物尚未准备好进行有效的现代战争，而共产主义与生俱来便是腐败无能的。有可能在 1941 年便击败苏联（法国的迅速失败使大多数高级军官狂妄地认为，东线战役的持续时间将不超过几周），而这将为运用从东部领土上获得的大量新资源击败英国铺平道路。

希特勒尚未最后决定。历史学家遍寻档案，以寻找证据证明他究竟何时下定东线开战的决心，但结论仍然是模糊不清的。1940 年 11 月 10 日，苏联外长维亚切斯拉夫·莫洛托夫（Vyacheslav Molotov）抵达柏林以商讨续约，他要求德国在保加利亚和土耳其进一步对苏联利益让步，这无疑使希特勒确信苏联在欧洲的野心将与他自己的迎头相撞。但 1940 年 12 月初，当陆军首长沃尔特·布劳希奇（Walter Brauchitsch）元帅和弗朗兹·哈尔德（Franz Halder）上将与希特勒共同浏览入侵苏联的计划时，希特勒尽管批准了计划，但他的反应看起来并未下定决心。然而，两周后的 1940 年 12 月 18 日，他颁布了第 21 号指令“巴巴罗萨行动”，其目的是“通过一场迅速的战役击溃苏俄”。此时，甚至仍有可能将这一决策推迟或取消，因为包括“海狮”在内，有许多指示在颁布之后便无疾而终。德国的大众舆论对继续战争并非全心支持，而独裁领袖一直在密切地观察着民意。秘密警察的报告发现，击败法国之后达到高潮的民众热情，在英国明确不会放弃战争、皇家空军的轰炸机夜以继日地对德国西部城市进行空袭之后，并未延续下来。对苏联开战是一场赌博，不仅因为苏联的失败将为完成对英作战铺平道路，也是因为德国的武装力量可以就此向德国公众展示另一次辉煌胜利，并缓和民众因战事旷日持久而产生的焦虑。

或许，所有这些考量都影响了希特勒，使其做出了继续推进入侵计划的最终决策。到 1941 年 2 月，对英国的封锁显然没有取得成功，希特勒怀疑轰炸究竟能否带来任何决定性成果。希特勒对戈林说：“如果顽固的丘吉尔执迷不悟的话，我们就以后再对付他们。”由于轰炸将英国部队锁定在其本土，使之不能完全发挥在地中海的影响力，也不能威胁到德国对苏联作战的准备，轰炸行动继续进行。在“巴巴罗萨行动”之前的几个月，或许是为了避免战争被看成大国权谋的纯粹战略产物，希特勒加强了其关于对“犹太-布尔什维克敌人”开战的意识形态言论。1941 年 3 月，在与一些高级将领进行的会晤中，他对后者表示，战争将成为一场毁灭苏联体系并将残余的俄国人赶回“亚洲俄罗斯”的歼灭战。在希特勒的心目中，这场战役逐渐达到了世界史高度，成为欧洲与亚洲、雅利安人与犹太人之间的大对决。

“巴巴罗萨”赌局

为了增加“对布尔什维主义的十字军东征”这一观点的分量，德国劝说其轴心国盟友们加入这一战役。1941 年 6 月 22 日，从苏联边境各处发动战争的四百万大军由罗马尼亚人、斯洛伐克人、匈牙利人和德国人组成；四天后，芬兰人以共同参战国的身份加入了他们的行列；7 月，墨索里尼又派来三个意大利师，作为对共产主义开战的象征性姿态。希特勒同时也敲定了与共产主义进行战斗的行动方式。从 1939 年 9 月起，德国陆军和安全部队［盖世太保、警察、保安服务处（Security Service, SD）以及海因里希·希姆莱（Heinrich Himmler）的党卫队］已经沉迷于对波兰人民的定期施暴活动，杀害了被指控为游击队员和恐怖分子的人，以及大量的波兰民族与文化精英。通过希特勒的司令部颁发的“犯罪命令”（当然，希特勒并未将这些命令视为犯罪），军队和安全部队被授予了许可证，可以杀害所有的共产党官员、苏联国家机构中的犹太人、军队政委，以及任何被认为对德军构成安全威胁的人。

“巴巴罗萨行动”建立在一系列相互重叠的行动之上，其目标是让德军进抵从北极圈内的阿尔汉格尔（Archangel）直到俄国南部远端伏尔加河口阿斯特拉罕（Astrakhan）的“阿–阿一线”（AA-Line）。北方、中央和南方三个主要集团军群将分别向列宁格勒、莫斯科和乌克兰南部开进，目标是迅速穿透苏联的边境防御，围歼红军部队，之后向主要城市进发，沿途消灭苏联的剩余抵抗力量。陆军总参谋长弗朗兹·哈尔德认为战事将在六周内结束，陆军总司令则提出四周内结束战斗；希特勒给了四个月的时间，要求在 10 月取得决定性胜利。当德军发起攻势时，尽管无数精确的情报已经向斯大林传达了警报，但苏军仍对此毫无准备。尽管纸面上的坦克和飞机数量对比有利于苏联（1.1 万辆坦克对轴心国的 4000 辆，9100 架飞机对 4400 架），但这些装备在技术上逊色于轴心国，部署得也较为分散，散落于投入对德战役的 21 个装甲师和 3 个航空兵集团军（air fleet）当中，而非集中配置。战役开始的几周似乎肯定了德国的乐观心理。各集团军群迅速推进，8 月下旬北方集团军群已抵达列宁格勒外围，中央集团军群深入乌克兰腹地（基辅于9月15日陷落），由德国和罗马尼亚部队混编而成的南部集团军群则于10月16日占领敖德萨。四周之内，德军俘获了超过200万敌军，摧毁了90%的苏联坦克。在西线抵御入侵的苏军飞机几乎全部被消灭。9月6日，希特勒发布了第35号指令（“台风行动”），命令中部集团军群向莫斯科进发，攻克首都，并消灭剩下的全部红军抵抗力量。10月4日，希特勒从他在东普鲁士的新指挥部“狼穴”回到柏林，对他的听众表示他刚刚从“世界历史上最伟大的战斗”中返回。他宣布，苏联这条巨龙已被击杀在地，“再也不会站起来了”。

对希特勒和支持他的反犹党派领导们来说，苏联战役包括了两场战争，其一是对红军发动的，另一场则是对犹太人发动的。这场战争深植于他们的血脉当中，因为希特勒和他许多最亲近的支持者坚信一个神话，即1918年德国陆军背后遭人暗算，应当由德国犹太人负责。在希特勒20世纪20年代的早期讲话当中，他认为德国面对的关键斗争便是“犹太人与日耳曼人之间”的斗争。1939年1月30日，他在对国会发表讲话时宣称，一旦世界上的犹太人为摧毁德国而发动世界大战，将要被摧毁的会是犹太人而非日耳曼人。1945年春天，在对战争进行反思时，他告诉马丁·鲍曼（Martin Bormann），此前从未有过“如此纯粹犹太式”的战争。他得出的结论是，德国的失败意味着“我们已经被犹太人打败”。

这种扭曲的世界观存在于“巴巴罗萨行动”之前颁布的一系列命令中，包括杀害苏联国家机构中的犹太人，将战俘中的犹太人挑出进行杀害，并鼓励德国安全部队和陆军将“游击队员”与“犹太人”等同对待。到 1941 年秋天，这些部队不仅被允许杀害犹太男性，也可以杀死妇女和儿童。到 1942 年，苏联境内的所谓“野杀”已经杀害了 140 万以上的犹太人。

希特勒相信，1941 年 8 月由罗斯福和丘吉尔会面达成的《大西洋宪章》证明，真正的全球战争业已成为现实，欧洲的犹太人应当为美国参战付出代价；对于针对犹太人进行的战争行动来说，这一信念起到了煽风点火的作用。大多数历史学家认为，如果希特勒真的在某个日期做出了系统地进行种族清洗的决策，这一日期应当在 1941 年 12 月中旬，即德国对美国宣战（12 月 11 日）数天之后。在此前几个月的时间里，美国的海军舰艇已经在大西洋之战中起到了协助作用，美制装备也源源不断地被提供给英国，因此宣战通常仅仅被解释为一种对现实的承认；然而在希特勒关于“世界犹太人”的虚妄幻想中，宣战也有其独特意义，而他宣称正是“世界犹太人”牵着罗斯福和丘吉尔这两个木偶背后的线绳。1941 年 12 月，真正的全球战争到来后不久，一系列事件接踵而至：第一批死亡集中营开始运作，德国的犹太人被赶往东部。此外，从春末开始，西欧的犹太人被有组织地集中起来并转移，或是处死，或是强迫他们劳动。反犹主义的荒诞逻辑解释了，为何德国会运用全副武装的安全特工和警察，以对德国的死敌开战的名义，来谋杀手无寸铁的男子、妇女和儿童。战后，反犹领袖、德国劳动前线党党魁罗伯特·雷（Robert Ley）在纽伦堡审判中对审问他的人宣称：“我们是出于自卫。”

对犹太人发动的这第二场战争，与 1941 年最后几个月间企图摧毁红军的行动同时展开。希特勒和德国的武装力量预料，在苏方伤亡超过500万之后，苏联的抵抗将会崩溃。1941年9月15日，当中央集团军群发起“台风”行动时，他们面对的防御部队规模确实不大；尽管天气多雨，路面泥泞，气候寒冷，12月上旬，德国军人还是已经看到了克里姆林宫的尖顶。然而人们发现，苏联从东部调来了足够的后备军（原本是用来防备日本人从背后进行攻击），拦住了德国的攻势，并将德国军队从莫斯科赶回了一条固定的防线。德国的陆军和空军都已经损失惨重，随着天气的恶化，拉长的补给线也很难正常运作。在莫斯科遇到的挫折是一个代表性的转折点，因为它使军方领导者们期待的速胜前景宣告终结，也断绝了先击败俄国、再重返对英战场的可能性。

通过对美宣战，希特勒将世界上最大的经济体和最有潜力的军事超级大国加入了德国的敌对名单，从而使战略形势恶化到了极点。由于进攻行动的主动权仍在德国一方，这一形势并未立刻昭示着德国战争的终结；但除了对犹太人进行的野蛮的单边战争外，1942年的战争局势显示，德国企图建立欧洲新秩序的努力，已经达到了可能性的极限。

通往失败之路

1942年一年里，德国的扩张达到了顶峰。在取得对法胜利之后的两年里，德国的官员、商人、警察和党魁们开始着手建立德国在欧洲的帝国统治。在西欧和斯堪的纳维亚，他们计划在较长的一段时间中建立同情德国的傀儡政权，并强制他们接受以德国为中心的贸易和金融体系，使帝国马克成为中央货币。在东欧和东南欧，德国人则设想着一种更具殖民色彩的统治形式：当地的人民为德国的“大区经济”（Grossraumwirtschaft）提供了廉价的劳动力，却无权以任何政治及文化途径表达自身诉求，而德国来的行政官员则对他们进行统治。这就涉及对当地文化的毁灭工作——例如，波兰的大学教授们或是被杀害，或是被送进集中营——以及系统性地没收土地和资源；土地被没收的人不仅包括在各地被抄没财产的犹太人，也包括捷克民族和波兰民族的居民，以便为德国殖民者让路。党卫队头目、1939 年被任命为“大德意志”特别防务专员（special commissioner for the defence of ‘Germandom’）的海因里希·希姆莱所发布的“东部总计划”（Generalplan Ost），最为清楚地体现了重建该地区种族与经济格局的规划；尽管战争还在进行，该计划还是在行政管理和后勤方面提出了大量要求。尽管德国的胜利现在看起来已经不太可能出现，对胜利的憧憬还是支撑着德国的官员为“新秩序”积极工作，努力完善那些实现可能性极小的各类计划。

无论遇到了怎样的挫折，德国的战争努力远未结束。战时经济不断扩张，德制武器的质量也在持续改良。在核武器方面的研究得到了推进，但希特勒并不支持。他所鼓励的火箭与巡航导弹的研发工作最终结出了成果，即 1944 年发射的“V 系列导弹”。“虎”式坦克和 Me-262 喷气式战斗机并未反转战争的浪潮，却显示出德国与其敌国在科学与工程的水平上不相上下，甚至略胜一筹。由于同时进行三线作战，人力成为一个难题；最终，从大德意志区域动员了约 1700 万男性及一些女性；但这种动员得以实现的前提是，到 1944 年，约有 800 万外国工人和战俘被迫在德国从事劳动。到 1944 年，从事军需物资生产的全部工人当中，约有三分之一是外国人，其中许多是来自波兰和乌克兰的妇女。包括妇女、青年和老年人在内，另有数百万德国人志愿参加了民防工作，以对抗日益严峻的轰炸威胁；进行轰炸的起初是英国皇家空军的轰炸机司令部，从 1943 年 1 月开始，驻英国的美国第八航空队（the US Eighth Air Force）也加入了轰炸行动。空袭战使德国的国内战线也成为了交火前线，到战争结束时，至少有 35 万人丧生，半数大城市的城区化为废墟瓦砾。

然而，转折发生在 1942 年。在当年的大西洋潜艇战当中，德国以损失 32 艘潜艇的代价，击沉了超过 500 万吨的运输物资；然而，更出色的情报工作、新型厘米波雷达、由反潜舰艇组成的高速护航编队以及超远程飞机的出现，共同创造了一种新形势，使同盟国海军歼灭德国潜艇部队的速度，超过了后者自身的补充能力。1943 年 1 月至 5 月，德国损失了 73 艘潜艇。5 月 24 日，邓尼茨海军上将撤回了“狼群”。尽管德国的潜艇生产仍维持在高水平，但大西洋上的战事风险太高，不得不放弃。春季，德国试图用飞机在地中海对抗马耳他的英国空军及海军基地，以便向隆美尔和非洲军团空运物资，满足夺取埃及和苏伊士运河的战役之需。希特勒似乎从未完全重视地中海战略的价值，如果在北非投入更多的德国师和更多的飞机，本来很有可能打通获取中东石油的道路。事实是，1942 年 6 月，隆美尔在阿拉姆哈勒法将英联邦的军队重新赶回埃及边境以内，并占领了特布鲁克港。这是轴心国部队前进的极限。英美意识到保卫埃及对其全球战争行动的重要性，向中东战区调集了大量的部队和装备。8 月，德意在阿拉姆哈勒法的联合攻势被击退；1942 年 10 月下旬，在伯纳德·蒙哥马利（Bernard Montgomery）将军的指挥下，英国第八军在阿拉曼经过苦战，取得了决定性胜利，终结了中东石油落入德意手中的任何可能。

希特勒希望夺取苏联南部储量丰富的高加索油田。1942 年春天，德军在苏联的进一步攻势面前顶住了原有战线；夏初，轴心国部队已经为再次发动攻势做好准备。希特勒一直坚信，仍有可能在 1942 年击败苏联；由于他在 1941 年 12 月自任为德国陆军总司令，其他的资深司令官几乎没有可能对希特勒的战略选择提出质疑。1942 年 6 月初，占领克里米亚港口塞瓦斯托波尔之后，在德国东线空军主力的支持下，南部集团军接到命令，发动“蓝色行动”（Operation Blue），旨在获取高加索油田，在斯大林格勒截断伏尔加河，控制河道，并占领阿斯特拉罕。在当时，行动的风险看起来小于后来实际发生的状况：大部分红军都在北方保卫莫斯科附近的前线，斯大林和他的军事首长们预计，德军的攻势主力将来自那里。苏联对于南方的控制则较为虚弱，而从战略上看，德国取得苏联石油并从南方切断物资通道，将很有可能对苏联的战争行动带来灾难性的影响。主要的问题存在于地理方面：仅凭一支集团军，要对如此大的一片区域进行占领和开拓，只能寄希望于苏联全部抵抗迅速崩溃。

然而，“蓝色行动”的开局却取得了惊人的成功。德国和轴心国部队向东南迅速越过东欧大草原，其行动之顺利让希特勒将集团军一分为二，弗雷德里希·保卢斯指挥下的第六军向斯大林格勒方向前进，切断伏尔加河，而冯·克雷斯特元帅指挥下的第一装甲军则南下夺取油田。南部的攻势最远抵达了石油城迈科普，但被山地和红军的顽强抵抗阻滞。向东的攻势则抵达了伏尔加河，8 月 23 日进抵斯大林格勒郊区。9 月中旬，保卢斯准备发起行动，夺取该城主体，而他认为这将迅速实现。接下来的故事已经尽人皆知。斯大林格勒在空袭和炮击下化为废墟，苏联第 62 军和第 64 军则利用这些废墟作为防御据点，因为在一片瓦砾当中敌人很难发现他们，也难以有效地部署飞机和装甲部队。与希特勒早先设想的“迅速切断伏尔加河”不同，城市争夺战演变为艰苦的消耗战。11 月，双方都已筋疲力尽，战事陷入胶着。11 月 19–20 日，红军对敌方横亘东欧大草原的绵长侧翼发动了奇袭反攻，即“天王星行动”（Operation Uranus），轴心国的前线崩溃了。保卢斯被切断在斯大林格勒包围圈内，主动权到了苏联一边。1 月底，保卢斯被迫投降。超过 33 万名士兵陷入包围，其中仅有极少数人得以保全性命。

斯大林格勒和阿拉曼并未终结战争，却改变了冲突双方的力量对比，使“德国的战争”转变为应对由敌方发起的行动的防御作战。主动权现在由同盟国国家掌握，后者可以决定战争的时机。1943 年 1 月之后，虽然德国仍发动了一些突然反击，进行了一些以攻为守的行动，也在局部取得了一些胜利，但战争的大致轮廓是由敌方决定的。对于希特勒来说，由于德国军队仍身处遥远的战场，形势的转变丝毫未曾使他产生放弃挣扎的念头，但与拿破仑一样，他不得不孤注一掷，寄希望于同盟国内部分崩离析或是发现同一位老练的对手进行长期作战成本过高无力承受。当然，由共产主义俄国、资本主义美国和帝国主义英国组成的联盟确实不可思议，但同盟国共同认定，德国进行的战争是轴心国集团带来的最大威胁，任何战后秩序都必须以摧毁希特勒的独裁统治为前提条件。像希特勒在 1943 年 1 月的卡萨布兰卡大会上声称的那样，他认为只有犹太人在上述三个敌国中的存在才能解释后者坚持要求无条件投降的决心，而现有的种族清洗设施正开足全部马力，以保证至少能够赢得对犹太人的战争胜利。直到 1944 年秋季，苏联红军开始逼近从事种族灭绝的核心地带，纳粹大规模的谋杀力度丝毫不减；此外，仍有数万名犹太人死于其余的集中营当中，或是死于以德国本土为目的地的死亡远征当中。

直到 1945 年 5 月德军抵抗被完全摧毁、德国领土全境被占领，德军的撤退都是相当缓慢的，而德国在胜利期间展示出的战役展开、科学技术以及战斗方面的技巧，同样可以解释这种缓慢。德国的武装力量始终是各条战线上的可畏对手，即便在敌方的巨大数量压力之下、而己方又因战斗机被调拨应对轰炸而缺乏空军支持之后也是如此。为何德国武装力量会坚持战斗，而德国的国内战线也坚持支持战争行动，成为了重要的问题。一些组织松散的德国高级军官及其在文官当中的同情者在多个场合试图谋杀希特勒，因为他们相信，后者正将德国带往毁灭。1944 年 7 月 20 日，他们引爆了埋在希特勒总部桌子底下的炸弹，但这次最重要的尝试以失败告终。秘密警察的报告显示，企图发动政变的人们真切地感到了恐怖，而希特勒得以幸存也让他们松了一口气。在德国人民和武装部队看来，到 1944 年为止，没有什么其他选择。在凡尔赛的经历之后，许多人相信，同盟国这次的报复会更加苛刻，结果可能导致德国被肢解、德国文化被消灭、德国经济被阉割、德国人民因支持战争而遭到集体惩罚。约瑟夫·戈培尔的宣传体系反复声称德国正在为从同盟国的野蛮手中拯救欧洲文明而奋斗，但许多德国平民无疑自己打定主意，认为失败之后的未来将是可怕和惨淡的。

从其他角度来看，德国人民的选项也很少。独裁统治对待其自己的子民的手段正日益脱离法律限制，任何不满或失败主义的表现都会遭到残酷的对待。由于政权和党是食物配给、福利与撤离计划的来源，还为轰炸的受害者提供了补偿与重新安置，坚持参与战争行动也是有回报的。与政权继续战斗的决策唱反调，只能带来最为不利的后果。此外，到 1944 年，德国境内已经有超过 800 万强制的劳工和囚犯，只有严苛的纪律才能约束他们，但他们的存在对于原先的德国人口来说构成了持续的威胁。看起来，如果可以自由决定，大多数德国人毫无疑问会选择结束战争，但 1944-1945 年，他们并没有这种选择的自由，有的只是无条件投降后的未知命运。由盟军情报官员在意大利秘密录制的一段德国战俘之间的对话，体现了德国军人和平民为一场保卫他们曾热烈支持但现在感到畏惧的体制而进行的而最终注定要输掉的战争而战时所感到的内心矛盾：

> 我们从生活中真正得到了什么？出生于战争当中，在通胀期间度过童年时代，在萧条中念完中小学，过去十年中被纳粹和军队管制了全部人生，现在又成了俘虏。这是什么生活？如果能生活在一个自由国家当中，无论何时只要愿意就可以投票给另一个政府，难道不是更好吗？我们现在为之战斗的不是自由，而是一个已经不

复存在的理由。

德国战争的最后一年，许多民众都明显地表现出了听天由命和漠不关心，而大多数记录都突出表现了这一点。不难理解，面对即将到来的失败，他们的情绪混合了恐惧和解脱。

对于希特勒来说，这场战争只能战斗到最后一刻。由于他的末世信条世界观，除了完全的胜利，就只有完全的失败。甚至到1945年4月，当全面的失败只有数周之遥时，他仍对鲍尔曼表示，这场战争“只能以一方或另一方的完全毁灭而告一段落”。他畏惧的是，德国将被肢解，德国人民任由“布尔什维克和美国流氓的野蛮恣肆”所摆布。但是，他强调，成功地从德国消灭犹太人，意味着德国在长期中将再次崛起到达巅峰，这一点符合他的战争观，即将战争视为德国人民对犹太人发起终极斗争的结果。真实的战争让红军在1945年4月的最后几天席卷了柏林的政府区域，使德国的军事力量在欧洲其他地区遭到了最终的完全毁灭，尽管希特勒对这一结果负有独一无二的责任，他却宣称自己已经赢得了德国与欧洲犹太阴谋幽灵之间的那场战争的胜利。

埃里克·格罗夫
Eric Grove

The West and
The War at Sea

第五章

西方与海上战争

这张照片中的两个航母特混舰队协同作战，展现出美国太平洋舰队在 1944 年的强大实力。每个特混舰队由 2 到 3 艘舰队级航母、2 艘轻型航母以及数艘护航航母组成，四个这样的舰队能够构成一支令人生畏的庞大力量。

伟大的海上战略学家朱利安·科贝特爵士（Sir Julian Corbett）曾有这样一句重要论述：正因人类生活在陆地而非海洋，海上战争的成败通常在陆上决定。第二次世界大战并不例外，即便如此，他对海上冲突的定义——海洋是否为主要因素——也刻画了二战的特征。从外空看地球这颗蓝色星球，其表面大部分被水覆盖；此外，航运即便不总是最快的运输方式，其效率也依然是最高的。因此，在二战中，运用海洋的能力即便不具决定性，但也是同盟国所具备的至关重要的优势，这一全球同盟也自称为“联合国”。

从太平洋战争的命名中，就可看出海洋因素在这场战争中的重要性。当日本陆军受困于亚洲大陆时，日美较量始终围绕着海上力量的投射，首先是日本攻占“南部资源地区”，建立“大东亚共荣圈”，而后是美国反攻到日本国门之前，威胁日本若不投降就是灭亡。

在对德作战中，海洋因素的重要性也不逊色。不管表象如何，事实上德意志帝国长期处在资源短缺的窘况中。希特勒政权总是需要在稀缺原材料及燃料的优先度中做出艰难抉择。德国发动战争的意图是建立一个自给自足的、能与美国相提并论的超级大国，而这只要通过获得一整片大陆的统治权就能实现，并不必须对西方的海上强国构成直接威胁。事实上，与英国这一昔日海上霸主结盟，曾经被希特勒视为是自然而然的事情，尤其是在种族的基础上。1935年的《英德海军协定》表现出德国试图拉拢英国、离间英法的意愿，德国接受其海军力量屈居于英国，规模只为英国的35%，而这已足够应对法国与波兰。这对英国也有利，因为可以集中精力应对日本这一当时最明显的威胁，并有希望把代价限定在合理的范围内。此外，这一协定鼓励德国按照英军35%的限额建造各种类型的舰艇，而非采取更为激进的路线，建造执行破坏交通线任务的潜艇与水面舰艇。英国海军力量35%的德国各类型舰艇，相比之下则更容易被同等力量的英军攻破。

尽管有上述协定，英国很快与法国重修旧好，共同遏制德国。当英德关系在《慕尼黑协定》之后恶化时，希特勒梦想建造一支与英国相抗衡的舰队。德国海军高层抓紧推动雄心勃勃的“Z计划”，并在1939年1月27日获得通过。按照这一计划，德国海军将在1945年拥有10艘战列舰、4艘航空母舰、3艘战列巡洋舰、15艘袖珍战列舰、56艘巡洋舰、158艘驱逐舰和鱼雷艇，以及249艘潜艇（U型潜艇）。实现这些目标需要大幅增加基础设施，有一段时期海军获得了德国工业最优先的保障。1939年4月1日，希特勒在“提尔皮茨”号（Tirpitz）战列舰的下水仪式上发表了激烈的反英演讲，在不久之后的4月28日，德国便废除了《英德海军协定》。

“Z计划”对各个类型资源的需求量完全不切实际，特别是当陆上作战也需要陆军和空军，且并非所有资源都提供给军队，因为德国经济还需要增加出口额。7月，12艘新型袖珍战列舰的改造计划因设计问题而被取消。德国的开战则意味着海军野心的终结，因为战争需要专注于陆军和空军，“Z 计划”变成了一纸空文。1939 年，德国舰队尚无法对英国舰队构成真正的挑战，而后者可以集中兵力应对德国，因为希特勒当时未与其潜在的盟国意大利和日本结盟。

日本高度关切德国与苏联的协定，但《莫洛托夫—里宾特洛甫条约》至少在一定程度上削弱了同盟国在海上的经济封锁，避免其再次遭受一战时那样的破坏。另一方面，德国却无法真正威胁到同盟国的商船，进而影响后者的作战协同。英国拥有的商船总吨位高达 1800 万吨，并有可能通过国外资源超过这一数字。尽管在战前英国的造船产能有所下降，且应对手段相对不足，但英国工业仍可以每年补充 100 万吨的损失，并可在国外建造船只。为迫使英国屈服，德国估算出需要击沉的商船为每年 700 万吨、每月 60 万吨。这需要在大西洋有一支约 100 艘 U 型潜艇的作战部署舰队，超出了其实际兵力的三倍。这也超出了“Z 计划”中对 U 型潜艇舰队的设计，而战前德国的原材料短缺情况仍在继续。建造潜艇不仅仅需要钢铁，其水下电子推进系统更需要进口铜和绝缘橡胶。在 1939 年 9 月初，德国实际上只有不到 60 艘 U 型潜艇可投入作战，而其中仅有 32 艘具备在大西洋作战的续航力。德国的计划往往是雄心勃勃的，它计划到 1943 年新建 660 艘潜艇，但在开战初的九个月里实际产量只有区区 20 艘。

对航运的攻击

德国海军并没有吸取一战的重要教训——其 U 型潜艇的攻势已经被护航编队抵消。德国似乎确实希望英国采用护航编队来干扰航运，并视其为降低航运交付率的最有成效的手段。德国海军力量，特别是规模较小的U型潜艇编队，无法击沉足够多的船只，而这一绝望境地早在战争开始阶段就显现出来了。在德国宣战当日，一艘U型潜艇击沉了“雅典娜”号客轮，因为潜艇指挥官错把该船当作武装商船。不过英国海军在此阶段错上加错，将这次对民用班轮的攻击视为无限制潜艇战的标志。与普遍的观点相反，英国海军部其实在战前并未忽视反潜艇作战，而且已决定在无限制潜艇战的情况下启动英国在大西洋航线的护航。这一措施避免了U型潜艇对航运所造成的严重损害。自1939年9月至1940年3月底，在从加拿大新斯科舍省的哈利法克斯到英国利物浦的49个护航编队中，仅有三个编队各损失了一艘船，而其中只有一艘遭到U型潜艇攻击。另外两艘遭到了水雷的攻击，在二战初期，这种武器的威慑力较大，直到盟军发现了德国磁性水雷的引爆方式，进而采取了反制措施。在同一时期，从塞拉利昂的弗里敦到利物浦的46个护航编队中，仅损失了一艘船。

反向船队的情况也一样。U型潜艇自然会集中攻击那些未被护航的船只，到1940年3月底，德国能在开战头六个月里击沉222艘同盟国或中立国的船只，总吨位达76.5万吨，另有总吨位达43万吨的船只被水雷击沉。但这些与预估的每月60万吨仍相距甚远，无法造成严重影响。

德国的水面舰队制造了一些干扰，但只击沉了微不足道的6.3万吨，且损失了一艘宝贵的主力舰——“斯佩伯爵海军上将”号（Admiral Graf Spee）袖珍战列舰。这艘军舰违抗上级指令，与三艘英国巡洋舰交战。在受轻伤后，由于听信英国主力舰队就在附近的谣言，该舰选择了自沉。德国军舰在敌军控制的大洋上冒着极大风险。“德意志”号（Deutschland）——“斯佩伯爵海军上将”号的姐妹舰——在第一次破交巡航后无功而返，这促使希特勒将其改名为“吕佐夫”号（Lützow），这一名字本属于一艘即将交付苏联的尚未完工的巡洋舰，用来巩固苏德条约。德国元首不敢冒险让拥有国名的军舰被击沉，也显现出德国海军的致命弱点。

德国海军在4月的状况更糟。希特勒正确地意识到德国依赖瑞典铁矿石的问题，因为德国超过一半的铁矿石供给来自国外，而且其中80%来自瑞典。在冬天，这些铁矿石必须通过挪威的纳尔维克港运送进来，尽管波罗的海航线能在夏天重新开放，希特勒（正确地）相信盟军正在计划彻底切断德国的挪威航线。于是整个德国海军孤注一掷，进行了一项大胆的行动——多向两栖作战，在德国空军的帮助下，使处于优势地位的英国舰队对登陆无能为力从而获得重大战果。但其代价相当惨烈。德国损失了最新的重巡洋舰“布吕歇尔”号（Blücher），此外还有两艘轻巡洋舰，以及十艘最新的驱逐舰。德国当时仅有的两艘战列巡洋舰“沙恩霍斯特”号（Scharnhorst）和“格奈森瑙”号（Gneisenau），以及被改划为重巡洋舰的“吕佐夫”号受创，暂时失去战斗力。到同年夏天为止，德国海军能够作战的，只剩一艘重巡洋舰“希佩尔”号（Hipper），它在挪威受创但已修复，以及两艘轻型巡洋舰和四艘驱逐舰。

因为德国当时获得了一系列超乎预期的胜利，获得了入侵英国的可能性，这使得缺乏战舰问题更为突出。在1940年5到6月对法国和低地国家的作战过程中，德国取得的胜利是作战双方都始料未及的，但这证明德国专注于陆军和空军的选择是正确的。英国海军最终撤离受困在敦刻尔克的部队，但这一事实也预示着德国即将征服欧洲大陆以外的土地。法国的停战造成了海军战略失衡和英国的恐慌，英国在惊慌中的反应是进攻法国在北非米尔斯克比尔港（Mers-el-Kébir）的主力舰队，仅取得有限的战绩，但造成大量伤亡，并且冒险激起拥有众多强大巡洋舰和驱逐舰的法国与英敌对，而这一后果恰恰是上述进攻所要避免的。幸运的是，法国维希政权对德国本能的抵抗防止了这种灾难性后果。

为保证入侵兵力在炮火威胁下强渡英吉利海峡，德国在 1940 年的夏天聚集了大量的驳船，希望靠拖船使其横渡海峡。这个临时的大军速度很慢，以致入侵舰队有时逆流倒退。载满部队的驳船要花费数小时穿越海峡，相当长一段是在夜间。而且，驳船没有海军的护送或掩护。在东海岸部署的大量英国驱逐舰，在小型反潜舰艇的护卫下，能够发射远程火炮，可以不费吹灰之力地击沉这些坐以待毙的德军。而英国的船队拥有基于亨伯港的巡洋舰支援，包括福斯湾的最强大的军舰。所有德国幸存的水面舰队所能做的，只是充当诱饵。“海狮计划”是完全不切实际的。

德国的另一套方案是“鹰日计划”，试图击败英国空军，但以失败告终，“海狮计划”也因此受到了拖延，这也让德国海军松了一口气。不过这也造成了误导，使他们将空战当成入侵的第一步。当横渡海峡的德国陆军被歼灭之时，德国空军也无能为力。空军在晚上无法攻击任何船只，也不能在入侵舰队中攻击英国舰队。没有德国海军炮火的支持，它不得不去支援陆上部队。在这种情况下，空军真正希望的是只通过轰炸就能利用空中优势强迫英国投降，而这是注定要失败的。英国通过运用周围的狭窄海域坚守住了阵地，他们击沉了原本用于贸易的德国驳船，这带来的经济损失，实际上要大于英国空军在这一战争阶段对德所能造成的损失。

当德国计划入侵苏联时，德国空军和海军试图通过攻击英国的城市和航运，从而击溃英国的抵抗。由于征服了法国，德国少数可用的 25 艘 U 型潜艇的潜力得以释放，这些潜艇现在能够用更短的时间进入大西洋。英国人必须将所有航运集中在西北方向，从而尽可能远离新的威胁。8 月，他们还开始了一个新的护航编队来护送慢速船只，此前这些船只未受允许加入编队，它们只能独立航行，因此曾是 U 型潜艇的主要受害者。而编队规模的扩大也对护航军舰的资源造成相当大的压力，因为护航需要同样类型的军舰，特别是驱逐舰，而抵御入侵也必需这种军舰。

针对护航编队，U 型潜艇指挥官的解决方案可能是，派遣多艘在无线电指挥下的 U 型潜艇，集中攻击护航编队，并且攻击时间总是在夜间。这种战术起初并没有奏效，而且一开始也不必要攻击护航编队，因为还有大量独立航行的船只，它们是更好的攻击目标。被击沉的独立船只从 5 月的 8 艘上升到 6 月的 44 艘，7 月则减少到 27 艘。不过，编队的损失也从 5 月的 2 艘增加到 6 月的 11 艘。

护航编队中船数的增多，最终促使德军采用了“狼群”战术。少数可用的护航军舰有时无法避免威胁。9 月，HX-74 编队遭到 5 艘潜艇的攻击，12 艘被击沉。10 月，新组成的慢速编队也遭受了非常严重的“狼群”攻击，SC-7 编队中的 35 艘船只几乎损失了一半。这个“狼群”接着攻击了 HX-79 编队，击沉 49 艘中的 10 艘。10 月护航编队共计损失 32 艘船，另外还有落单的 13 艘。在这个月里，德国袖珍战列舰“舍尔海军上将”号（Admiral Scheer）重返海上战场，这艘战舰曾经由于发动机故障和随后长时间的改装而暂未投入战斗。该舰在11月幸运地发现了HX-84编队，击沉了其中6艘船和护航的辅助巡洋舰“杰维斯湾号”（Jervis Bay），后者在编队散落后勇敢地进行掩护。

然而，这究竟在多大程度上破坏了英国的航运和供应呢？时任德国潜艇部队指挥官的卡尔·邓尼茨中将（Karl Dönitz）认为需要造成每个月60万吨的航运损失，但实际的战果远达不到这个数字。10月，同盟国舰艇在北大西洋沉没的总量为28.6万吨，不到所需数量的一半，而这已经是1940年的最大击沉数量了。大多数护航编队根本没有损失任何船只。从1940年6月至12月底，40个HX编队中只有15个损失过船只。即使是17个慢速的SC编队，在1940年底之前也只有5个损失过船只。这可能是U型潜艇的“快乐时光”，但它们远远没有实现目标。希特勒曾谈到提升U型潜艇生产的优先级并将月产量增加到25艘，但钢铁配额很快就回拨给了陆军，以备东线作战。从1940年6月到1941年3月，U型潜艇平均每月的产量仅为7艘，而1941年1月在北大西洋作战的数量只有8艘。

然而，U型潜艇并不是唯一的威胁。“舍尔海军上将”号继续大范围狩猎巡航，同时巡洋舰“希佩尔”号和战列巡洋舰“沙恩霍斯特”号和“格奈森瑙”号也返回海上，后两艘战列舰协同作战。但英国将老式战列舰加入护航编队，组成了强大的防御力量，使德国海军很难对编队造成严重损害。只有“希佩尔”取得了重大的战绩，在塞拉利昂慢速编队的19艘船尚未获得护航时，“希佩尔”击沉了其中的7艘。德国也开始使用Fw-200“秃鹫”型远程轰炸机（由客机改装而来）。在1941年2月底，该型战机取得了最大的战果，击沉了 OB-290 编队 41 艘中的 8 艘；另外 2 艘被 U 型潜艇击沉。

丘吉尔大为震惊。美国的《租借法案》获得通过，并在 3 月 1 日成为法律，承诺在有护航的条件下从北美向其提供物资。德国的威胁不是唯一的问题。西海岸港口效率低下，造成船只拥堵，加剧了问题，造成进口短缺。然而，更加主要的问题是船舶维修。按照原来的设计，超载的船只无法在气候恶劣的线路上航行，因此经常遭到严重损坏，而且从海外获得的船舶在使用之前通常需要进行大规模的改进。1941 年 2 月，由英国控制的 260 多万吨船只处于维修或待维修状态，是该月损失的同盟国和中立船只的 6 倍多。这些维修船只组成的干货航运总量相当于英国进口量的四分之一。当英国首相在 3 月 6 日宣布大西洋海战成为英国的主要任务时，他强调，“德国对航运展开了集中攻击，使得大量损坏的船只集中在我们的港口”。英国对船舶维修和海战的投入，及其对德军的抵御，构成了“大西洋海战的关键”。

战局在 1941 年得到扭转。英国开始取得胜势。随着入侵的威胁减弱，充足的护航军舰已经恢复到位，并且得到了更好的训练。它们也开始装备早期雷达。在 HX-112 编队被攻击时，德军虽然击沉了 5 艘船，但德军付出的代价是 3 艘 U 型潜艇，包括两位王牌艇长指挥的潜艇。就在几天前，曾在 1939 年潜入英国斯卡帕湾（Scapa Flow）海军基地、击沉“皇家橡树”号（Royal Oak）战列舰而最负盛名的艇长君特·普里恩（Günther Prien）与其全体船员命丧大海，因为他指挥的潜艇在攻击 OB-293 编队时严重受损并最终沉没。到 3 月底，所有德国主要的水面舰队单位都只能返回其港口。

北大西洋被击沉船只吨位在 3 月达到峰值（近 32.5 万吨）。随着损失的减少，维修情况得到改善，例如转移劳动力、双班倒和允许夜班的特殊照明等措施。到1941年7月，当大西洋的损失小于10万吨——1940年5月以来的最低数字——时，维修船只的吨位已经减少到160万吨。

击败轴心国在欧洲的海军力量

德国在1941年5月果断决定派出其最强大的战列舰、整装待发的“俾斯麦”号（Bismarck），以打击对手的作战意志，同时还派出最新的重型巡洋舰“欧根亲王”号（Prinz Eugen）。这艘战列舰能击沉护航的老式战列舰，而巡洋舰则能歼灭整个护航编队。德军希望这样的一次或两次歼灭战，再加上一些最密集的轰炸，能够在对抗苏联之前，让英国看清楚形势。任务开始时德军进展顺利，他们击沉了英军的骄傲——“胡德”号（HMS Hood）战列巡洋舰，并重创了其最新但尚未完全形成战斗力的战列舰“威尔士亲王”号（Prince of Wales）。然而，“俾斯麦”号的沉没迫使德军放弃任务。该舰防空火炮的弱点致使其在舰载战斗机的攻击下陷入瘫痪，接着又在战列舰“乔治五世”号（King George V）和“罗德尼”号（Rodney）轮番攻击下沉没。“欧根亲王”号在布雷斯特避难，与遭轰炸而失去行动能力的“沙恩霍斯特”号和“格奈森瑙”号会合。这是德国水面舰队最后一次与北大西洋护航编队作战。“吕佐夫”号在6月尝试了最后一次突围，但被英国空军“波弗特”（Beaufort）鱼雷机重创。至此，德国水面舰队已被成功地遏制。

同年夏天，对U型潜艇的作战向着对英国有利的方向发展，尽管潜艇的数量有所增加。一个重要因素是情报。在此之前，德国占据情报优势。英国代码破译者依靠捕获的信息，如今已能够破解 U 型潜艇发出的信号，而这与其他无线电情报一起，帮助护航编队中的船只避开“狼群攻击”。较快的商船从独立航行中被调回护航编队，付出了巨大的成本，牺牲了航运能力。护航编队的规模在 6 月和 7 月得到扩展，为整个北大西洋航线提供反潜护送。这是由加拿大海军应急式的增长所实现的。尽管新护航舰只训练不足，但仅是护航的存在就能够给予通行船只足够的安全保障，防止有限的 U 型潜艇威胁。此外还有技术的改进，新的微波海面搜索雷达在搜索 U 型潜艇方面实现了巨大的技术飞跃。

1941 年 8 月，美国开始参加海上战争。在《大西洋宪章》会议上，美国同意接管西大西洋的责任，包括护送前往哈利法克斯的编队，该编队中含有美国船只。这使得一些加拿大护航军舰能被转移以加强英国海军的力量，尽管慢速编队通常仍是加拿大在西大西洋的责任。美国军舰在 9 月初开始参与护航与护航支援的行动。

而这恰巧是最后一个战况较差的月份。一支装备和训练状况不佳的加拿大护航军舰，虽竭尽全力，但仍未能阻止 12 艘 U 型潜艇击沉 SC-41 编队 65 艘船中的 15 艘。当然，这只是德军单独的一次胜利，一定程度上反映了其 U 型潜艇产量的提升，如在 10 月增加到了 80 艘。从 6 月到当年年底，没有 HX 编队损失过船只，仅有 25 个 SC 编队中的 5 个共损失了 39 艘船，这相当于一个相对较小的编队。以吨位计，损失从 9 月的近 18.5 万吨下降到 11 月和 12 月的 5 万吨。U 型潜艇的失败已成定局，它们的产量再也没能恢复之前的规模。最后，这些潜艇被转用于显然更有成效的工作——保卫德国关键的斯堪的纳维亚铁矿石供应线，以及扭转德国在地中海日益失势的战局。到 12 月中旬，为向地中海部署新的兵力，德国只剩下 5 艘 U 型潜艇留在北大西洋。

地中海战役始于 1940 年 6 月，意大利不甘寂寞，急于宣战，以攫取法国战败的果实。意大利有强大的舰队，但由于其海外供应中断，极度缺乏燃料。这制约了意大利海军在整个战争中的活动。1940 年 11 月，英国通过对意大利海军基地塔兰托（Taranto）的一次航母舰载机空袭赢得了地中海制海权，使意大利的主要战舰力量减半。在夜间的行动中，英国海军也能够对抗意大利舰队，后者技术上无力应战。

当意大利在 1940 年 9 月入侵埃及时，丘吉尔试图授权军队发动一场全面的北非战役。这提高了英国的士气，但在运输能力方面成本巨大，因为大多数攻击行动必须绕道开普敦。德国赶来救援意大利，一些德国高层提出地中海战略的想法，但并未付诸实践，因为希特勒把苏联置于战略优先地位。1941 年，德国空军投入经过特别训练的第 10 航空军，它们能够抵消英国的地中海舰队的优势，因为英国这些舰队的航母防空能力尚不成熟，甚至无法保护其自身。这保证了轴心国地中海海上航线的畅通，也使得隆美尔能够在 1941 年 3 月进行反击。

由于希腊遭到意大利入侵，丘吉尔错误地撤出了北非的部队以提供支援。德国也来援助意大利，为其东线攻势清除南部边缘的威胁。英国只能先从希腊和随后的克里特岛上撤军。英国海军虽成功捍卫克里特岛，但其胜势又被德军在空中的入侵所抵消。德军伤亡惨重，这使希特勒再未尝试这样的行动，但海上撤离对英国来说同样成本高昂，因为他们遭到了激烈的空袭。商船运输损失也很严重，在 1941 年 4 月地中海的损失甚至超过了大西洋，每月损失量也首次达到了邓尼茨所提出的 60 万吨。5 月，情况变得更糟，虽然大西洋的损失有所减少，但地中海的损失达到了 32.5 万吨。

然而，面对英国在叙利亚、伊拉克和埃塞俄比亚的地位不断巩固，德国几乎无能为力，这意味着英国可以安全获取并运输中东的石油。印度洋的安全得到保障，这也意味着罗斯福可以绕开国会反对者，命令美国军舰直接在中东支持英国。航运的局面得到缓解。对苏联的入侵也使德国的空军暂时调离地中海，让英国重新夺回战场主动权。英国充分利用马耳他部署巡洋舰和驱逐舰，切断了轴心国的联系，对轴心国航运造成了致命的损失，并阻止了它们对同盟国航运的攻击。在战争的大多数时期，的黎波里的物资往往多于被运送到轴心国部队的物资。但 1941 年末情况并非如此。隆美尔被迫撤退，德国调遣 U 型潜艇来重新扭转战局。北非战役的运输成本昂贵，但也使 U 型潜艇离开了主要航线，从而巩固了英国在这些航线上的胜利。

英国海上封锁的成效比预想的要好。尽管德国的物资产量增加了，但在被德国占领的其他领土上并非如此，其经济最多只是停滞不前。因为缺乏燃料，仅就运输而言，德国的征服使这些地方的状况退步到了 19 世纪，同时，牛奶等产品的供应也出现灾难。在 1941 年，德国不得不加强马匹在部队运输中的作用。卡车司机几乎没有得到多少训练，这在东线作战开始时酿成了灾难性后果。当德军已逼近莫斯科城下时，德国主要卡车制造商却不得不关闭一段时间，因为燃料已经十分缺乏，连检查燃油泵都不够！

德国希望这些问题能通过征服东欧并实行殖民统治来解决，他们在 1941 年 6 月 22 日发起了大规模作战行动。很快，苏联就开始接受英美的援助，这些援助来自海洋，主要通过美国船只运抵北极地区的港口，虽然其基础设施较为有限。船只必须停止服役以调整适应北极的条件，这使得航运短缺问题更加严重。即使在这个初级阶段，援助的效果仍然很显著。重装甲防护的英国产坦克对补充苏联装甲军灾难性的损失发挥了重要作用，从而帮助扭转了莫斯科的战局。

两洋战争

1941 年 12 月是整场战争中关键的一个月，日本袭击美国、英国和荷兰，德国对美国宣战。日本如果要维持现有的征服，除了战争别无选择。它依赖于从海外进口的燃料，特别是来自东印度群岛，而这些燃料只能通过受美国控制的美元资产购买。在 1941 年夏天日本进入中南半岛后，这些资产被冻结。很明显，美国要求日本从其在 1937 年后与 1937 年前占领的中国领土上完全撤出，而日本对此无法接受。对日本而言，他们似乎还有另外一个选择，那就是海上战争。

在 20 世纪 30 年代中期，日本已经退出海军军备控制体系，并在海军建设方面取得进展。日本试图利用技术优势来弥补华盛顿和伦敦条约所造成的数量劣势。日本海军拥有世界上最好的鱼雷，装备精良的海军航空兵（拥有独特的远程陆基海军航空部队，以支撑强大的海军力量），并且建造了最大的战列舰。日本的旧船完全实现现代化改造。这个优势资本必须马上兑现，因为美国受德国战胜法国的刺激，在 1940 年开始迅速建设“两洋海军”，这一海军一旦成形，将是不可战胜的。对日本而言，机不可失，时不再来。

因此，日本制定了一系列野心勃勃的登陆计划，以水面舰队和陆基空军夺取英属和荷属东南亚以及占据海路的菲律宾。日本联合舰队司令山本五十六认为，如果能突袭美国的作战舰队，打破罗斯福在珍珠港部署的威慑力量，就足以震惊美国并迫使其就范。山本也有手段这样做：由 6 艘航空母舰以及 350 架飞机组成了一支打击力量。即使最终只击沉了一艘战列舰，山本仍认为震惊的美国人很快就将哭喊“快停”！作为一名曾在美国工作过的军官，山本的这一判断无疑大错特错。

美国预期战争会发生，也正等着第一枪，尽管他们没有想到会是在珍珠港。过早地爆发冲突可能会激怒美国国会中的反战人士，因此美国政府阻止军队在日本进攻方向的侦察工作，并要求夏威夷的军官降低警戒水平。这使得日本在 12 月 7 日实施进攻时取得了相对较好的结果，尽管过程中有失误，但也达成了其基本目标——一艘战列舰被炸毁，一艘翻覆，其他 3 艘坐沉在港内。为防止空中反击，日机将许多美机炸毁在地面，但最关键的是，所有航空母舰都已离港。这使日本飞行员非常懊恼，他们更改原先的计划，进攻航母港口，幻想着在那里找到哪怕一艘航母，尽管他们收到的情报并非如此。

美国人确实震惊了，但他们并没有像山本料想的那样，妥协接受日本的对外扩张。相反，他们被激怒了，而且决心必须让日本彻底战败才能罢休。在政治上，罗斯福总统收到了绝佳的效果，但在战略上，短期形势非常严峻。美国不得不使用航空母舰作为主力战舰，尽管其战斗机控制技术尚未完善，空战能力不佳。然而，它们携带的飞机比任何其他航空母舰都多，而且可以进行远程打击。其俯冲式轰炸机是日本航母、巡洋舰和驱逐舰的强大对手，但因缺乏鱼雷轰炸机，其对抗敌军战列舰的能力受到了限制。英国向远东派出了两艘主力战舰，试图威慑日本，而日本的陆基空军很快以鱼雷轰炸机解除了威胁，水面舰队则歼灭了多国拼凑的赶来保卫东印度群岛的舰队。

日本攻击美国对德国大为有利。美国事实上已经参与对抗德国的战争。11 月，除了加入护航编队（10 月 31 日，一艘驱逐舰在执行此任务时被击沉），美国海军还根据情报派出了一支作战部队，以保护丹麦海峡免遭德国水面舰队的攻击。这是德军通往大西洋最可能的路径，而英国因有其他任务只能派出一艘战舰，无法独自提供足够的保护。德国军舰虽没有出现，但如果出现了，那么结果会很有意思。在当前的情况下，德国期望美国海军能撤退到太平洋，以便攻击美国海岸附近失去护航的商船，同时考虑到日本有可能对苏联宣战，希特勒宣布对美国开战。

U 型潜艇开始进入到美国附近的海域，对同盟国航运带来了巨大的损失。美国也确实把军舰转移到太平洋，因此没有在其海域实行护航。根据美国海军的原则，护航的主要目的不是确保航运的安全与及时到达，而是击沉 U 型潜艇。美国没有吸取英国的经验，他们认为糟糕的护航不如没有护航。然而后果是灾难性的，在 1942 年的上半年，整个北大西洋的盟军和中立航运损失达到每月 47.2 万吨，而全球的平均水平接近 70 万吨。6 月份，仅北大西洋的航运损失就已超过邓尼茨设想的 60 万吨，尽管这是二战期间唯一实现的一次。然而，随着英国和加拿大代替美国承担护航的任务，护航编队几乎毫发无损，HX 编队在这一时期没有损失一艘船，而 SC 编队只损失了一艘。上述成绩还是盟军在 1942 年 2 月后破译德国密电码前取得的。

大西洋中东部的海战仍保持着胜势，与此同时，西大西洋上未受护航的船只却遭受攻击，并在 5 月蔓延到了加勒比海，因为 U 型潜艇的燃油舱增大，扩大了德国小型潜艇的航行范围。U 型潜艇击沉的未被护航的船只数量在 6 月攀升至 121 艘，主要在美国水域。美国海军终于在 5 月开始组织沿海护航，随着此系统的扩大，损失最终得到控制。美国之所以较晚在美国水域中引入护航，一定程度上是因为信赖美国造船业足以弥补损失的产能。也许值得注意的是，在 1942 年上半年英国大型干货船只的净损失是 496 艘，而美国方面则净增长了 326 艘。

在日本取得初步成功之后，航运的短缺限制了其战略选择。美国不愿意与日本言和，迫使日本考虑其他选择。其中最有潜力的可能是转向西方，进入印度洋来进攻英国。攻取锡兰将破坏印度的稳定，获得通向马达加斯加的跳板，并切断到达中东的同盟国供应线。然而，日本没有派出多少军舰和部队来实现这一计划，当日本航母突袭部队在 4 月对锡兰发动攻击时，英国的远东舰队只有 5 艘老旧战列舰，且大部分未经改装，另外还有 3 艘装备不足的航空母舰，它们隐蔽在一个秘密的环礁基地，避免了与日军直接相遇，大部分毫发无损而得以幸存。只有 1 艘小型航母和 2 艘巡洋舰在准备保卫马达加斯加时被击沉。因此，丘吉尔将这场战斗称为战争中“最危险的时刻”。在失去新加坡后，即使是舰队在海上的一场重大失败，也会成为英政府难以承受的负担。但他不必担心，当英军在下个月初通过两栖作战行动，抢占了马达加斯加时，而日本对此无能为力。

日本还有其他两个选择：一是进军东南方向，防止澳大利亚被盟军用作反击的基地；二是攻击中途岛，威胁夏威夷，击沉美国航空母舰。美军已蓄势待发，其任务包括使用陆军中型轰炸机攻击日本本土。因此，日本决定首先保护南部，进攻新几内亚首都莫尔兹比港，然后与美国进行决战，从而最终使得美国放弃抵抗。

但日本的这些计划全部惨败。珊瑚海和中途岛的海战展现了航母的脆弱和强大的两面性，雷达是其关键影响因素之一。美国失去了 2 艘航母，日本失去了 5 艘，另有 2 艘无法继续作战。在失去航母之后，山本五十六命令入侵中途岛的舰队撤退。虽然日本战列舰能抵御航母剩余的俯冲轰炸机的攻击（美国航母的鱼雷机已在航母对攻中损失殆尽），但巡洋舰和驱逐舰则不能。此外，在中途岛上还有陆基战斗机，这位日本海军司令考虑到自己海军的战斗力，担心其水面舰队在没有航母空中掩护的情况下将受到巨大威胁。

中途岛战役是日本扩张的顶点。美国正在所罗门群岛展开海上“进攻性防御”，将日本引入到一系列战斗中，双方都在舰船、飞机和人员，特别是飞行员等方面遭受了重大损失。美国可以承受这种损失，而日本不能。随着“两洋海军”在 1943 年逐渐成形，日本的赌博行为显然已经失败。

击败 U 型潜艇

尽管美国海军将力量集中在太平洋地区，他们仍然致力于“德国第一”的战略。这意味着美军必须开始大举横渡大西洋，以准备攻击欧洲大陆，美军认为这是其战略的核心。“波莱罗”（Bolero）行动计划在1942年夏天每月从美国运输约两万人到英国。在下半年，客轮“玛丽女王”号（Queen Mary）和“伊丽莎白女王”号（Queen Elizabeth）也被用于这一行动，这两艘船曾用于在澳大利亚和中东之间调动部队。截至年底，共有25万美国士兵抵达英国。

在1942年的夏天，德国回过头来继续试图阻断中部大西洋的航运，因为美国水域护航系统的扩张使得他们不得不离开这一水域。如今，德国没有其他办法来攻击护航编队，而第二次大西洋海战持续了9个月，大部分战役发生在中部大西洋地区，超出了陆基空中掩护的范围。投入作战的U型潜艇数量从7月的140艘稳步上升到10月的近200艘。德国水面舰队现在已完全离开这片水域，位于布雷斯特的战舰于1942年2月在重重护卫下通过海峡向北逃离。

直到年底，虽然德国还保持着密码未被破译的优势，但同盟国大多数护航编队在1942年底前虽然有一些战损，但未伤筋动骨。只有三个HX编队遭受损失，其中HX-212失去了大量的船只，即43艘中的5艘。可想而知，SC编队也不太幸运，SC-94编队失去了其30艘船中的三分之一，而SC-107编队则失去了41艘中的至少15艘。西向航线的ON-154编队的损失也较为严重，45艘中有13艘沉没，但是这些都是个案。从7月到12月，24个SC编队中的17个没有失去任何船只，47个ON编队中只有9个遭受损失。护航军舰通常可以应付威胁。它们现在配备了船载高频无线电测向设备（HFDF或“Huffduff”），这些设备利用了U型潜艇进行“狼群攻击”所必需的信息传输。装备较差和训练不足的加拿大护航编队则处于不利地位，它们还遭遇了两场硬仗。加拿大编队实力不足，使其只得在 1943 年初撤出，以进行训练和重新装备。

德国人还远远没有获胜。在 1942 年 6 月，面对同盟国造船能力可能达到的每年 1000 万吨，邓尼茨将他的击沉目标定为每月 90 万吨。尽管有 1942 年的损失，英国在 1942 年底时的干货运输数量与 1939 年几乎相同，而且油轮数量比战争之前还要多，设计的标准化推进了大规模生产。这有助于保护石油供应。1942 年，英国从海外供应地进口了 1000 万吨石油，五倍于德国从其主要供应地罗马尼亚获得的石油。

1943 年，同盟国造船产量的提升比邓尼茨预期的更高。美国商船造船产量从 1942 年的 550 万吨增加到 1943 年的不少于 1150 万吨。在干货载重量、载重吨位方面，美国在 1943 年的产量与英国在该年初的干货船队总量相当。诸如预制和焊接等大规模生产技术被应用。生产一艘载重 1000 吨的自由轮（Liberty ship）平均需要 6 个星期，在高峰期美国每天能产出 3 艘；美国 18 个船坞在整个战争期间共建造出 2751 艘这样的船。在 1942 年到 1943 年，英国产量又增加了 400 万吨。英国和加拿大也建造了类似自由轮的船只（这些都属于英国的设计）。加拿大工业的发展成绩尤其突出，其船台数量在 1943 年扩大了四倍。

而德国从来没有达成其提升后的击沉吨位目标。在 1942 年下半年，德国只有 8 月和 11 月两个月在北大西洋击沉吨位超过 50 万吨。而南大西洋的击沉吨位在 10 月突然增加了三倍，达到近 15 万吨，因为盟军需要准备第一个两栖攻势（见下文），使得航运失去了护航，暴露在 U 型潜艇的威胁之下。在 1942 年 11 月，全球的航运损失再次达到峰值 80 万吨，但这是最后一次。罗马－柏林－东京组成的轴心，再也无法击沉目标数量的船只。

尽管燃料长期短缺，希特勒还是在 1942 年夏天攻取南部苏联的土地，以争取获得可靠的石油供应。随着该行动转变为斯大林格勒战役，盟军在海上对德军侧翼造成威胁，这阻碍了德国部署足够的部队来防止苏联反击。英国和加拿大军队在 8 月对迪耶普（Dieppe）的大规模袭击是一次战术失误，但迫使希特勒在法国保留部队，这对东部的战局或许造成了很大影响。希特勒亲自指挥的国防军最高统帅部（OKW），负责除俄罗斯之外的所有战线，这意味着盟军对海上侧翼的威胁在元首看来特别突出。英国凭借其外围海洋战略的本能，迫使美军从重开欧洲西线作战的主要优先目标中转移开来，事后证明，这一做法是正确的。希特勒对其海上侧翼表现敏感，意味着他认为保卫海上边界存在迫切需要，并将重新部署部队以应对随时发生的海上威胁。由是妨碍了他在俄罗斯集中足够的军力。

盟军决定进攻北非，而非进攻法国，在北非这个战场一劳永逸地击败轴心国。1942 年以来，地中海和北非战事频繁。1941 年底，德国潜艇和意大利载人鱼雷在地中海的两端消灭了英国舰队的主要力量。德国再次从空中围困马耳他，该岛对英国而言是其不可攻陷的帝国“堡垒”，而非进攻行动的根据地。随着隆美尔在北非地区的推进，轴心国空军力量的范围得到扩展，盟军必须从西边对马耳他进行供给。美国提供油轮给主要护航编队。这些在 8 月的“基石”护航行动中达到顶峰，英国派出几乎所有可用的舰队，保证供给来解救马耳他。英国航母协助抵抗轴心国的攻击，尽管缓慢成熟的战斗机控制技术最后造成了一定问题。因为轴心国的沟通路线已延伸到埃及，岛上的飞机和潜艇在多大程度上破坏了轴心国部队的供应，仍然存有争论。不过，马耳他战役确保了地中海航运的安全，以继续维持和重新装备英国军队。当英国第八集团军最终攻击埃及的阿拉曼时，这种海上优势在部队数量和后勤力量方面得到充分体现，而德国则无法望其项背。

盟军当时正计划利用其在海洋上的主导力量从两端攻击轴心国在北非的部队。盟军在西部沙漠上的攻击与在海上的“火炬”行动相结合，共同进攻法属北非地区。行动开始于1942年11月8日。尽管有潜艇威胁，美国仍然直接穿越大西洋实现对摩洛哥的登陆计划。在这次作战中，U型潜艇被转移出商船航线，但又无法对盟军入侵行动进行干扰。英国部队在阿尔及利亚登陆。虽然代价是土伦的大部分舰队被摧毁，以阻止它落入德国和通敌的维希政权手中，但是法国事实上还是重新加入了战争。

北非的战局并没有如同盟国希望的那样发展。德国和意大利在突尼斯坚守到了1943年5月，这场战役造成了日益严重的航运危机。新船建造需要时间，而盟军的合作也变得紧张，因为英美所有的船只必须在不同的优先事项之间分配。相应的代价是，盟军不得不放弃在印度洋战场上夺回缅甸的行动，民用供应运输受到严重削减，孟加拉饥荒肆虐，数百万人死亡。跨大西洋的“波莱罗”运输行动也暂停了一段时间。但是盟军克服障碍，在其主要的优先任务上取得进展：维持英国作为进攻基地，在北非取得胜利，扩大地中海作战进而攻占意大利，支援苏联，以及美国海军在太平洋对日作战。

1943年的主要危机是对航运的分配，但与此同时，U型潜艇的战争达到最高潮。在年初，投入作战的U型潜艇的数量已经超过

200 艘。其结果是一系列围绕护航编队的重要战斗，因为“狼群”做出了极大的努力，特别是在空军掩护仍然难以覆盖的中部大西洋。这又一次是个分配的问题。盟军高级指挥官们认为，航运情况不足以严重到提高海上巡逻的优先等级，他们更愿意使用大西洋航运所需要的远程轰炸机来轰炸德国，而新的护航航母也被派往他处支援两栖作战。

大西洋的航运损失比例从 1942 年 12 月的 58％上升到次年 1 月的 67％，进而到 3 月的 84％。虽然盟军在 1942 年底能重新破解出德国 U 型潜艇的代码，但他们在 1943 年 3 月破解的速度减慢了，而 70 艘作战的 U 型潜艇重新获取了情报优势。3 月初，所有的护航编队都被拦截，且一半以上被攻击，造成在该月前三周出发的所有船只中，20％以上无法安全和准时到达。这也许在战争中是唯一一次，“大西洋海战”看起来如同战后传说中的那样。

人们开始怀疑继续使用护航编队的价值，但回想起来，总体情况看起来并不那么糟糕。在 1943 年 1 月至 3 月期间执行护航任务的 9 个慢速而脆弱的 SC 编队中，只有 3 个遭受损失，分别是 61 艘船中的 8 艘，57 艘中的 7 艘，以及 51 艘中的 8 艘；只有三分之一的编队失去了船只，最糟糕也只失去了 15％。在同一时期 11 个快速的 HX 编队中，只有三个失去了船只，HX-229 编队遭受了战争中同类编队中最严重的损失，38 艘中的 12 艘；其他两个编队也只失去了 7 艘。HX-229 是一起个案，尽管动摇了士气，但这着实不是 U 型潜艇的典型战绩。3 月，北大西洋的损失确实飙升至近 47.5 万吨，但这远低于邓尼茨早期的 60 万吨目标。该月的全球损失小于 70 万吨，也无法接近邓尼茨修正后的目标。此后的损失也从未再次达到这样严重的程度。

大西洋正进行着一场消耗战，而处于败势的是德国，并非同盟国。3 月，一系列慢速的开往外国的护航编队启航。第二个编队失去了 18 艘中的 2 艘，但是 4 月的 ONS-5 编队则失去了 42 艘中的 11 艘。然而，德国付出的代价是 7 艘 U 型潜艇，另外还有 2 艘意外沉没，沉没数量超过参战“狼群”的一半。由于破解德国代码的速度重新提升，更多的水面护航军舰正被分配到支援部队中，以护送受到威胁的编队。由于盟军拥有充足的护航航母和远程巡逻机，战势的差距正在缩小，而且训练有素的护航船员拥有了雷达和定向技术来击败潜艇。5 月对邓尼茨来说是一个灾难性的月份，因为 41 艘潜艇在对抗已完全成熟的护航系统时被击沉；只有 16.3 万吨的盟军船只遭到损失。德国在该年晚些时候试图使用新武器东山再起，但效果不大。1943 年 5 月以后，在战争的后期只有 100 多个 HX 编队中的 3 个、50 多个 SC 编队中的 4 个遭受过损失，而每一次损失都未超过 2 艘。

海军的力量和同盟国的胜利

随着大西洋的通行安全得到保障，航运的组织也日渐纯熟，同盟国可以继续向欧洲轴心国发起进攻了。在 1943 年 7 月，西西里岛登陆战爆发，1600 多艘英国战舰和商船、945 艘美国舰船和 31 艘欧洲同盟国的舰船参与部署作战。同盟国海军力量的投入，对战争带来了巨大的全面冲击。此时，德国正在东线战场上开展大型“堡垒行动”的库尔斯克会战，以极小的损失对他们的敌人造成了较大的破坏。但随着纳粹南侧受敌，英国还在撒丁岛和巴尔干半岛发起欺骗性的军事行动，希特勒倍感掣肘，他在国防军最高统帅部发起命令，叫停了这次“堡垒行动”，将重要编队（主要是正在普洛霍罗夫卡战场上横扫苏联军队的党卫军装甲部队）转移到南翼排除威胁。自此之后，德国地面作战部队再也无法以这样的兵力向苏联红军发起进攻战了。

如果不是同盟国的海军力量分散了纳粹兵力，苏联红军在遭受如此高比例伤亡的情况下，大概早已战败。西方国家的物资供给对苏军而言也是至关重要的，要不是美国建造的飞机，苏联军队就必须通过海路才能向前挺进。北极护航队能够顺利穿过被攻占的伊朗和苏联远东地区，是因为日本为讨好斯大林，放任立有苏联国旗的船只开往海参崴。

北极航线仍然是最危险的线路，因为这条航线途经希特勒为保护铁矿石生命线而部署在挪威的大量兵力，包括德国海军剩余的重型单位，以及U型潜艇和飞机。如果这些编队协同作战，那便能完胜盟军的整支护航队。但是到了1942年末，当盟军的船队护航队和支援部队击退了纳粹的一艘巡洋舰和一艘袖珍战列舰时，希特勒曾下令要求凿沉所有水面舰艇。邓尼茨受命指挥纳粹海军，他保留了其中一支舰队，但在1943年末那场与英国战列舰的最终对抗战中，“提尔皮茨”号战列舰在英国侏儒潜艇袭击和空袭下瘫痪在港内，而“沙恩霍斯特”号战列巡洋舰也在最后一次英德战列舰交战中被击沉。由此，北极护航舰队成功诱使德国海军部队走向灭亡，保护了物资的供应渠道，也成为西方国家提供战争支援的重要政治表征。

在这次行动中，北极航线上总共要运输400万吨物资，其中只有7%没有送达。途经伊朗的物资共有400多万吨，比其他两条跨太平洋的线路运输总和还要多。日本要求跨太平洋供应线不可以包含战争物资，因此运输的主要为食物（斯大林的继任者赫鲁晓夫称，苏联军队要是没有斯帕姆罐头就打不了仗）、衣服、电话电缆、铝矿和铁路设备（苏联因此可以节约生产上述物资的产能）。许多非作战用的机动车辆也通过跨太平洋供应线运到了苏联。各个类别的租借法案物资中，对苏联红军贡献最大的可能是交通工具。50万辆美国生产的汽车被运往苏联，以及约7.8万辆吉普车和超过35万辆卡车。到1945年为止，苏军使用的交通工具中有三分之二都是美国生产制造的。2.28万辆美国、加拿大和英国的装甲车通过伊朗和北极航线运往苏联，为16%的红军提供了装甲车辆。包括“斯图尔特”型坦克和“瓦伦丁”步兵坦克在内的西方坦克，性能往往优于苏联轻型坦克，“谢尔曼”坦克数量最多，性能也颇为人称道。苏联装备的装甲输送车全都是美国生产的。而船只供给的数量也相当可观。美国在1945年上半年的船只租借“预算”中，共计200万载重吨的船只被分配给苏联，是对英供应的4倍，也几乎达到了赴欧洲的美军船只供给量的一半。

由于地中海航线的开放，途经伊朗的苏联供应线变得更加便捷。1943年9月，同盟国从西西里岛转移到意大利本土的两个登陆点。这促使意大利倒戈，并交出了他们的舰队。但是，德国随即予以有力的回击，同盟国军队很快就陷入了困境。1944年1月，他们试图通过海路进攻安奇奥来攻破德军侧翼，但以失败告终。这次行动的失败也说明，盟军仍然无法配备足够的登陆舰以满足所有的战略选择。

二战海上作战的一个显著特征，就是各种类型的登陆艇和登陆舰的诞生和发展。客船经改造后能运载小型步兵突击登陆艇，而大型的坦克和步兵登陆艇则以远洋坦克登陆舰（LST）运载，后者成为滚装船的前身。这些舰艇主要由英国设计，但主要在美国制造生产。英国通过租借法案获得了 115 艘坦克登陆舰和 220 艘大型步兵登陆舰；每个类型都有超过 1000 艘在美国生产。但是，英国工厂（包括靠近内陆航道的一座家具制造厂也被改造为战时工厂）也加紧生产工作，生产了 2000 多艘突击登陆艇和 450 艘坦克登陆舰。

这些船只和舰艇增强了现代军队的海军战略机动能力，但仍然是不够的，尤其在美国海军对日进攻战和盟军对德作战中，这些舰艇的关键性不言而喻。由于西方盟国决定在 1944 年夏开辟西线战场，发起法国登陆战“霸王行动”，原本要将登陆舰和船只调回英国的计划只好变更，转而支援安奇奥战役。最后，这批舰艇在 4 月被运回国内。印度洋战区又一次付出了代价。东南亚战区的指挥官不得不放弃其一半的两栖作战部队来支援地中海行动，安达曼群岛登陆战和缅甸的若开海岸登陆计划也只得搁浅。新上任的东南亚战区盟军最高统帅路易斯·蒙巴顿（Luis Mountbatten）作为伦敦的联合作战司令，在建造登陆舰方面投入了大量的心血，但讽刺的是，他在部署作战时却发现处处被登陆舰短缺的窘况所掣肘。丘吉尔任命蒙巴顿担任这一职务，说明了丘吉尔支持发起跨孟加拉湾的海军作战行动，但是，由于其他行动的优先性更强，导致专门的两栖舰艇总是处于短缺状态。船只往往被调往支援岸上作战行动——以避免在这一战场出现短缺。

1944 年 6 月的作战行动很好地展示了“联合国”海军力量的全球影响力。两场最大规模的进攻性海战在世界的两边同时进行。“海王行动”（Operation Neptune）是“霸王行动”的海战代号，在诺曼底海滩部署了一支陆上部队。这是英国皇家海军的伯特伦·拉姆齐（Bertram Ramsay）上将最后一次带领英美士兵开展全球高度的作战行动了。大部分舰艇都是英国的，只有 30% 为美国提供。这次作战行动的规模是巨大的：近 6500 艘舰艇参与这次海战，包括自战列舰以下的近 1100 艘军舰和超过 1250 艘商船。

在德国本土，纳粹空军曾在美国陆军航空队（USAAF）发起的战略进攻战中吃了败仗。而在这场战役中，美国陆军航空部空军海军的协同作战能力得到了很好的展示。凭借盟军的制海权，他们通过海路调动燃料、地面作战人员、军火弹药和其他物资。盟国的军舰和陆基空军力量通过轰炸海滨地区，击退了阻挡海军上岸的围堵行动。诺曼底滩头堡被用来巩固登陆战取得的成果，在滩上行动和人造“桑葚”港（译者注：临时港口的代号）的攻击之下，德国人甚至开始使用载人鱼雷和爆炸摩托艇，显然已经陷入了绝境。其中一个人造“桑葚”港在暴风雨中损毁，但是到 7 月底共有近 9 万车辆得以运抵到岸，配备给了主要同盟国。计划中的车辆配备量甚至更多，但对于同盟国军队目前展开的进攻规模来说，这些物资已经绰绰有余；物资供给没有成为盟军的掣肘。但是，这次规模有限的进攻行动还是在一定程度上分散了同盟国海军在东线战场上的牵制性力量。然而，由于德国最好的武装部队被调往西线战场对抗西方同盟国，损耗较大的国防军在面对苏军夏季发起的进攻战中遭遇大溃败。

在向诺曼底海滩部署舰艇的同时，盟军开始向马里亚纳群岛调派两栖作战部队。这支部队可能是世界上最强的作战舰队，即由四个航母特混舰队和一个战列舰特混舰队组成的第五舰队。此时，两洋海军已经组建起来。美军在所罗门群岛击败日军之后，转而展开钳型海上进攻行动，麦克阿瑟麾下的军队沿着新几内亚北部海岸线穿过俾斯麦群岛，在南部开展行动，而尼米兹上将麾下的中太平洋战队则从吉尔伯特群岛和马绍尔群岛穿过。随后，这成为海上物流运输的杰作，前线得到了一支强大的舰队后勤船队的支援，该后勤船队包括海军辅助舰艇和商船。海军工兵部队有能力将无人居住的环礁改造为基地，而改造后适宜居住的潟湖岛成为世界上最好的军港。

1944 年 6 月，这一能力在塞班岛上得到释放。在美国 15 艘主力航空母舰的舰载机轰炸、15 艘战列舰炮击（其中 8 艘来自主力舰队，7 艘来自两栖部队，后者中的大多数从珍珠港幸存）之后，登陆作战开始。仅两栖部队就有 550 艘船，包括其专用的、来自 8 艘航母的空中支援力量。这一海上力量着实是大规模的。

两次世界大战期间，战略家总是把马里亚纳地区看作日美对决的主战场。日本舰队现在必须在此应战。将领们在战前所预期的是战列舰的对抗，但此时对抗的却是新兴的大型军舰——航空母舰。美国的航空母舰现已成为成熟的作战平台，部署了将近1000架高性能的攻击战列舰的鱼雷轰炸机、攻击航空母舰的俯冲式轰炸机、夺取制空权的战斗机。后者成为空中作战系统的一部分，该系统的基础是雷达、系统绘图和经验丰富的指挥官，部署“恶妇”式（Hellcat）战斗机有效迎战。

考虑到有限的资源，日本组建了由9艘航空母舰构成的舰队，已是非常出色。但是该舰队的构成差异较大，包括1艘新的航母，2艘曾经突袭珍珠港的航母，2艘从客轮改装的航母，以及4艘从辅助舰改装的航母。它们主要搭载新一代的战斗机，但此机型仍然只是在二战初期“零”式战斗机的基础上略微修改。至关重要的是，持续的战争造成了飞行员伤亡，而大部分可投入战斗的飞行员都是新手，但由于燃料短缺而训练不足，他们无法达到对手的水平。在以二对一的数量优势下，日本人遭受了巨大的失败。日本的第一波进攻被美国歼灭，后被美国讽刺为“射火鸡”（turkey shoot）。美国潜艇和航母舰载机击沉了3艘日本航母。菲律宾海上的战役标志着日本航空母舰作为进攻性力量的终结，是对日本具有决定性意义的失败。包括2艘超级战列舰在内的日本舰队撤离，马里亚纳群岛成为美军对日本进行战略轰炸的前沿基地，这次轰炸由陆军的航空力量实施，但由海上供应进行维持。

日本航空兵水平明显下降，这主要是因为美国对其航运的拦截行动，而日本未能有效制止。该行动使得日本关键的海外资源供应逐渐枯竭。在战争初期，日本航运船队总吨位达640万吨，然后开始螺旋下降，在1942年底只有不到600万吨，在1943年不到500

万吨，在1944年底灾难性地下降近一半到260万吨。造船业从战争之前的大约每年25万吨，增长到1943年的110万吨、1944年的160万吨，但它赶不上损失的速度。潜艇是航运主要的杀手。在鱼雷缺陷问题解决后，美国潜艇击沉的日本航运吨位在1943年为130万吨、1945年为240万吨。与英国不同，日本从来没有组织一个有效的护航系统。护航被引进得太晚、实施得也不充分。日本文化强调海洋是武士对决的舞台，使其忽视了安全的航运是任何海洋战略中必须实现的最寻常的目标。

日本的进口量大跌。在1944年夏末，煤炭进口量从每月约100万吨下降到一半左右，铁矿石进口量从1943年4月的40万吨降至1944年9月的3.1万吨。石油进口量在1943年第二季度达到74万吨的峰值，但到1944年第二季度跌至30.4万吨，到第三季度跌至17.8万吨。难怪日本将包括战列舰和重型巡洋舰在内的仍然强大的水面舰队部署在东印度群岛油田附近，这一地区在1944年仍然每季度生产超过150万吨的石油。

当美国决定协调两个方向的攻势，登陆菲律宾（台湾曾经是尼米兹最开始的目标）时，日本制定了典型的详细计划，让剩下可投入作战但没多少舰载机的航空母舰作为美国航空母舰的诱饵，为其水面舰队攻击美军在莱特湾的登陆舰队创造机会。该计划几近成功，但日军在面对美军一艘气势汹汹的护航航母时失去了胆量，错把它当作主力舰队。他们退缩了，变得手足无措。值得注意的是，此次战役是战列舰间的最后对决，日本失去了超级战列舰“武藏”号，其防空炮火力不足，被鱼雷轰炸机击中19次。同时，在此次战役中，日本第一次使用“神风”特攻队，他们将战斗机当作载人导弹。可见，日本在海上的绝望程度甚于德国。

在 1943 年 U 型潜艇战役大败之后，德国认为仍有机会最后一次逆转海上的战局。1944 年，新型潜艇即将问世。其重点是装备了大型燃料电池组，使其水下航速超过了水面航速。水下速度最快可达 17 节，而老式 U 型潜艇只能略高于 7 节。这些潜艇不仅在外形上被改成流线形，其功能也得到改良，安装了水下通气管（经改装后也适用于标准艇），从而在潜望镜深度航行时依靠柴油机快速巡航。德国设计了两个等级的 U 型潜艇，一个为可以远海航行的中型潜艇，另外则是近海小型潜艇。

至于在 1944 年德国当时的条件下如何生产这些潜艇，则是另外一码事了。军需部长施佩尔认为，让内陆每个钢铁制造商都生产零部件，可以加快潜艇制成速度和投入使用的速度。然后这些零部件将被运输到码头，以备送往三个装配场。按计划，新潜艇能在 1944 年 4 月希特勒生日前制成，而生产工作将在秋天之前达到每月生产 30 艘的效率。第一艘新潜艇“按时”完成，但它其实只是一个为了宣传目的而展示出来的潜艇外壳，虽然在当年年底还有 80 个外壳，但没有一个适合服役。

首先必须克服设计的困难，材料的短缺也迫使设计师不得不在一些问题上采取妥协的方式，诸如铜线布局，这使得潜艇操作起来非常危险（二战后的海军都不愿使用捕获的这一类型潜艇，除非对其进行大规模的改造）。船体部分制造并不精确，难以组装在一起；潜艇泄漏也是另一个问题，并且需要花费很多时间来监测船体的完整性。一艘船可能在三个月内建成，但需要四个月的维修时间。盟军空军在波罗的海地区空投水雷，使得新潜艇无处试验和训练。盟军的轰炸行动也严重干扰了潜艇生产计划所依赖的内部铁路和运河系统。

新的小型潜艇更易生产，德国将 8 艘部署在海岸与盟军进行“猫捉老鼠”的游戏。他们击沉了 6 艘船（其中 2 艘是在欧洲停战后击沉的），而德方没有一艘沉没，甚至没有被发现。两艘较大的潜艇被派出巡航，但它们没有在德国投降前击沉一艘船；它们数量太少，来得也太晚。盟军非常关注新型潜艇潜在的威胁，但值得高度怀疑的是这些新型潜艇是否能够改变战争的进程，因为德国面临无法准时建造潜艇的问题，而盟军压倒性的海上优势是此问题的症结所在。

同盟国使用诺曼底海滩的时间比预期长得多，因为德国的抵抗迟滞了安特卫普港的开放，直到 1944 年 11 月初盟军在位于荷兰斯海尔德河口的瓦尔赫伦岛登陆后，形势才有所改观。尽管如此，因为已经有了诺曼底的突破，盟军前进所需的补给并未受到影响。盟军补给的规模非常庞大，支援欧陆作战的航运在诺曼底登陆后的一个月就达到约 340 万吨，其中三分之二是英国控制的。从 1944 年 7 月到 1945 年 5 月，50 多万辆车越过海峡，其中登陆艇运输近 5.7 万辆，登陆舰运输近 25.9 万辆，商用运输船运输近 25.2 万辆。

然而，对补给的担忧使美国在与英国的争论中占了上风，盟军展开“龙骑兵”（Dragoon）行动，打开了法国南部战线，在 8 月从法国里维埃拉（Riviera）开始，最终解放了土伦和马赛。到 1945 年初，美国计划在这条南部航线上运输约 135 万吨的物资给美国和法国部队，相比之下，直接向欧洲西北部的补给是 460 万吨。盟军的海上力量将德国两面夹击，最终使其不可避免地走向失败。当德军收缩时，盟军加大封锁力度。大部分德国新型喷气式战斗机本可以投入战斗，但因原材料短缺而被拖延。当这些战斗机最终服役时，连在跑道滑行所需的燃料都没有，只能沦为和陆军一样，依靠马匹牵引，所幸马匹所需的草料主要来自国产。

日本也面临覆灭的命运。在 1944 年末，进口量虽有一些恢复，但不算多，时间也不长。在 1945 年期间，日本商用船只又损失了 150 万吨，其所剩无几的商船减员超过一半。大部分损失并非由潜艇造成。盟军对日本附近海域空投水雷，对日本航运造成了致命的损失。从 1945 年 5 月到 7 月，潜艇击沉了 9.7 万吨，而水雷的击沉量是其两倍以上，近 20 万吨。其结果是，日本经济所依赖的航运几乎被完全阻断。该年第一季度后，日本的石油进口终止。在战争开始时，日本有近 50 万吨的航空燃料储备，在 1945 年 1 月减少到 7.8 万吨，8 月减少到 1.7 万吨；重油储备则从 1941 年的 360 万吨减少到 1945 年 8 月的 4000 吨。每月的煤炭进口量直到 5 月仍保持在 50 万吨左右，但到 6 月就低于 30 万吨。铁矿石进口在 1945 年 4 月最后一次飙升到 7.1 万吨后，迅速回落到 7 月的不足 1000 吨。橡胶进口在经历不稳定波动后，到 1945 年初完全终止。有色金属进口较好时曾达每月 20 多万吨，但在 6 月减少到 3 万吨。

日本帝国已经瘫痪和瓦解，然而日本文化却阻止其面对事实。盟军动用近 500 艘战舰进行登陆作战，占领了硫磺岛，以此作为备降机场和护航战斗机基地。在此条件下，美国B-29轰炸机能够系统性地摧毁日本城市。3月下旬，盟军攻势转向冲绳，此时对日作战的海上力量已成为真正的“盟军”。英国联合参谋长会议颠覆了丘吉尔的帝国本能，让英国在印度洋的利益屈从于跟从美国的需要，在对日直接攻势即将结束时派兵跟随美国主要舰队。德国和意大利水面舰队的覆灭，使英国舰队能在1944年成为印度洋的主要海上力量之一，英国舰队随后被派往澳大利亚，在此创建了“英国太平洋舰队”。印度洋的海上战争还在继续，但优先级别较低，直到日本投降后，英国才最终采取行动，在毫无抵抗的情况下夺回马来西亚和新加坡。

英国太平洋舰队是英国史上最强大的舰队，包括四艘装备齐全的舰队级航母，但考虑到英国战机的优先级别，这些航母上大多数的飞机是美国租借的，另外从美国的标准来看，这四艘航母也只构成一个特混舰队。美国海军中的高级官员并不希望英国出现，因为他们怀疑英国能否提供足够的后勤航运，来支持其在太平洋的远距离兵力投射，而且不希望盟友干扰他们报1941年12月7日珍珠港事件的一箭之仇。然而，因为政治压力，他们不得不接受英军作为整个“特混舰队”的一员；正如预测的那样，当英国航运补给不足时，美国舰队提供了支持。

英国在冲绳的作战中发挥了侧翼作用，攻击了西部的群岛，并为第五舰队抵御日本驻台湾空军的进攻。来自日本空军和海军的战斗机形成了二战中规模最大的“神风”攻势，英美两国的航母防空体系承受巨大压力，美国军舰遭受重创，而英国航母设计的防空火炮适用于缺乏空中掩护的情况，因而受到的冲击较小。尽管造成了一定破坏，但这些自杀飞行员无法干扰盟军前进的滚滚洪流。超级战列舰“大和”号戏剧性地展现了日本此时的处境。日本海军把最后一部分燃料留给幸存的“大和”号，派其执行有去无回的单程自杀任务。由于美国航母的攻击，“大和”号最后再未看到陆地。

到该年夏天，日本已经濒临崩溃。为防止全面饥荒，日本剩余的商船有超过一半在急切地从亚洲大陆运输粮食。盟军舰队在海岸巡航，航母战机轰炸，战舰炮火轰鸣，对日本本土的战略空中打击愈发沉重。英国战列舰大炮发出的最后一次怒火，摧毁了日本一家制造飞机螺旋桨的乐器厂。除了两栖登陆作战，盟军似乎别无选择，而对交战双方，登陆的惨重代价都将是毁灭性的。而后，美国海军巡洋舰把一颗原子弹运到马里亚纳的天宁岛，接着，一架 B-29 轰炸机携带这颗原子弹，在海上补充燃料后飞抵日本，由此开始了日本的投降进程。没有比这更好的例证来展现海空协同作战的力量了。在最广泛的意义上，西方的制海权最终获得胜利。

海军力量对战争结果的作用是根本性的。由于获得了制海权，西方同盟国离胜局更近一步，否则它们无法发起任何正式的进攻行动。海上的作战行动转移了德国在东线战场上的兵力，使得苏联仍能战胜比自己强大的对手。英国和美国拥有世界上最大的海军和商船，它们利用这些优势在全球冲突中掌握主动权，并在作战行动中将陆基空军结合起来。海上战争还涉及施加或打破海上封锁，这是盟军作战行动的一个主要特征，也是导致轴心国走向失败的重要因素。海洋是同盟国补给的生命线，这使它们能够整合全球战场，向苏联供应大量重要援助，并向世界各地运送它们的士兵和物资。在被海水覆盖的地球上，只有海上强国才能在全球冲突中占据上风，一战如此，二战也是如此。

埃文·莫兹利
Evan Mawdsley

The Allies From Defeat
to Victory

第六章

同盟国：从失败到胜利

1943 年 11 月 - 12 月，斯大林、罗斯福和丘吉尔参加德黑兰会议。这是三巨头第一次聚首，他们讨论通过了第二年的军事战略。

引　文

同盟国是如何在第二次世界大战中取得胜利的？这是个宏大的问题，囿于篇幅，本章将主要讨论英国、苏联和美国，并聚焦于欧洲战场上发生的事件。同盟国的海战和海上运输的问题在其他章节有更为充分的讨论，本章将不在这一问题上赘言。当然不可否认的是，有效的制海权对于同盟国取得胜利是相当关键的，英美也在其中耗费了大量资源和精力。

与其他章节不同的是，本章不讨论某一国家的战争行为，并且认为战争是为民族利益而战，或至少为统治精英利益而战。这确实是一个奇怪又勉强的同盟。除了推翻德国纳粹以外，同盟国没有一个共同的政治目标。1941 年，在德国和日本的进攻之下，同盟国阵营又增加了两个成员国，尽管它们并非出于情愿。作为“联合国”的发起国，英美两国在 1941 年 6 月之前还与苏联发生了激烈的意识形态对抗。一旦德国和日本被击败，它们马上分道扬镳，而冷战也将紧随世界大战之后迅速爆发。

三个主要的同盟国也没有对如何取得胜利达成共识。它们战斗的方式各不相同，取得的效果和战争代价也不一样。确实，在

1939–1945年的某些时间里，三个国家的领导人和民众都对彼此在战争中所尽的一切努力感到满意。从1941年起英美两国在战争中紧密协作，但英美与苏联之间的联合规划很少（除了根据租借法案与苏联之间的后勤协调外）。

失败的同盟：1939–1940年

在1941年12月“大联盟”（Grand Alliance）形成之前，英国和法国在1939年成立了英法联盟（Anglo-French Alliance）。当9月3日欧洲战场的战争打响时，问题显得迫在眉睫：英法如何才能打败意图建立欧洲霸权的希特勒德国。在1933–1938年间，它们尝试了各种对付德国的办法，包括绥靖政策，重整军备，甚至与苏联合作。直到1939年但泽危机和闪击波兰事件发生之后，它们才下定决心放弃外交，加入战斗，这对希特勒来说是非常意外的。

斯大林和苏联政府在1939年9月远观战火。过去苏联一直坚定地反对柏林，视其为意识形态的敌人。但莫斯科也一直担心英法会“祸水东引”，推动一场苏德战争，它们火中取栗。面对1939年秋天的危机，苏联决定以绥靖政策应对，并继续开展大规模的扩军计划。1939年8月，苏联接受了里宾特洛甫带来的互不侵犯条约和领土协议。这时，苏联的战略地位似乎得到了巨大的提升，莫斯科获得了从波罗的海国家到罗马尼亚边境的战略缓冲地带。如今，苏联政府盼望着同盟国与德国打持久战，消耗和削弱双方实力，从而红军可以在一个有利的时机参与进来。

美国也还未加入战争。这个大西洋彼岸的共和国在20世纪30

年代都很少直接干涉欧洲大陆上的争端。尽管罗斯福政府反对纳粹，但国会和民众都有着强烈的孤立主义倾向。而且，美国除了拥有一支强大的海军以外，它的常备军力相对较弱，尤其在经济大萧条的影响犹存的情况下，能够使用的经济“武器”也是相当有限的。

1939 年 9 月，英法作为反纳粹阵营的带头国家，在如何打败德国这个问题上有着相似的观点，它们的共识比 1941 年英苏之间，甚至是 1942–1945 年间英国与其他任何盟国之间的观点都要相近。伦敦和巴黎的军事指挥家们希望通过长期的军事准备积累优势，并用经济战抑制和拖垮德国。战线将被拉得很长，因为它们的人口优势和经济实力将逐渐转化为巨大的军事优势。英国和法国当然希望避免像第一次世界大战那样的伤亡。它们对波兰爱莫能助。英国方面起初只希望派出海军，辅之以经济战，但法国军队则在边境上直面纳粹的威胁。然而，随着战争打响，英国也同意派出一定数量的军队与法国并肩作战。

同盟国的打击计划都限定在德国领土、斯堪的纳维亚半岛和巴尔干半岛之内。英国拥有一支独立的皇家空军（Royal Air Forces，RAF），而皇家空军的指挥官坚信战略性轰炸将帮助同盟国取得先机。但是，在战争的初始阶段，空袭需要严格控制在一定范围之内，否则将引起德国对英法两国城市的报复性反击。同盟国考虑过在中立的挪威境内采取行动，切断瑞典铁矿石对德国的供应线路，但德国国防军在 1940 年 4 月先发制人。纳粹想要速战速决，且它同样有能力实现这一目的。

在 1939–1940 年，同盟国针对可能向西进犯的德国也做了准备。它们认识到中立的低地国家对于作战两方都有重要的战略价值。鉴于法国在南部边境布好了防御阵地（马奇诺防线），比利时很可能就是德国前进的通道。同盟国最关键，也是最致命的一次战略决策，就是尽可能多地占领比利时，从而应对德国对低地国家的入侵。德国在 1940 年 5 月 10 日进犯了荷兰、比利时和卢森堡。英法联军驶入比利时南部，却中了从阿登高地正西驶向海峡的德国装甲部队的埋伏。大部分盟军成功从敦刻尔克等地撤出，但他们丢弃了重型装备和大部分军需物资。战争的第二阶段主要为法德之间的交火，战火从索姆河烧到巴黎，最后在 6 月 22 日以法国签署停战协议告终。

法国的陷落使得同盟国的反法西斯事业受挫，这时重任就落在了英国和各式各样的法国流亡政府肩上了。法西斯意大利加入了德国的阵营。这至少在地理层面上加剧了战略难题，使得战场延伸到了地中海地区。

此后发生的事情证明了英帝国对激励盟国取得最后胜利所起的关键作用。可以说，丘吉尔上台组建政府是一个伟大的时刻。这位新首相不仅反对向纳粹德国做出任何退让，而且比他的前任内维尔·张伯伦更积极地寻求英帝国以外的经济援助，尤其是美国。实际上，英国政府并不认为 1940 年 6 月之后的战斗是绝望的，前所未有的。总体的战局可以看成是英帝国和纳粹德国（意大利作为德国的伙伴）之间的僵局，而不是英国求生的最后一搏。

幸运的是，德国无力打破这个僵局。皇家海军的巨大优势，减轻了德国对英国的军事威胁压力。在 1940 年，德国并没有真正考虑要攻入大不列颠岛。由于德国纳粹空军有限的打击能力和英国组织完备的防空体系，当年夏季德国发起的空袭只能以失败告终。英帝国对于德国及其盟国而言，仍是力所不及的。1940 年末，英军成功抑制了法西斯意大利在地中海的威胁。意大利海军在塔兰托遭到了鱼雷轰炸机的打击，损失惨重。在利比亚，意大利军队也遭遇了滑铁卢，被英国俘虏了13万人。

另一方面，英国同样没能打破僵局。对英国而言，向德国纳粹发起地面攻击是不可想象的；相对弱小的英国陆军无法承担起攻击德国国防军的重任。英国的地面作战部队仅在希腊和利比亚与德国有过有限的接触，并且都在外围。“经济战”仍然是英国对德政策的基石，但现在政策前景也不容乐观。德国纳粹已经掌握了大部分西欧和中欧国家的经济资源。包括罗马尼亚在内的资源丰富的中立国也倒向了法西斯阵营。苏联也给了德国从亚洲攫取更多资源的通道。

尽管如此，在1940年6月后，皇家海军仍然对西欧各国的海港展开封锁。白厅的军事决策者考虑过派出皇家空军展开战略轰炸，或组织被占领地区人民反抗。但这两种方法都需要耗费大量的时间来筹划。而最根本的是，这两种方法都基于一个错误的假设，即德国经济和政治体制已经快不堪重负了。

法国的沦陷让苏维埃既惊讶又警惕。尽管在1940–1941年莫斯科仍然采取绥靖政策，但同时也开始进行大规模的军事准备。1939年到1941年间，苏联的工厂平均每个月生产250辆坦克，1250门火炮和800架作战飞机。（相比之下，1940–1941年间，德国军工厂每月生产225辆坦克，590门75毫米以上口径火炮和885架飞机）。苏联奉行一种单边安全观，它选择的应对措施是不断扩张自己的边界，并在新吞并的波罗的海国家和波兰东部部署军事力量。斯大林直接掌控着苏联的政策，包括情报评估。他认为，就算希特勒以为德国已经足以进攻苏联，也一定会等英国沦陷后才敢向东进犯。因为挑起东西两个战线对德国而言无疑是自杀行为。斯大林这种预测或许是正确的，但苏联为此付出了极为惨痛的代价。

和英国一样，苏联领导人也想通过“战争机器”来避免陷入1914–1918年那样的血腥的僵局。但在苏联的作战概念中，“战争机器”指的是大规模地面机械化部队的攻势作战。红军将其命名为“纵深作战”（glubokie operatsii），这一概念是在20世纪20年代末到30年代由红军领袖弗拉基米尔·基里阿科维奇·特里安达菲洛夫（V. K. Triandafillov）和米哈伊尔·尼古拉耶维奇·图哈切夫斯基（M. N. Tukhachevskii）发展而来，随后在斯大林五年计划的军事装备生产中付诸实践。步兵、装甲兵、航空兵、炮兵和战略空降兵联合起来，对敌人整个纵深发起强有力的同步打击，摧毁其防御体系。苏联眼中的战争，是一场150英里纵深、持续30到45天的战役行动。目睹了1939–1940年装甲战的威力，苏联对这种纵深作战概念的热情越发高涨。而苏联也着手创建强大的装甲作战集群——“机械化集团军”（由两个坦克师和一个摩托化师组成，与德国装甲军实力相当）。当然在1940–1941年，大部分新式军队仍在组建过程中（远未做好作战准备）。苏联在1938年的宣传歌曲中表达了对未来战争的看法：我们将在敌人的土地上击垮敌人、减少牺牲，极力猛攻！（I na vrazh’ei zemle my vraga ragromim | Maloi krov’iu, moguchim udarom!）

德国已占领中欧和西欧，面对这样的局势，未受到直接威胁的美国采取了与苏联不同的应对方式。作为自由民主国家，华盛顿当局必须小心谨慎地处理民众的孤立主义情绪。但是，美国还是做了大量的防御措施，罗斯福总统呼吁为陆海军制造5万架飞机（1940

年 5 月），建造一支“两洋海军”（1940 年 7 月），并引入了征兵制。

尽管美苏起初都宣称中立，但 1939-1941 年苏联是倾向于纳粹德国的，而美国则倾向于英国。由于历史和政治上的联系，美国还是希望英国陷在战争之中。在罗斯福总统的“民主兵工厂”演讲（1940 年 12 月）中，他指出了一种既能避免美国直接参战，又能对抗纳粹德国的两全其美之路。美国承诺在租借法案的框架下，向同盟国提供大批军事装备（1941 年 3 月国会批准租借法案）。1941 年秋季，美国海军加入大西洋护航舰队，这同时也促进了情报和技术的交流与分享。在 1941 年春天，华盛顿举行了秘密会谈（ABC-1），商议共同对策，并达成了共识——希特勒德国是同盟国最危险的敌人。但 1945 年 5 月之前，“先德后日”的战略仅仅停留在理论层面。

英苏同盟

最让人吃惊的是，希特勒在 1941 年 6 月 22 日向苏联发起了进攻，代号为“巴巴罗萨行动”。面对这突如其来的入侵行为，英苏结成了同盟。这是反对希特勒的第二个同盟，也是终结纳粹帝国的同盟。但是，新的盟友关系并没有马上“生效”。英国只承诺提供物质帮助，而并不打算派遣大规模军队到欧洲大陆作战，这是它几个世纪以来和欧陆盟友打交道的方式。（白厅决策者们也并不确定苏联能抵抗几个月。）英国以轰炸德国工厂和封锁港湾的形式提供援助。英国地面作战部队只会在欧洲战场的外围行动。眼看德国忙于进攻苏联，意大利也在地中海地区展现疲态，英国趁机行动，在 1941 年 11 月向利比亚东部进军，发起了“十字军行动”（Operation

Crusader）。

苏联红军在军事理论上有许多创新，但 1941 年 6 月 22 日之前这些创新都没有转化为现实的军事策略。其实在德国开始向苏联发起进攻（或者将要入侵苏联）时，他们已经准备向德国占领的地区发起地面战和空战。这样的计划比英法两国在 1939–1940 年间的所有策略都要勇敢和直接，但也是不现实的，至少在 1941 年夏天来说无法付诸实践。6 月 22 日上午，纳粹突袭取得了全面胜利，红军迅速溃败，损伤惨重，几乎无法再做出积极有效的应对。

苏联红军在战争第一阶段的溃败可以由几个因素来解释。首先，战争爆发具有突然性。而且，基于“纵深作战”战略概念，机械化部队和空军编队在前沿部署，无疑使其容易遭受毁灭性打击。1937–1938 年苏军高级将领遭遇了大清洗，加上随后三四年中大规模扩军，使苏军组织结构受到较大冲击。相反，德国军队训练有素，而且经验丰富。但是，尽管经历了灾难性的失败，1941 年战役还是展示了苏联战前军备建设的成功和红军后备和动员体系的潜力。与德国相反，苏联地理为其提供了极佳的防御纵深。1941 年 10 月苏军遭受了最后一次灾难性重创后，终于在两个月后的罗斯托夫战役和莫斯科战役中迫使德国暂停推进。

这是苏联过于迷信不计代价的反击战的一个例子。这些战役对于同盟国取得最终胜利是极为重要的。希特勒没能毕其功于一役地消灭苏联红军，从而丧失了唯一一次获得快速全面胜利的机会。而且，尽管在 1941 年夏秋时期的战役中德国成功占领了苏联的部分土地，俘虏了苏联士兵，但相比于 1939–1940 年的战役情况，也付出了很高的代价。在“巴巴罗萨行动”之前，德国阵亡士兵人数为10.2万（包括法国战役期间的5万人）。而仅在1941年6月22日到11月底之间，德国在东部前线上就丧失了26.2万士兵。（1941年12月初，希特勒曾在私下对纳粹领导层谈起欧洲犹太人，他称大屠杀是为在苏联战役牺牲的16万德意志“受害者”复仇。）

大联盟

1941年12月7日，日本偷袭珍珠港，希特勒在4天后也正式向美国宣战，这是具有重要意义的事件。有观点认为，对于世界大战的格局和英国的前景来说，1941−1942年远东战场的挫败比1940年法国的陷落要有更为负面的影响。而且，从短期现实的角度来看，美国参战带来了较大的不利影响。因为，从“民主兵工厂”运往英国和苏联的武器和物资，如今转向了部署在太平洋的美国军队，或者仍在本土组建中的美国军队。

但在1941年12月，战争的确发生了本质的改变，这不仅仅是因为美国被直接卷入了战争。更重要的是，随着罗斯托夫战役、莫斯科战役的结束，德国的“巴巴罗萨行动”可谓以失败告终。因此，纳粹德国想通过快速消灭所有红军力量，来结束其深陷东西两线战场这一困局的希望破灭了。美国的全力参战和苏联的持续作战，意味着英国被入侵、被轰炸投降或被迫签署投降协议的可能性都变得越来越小了。同样，纳粹德国闪电战的策略以失败告终，也迫使其陷入了长期的消耗战当中，并且在两个战场上同时面对兵力更充沛、经济实力更强大的对手。

1941-1942 年冬天，同盟国不再需要担心生存问题，而是考虑如何避免陷入僵局，并将轴心国从中部太平洋、东南亚地区、苏联西部、法国、低地国家、巴尔干半岛和北非赶出去。（1942 年 3 月之后，轴心国新占领的要地只有高加索地区。）当时的纳粹德国已经实现了 1914 年威廉德国的所有野心。它占领了欧洲大陆的大部分领土，使其能够有力抵抗围攻；食物和铁矿石的供应不再是一个战略问题（尽管石油的补给还是有些棘手）；控制了一部分西欧经济体，使其获得了更大的经济优势；而经济不那么发达的占领地则能为其提供新的劳动力，代替参加纳粹国防军和帝国工业的德国人参加劳动。

而斯大林则对战争表现出过度乐观的态度。在 1941-1942 年冬天的莫斯科保卫战胜利之后，他相信战争的轨迹将发生迅速转变。从列宁格勒到克里米亚，红军发起了全面的反击。1941 年苏联遭遇了严重的挫败，但正如 1940 年夏天的英国那样，斯大林对自己的国家实力充满信心，认为敌人存在致命的弱点。尽管 1941 年夏秋时期苏联红军损失惨重，但纳粹德国也面临同样的问题，并且缺乏物资储备，情况岌岌可危。苏联的宣传大肆渲染 1812 年拿破仑在莫斯科遭遇滑铁卢的情景。1941-1942 年冬天，斯大林在公开演讲中多次表示希望德国推翻冒险激进的希特勒政权，让军队领导下的更为现实的民族主义政权上台。

但最终，这次冬季战役将苏德双方的精力都消耗殆尽了，红军付出了更为惨重的代价。从 1941 年 12 月到 1942 年 4 月，德国在严冬肆虐的东线战场上又丧失了 20 万兵力，这是一个非常大的数字。但在苏联方面，死亡人数达到了该数字的 3 到 4 倍（据苏联统计，从 1942 年 1 月到 3 月，包括终身残疾、俘虏和失踪者在内的死亡人数达到了 61.9 万）。苏联唯一的领土收获，即夺回了俄罗斯中部近一百英里纵深的土地，以及克里米亚部分地区脆弱的据点。若以后见之明来说，此时巩固并重组红军才是更明智的选择。

1942 年 5 月苏联发起哈尔科夫战役。此时德国已经夺得了多个反击战的胜利，而哈尔科夫战役的最终结果也是德军反击成功，并打乱了红军在南方的阵地。随后的几个月中，德军的“蓝色”行动在俄罗斯南部全面展开，历史学家也称之为希特勒的“第二次战役”。装甲部队迅速将苏联红军逼退到罗斯托夫和沃罗涅什，随后德军驶向了斯大林格勒和高加索地区。

尽管德军在反击战中获得了阶段性的胜利，但这并不是像 1941 年时的重大战绩，进攻的方式也与那时不同——兵力主要集中在东线战场南部。在第一年战争受挫、战线拉长的情况下，德国军队严重依赖于其他轴心国的援军——意大利、匈牙利和罗马尼亚。红军成功地守住了俄罗斯北部和欧洲部分的中部地区，包括列宁格勒周边和莫斯科前方。而且，红军战士们今非昔比，他们不仅有了更为丰富的战斗经验，还比冬季战役中拥有了更多更好的装备。尽管在 1942 年，租借法案带来的援助还很有限（与苏联的基本军事装备产量相比），但援助毕竟已经开始。无论在 1941 年还是 1942 年，发起进攻战对德国来说都是代价极高的。在 1942 年 5 月到 11 月期间——11 月 9 日列宁格勒反击战爆发——德国损失 26.9 万人。（在其他战场上德国总共才丧失了 4.4 万人。）

1942 年春季，同盟国终于开始讨论应对德国的战略，英国、美国和苏联三个主要国家都参与其中。但此时出现了很大的分歧。联合参谋部（Combined Chiefs of Staff, CSS）的架构被建立起来，然而却只有英美加入进来。苏联仅仅在外交层面上参与总体战略。但必须承认的是，相比起美国和英国，苏联的军事战略显得更加连贯一致。部分而言，这是结构性因素导致的结果（苏联没有独立的空军，海军规模也较小，因此地面作战部队在官僚级别上拥有绝对权力）。同时也存在战略和地理原因：俄罗斯人仅在一条前线上战斗，而且完全是为生存而战。

早在 1941 年春天，交战国英国和中立国美国就已经在秘密会谈中就“德国优先”战略达成一致。1942 年初，美国军方制定出了“官方”战略，即在 1943 年中期发起联合的跨海峡作战（代号“包围计划”），或者在 1942 年底发起较小的紧急行动。美国将领对集结的兵力充满信心，他们支持对彼岸发起直接攻击。但是，与苏联和英国不同的是，美国在欧洲没有部署地面作战部队参与作战行动，也不涉及太多的利益，甚至仅在 1917 年 4 月到 1918 年 11 月间有过一次欧陆作战经历，这使得他们仅能纸上谈兵。

相反，英国反对直接进攻法国，避免过多的牺牲和无谓的失败。1914–1918 年英国军队就是在这里遭遇了巨大的人员伤亡，而且在不久前的敦刻尔克战役中英国军队刚被扫地出门。丘吉尔和他的将领们更希望在地中海地区持续进行外围打击，将德国领地圈成封闭的区域，辅之以海港封锁和空中轰炸行动。在与美国的讨论中，英国方案最终胜出，一方面是因为英国的参谋人员规划工作做得更好，另一方面则是因为登陆战的主力是英国军队。

1942 年 6 月，马歇尔将军和英国军队统帅艾伦·布鲁克（Alan Brooke）将军的分歧终于得到解决，罗斯福和丘吉尔决定在非洲西北部发起登陆战，打击驻守在那里的维希傀儡政权。这一行动一开始称为“超级体育家”计划，后来又改成更加振奋人心的代号，即“火炬”。

选择在北非发起攻击是具有非凡意义的决策，其中部分原因是由于盟军想在 1942 年秋末于欧洲地区发起作战行动（在 1942 年 11 月 3 日美国国会选举之前）。“火炬”行动基本上符合这些标准（尽管错过了选举日），而且比其他方案更好地分散了德国纳粹的兵力。但是，这是一个连锁反应的开端，最终导致登陆战推迟到了 1944 年 6 月 6 日。

当时，决策者们讨论了许多击败德国的战略方案。迷信战略空军的英美空想主义者依然坚信，轰炸机就能帮助盟军取得战争胜利。在 1940 年末到 1941 年间，这种想法还仅仅是理论空谈，因为皇家空军没有发起进攻的途径，而且英美对袭击目标也并未达成一致。直到 1942 年，英国皇家空军的空袭方案终于有了眉目。1942 年 2 月，空军中将阿瑟·哈里斯担任皇家空军轰炸机司令部总司令，他支持派出皇家空军，也支持对德国的大城市而非具体经济目标进行打击，从而削弱德国士气。阿瑟·哈里斯在 1942 年 5 月对科隆的“千年行动”中名声大噪。丘吉尔也是轰炸机的爱好者（尽管他并不将其当作赢取战争的唯一手段）；在与斯大林的通信中丘吉尔首相表示，英国对德国造成的直接伤害大部分源自轰炸机或其他空袭手段。

美国陆军航空队的将领们也认为空军力量能够帮助盟军取胜，但他们赞同的不是这样的空袭方案，而是在白天瞄准具体经济目标的精确空袭。1942年，这种想法比皇家空军的方案更加不现实，因为那时候美国陆军航空队根本没有办法靠近德国领空外围。美国袭击的都是在已控制领土上的目标；在1942年的最后三个月内，英国皇家空军轰炸机司令部投下的炸弹是美国第八航空队的7倍。

德国预料到同盟国可能会发起空袭，便也逐渐建立和加强了空防系统。在战前和战中，德国投入了大量资金建造飞机和防空炮弹。然而，同盟国的轰炸部队实际取得的成就，也远远没有轰炸战略支持者们期望的那么大。

以海军作战部长金上将为首的另一派观点则支持美国对日本全面作战。大概从1942年日本进犯所罗门群岛和新几内亚开始，美国就逐渐背离了“先德后日”的战略。美国海军在6月取得了中途岛战役的胜利，阻隔了日本从其已占领的岛屿进犯夏威夷或向南（进攻澳大利亚）的希望。

实际上，这种以日本为目标的战略并非任性的海军至上主义使然。至少到1942年底，美国海军的确对通向澳大利亚的跨太平洋线路怀有合理的担忧。在参战后的前11个月中，美国士兵主要与日本而非德国作战。持续的对日战争也给了扩军中的海军一个重要的角色和担当。在1943年底到1944年，美国海军计划完成扩军改组。由于英国皇家空军的努力，如今对这个舰队而言，欧洲海域并没有需要打击的敌人了。同样，一定程度而言，金上将的战略正中希特勒的下怀，因为在 1941 年底卷入太平洋乱局后，美国从欧洲战场转移出了部分兵力和资源，这对德国来说无疑是一件好事。

苏联对同盟国战略决策的参与主要采取外交照会和高层会议的形式。从 1941 年秋天开始（在希特勒向美国宣战之前），苏联就已经请求在西欧组织地面行动——开辟“第二前线”。1942 年 6 月苏联外交部长莫洛托夫访美时，美苏公开宣布就“第二前线”达成全面共识。但是伦敦当局并未同意。而正如英国政府否决了美国提出的跨越英法海峡作战的方案一样，它同样拒绝了苏联的请求。

在 1942 年 8 月，丘吉尔迈出历史性的一步，飞往莫斯科，向斯大林解释“火炬”行动。丘吉尔表示不会在欧洲开辟第二战场。而且，为了给北非登陆行动集结商船和护卫舰，开往俄罗斯北部的船只将会减少（护卫舰 PQ 17 在早前的 7 月遭到了严重损毁）。这位英国首相指出，英美计划在 1943 年发起的行动将是一次意义非凡的进攻计划。其实，斯大林和莫洛托夫不可能真的打算于 1942 年在欧洲开辟第二战场，但西方盟国的“食言”可以用于宣传和外交手段当中。在苏联国内，他们可以为不断的撤兵找到开脱的借口；而对于同盟国，他们则能够借此要求增大租借法案的援助力度。

斯大林有理由对此感到愤怒。1942 年 6 月，德国在俄罗斯和芬兰部署了 183 个师的兵力，在北非则只有 3 个（在西欧和斯堪的纳维亚半岛有 42 个师在执行任务，巴尔干半岛则有 5 个师）。1942 年夏秋时节苏联红军对德国造成的损失（26.9 万人），是德国在其他地方加起来总和（4.4 万）的 6 倍。从盟军的损失人数上看，东西方的差距是巨大的。

尽管同盟国之间存在这样的分歧，但 1942 年 11 月欧洲和北非的三个打击计划还是如期实行。而这些行动也的确成为了反纳粹霸权道路上的转折点。其中，阿拉曼战役的重要性或许不如其他两个打击行动（但蒙哥马利将军的胜利是英国在独自展开的地面战斗中最成功的一次）。尽管在 1942 年春夏时期，德国-意大利军队在北非占领了大片领土，并深入到了埃及西部地区，但这并没有对英国在地中海东部的地位带来严重的威胁。阿拉曼战役其实也并不是一个新的作战计划，而是前两年的一场拉锯战的后续罢了。

“火炬”行动是同盟国的第二次关键作战，盟军在摩洛哥和阿尔及利亚没有受到多大的抵抗。这场战役完全在欧洲战场之外，起初也并未有德国军队参战。至少在最初阶段，战斗还是比较紧张的，但这完全比不上阿拉曼战役的激烈程度。“火炬”行动从根本上改变了同盟国在非洲的地位，也保证了蒙哥马利在埃及的胜利果实不会被篡夺。同时也最终（在 1943 年）导致了德国和意大利在其北非最后的堡垒——突尼斯的孤立和投降。1943 年 5 月，包括冯·阿尼姆将军和陆军元帅梅塞在内的 27 万轴心国士官被俘虏。（希特勒向突尼斯派出了大量援兵，这一鲁莽的决策更是提升了盟军的胜利规模。）

“火炬”行动证实了同盟国展开大型两栖登陆战的实力（相当于 6 个师兵力的盟军登陆北非），从中也可见德国的应对手段非常有限；西方同盟国第一次在战争中取得了大规模的胜利。这次行动的战略意义也非同凡响。“火炬”的成功，使得盟军获得了攻击意大利和欧洲南部的有利堡垒，也缓解了盟军在地中海地区航运的压力。

希特勒最大的欧洲伙伴的丧钟即将敲响。

斯大林格勒战役比阿拉曼战役和“火炬”行动都更加重要。1943 年 2 月 2 日，德国军队在斯大林格勒投降，这比盟军在突尼斯的胜利要早了三个半月。因此，斯大林格勒战役的成功，更称得上是盟军战争士气和心理上的一个转折点。尽管斯大林格勒和突尼斯战场上被消灭的轴心国士兵人数相当，但在俄罗斯战场上，更多的是被杀灭（而非投降俘虏），并且其中的德国士兵占更高的比例，被消灭的德国军队的数量是突尼斯战场的两倍以上。

斯大林格勒战役同样证明了苏联军队日益成熟的战争艺术。在西方大众的想象中，这场战役是城市巷战和自杀式抵抗的结合。但实际上，红军运用了许多作战技巧，向敌人发起了全面的进攻。保卢斯率领的德国第六军被困在斯大林格勒，而苏联机动部队已经秘密迂回到城市外围的攻击地点。可以说，苏联红军进行了一场密切协作、双管齐下的反击战，而德国第六军则显现出侧翼薄弱的缺点。红军迅速包围了城市，阻拦德军突围，同时也隔断了援军。最终，包括 22 个师在内的德国野战军投降，其新晋的陆军元帅也被俘虏。斯大林格勒战役还有着重要的战略意义。它避免了德军切断伏尔加河交通要道，也击碎了希特勒进犯石油丰富的高加索地区的企图。

1943 年：败退中的轴心国

1943 年初，同盟国（至少英美两国）的战略规划迅速向前推进。其实在 1941 年底，战胜国联盟就已经初具雏形。1942 年，英美苏在各地（除中国以外）部署了大量兵力，防止轴心国占领更多的领土，并开始展开击退战。由此，同盟国的作战行动开始超过应急行动的范畴。无论从质量还是数量来看，它们在军备竞赛中都不再落后。大量美国兵力部署在英国和北非。但是，1940 年春季到 1942 年秋季，轴心国占领了大量的经济区，掌握的资源是否能够帮助它们成功抵抗同盟国的反击，仍需拭目以待。

1943 年 1 月 11 日到 24 日召开的卡萨布兰卡会议是一次英美首脑峰会。而出于现实原因，斯大林拒绝参加。这次会议发出了著名的要求轴心国无条件投降的宣言，但实际上这并没有带来多大的实际影响。丘吉尔、罗斯福与他们的军队将领做出了具有重要意义的下一步行动决策，即向地中海地区发起持续进攻，尤其是西西里岛。而且，在 1943 年发起跨海峡登陆作战的计划被否决了，尽管他们认为 1944 年一定会实施这一作战行动。登陆战之所以被延迟了两年，其中一个重要原因就是，如此关键和大规模的作战行动，必须要借助有利的天气条件才能实现。而在西北欧洲，这种天气只存在于 5-9 月。如果错过了这次季风，那便意味着又将推迟 7 个月。

1943 年 5 月三叉戟会议在美国华盛顿召开。罗斯福、丘吉尔和他们的高级军队将领（联合参谋部）经过讨论，通过了卡萨布兰卡会议上的作战策略，并同意将跨海峡登陆战推迟到 1944 年 5 月——而非 1943 年。在西西里战役之后，盟军又向地中海地区发起了又一次作战行动，并在秋末时期将兵力撤回英国，为随后的跨海峡登陆战做准备。与此同时，联合参谋部同意美国在太平洋的行动扩大为两线，一支力量推进南太平洋，并开辟一条中部太平洋的战线。至于告知斯大林登陆战将不会发生在 1943 年这个消息，则是总统和首相的任务了。而得理不饶人的苏联领导人也对英美的第二次食言提出了抗议，为此，同盟国内部关系甚至降到最低点。

同盟国花了不少时日才收获了 1942 年底战役的胜利果实，到 1943 年 5 月，部署在突尼斯的轴心国势力终于投降。斯大林格勒保卫战之后，陆军元帅冯·曼施坦因组织了反击战，并在 1943 年 5 月夺回了哈尔科夫。在 1943 年的前几个月中，苏联试图发起全面的围攻行动，即在列宁格勒和莫斯科进攻德军，在高加索地区展开围堵，这次行动取得了部分成功。而在苏联将军们的劝说之下，斯大林决定稍作休整，等纳粹德国下一步行动。

德国对库尔斯克的坦克攻势（代号“堡垒”行动）和同盟国对西西里岛的登陆战（代号“哈士奇”）都爆发于 1943 年 7 月初。这纯粹是个巧合。希特勒推后了“堡垒”行动，而延迟“哈士奇”行动则是由于敌军在突尼斯的负隅顽抗。同盟国并没有取得西西里登陆战的全面胜利，因为德国大部分驻岛军队都得以撤离出来。但是从政治层面上看，这次战役促使了墨索里尼政权的倒台和意大利军队的瓦解，这是具有重大意义的。“哈士奇”行动之后，盟军在 1943 年 9 月于意大利半岛南部发起两次登陆战，其中最重要的则是萨勒诺登陆（代号“雪崩”行动）。

同盟国军队进入意大利，试图快速占领整个国家，但是德国国防军全速进入半岛，在那不勒斯和罗马之间建立了强固的防御阵地。盟军没有取得全面的胜利，一方面是意大利地形崎岖复杂，以及德国军队防御作战艺术的高超，另一方面又与意大利战役的妥协本质分不开；同盟国在1943年秋天就已开始撤回部分精良部队，为来年的法国登陆战做准备。意大利战役消耗了同盟国的大量资源，在战略上是行不通的；阿尔卑斯山脉阻隔了进入德国的主要通道。而从另一方面来看，在1944年6月，自从丧失了主要的同盟力量之后，德国便开始将其27个师开入意大利，另外25个师开进巴尔干半岛，尤其是南斯拉夫和希腊，来代替意大利的驻防兵力。

与德国相比，红军在库尔斯克战役遭受了更大的损失。但是，德军集结的装甲部队还是没能穿透库尔斯克的层层防御。德军既没能围剿苏联军队，也没有彻底削弱红军、使其无法在1943年采取攻势。

库尔斯克战役之后，苏联发起了一连串反击战，打开了战争的新局面。1941年、1942年和1943年初德国军队在俄罗斯前线损失了大量士兵。希特勒已经不能像1942年初那样，从卫星国东拼西凑，为广袤的俄罗斯战场补充轴心国兵力了。头年冬季，仆从国军队是第一批损失殆尽的部队之一。

同时，苏联红军的战斗力越来越强。经过两年难以想象的艰苦奋战，苏联丧失了675万名官兵（以及4万辆坦克和2万架飞机），却终于锻造出了一流的军队。如今，苏联红军已经是一支基于“纵深作战”概念的强大的现代化军队。原本苏联的计划是将战火率先烧到敌人境内，而不是从俄罗斯的欧洲地区开始反击，但两者的技术原则是一致的。斯大林格勒战役胜利后，斯大林将自己封为元帅（当然这发生在两位重要的军事家朱可夫和华西列夫斯基被提为元帅之后）。丘吉尔曾在公开场合称赞斯大林为战斗领袖，能在近两千英里的战场上自如调动百万雄师，保持在东部前线战队的团结和协调。丘吉尔当然用了一些夸张的修辞手法（但他可能私底下非常羡慕斯大林能够凌驾于本国的将军之上）。但是，在元帅朱可夫和华西列夫斯基领导的红军最高指挥部（Stavka）和总参谋部协助下，斯大林的确已经成为了苏联这个大型复杂的军事机器的最高统领。

红军并不仅仅是一个为了达到目的而不惜无谓牺牲，进行人海战术，实行残酷惩罚机制的攻城锤（尽管的确存在一些这样的问题）。如今，红军的精英部队拥有和德军一样先进和高效的技战术，也比西方同盟国军队更加具有实战经验。苏联近卫军在 1941 年成立，现在已经发展成一支精英部队。装甲部队获得了装备和人员上的优先供给。1944 年 2 月，在乌克兰发起的战略进攻主要由五支坦克部队负责。从 1942 年初开始，苏联就组织了规模大但作战灵活的空军编队派往正面战场。与德军的作战经验在一定程度上锻炼了这支空军队伍，使其能够在较长的战线上有效夺取制空权。

1941 年底纳粹空军力量转移到地中海地区，苏联从中获利。并且，由于英美战略轰炸步入正轨，从 1943 年下半年开始，德国将战斗机和高平两用炮（兼具防坦克和防空功能）撤到本国境内应付防空压力，苏联空中力量因此受益。但是，苏联的前线战斗机和攻击机（租借法案中这两类装备不占多数）生产线全力开动，是苏军重夺航空优势的最重要因素。为了应对“堡垒”行动，德国军队集结了 2050 架战机，而苏联则投入了两支航空兵军，飞机总数近 2200 架。到 1943 年底，苏军部署了 2600 余架前线作战飞机支援乌克兰战场；红军所有前线航空兵及防空部队（包括保障和训练部队）的总兵力已达到1.69万人，8800架前线作战飞机和6800架（中型）轰炸机。

尽管苏联使用空降部队的尝试以失败落空（主要在第聂伯河河口），但其非凡的连续机动能力显露无余。自行火炮大幅改进。1943年初红军只有40.4万辆机动车，而一年后则增至49.6万辆，到1945年1月1日为止这个数字增至62.1万。当然美国租借的重型卡车占了很大一部分，这或许也是同盟军备供给中最主要的贡献了。举例来说，苏联红军在1942年收到了3800辆斯蒂庞克大型卡车，1943年更是达到3.48万辆（1944年为5.64万辆）。

1943年7–8月，苏联的机动预备队参加了奥廖尔战役（代号"库图佐夫"）和布良斯克–哈尔科夫战役。这几次攻势成功扫除了德国在库尔斯克南北的据点。如此一来，德国在俄罗斯南部的情况越发不利了。如果按苏联士兵伤亡来算，1943年7–9月这一时期的库尔斯克战役和随后夏季的反击战，牺牲了最多人。红军总共损失了68.8万人（包括伤重不治的），另有11.6万名官兵被俘或失踪。同期德军在东部战场的损失兵力为18.8万人，不过这是按照另一种统计方法算出来的人数。但无论如何统计，也无论伤亡数字是多少，德军的损失也远远低于苏联，但这种损失已经是纳粹德国在1943年1月以来遭受的最惨重代价。

由于这场残酷的混战，苏军在乌克兰大草原上已有五个集团军。而德军在第聂伯河一带建立东方堡垒（Ostwall）防御线的不切实际的计划也落空了，尽管他们也并没有抱多大的希望。在1943年秋季到1944年春，红军马不停蹄地奔赴乌克兰西部边境作战。德军虽然逃脱了包围圈，但根据苏联的统计，1943 年 7 月到 1944 年 6 月，轴心国部队仍有 33.4 万人被俘。苏联的西部边境地区及其千万人口获得解放（或再度征服），从而也为红军注入了许多新鲜血液，尽管新兵可能在政治立场上并不可靠。行进中的苏联军队仅在 1944 年 4 月有所停顿，这也是由物资供给不力、天气问题和德涅斯特河下游与喀尔巴阡山脉的天然屏障等因素造成的。到目前为止，苏军所参与的几乎所有战斗都在其领土上发生（1941 年时的边界），仅仅在 1944 年 4 月 7 日触及罗马尼亚战前边界的东北角。

德军在东线战场上的消耗越来越大，这对后续的战况产生了决定性的影响，包括对 1944 年 6 月的 D 日作战。正如丘吉尔在 1944 年 3 月电台演讲中绘声绘色说的那样，德国军队的精力已经被勇猛的苏联士兵和卓越的指挥官们消耗殆尽。这句评论无可厚非。在 1943 年 7 月到 1944 年 4 月这 10 个月里，德国士兵在东方战场上总共损失了 136 万人（在其他战场共损失 25 万人，主要在意大利）。

1943 年秋，当希特勒和他的高级将领们评估战况时，这才开始将重点转移到西线。德国边境距离英吉利海峡约有 250 英里，而离苏联前线库尔斯克则有 600 英里。而且，如果挫败西方同盟国的两栖登陆战无疑将对英美产生毁灭性的国内政治打击。盟军的失败便意味着德国能像过去取得战争胜利一样，将优势向前推进；而整体来看，战斗在西线的都是取得过这样战绩的将领，例如冯·龙德施泰特（Von Rundstedt，在法国和乌克兰作战）和隆美尔（Rommel，在北非）。但是德国的高级将领们都没有预料到，东线对手的作战能力和机动性会如此之高；战争的局面也发生了改变。他们不论如何都已难以向法国调派大量部队了。

英美军队在1943年夏天和冬天的作战没有取得全面胜利。西西里岛登陆战和意大利南部的战役确实展现了盟军日益完善的大规模两栖登陆战能力（这种进步在以法国维希为目标的“火炬”行动中还没有显现）。但是在安全登陆之后，同盟国军队仍然难以攻破横贯意大利中部的德国防线（古斯塔夫防线）。1944年1月，盟军在安奇奥/内图诺（Anzio/Nettuno）发起一次大型登陆战（试图拔掉德国西翼的据点），却被困在一个狭长的桥头堡地段长达四个月，最后以失败告终。

早在1943年1月的卡萨布兰卡会议上，以战略空军力量为主的英美战略就已经获得通过。“联合战略轰炸”（Combined Bomber Offensive）的名字背后，是两种各行其是、相互平行的空袭战略。英国皇家空军继续进行对城市目标的夜间空袭，而美国则负责在白天进行点目标轰炸。到1943年底为止，驻扎在英国的同盟国重型轰炸机平均每月在德国投下2.03万吨炸弹，相比来看，去年同期只有3400吨。（轰炸行动主要由英国承担；即便是在1943年的第四季度，英国也比美国第8航空队投下的炸弹多一倍。）

近年的研究认为，1943年春夏英国皇家空军轰炸机司令部对德国的煤炭、钢铁和零部件生产重镇鲁尔区的攻击，在放缓德国军备增产方面发挥了关键作用。空军元帅哈里斯的轰炸机队夺去了大量德国民众的生命，尤其在其1943年7-8月的汉堡空袭中。但是，德国的武器产出量仍在增长，德国城市居民的士气也并没有崩溃，英美轰炸机的生产任务却在不断吞噬大量资源，空军人员也损失了很多。而且，美国在1943年夏末尝试深入德国城市展开昼间空袭的计划被证明难以持续。攻击方的轰炸机编队在没有护航的情况下，成为德军战斗机的活靶子。尽管美军不断强调“精准轰炸”的概念，但是在欧洲的天气状况下，他们的B-17和B-24轰炸机也只能“穿过云层”投弹，即使有雷达帮助定位，也仍然只是对目标区域的盲目轰炸。德国的确投入了许多资源来建设防空体系。但是这仅仅发生在1943年秋东线战场上战况改变之后。在那之前，40%的德国空军力量都被部署在东线，而西线则有30%，地中海地区占15%。

与此同时，对日作战已经远远偏离了1941年达成的“先德后日”的共识。在保证了澳大利亚供给线的安全之后，美国继续向南太平洋进发。而且他们已同时展开了横贯太平洋中部的攻击战（在1943年5月三叉戟会议上达成了共识），即从吉尔伯特群岛到马里亚纳群岛和菲律宾。当然，在日本立足未稳，未能充分巩固其防御圈时发动快速攻势，是非常合理的。美国也在紧急投入大量资源，研制一种新的重型轰炸机——B-29“超级空中堡垒”，这种远程轰炸机是欧洲战场所不需要的。

这时，华盛顿的决策者们决定整体缩减美国陆军的作战部队规模。在1943年初，马歇尔将军还在策划到1944年6月为止投入120个到125个师的兵力。但后勤保障和B-29轰炸机项目需要大量人力。于是，陆军最终的计划规模减少为90个师（约60个将部署在欧洲战场）。美国陆军在1942年“激活”了38个师的兵力，但在1943年只有16个；1942年向海外战场派出17个师，而在1943年仅派出13个。（相比之下，1945年初苏联红军共有32个坦克军和机械化“军”——相当于加强了装甲力量的师，以及473个步兵师。）

1944年：同盟国的关键攻势

西方盟国通知苏联，代号为“霸王”行动的法国登陆战将在1944年5月打响（随后又被推迟了1个月）。在6月和7月两边都展开了地面攻击战。这是英美一方和苏联一方最接近达成大规模协同战役的一次。早在德黑兰峰会上，同盟国就已经做好了6个月后的战役安排。斯大林出席了三巨头的首次峰会，对整个同盟达成战略共识做出了直接贡献。他支持罗斯福总统，反对丘吉尔提出延迟“霸王”行动、继续在地中海地区作战的提议。（尽管不是毫无补偿，但斯大林同意在德国战败后加入对日作战。）

1944年6月6日的诺曼底登陆战是这两场重大战役中的第一战，在美国参战31个月后，英美两国的军队终于打回了欧洲西北部。“霸王”行动规模空前。艾森豪威尔将军特地准备了一篇失败演说，以应对同盟国败退到海里的可能性。1943-1944年的萨勒诺—安奇奥登陆战就展示了德国反击的实力，以及登陆部队在滩头堡面临的被封锁的威胁。而且，诺曼底的海防比欧洲外围其他已被征服的地方都要完善。但这并不意味着D日作战是一场毫无胜算的赌博。德国最高司令官仅掌握60个师的兵力，包括法国全境和低地国家。其中只有22个装甲师或摩托化师；其他大部分为常规步兵师，但其中24个是“静态”的海岸守备师。相比之下，在1944年6月，东线战场部署了186个师（包括51个在中央集团军群），挪威有12个师，意大利和巴尔干地区分别有 27 和 25 个师。

在 6 月 6 日和随后的几天，战局并未按照计划发展，但五个登陆滩头中只有一个遭遇重大伤亡。重要的是，不是所有登陆部队都倒在了炮火洗礼当中。如果登陆日选在 1942 年或 1943 年的话，登陆部队很可能会全军覆灭。在诺曼底登陆中，13 个登陆的同盟国师中有 6 个曾参加过北非和意大利的登陆作战，积累了作战经验。同盟国机智地骗过了德国指挥官，让他们误以为登陆部队的主力将在加莱海峡地区，诺曼底以东。从英国起飞的短程战机成功将德国军队阻拦在滩头地区之外；法国的抗德力量也部分抑制了敌人的行动。人造“桑葚人工港”的模块部件从英国拖运过来，确保在海港被成功攻占后组装成型，为军队补充供给，这个策略是非常巧妙的。

1944 年 6 月 22 日，苏军在登陆日 18 天后发起配合攻势。“巴格拉季昂”行动从乌克兰北部的白俄罗斯打响。1943 年的前线相对稳定，但希特勒也同意中央集团军群按计划撤出一部分。正如西方同盟国军队那样，苏军也善于战略欺骗；德国原本以为他们会在乌克兰西部发起进攻。希特勒命令在“要塞化地区”顽强抵抗，但随后这些部队也快速投降，被消灭干净。德国中央集团军群遭受了毁灭性的打击，在随后的战役中，只剩下散落各地的残余势力负隅顽抗。到 7 月底为止，红军已经收复了白俄罗斯的全部领土，占领了波罗的海国家的南部地区；苏军一直前进到波兰中部的维斯杜拉河才停下来。德国也没有意料到红军能够持续不停地前进 300 英里。

“巴格拉季昂”行动造成了红军 12.5 万到 15 万人的兵力损失，而相比之下，7 月底诺曼底登陆战爆发时，英美联军在诺曼底损失了

3 万人。但更重要的是，这两个旨在打击德国国防军的战线也带来了不一样的影响。1944 年 6–8 月共有 58.9 万名德军在东线被歼灭，这与驻守在其他三个地区的德国国防士兵伤亡人数（15.7 万人）相比要多得多。“巴格拉季昂”行动之后，苏联又在 8 月发起了雅西—基什尼奥夫战役，促使布加勒斯特政府决定投诚，随后摧枯拉朽般地捣毁了德国在罗马尼亚的全部据点。苏联红军称其在白俄罗斯和罗马尼亚的战役中俘虏了 20 万名德国士兵，这个数字是可信的。1944 年下半年苏联俘获的德国士兵总数达到 94.9 万人。

1944 年纳粹德国还没有彻底战败。登陆日之后，同盟国在海滩附近地区被围困了数周，但随后法国境内大部分地区迅速得到解放。德国大部分防御兵力也在诺曼底被消灭，因此纳粹迅速集结了剩余的力量固守齐格弗里德防线。同盟国军队在控制低地国家主要港口时耗费了一些时日，随后盟军也因补给问题推迟向前进军。统领全部战役的艾森豪威尔将军决定谨慎地向德国边境靠近。他将盟军的三个集团军分散在广阔的战线上，分路向东突进，拒绝了蒙哥马利元帅的集中突击战略。1944 年 12 月，德国甚至能在比利时的阿登高地向美军发起反攻，即突出部战役。

8 月，苏联军队在进入华沙之前屯兵维斯杜拉河。跟英国和美国一样，他们也遇到了补给困难。而且，随着德国军队败退到波兰，它所需要防御的战线也缩短了；如今德军北靠东普鲁士，南倚喀尔巴阡山，自然屏障掩盖了其两翼。同时，苏联指挥层也集中兵力完成对波罗的海失地的收复；直到 10 月中旬，经过一场恶战，里加终于被收复。与此同时，罗马尼亚令人始料未及的投诚，为红军打开了一条通往巴尔干半岛和多瑙河国家的通道。由是，苏联机动部队直插保加利亚和南斯拉夫东北部。1944 年 10 月，苏军发动了以匈牙利为目标的新战役（但随后为了围堵布达佩斯而暂停）。

直到 1944 年秋冬时节，西方盟军才开始对德国地面作战部队造成较大的损失，这才赶上了苏联红军在整个战场中的战绩。在 9 到 12 月间，德国在东线损失了 29.3 万人，首次少于同期总阵亡人数的一半。但是在法国和低地国家战役中，由美英地面部队剿灭的敌军数量，仍然少于东线战场上的红军战绩；德国在东线战争以外的战损（59.9 万人中有 30.6 万人）包括了德国海军和防空部队，以及意大利战场。

同盟国在 1944 年的轰炸进攻成效显著，与以往的空袭相比有了很大的提升。到当年年底为止，皇家空军轰炸机司令部和美国第 8 航空队月均投下的弹药吨数已经增加到了 27.5 万吨，与 1943 年底相比增加了 3 倍（英国在其中占了更多的百分比，除了 1944 年 2 月以外）。虽然许多作战部队在春夏时节都转而准备“霸王”行动，而不是攻击德国的工业目标。但是，同盟国的战略轰炸行动更有成效了：英国的夜晚空袭行动采取了新的轰炸战术以及电子导航和目标识别技术。美国部署了大量的远程护航战斗机，成功深入德国展开昼间空袭。实际上，护航战斗机在空战中歼灭了许多德国空军战斗机，所达到的打击效果甚至比空袭飞机厂还要显著。1944 年秋天法国和低地国家的收复，极大地削弱了德国的防空系统。

许多历史学家认为，直到 1944 年 5 月美国成功轰炸德国合成油设备之后，空袭战才开始对德国的战斗能力有了明显的削弱作用。

的确，在空袭战的最后几个月里，德国的战时经济生产一度陷入停顿。（英国皇家空军和美国第八航空队首次在月均投放弹药量上持平，美国甚至还稍微赶超了英国。）但是，与其说是战略轰炸进攻成就了诺曼底登陆，倒不如说是登陆日和法国的迅速解放推动了空袭取得巨大成功，让空中作战得以造成毁灭性的打击——在德累斯顿和其他地方——而不是像刚开始的空袭战那样一事无成。

1945 年：纳粹德国的战败

1945 年，在遏制了德国在阿登的反击后，西线战场的战局终于趋于稳定。2–3 月，美国军队缓慢地穿过要塞遍布的莱茵地区，而这时苏联红军正在开展新的纵深作战。其中最著名的则是 1–2 月的维斯杜拉河–奥德河战役，它甚至比白俄罗斯的巴格拉季昂战役更加成功。1944 年 8 月，苏联军队还被困在维斯杜拉河；现在，他们已经向西投入了战役。还在莫斯科的斯大林直接统领三军部队；他的角色跟艾森豪威尔类似。朱可夫元帅带领的白俄罗斯第一方面军，在 1945 年 1 月 14 日发动攻势。在 3 周的时间里，他们向奥德河以西推进了将近 300 英里，距离柏林仅仅 50 英里。

苏联计划的第二阶段，就是白俄罗斯第一方面军（在 2 月底之前）占领柏林。但这次纵深作战计划以失败告终，其原因包括几个因素：德军的抵抗能力强大、补给问题、冬季天气，特别是担心残留在波美拉尼亚和普鲁士东部的德军威胁红军右翼。但科涅夫元帅带领的乌克兰第一方面军也迅速向朱可夫的南边进发，很快就包围了西里西亚的重要工业区。

英美军队继续挺进德国西部。蒙哥马利缜密地设计了从北部渡过莱茵河的方案，但被美军抢得先机——美军（在 3 月 7 日）意外占领了莱茵河在雷马根地区的一座桥梁，并且在偏南处建起了一个滩头堡。3 月 23 日，代号为“战利品”和“大学校队”的强渡莱茵河战役开始了，两周后将鲁尔地区德国集团军整体包围歼灭，从而结束了西线德军的大规模抵抗。

在战争的最后阶段，随着即将到来的胜利，同盟国内部潜在的矛盾又开始蔓延开来。但是总体而言，争端双方都尽量避免公开叫板。丘吉尔在 1944 年 10 月访问莫斯科（参加托尔斯泰会议），并在英苏之间划分其各自在多瑙河地区和巴尔干半岛的“势力范围”。而 1945 年 2 月在克里米亚召开的雅尔塔会议主要讨论如何处理战后的德国、波兰政府及其边境的问题。

但是，在英美军队渡过莱茵河、成功瓦解德军的抵抗之后，斯大林变得警惕起来。他命令军队提前从奥德河桥头堡向柏林进发。这看上去就像是朱可夫元帅和科涅夫元帅统领的军队之间的一场竞赛一样。丘吉尔首相和英美一些陆军指挥官也建议应当进军柏林，当然这是不切实际的，而艾森豪威尔还是决定继续将主力部队开往巴伐利亚，去剿灭纳粹最后的防御势力。4 月 12 日，罗斯福总统的突然离世，也使得西方盟国的战略很难发生突然改变。但无论如何，从两方军队在 4 月初的起点和相对实力来看，红军无疑都会是首先到达德国首都的一方。

战争的最后四个月被称为“最后的战役”（EndKämpfe），德军在此期间丧失了多达140万人。伤亡数据没有区分东线西线，但苏联无疑还是承担了更激烈的战斗。与现代传统观点相反的是，红军损失最严重的不在柏林战役，而是在1945年1–4月东普鲁士的残酷战斗，在这里共有12.6万名苏联官兵丧生，比柏林行动丧生的红军人数多40%。在西线，约1.5万名美国士兵在突出部战役丧生，随后在莱茵河畔爆发的激烈战斗成为美军参战以来损失最惨重的战役；约4万名士兵阵亡。但是从3月底到战争结束，其间仅有1万名美国士兵在莱茵河以东进入德国作战。

结论

本章叙述了同盟国是如何战胜敌人，如何从1940年6月的败局一步步走向1945年的胜利。相比于其他历史学家的观点，本章较少从机会主义的角度解释同盟国的胜利。“伟大的联盟”在1941年12月成立，便几乎预示着同盟国将取得胜利。从那时起，英国、苏联和美国就不太可能遭遇彻底的失败。在我看来，1941年12月之后，德国、意大利和日本能够与同盟国军队保持僵局，并消耗盟军兵力、继续维护“新秩序”，这已经是不可思议的了。只有当同盟国内部破裂，战局才有可能发生逆转，而这也恰恰是法西斯国家寄望发生的。但伦敦、莫斯科和华盛顿当局非常清楚这些潜在的威胁。面对穷凶极恶的纳粹政权及其所作所为，他们相信，最稳妥的办法就是保持团结——起码在战争阶段保持团结，维护同盟。任何妥协的和平方案，或者后希特勒政权的存在，对英美来说都是不可接受的，对苏联而言也一样，单从它在 1941 年起占领的广袤领土来看就能知道，苏联决不允许这种情势发生。

我们不应该忘记战士们的勇气和他们做出的伟大牺牲，以及战争指挥官的个人智慧，当然，局势的戏剧性变化也值得我们细细回味。但是，战争的胜利并不是奇迹使然，也不可能单单依靠指挥官的智慧和技术，更不是利用情报就能成功的。而这并不影响英国、苏联和美国这场胜利的正义性。

那么，同盟国有可能更早取得战争胜利，或者牺牲更少吗？纸上谈兵者可能会认为同盟国军队面对非常危险的敌人，打了一场“次佳”的战争。苏联和美国都迟迟没有加入二战。当英国终于有了两个强大的同盟国时，丘吉尔和他的将军们却总是对 1943 年发起反攻欧陆的关键性战役迟疑不决。大规模的战略空袭对德国的战时经济造成了打击，但同样扭曲了英美两国的经济生产结构。美国则向太平洋这个理论上应当是次要战场的地区投入了大量的资源。

另一方面，英国和美国打了一场资本集约型的机械化战争，这非常契合它们的资源情况和利益。从绝对意义上说，“伟大的一代”付出了极高的代价。但对西方盟国而言，相对于一战，二战的胜利代价相对而言没有那么多的人员损失——与第一次世界大战中这几个国家的人员损失相比，也与德国和苏联的人员损失相比。它们的经济在很多方面都强于 20 世纪 30 年代。而讽刺的是，正是英国和美国实现了苏联战前对胜利的设想——“在敌人的领土上消灭敌人”，以相对低的损失发动强有力的进攻。

苏联人，包括平民和士兵，都做出了最大的牺牲。战争不仅摧毁了苏联经济，也影响和塑造了其战后经济模式。苏联的胜利带来了几个长期的影响。首先，战争强化了苏联的民族主义和共产主义，使共产主义专政成为苏联人民的救世主。二战使得苏联对东欧维持了长达45年的高压统治。当然，红军和苏联人民的牺牲也最终击退了纳粹德国，使他们免受法西斯德国的蹂躏威胁。

对于欧洲战场的胜利而言，制海权也是一个关键因素（对太平洋战役也很重要）。制海权作为有力的经济武器，也使得英美军队可以选择战争的时间和地点。与敌人相比，英美海军和商船队在作战与航运上都有更强的实力；而英美拥有工业和地理位置上的优势，况且长久以来它们一直在海洋领域领先他人。

但是，欧洲的第二次世界大战在本质上究竟属于地面战还是空战呢？对于作战双方而言，对战略空军力量的推崇贯穿战争始终。飞机无疑是二战胜利的一个助力。所有的大国都在飞机生产上投入了大量的战时资源（包括财政支出，钢铁、铝材和其他原材料的投入，以及工人）。但是，我们需要区分飞机在战场上扮演的不同角色，一是为陆军提供直接火力支援，二是独立赢得战争。在欧洲战场，战略轰炸机并没有成为取胜的关键因素。即便在1943年它们开始对德国城市和交通带来严重损毁时，依旧没能阻止德国的战时物资生产。在西方同盟国终于巩固了诺曼底的桥头堡，苏联也深入波兰和多瑙河盆地作战之后，对德国交通和燃料补给的扰乱才终于在1944年秋初见成效。在这样的情况下，德国生产再多，也对战争结果于事无补。

热衷于空军的人有时会将德国的战败归咎于未能发展出独立的

远程轰炸部队，德国空军仅仅扮演着支援地面作战部队的角色。事实上，德国空军高层在战前和战中都坚信本军种是赢得战争的关键角色。更重要的是，苏联与德国的情况很相似。与德国空军或英国皇家空军不同，苏联的航空兵部队不是一个独立的军种，而且战时也没有生产任何重型轰炸机。苏联工厂仅仅制造了 91 架四引擎现代轰炸机（TB-7/ 彼 -8 型），相比之下英美两国则生产了 5 万多架。

要想击败纳粹德国，只能依靠地面入侵和占领。“陆军的核心作用”或许是陈词滥调，但对于 1939−1945 年的德国而言，陆战确实是一项决定性因素。希特勒德国是一个极权主义国家，其政治和军事精英都无法接受战争以谈判告终；对德国的对手来说，这同样也是不可接受的。当苏联坦克已经踏平柏林的时候，残余的纳粹军队依然负隅顽抗了数日。对于所有的同盟国政府而言，政权更迭是最关键的战果。此前的欧洲大战历历在目，当时，入侵和占领德国没有成为 1918 年战争结束的方式，这些经历成为了二战同盟国决策的背景。空袭也无法推翻希特勒政权，也不能打倒德国军国主义。

比起空袭，苏联的地面战役更好地拖垮了德国军队及其战时经济。在 1940 年 6 月之后，在红军的抗击下，纳粹德国未能将欧亚“经济大区”纳入其势力范围，否则俄罗斯丰富的矿产和粮食资源将使德国成为一个自给自足的超级强国。只有靠红军挺进波兰和罗马尼亚，西方盟军收复法国和低地国家，才能使德国无法从被占领的欧洲国家获取资源；同样，也只有同盟国陆军跨越莱茵河和奥德河，深入到德国的心脏地带，攻占柏林，才最终终止纳粹军队的作战行动，取得了第二次世界大战的最后胜利。

大卫・弗林奇
David French

Fighting Power: War-Making
and Military Innovation

第七章

战斗力：
战争统筹与军事变革

一架Ⅰ型“恩尼格玛”加密机。

引　言

大兵团赢得了第二次世界大战。无论用来度量国力的是国内生产总值、人口规模、动员参军的人数，还是战场上师团、飞机以及舰船的数量，同盟国的力量都压倒性地超过了轴心国集团；最终，这种优势起到了决定性作用。有人认为，战争的结果最终是由“蛮力”决定的；对这一观点的反驳不是没有，却都语焉不详。但如果审视战争的全过程，我们能发现很多类似于“大卫将歌利亚打出鼻血”的案例。（译者注：“大卫与歌利亚”是著名的圣经故事之一。腓利士将军、巨人歌利亚率领军队进攻以色列，最终被以色列青年大卫以投石弹弓击倒并杀死。后人多以此故事代表正义战胜邪恶或以弱胜强的战斗。）

1940 年，德国在法国取得的迅速而完全的胜利使当时的许多观察家相信，压倒性的数量优势是德国获胜的原因。实际上，盟军和德国的地面力量规模相当。德国向战场投入了 142 个师，而法国、英国、荷兰和比利时的兵力加在一起有 144 个师。法国陆军实际上拥有 3254 辆坦克，而德国只有 2574 辆。只有在空中力量方面，德国人才拥有微弱的优势。德国空军在战场上拥有 2570 架飞机，而盟军飞机的数量总和为 2200 架。

面对数量更多的敌人，有机会翻盘的并不只有轴心国力量。从 1940 年 12 月到 1941 年 2 月，爵士理查德·奥康纳中将（Sir Richard O'Conner）的 3.6 万名英国及英联邦西部沙漠部队仅以伤亡 2000 人的代价，越过埃及和利比亚向前推进了 500 英里，歼灭或俘获了意大利第 10 军的 11 万余人。然而，一年之后，日本人却在英国和英联邦军队面前翻了盘。从 1941 年 12 月到 1942 年 2 月，日军沿马来半岛的狭长地带南下前进了约 600 英里。尽管防御一方的人数超过他们的两倍，1942 年 2 月，山下奉文中将所率领的第 25 军 3.5 万人还是在发起行动的数天之内攻占了新加坡。

一个共同的主题贯穿着这些案例。一方胜利，另一方失败，原因在于胜利一方能够维持比失败一方更快的行动节奏（tempo of operations）。在收集战场形势信息、制定计划、发布命令并加以实施等方面，胜利者有能力做得比对手更快。其结果是，处于下风的一方开始自乱阵脚、顾此失彼。德国采用闪电战战术是这一点在实践当中的经典案例。与以往的实践相比，德国的军事学说并不是革命性的突破。20 世纪 20 年代，德国陆军严肃地审视了一战的教训，之后将以往的实践与新的武器结合起来，发展出了一套作战学说。1917–1918 年，德国陆军已经发展出了多兵种联合战术，将共同作战的步兵、炮兵和工兵整合为团队。而今，他们将坦克、无线电和战术空军引入到之前的混合部队当中，同时继续将指挥决策去中心化，以便实际与敌军接触的军官们能够发挥主动性，抓住并利用任何转瞬即逝的战机。

这一学说在1940年取得了成功，是因为敌军提供了适当的条件。法国和英国也各自发展了坦克部队，但并未像德国人那样将其与灵活的军事学说结合起来，以最大限度地利用其潜能。相反，他们选择了更加重视管理的指挥与控制体系，信息必须从前线传递到后方，再将命令从后方传递到前线。结果是，德国人似乎永远比他们的敌人提前一天行动。在实践中，这一情况对于失利一方意味着什么，一位于1940年6月从敦刻尔克撤退的英国参谋军官给出了解释，在返回英国的途中，他写道："人们必须经常以很快的速度做出决策，以至于无法以新到的信息为基础进行确认。由于装甲车辆的存在，德国人的动作很快；即便上午你的形势还相当稳定，如果到晚上七点或八点你还没有采取什么行动，局势就有可能转为不利，并且无法逆转。"

同样是由于其对手犯下的错误，日本人得以在远东征服马来亚、攻克新加坡，之后穿过缅甸进抵印度边境。在战略层面上，英国行动的前提假设是"最好情况"。对他们而言，第一次世界大战是一场灾难性的经历，他们学到的教训是，所有强国未来都将把战略计划置于理性考量的基础之上。也就是说，由于日本在同英美进行的消耗战当中全无获胜的希望，其领导人将不会愚蠢到对英国在远东的领地发动攻击的地步。但由于日本严格的军事保密法，以及日本政府和军方混乱的决策机制，英国人在估测日本的意图时遇到了障碍。直到1941年10月，日本内阁内部才同意，占领东南亚的英国与荷兰殖民地至关重要；因此，英国很难预测到，日本会在1941年12月发动南下扩张。

因而，由于其军队正在别处奋力对付德国人和意大利人，英国将远东放在了一个次要的位置。他们没有向这里提供足够的军事资源，派来的部队中有许多配置不足，训练水平低下。但他们也确实没有将手头的资源加以最优利用。英国人相信，由于马来亚的丛林无法穿越，新加坡的陆上防御固若金汤。对于英国人来说确实如此，因为英国陆军的训练与装备是以大量依靠摩托化交通的高机械化战争为目标的。但这意味着他们被公路所束缚，日本人也得以运用其空中优势，阻挡英军在公路上移动。与战后英国人给出的记述不同，日军并未经过丛林战的训练，但他们确实有一样秘密武器。自行车使他们比防御者更具机动能力；而简单的战术方针——在前线牵制住防御部队，越过丛林从侧面进行包抄，在其后方形成阻断之势——也一次次被证明足以让训练水平低下的英国和印度军队心神不宁，使之后撤。

但是，在马来亚的劣势正是在北非的优势。与主要由徒步前进的步兵组成的意大利军队不同，奥康纳的部队全部实现了摩托化，坦克的数量和质量也优于意大利人。英军的训练水平也超过了对手，在真正发动攻势之前，他们甚至预演了最初的几个动作。意大利的军事学说过于重视火力，牺牲了机动，而缺乏摩托化运输手段，意味着他们既不能发动快速反击支援孤悬前方的据点，也不能后撤与英国脱离接触。他们因而只能掘壕固守；同时，正像日军在马来亚所做到的那样，英军也得以逐个孤立意军的要塞据点，之后再将它们各个击破。

因而，“野蛮暴力”或许能够解释战争的最终结果，但它只能部分地解释这一结果的产生过程。从战场对抗的层面来解释胜败，需要超越“数豆子”式的探究方法。这种考察要求人们承认，武装力量的存在目的是生成战斗力，而战斗力是三种因素互动的结果。它包含着智识内容：陆海空三军都需要符合实际的军事学说，勾勒出有关其组织、训练、装备及作战实施的基本理念。它也包含着物质内容：军队需要足够的训练有素能够实战的兵员，需要足够的质量合格的装备，也需要足以向前线提供食品、药品、燃料、弹药及备件等关键物资的后勤支持，这样才能让战斗人员在战场上坚持到任务完成。最后，战斗力也有其心理内容。士兵、水手和飞行员都需要相信，他们是团队的一部分，而这个团队有着共同的目的，他们协力追寻的，是一个值得为之战斗甚至牺牲的目标。

装 备

轴心国家在开战伊始取得的成功，在很大程度上要归功于它们早在对手数年之前便开始了人力和经济的动员。因而，1939-1941年，它们所积累的装备和已训练兵员都比敌方更多，尽管意大利一方的积累在很大程度上是过时的。但到1942-1943年，同盟国家的战时生产已经在所有重要领域决定性地超过了轴心国家。例如，1943年，美国生产了3.85万辆坦克、5.41万架军用飞机，英国生产了7500辆坦克、2.12万架飞机，苏联则生产了2.41万辆坦克、2.99万架飞机。轴心国家无力与之比肩。意大利的工业基础太弱，从1940年到1943年，它总共只生产了4152辆坦克、10389架飞机。

日本的工业基础稍厚一些，1943 年它生产了 1.34 万架飞机，但只有 800 辆坦克。在轴心国家当中，德国的工业基础设施最为雄厚，但 1943 年它所勉力制造出的仍然只有 1.07 万辆坦克、1.93 万架飞机。在战争后半段，随着日本和德国的经济因盟军的空袭和海上封锁而逐渐萎缩，它们都无法生产出足以弥补前线损失的优秀装备。结果是，随着战争的继续进行，轴心国的部队经历了一个“去现代化”进程。举例来说，这意味着到战争结束时，德国装甲师所拥有坦克的平均数量，只有 1939 年水平的约六分之一。

但是，即便德国或日本有能力制造更多的装备，它们能否加以利用也是值得怀疑的。坦克、卡车和飞机都需要石油才能运转。同盟国家拥有取得和利用大量石油储备的渠道，而轴心国家却没有，石油被证明是轴心国家战争工作的阿喀琉斯之踵。美国的潜艇和飞机在太平洋上搜索从日本的海外帝国向本土运送补给的油轮，并将它们击沉。到 1945 年，几乎已经没有补给能够运抵日本。在欧洲，1943-1944 年，盟军的战略空军对罗马尼亚的油田和配套的炼油设施进行了袭击，且袭击次数逐渐增加，而德国的石油供给正依赖于这些地方。结果是，在战争的最后一年，德国的战役行动处处因燃料短缺而受阻。

在一定程度上，数量的不足可以由质量来弥补。仅以坦克为例，北非的德国装甲师占有明显的优势，原因是“十字军”等型号的英制坦克机械性能不稳定世所共知，经常瘫痪。1943 年之后，美国和大部分英国装甲师装备的美制“谢尔曼”式坦克要稳定得多。它们的设计围绕着一个目标展开，即充分利用步兵在敌方前线撕开的口子。相对较薄的装甲意味着它们的移动速度较快，但在被包围的诺曼底郊区，这一点也使得它们很容易便成为较重的德国“黑豹”式和“虎”式坦克的猎物。1941–1942 年，德国人惊讶地发现，至少有两种型号的苏联坦克，即 T-34 中型坦克和 KV-1 重型坦克，在性能上显著优于德国自己的坦克，“虎”式坦克的研发正是这一发现引起的反应。但是“黑豹”式和“虎”式坦克也有各自的弱点。它们不仅容易瘫痪，且油耗较高，当盟军的战斗轰炸机摧毁那些装载着它们所需要的汽油的卡车时，对它们造成的影响很大。在诺曼底，许多坦克在汽油耗尽之后，被它们的乘组抛弃道旁。

第二次世界大战中的坦克发展历程，是范围较广的一段历史的缩影。彼此交战的军队之间，产生了类似于对话的关系。一方在设计层面的提高只会刺激另一方加倍努力，以生产出更为优秀的产品，或找到其他的手段来化解敌方的优势。总体上，以武器对武器的角度来衡量，德国的迫击炮、机枪、大炮和反坦克炮或许都要比美国和英国的类似武器更具有摧毁力，尽管苏联毫无疑问地拥有战争中最优秀的中型坦克 T-34。1944 年，德国开始用非制导巡航导弹“V1 飞弹”（译者注：原文为 unguided cruise missiles，但实际上德国的“V1 飞弹”亦有较为简单的制导系统；作者此处可能意指尚未采用后来出现的精确制导手段。）以及世界上第一批弹道导弹“V2”轰炸伦敦。然而，这并不意味着盟军在技术方面一直落于下风。在开发特制装甲以完成从排雷到架桥的多种战场工程任务方面，英国人具有明显的优势。他们还运用了新技术，改造了防空炮弹上近炸信管的形状，使其能够摧毁大量的 V1，开发出能够将 V1 飞弹逐出初始航线的新型格洛斯特“流星”式喷气式战斗机。但是，直到 1945 年 8 月，美国在日本上空引爆两颗原子弹，才第一次有一个交战国有能力运用这样一种武器，其相对于敌方任何武器的领先程度，足以带来真正的、决定性的技术优势。

后 勤

坦克、飞机和战舰等光彩照人的装备，总是能够吸引公众的注意。但是，陆海空三军的作战同样需要足够的备件及维修人员，在装备坏掉时将其修复；需要为作战单位提供食品和弹药，保持其人员健康，对德国、苏联和日本陆军而言，还需要将马匹喂饱。各国军队的一线军人经常以一种带有蔑视的态度看待后勤人员；但是，轴心国军队放任这种思维方式外溢到军队的组织方式上，带来的结果长期来看是灾难性的。

将德国陆军视为现代性的顶点，这种看法是经过精心培育的宣传神话。的确，德国陆军拥有机械化和摩托化师作为其锋利的“枪头”，但大部分德国士兵需要徒步远征，而德国的运输大多数要靠马匹拖拽。其后勤系统仅能勉强应对距离较短、公路铁路运输条件较好的西欧作战。德国在俄国和北非的运输距离要长得多，公路和铁路系统的发达程度也远逊于西欧，其后勤系统无法适应这一需要。1941 年 6 月，入侵俄国的德国国防军有约 3600 辆坦克，马的数量却超过了 70 万匹，冬季服装的储备也完全不足。冬季开始，战役尚未结束，马匹和人员都被冻僵，车辆也因引擎无法应对寒冷而不能移动。1944 年，日本企图从缅甸入侵印度的尝试也表现出类似的忽视后勤的看法，结果是，当他们的前进受阻于英帕尔和柯希马时，他们的部队千真万确地挨了饿。

那些工业经济规模最大、国际贸易渠道最为畅通的交战国最有能力为它们在前线的人员提供必要的物资，这一点并不足为奇。英国和美国的武装力量在后方都配置了比前线更多的人员，为战斗部队提供补给，完成维护工作。美国陆军当中，一线战斗员和支援部队之间的比率是 1∶4。但是，通往丰富资源的渠道本身并不一定能为一方或另一方带来明显优势。充足的资源必须与一种指挥文化相结合，使高级官员意识到提供物资后勤和管理的真正重要性。正如 1942 年轴心国和同盟国部队在北非的不同经验所揭示的那样，这种文化甚至可以归结到卫生纪律这样的小事当中。在阿拉曼战役之前的一年当中，德国非洲军团当中的患病率比英国第八集团军的患病率要高三倍。最重要的病因是痢疾和腹泻。接种疫苗无法预防这种病，但如果军官坚持其兵员必须认真填埋人的便溺和食物残余、避免苍蝇和细菌污染食品供给和水源的话，这种病还是可以预防的。英国人做到了这一点，德国人和意大利人却没有，并付出了前线人力减少的代价。在远东，医疗条件之间的差距更大，也更具影响。以西方的标准来看，日本人能够接受极高的伤亡率，仅为生病和受伤的士兵提供了最低限度的条件。与之相反，英国人和美国人在医疗服务方面的投入与日俱增，以便保住他们的战士们的生命，并确保伤病员能以最快的速度返回前线。

但即便西方强国到 1944 年已经享有了轴心国家做梦都没有想过

的丰裕物资，有时也还是会因无法向前线部队提供所需而捉襟见肘。1944 年 8 至 9 月，英美在诺曼底的突破受阻，与其说是因为德国的抵抗，不如说是因为盟军的运输能力不足以向前线提供维持进军势头所需的汽油。

士 气

战斗力的第三个方面——士气，与许多因素有关，但其中最重要的因素之一，是如何挑选士兵并训练他们完成使命。而训练的方法，则是用来指导武装力量应当如何完成作战任务的各种军事学说的产物。德国人、意大利人和日本人都相信，武器本身不能带来胜利；战争是一场斗争，其结果根本上要由对峙两军领袖和人员的胜利意志决定。苏联人预期要打一场涉及大量人员和机械的、代价巨大的消耗战，他们也愿意为此付出人力上的代价。出于这个原因，德国人、意大利人、日本人和苏联人保证恰当比例的、有时是超过恰当比例的最优秀人员被配置到第一线作战单位，也就可以理解了。

英国人和美国人并未忽视士气的重要性，但第一次世界大战教会他们，依赖意志力量和人力进行的战争所带来的大量伤亡，在民主政体下是不可接受的。因而，他们寻求一种成本较低的胜利方法，选择了依赖机械，而非意志力和人力。他们希望尽可能多地运用最为复杂的武器，以此将部队的火力和机动能力最大化。与其军事学说相适应，他们将最为优秀的人员安排到空军和海军，陆军则不得不凑合着利用余下的人员。英国和美国的第一线地面作战单位一般由青年预备队、教育程度不高的人以及社会地位较低的人构成。

一旦选定了人员，就必须对他们进行训练。所有的军队都要求招募的新兵经过基本的训练。这不仅包括身体素质过硬、接受军事纪律、了解如何使用武器，还希望能将个人编成几个人的小组，使他们彼此有信心合作，在战场上并肩作战。在基本训练中共同经历了难关的人们不会在火线上逃跑，因为这样做将使同伴们失望，至少军队当局希望如此。但是，当这些精心培育的初始小组因严重伤亡而开始在战场上瓦解时，问题就出现了。苏联和德国陆军试图通过让师团保持战斗状态来克服这个问题；在其一线士兵消耗殆尽之后，这些师团将被撤回，再用经过共同训练的新人员团队整批取代。美国人也会将其师团置于无限期的战斗状态，但会用个人来对他们加以补充。结果是，当补充兵员到达前线时，他们发现自己正与陌生人并肩作战，而那些本来能帮助他们更好地应对战斗带来的身心压力的朋友们并不在身边。英国的军团体系介于美国体系和苏联德国体系两者之间。理论上，新兵们会被分配到地方军团当中，在那里，他们可以和来自同一个郡或市镇的同乡一起服役。但是，这一体系在1942–1943年趋于崩溃。伤亡数量太多，而来自同一个地方、年龄适合服役的人员太少，不足以填补空缺。因此，英国士兵在不考虑其出身地区的前提下被分配给各个单位以填补其编制空缺的情况越来越常见。

很难判定，士气究竟在何种程度上为交战中的一方或另一方带来了战斗力方面的决定性优势。俄国的战争是在西方国家几乎不曾体验的痛苦当中进行的。战俘面对的黯淡命运使得双方的士兵坚持战斗，而法国、意大利或者北非战场上的军人们在类似条件下可能已经投降。但同样重要的是，德国和苏联军人都认为，他们是在为其人民的生存而斗争，没有妥协的出路。即便他们忘记了这件事，两军也各自设置了苛酷的军纪体系以惩罚贪生怕死的人。在战争期间，德军处决了1.6万到1.8万名逃兵。据说，仅在斯大林格勒战役当中，苏联就处决了1.35万名己方军人。即便如此，苏联的士气也时而萎靡不振。约有525万名苏联士兵没有战斗到最后一刻，而是当了俘虏。对政权的支持也并不是普遍的。到战争结束时，约有8万到10万名苏联公民在为德国国防军服役，便是这一点的事实体现。

在战争所关乎的问题方面，日本人也被灌输了类似于德国人的思想。日本的军事文化要求每一位士兵、水手或飞行员必须时刻准备为天皇献出生命。撤退或投降带来的是永久的耻辱。他们的士气由一个严苛的纪律体系维持，军官和士官可以用西方军队当中绝不可能出现的方式来体罚下属。结果是，无论是在太平洋战场还是在缅甸战场，日本军人均往往战斗到他们被消灭的那一刻。这一点在战场上的表现是，到1944年，已经极为缺少有效的反坦克武器的日本人开始诉诸自杀性袭击，士兵们背上绑着炸药，试图炸翻盟军的坦克。

英国、英联邦和美国军人的态度就更为多样化。他们相信，自己是敌人无缘无故发起挑衅的受害者。他们是因为一个在道义上正确的原因而卷入战争的，因此无论何地，他们都可以用自由、解放等词语来证明行动的正义性。然而，这些词语在多大程度上与对敌人的真正仇恨结合在了一起，则有着多种不同的情况。阿拉曼战役之后不久，常胜的第八集团军司令、爵士伯纳德·蒙哥马利元帅在一封私人信件中抱怨说："我们的英国小伙子们遇到的问题是，他们天性不是杀手……"大多数英国和英联邦军人发现，对意大利人很难产生高昂的敌对情绪。德国人则居于中间地带。在克里特岛，一些澳大利亚人将射杀德国空降兵比作猎鸭。但是，大多数西方盟军部队并未将杀人视为娱乐，而是在回家之前不得不完成的一项必要工作。纳粹党卫军臭名昭著，常常是因为他们对待盟军的战俘冷酷无情，而在战斗白热化的阶段，试图投降的德国人和意大利人有时会被开枪打死。在西线战场的英国人和美国人看来，这种行为是不能容忍的，他们通常会以战场条件允许的最人道方式对待那些成功实现了投降的敌军。

1941 年之前，美国人对日本人的态度，体现了一种混合着无知与种族主义轻蔑的刻板印象。战争打响之后，日本发动珍珠港行动的偷袭性质，以及关于日本人以野蛮手段对待盟军伤员和战俘的报道，加强了这些战前的刻板印象。日本人被视为令人反感的异类，美国人相信，打败他们的唯一办法就是杀死他们。他们自己的行为意味着他们已经丧失了获得宽大处理的任何权利。几乎没有未受伤的日本俘虏落入盟军手中，这既是因为盟军部队不愿抓俘虏，在一些情况下，至少也同样是因为日本人不愿意投降。

战时的变革

从 1939 年秋天到 1942 年年中，轴心国集团在东西欧、北非和远东都所向披靡。然而，在 1942 年和 1943 年的一系列战斗当中，在东线战场的斯大林格勒和库尔斯克，中东的阿拉曼，太平洋上的珊瑚海和中途岛，以及北大西洋的护航航道沿线，同盟国家先是遏制住了轴心国军队的前进势头，之后开始驱赶他们后退。第二次世界大战的结果是由消耗战决定的。但是，同盟国家获得胜利，不仅是因为它们的工厂和船坞得以在产量上最终超过对手。1942-1943 年的战役当中，它们在物资方面的优势尽管明显，但并未达到 1944-1945 年那样的程度。它们取胜同样是因为愿意改变军事学说，愿意学习如何更为有效地使用那些供给量日益增加的工具。

军事变革有两种形式。它可以由今天称之为“军事革命”（Revolution in Military Affairs）的内容构成，亦即出现了影响极为深远的变革，以至于社会生成军事力量的方式被彻底改变。直到 1945 年 8 月，两颗原子弹分别被投掷到广岛和长崎，引来了战争的新时代，此类变革才在第二次世界大战中出现。二战的军事行动当中出现的大多数变革规模要小一些。多兵种联合战术的运用、闪电战、战略轰炸、海上的航母战和潜艇战、两栖作战、电子战（主要是雷达和情报信号方面），都是第一次世界大战当中首次出现的变革。二战期间，这些技术得到了改良和发展，便是军事变革产生的形式。

关于为何武装力量会发生变革，历史学家和社会科学学者尚未能找到一个简单的答案。1939 年 9 月，德国国防军通过一场为期仅一个月的战役便征服了波兰，但德国人绝没有躺在军功章上睡大觉。

他们迅速地收集了行动后的报告，分析了他们做得对的方面，但也带着自我批评的眼光审视了出错的地方。他们的结论是，尽管基本的战术理念无须改变，但1935年以来陆军的快速扩张意味着许多作战单位没有得到充分训练。因而，他们在1939-1940年冬天启动了一个高强度的训练项目，使陆军为1940年春天对西方同盟国的战役做好了准备。

但更为普遍的情况是，失败成为了变革之母，尽管失败本身很少足以推动积极的变化。陆海空三军都是庞大而等级分明的官僚机构。我们对官僚机构的所有了解都表明，它们并不擅长变革。官僚机构的核心在于对于相同动作的程式化重复。因而，它们的本质与变革南辕北辙。类似于重大失败的外部冲击，则有可能推动组织采取行动，改变其原有的工作方式。但是，要使这一过程产生成果，还需要其他的条件。必须有人能实事求是地观察出错的地方。这不仅要求理解己方军队的运作模式，也需要搜集敌军行动的信息并加以分析。必须有人分析如何使组织避免重复过去的错误，并决定下一次应当如何行事以获得成功。未来的成功可能会需要更多的或不同种类的资源，必须加以提供。也必须对将要参加作战的人员加以训练，使他们掌握新武器的操作方法及新的作战手段。最后，如果想要将未来的成功制度化，就必须设置相应的机制，来保证这种胜利的循环反复出现。苏联红军和红色空军开始于1942年的改革或许便是这一过程最为突出的例子；到1943-1944年，这种改革已经使他们将对手抛在身后。

情 报

与维持更快的行动节奏同样，变革的过程也需要从根本上理解敌军的运作，明白其军队能够采取何种行动，并了解他们未来可能如何行事。总体上讲，盟军比轴心国家更善于收集、分析和利用情报。德国和日本的情报部门共同受制于两个弱点。它们设立的机构太多，相互竞争而不是彼此合作，产生的原始情报也在太多时候遭到扭曲，以支持那些关于其敌人的先入为主的理论。但是，或许更为重要的是，认为情报全无重要性的错觉被普遍接受。作战当中的决策基础不是有关敌人的知识，而是每位士兵实现征服的决心，而德国人和日本人都坚信，他们在战争的一切方面都有着与生俱来的优势。日本人相信，敌人缺少他们自己所富有的那种殉道者精神，即便敌人的武装更好，这种殉道者精神也会让他们战无不胜。因此，收集关于敌人的信息似乎并无意义。所以，直到 1942 年，日本参谋本部才设立了旨在分析美军情报的专门机构。德国的情报官员也严重低估了 1941 年苏联武装力量的规模和他们抵抗德国入侵的能力，造成的结果同样是灾难性的。

糟糕的情报工作并不一定会带来失败。1941 年 12 月，越过马来亚进军的日本军队如果知道英国人在数量上对他们有着相当的优势，或许就不会在行动时如此大胆，也就不能攻克新加坡。与之相反，1944 年日军进兵阿萨姆的计划，建立在其面对的英国和印度部队的备战水平未超过 1941 年的错误想定之上。准确的情报也并非制胜法宝。1941 年，斯大林掌握了关于德国准备入侵俄国的大量情报，但选择了忽视它们。或许，他相信希特勒不会如此非理性，竟然试图用人数远远少于红军的一支部队征服苏联。或许，他认为德国的备战活动是迫使他谈判的一个阴谋。或许，他认为希特勒不会愚蠢到主动发起两线作战，他甚至可能相信，希特勒会信守诺言，承担条约义务，就像斯大林自己做的那样。

1941 年，苏联的战场情报工作也相当糟糕，但到 1943 年已经取得了突飞猛进的进步。苏联军队在这方面投入了越来越多的资源，特别倚重空中侦察、信号情报，以及来自敌后活动的游击队员的报告。例如，信号情报使苏联军队得以在发动斯大林格勒的反击之前确定虚弱易破的罗马尼亚部队的位置，并指挥主力向其发动打击。对于英国和美国来说，信号情报同样起到了至关重要的作用。在太平洋战场，它使得美国人得以精确预测到 1942 年 6 月日本对中途岛发动的袭击，并及时派遣美国航空母舰就位伏击日本舰队。在大西洋战场，破解德国“恩尼格玛”密码使英国海军部得以绘出 U 型潜艇的所在位置，并让护航航线远离它们。在本土附近，英国的科技情报部门侦测到德国空军用来引导其轰炸机抵达目标的无线电波的存在，并扭曲它们，使轰炸机在开阔地带投下炸弹，从而降低了 1940-1941 年德国夜间轰炸作战的效能。

如果可以说服敌人为抵抗一个不存在的威胁而锁定人员和资源，同样可以确保维持住比敌方更快的行动节奏。正是通过这种方式，英国的密码破译人员用他们破解德国认为万无一失的机械密码的能力，为西方盟国提供了无法衡量的优势。它使英国人能够抓获每一个登陆英国的德国间谍，使其中的许多人转而反对之前的主人，并利用他们向德国的情报机构反馈错误的情报。这一能力与创建使用假坦克、假飞机，发送假无线电信号的伪装部队相结合，为超级骗局计划奠定了基础，使德国人相信，西方盟国可以将比实际能力多得多的兵力投入战场。1944 年，此类计划在“坚忍行动”（Operation Fortitude）当中达到了顶峰。它让德国人相信，盟军在诺曼底的登陆是一次强攻，使他们将部队停留在加来海峡数周之久，而这些部队本可以在西边一点的地带派上好得多的用场。

东线战场的变革：红军

在相当长的一段时间里，以英语为母语的历史学家的著作显示，似乎第二次世界大战的欧洲部分，是由西线决定的。但实际上，在 1941 年 6 月轴心国集团入侵苏联之后，德国部署在东线战场的陆军兵力从未少于其总兵力的三分之二，决定了盟军最终胜利的关键也正是东线。如果斯大林的部队没有先学会如何遏制德国国防军的主力，进而将其摧毁，战争的结果将会十分不同。倘若与他们的战前历史背景结合起来看，苏联人能够对其军队有效实施改革，将其从 1941 年的悲惨失败引领到 1945 年的柏林大门，就显得尤为引人注目。到 1938 年末，斯大林对苏联军队的清洗结束为止，已经有 3.5 万名军官遭到杀害，其中包括全体将官的 90%，上校的 80%。1939-1940 年，苏联军队在苏芬冬季战争中的糟糕表现，显示出了清洗造成的影响，在 1941 年 6 月之前，拨乱反正的工作已经开始。但实际上，当德国侵略军对苏联军队发动打击时，后者仍然处在混乱边缘。

苏联人能够坚持到战争结束，首先从根本上要归功于他们能够接受大量的伤亡。他们动员了约 3450 万人员，其中包括几百万妇女；红军总共牺牲了 860 万人。在战争的开局阶段，苏联坚持寸土必守的军事学说正中希特勒下怀。这使得德国国防军在战役的最初五个月便包围并俘虏了 380 万苏联士兵。正是在这种前途渺茫的背景下，红军开始着手改革，转变了其组织的方式，并使其军事学说更符合时代。

在最上层，斯大林在自己身边任用了一群有能力、有才华的军官，听取其建议并依此行动。政治委员对武装部队的束缚放松了，军官们得到鼓励，可以比以前更好地发挥主动性。1941 年，几乎被德国国防军扫荡一旁的红军拥有大量的坦克，其中大多数是过时的，但根本上，红军仍是一支步兵部队。经过 1942 年的改革和重新组织，红军由人力密集型转变为资本密集型。T-34 和 KV-I 坦克、自行火炮、多管火箭炮等性能更好、更为耐用的新型装备被分发给部队。但是，苏联人用来装备其部队的，不仅仅是更多、更新、更好的武器。苏联总参谋部对苏军过去的表现进行了严格和客观的审视，分析了 1941–1942 年战斗当中出错的地方，并着手将其纠正。坦克和机械化步兵在坦克军团当中结合起来，成为了苏联陆军的刀锋。坦克乘员等专业人员和下级军官经过密集训练，以便每个人都能知道自己的任务。随着训练水平的提高，伤亡率下降了，这意味着苏联部队在实施多兵种联合战术方面越来越熟练。1941 年，糟糕的通讯使苏联军队蒙受损失，也使得多兵种协同极为困难。到 1944 年，这一问题已经得到克服，这至少部分要归功于因英美租借项目（Anglo-American Lend Lease Programme）而获得的大量通讯设备。其结果是，斯大林格勒和库尔斯克的坦克和机械化兵团可以首先在敌军阵型的弱点部位打开口子，之后再深入进军到其后方地区。在后方，他们连成一片，将敌军困在包围圈，并将其歼灭。红军作战效能提升的一个指标是，1941年，德国每损失一辆坦克，便可以摧毁苏联的七辆坦克，而1944年，这一比率已经降到一比一。

西线战场的变革：美国陆军

西线的美国陆军也经历了类似的改革过程。1943年2月，在突尼斯的凯瑟琳山口战役中，第一支在西线参加对轴心国作战的美国地面主要部队“美利坚第二军团”在德国人手中遭到了屈辱的挫折。但是，仅仅18个月之后，1944年夏天，同样一支美国军队却在解放巴黎的过程中起到了主要作用，并使西部的德国陆军遭到了决定性的失败。这一明显转变近乎奇迹，是两个因素的产物。一旦动员起来，美国的经济有能力以无可匹敌的速度大量生产武器；不仅如此，美国的军队也可以快速从过往的失误中吸取教训并加以纠正。实际上，甚至在美国参与地面作战之前，这一过程就已经开始了。1941年的实战演习显示，陆军第一装甲师坦克过多，步兵过少；之后，陆军迅速改革了装甲师，使之成为均衡的多兵种编队，在许多方面与德国的装甲师类似。但是，与德国不同，美国的工业可以生产足够多的坦克、卡车和自行火炮，将美国部署欧洲的每一个陆军师充分摩托化，甚至连步兵师都有自己配属的坦克营。

凯瑟琳山口战役是新陆军第一次参加行动；美国地面部队在接

下来一年里兵力超过了原先的三倍，由于这种快速扩张，失误是不可避免的。美国陆军能用装备极为精良、数量上居于压倒性优势的部队对阵筋疲力尽的德国国防军，但这并不是他们在诺曼底和阿登森林取胜的原因。战争部决定将陆军的规模限制在 90 个师，陆军的更替体系导致了一些低效情况，而许多单位和编队也缺乏经验，这些都阻碍了美国陆军在西北欧战役期间的行动。但是，1944 年 8 月，美国陆军从诺曼底突破期间的行动，显示出一个成熟的体系所能够发挥的作用。到 1944 年，英美陆军都学会了如何大规模运用炮兵，且其灵活性使德国人难以望其项背。在用超量的炮弹和炸弹对德国守军加以重击之后，装备精良的步兵师突破了坚固的外围防线，打开口子，乔治·巴顿将军（George Patton）第三集团军的装甲师和摩托化步兵师便可以通过这些口子长驱直入，直抵巴黎并继续前进。

即便如此，明显的弱点依然存在。在欧洲战区，师团连续几个月处于战斗状态，得不到休整。严重的伤亡，以及在整合补充兵力时遇到的困难，降低了许多步兵单位的战术效能。太平洋战场上这一问题则相对较小。在两次两栖登陆之间，通常有着几个月的间隔，这给了指挥官们充足的时间，让部队进行休整和再训练。在西线，美国坦克在单车对战中的技术劣势一直延续到战争结束，并且像英国人一样，美国陆军从未真正解决步坦协同带来的全部问题。然而，英美陆军将战斗轰炸机编队与地面部队结合，形成近距离空地支持的能力，大大缓和了这一弱点带来的影响。

但是，在战争后半段，盟军在东部和西部前线取得成功，不能完全归功于他们有能力对军事学说和组织方式进行发展与修改，从而更有效率地利用武器与装备。德国的失误也助了他们一臂之力。德国国防军的早期胜利，在很大程度上要归功于其军事学说将决策权转移下放，交给指挥官一个任务目标并允许他们以自己的方式将其实现。然而，1941-1942 年的冬季，希特勒命令其东线的司令员们在苏联的冬季攻势面前坚守阵地，从这时开始，下层指挥官被允许发挥主动性的空间逐渐受到压缩。1942 年秋季，希特勒坚持，除非得到他本人的明确允许，集团军群的司令不能发布撤退命令。到 1945 年初，他已经开始干预师级指挥官的工作。这正中盟军下怀，因为这意味着德军将一次次发现自己被钉在原地动弹不得，只能在盟军的炮火、飞机和坦克的袭击中耗尽实力。由于德国人的作战方式，盟军得以从物质优势中获取了最大的收益，物质优势因而对他们更加有利。

航母战和两栖作战

太平洋战争最初六个月中，日本取胜的关键在于，日本帝国海军拥有一支装备了优于对手任何武器的远距离飞机的航空母舰力量。但是，从 1942 年年中开始，美国海军能够将越来越多的航母投入到太平洋战场上，它们搭载的飞机比大多数日军航母更多，性能也更好。另外，由于装备了雷达，他们可以比日军更加有效地对飞机进行指挥。起初，日美双方的航母彼此交战；美国舰载航空兵在 1944 年 6 月的菲律宾海战中有效地摧毁了日本的海军航空力量，此后，美国人便可以用自己的海军航空部队攻击日本的水面舰艇，并在攻打日据岛屿的作战当中为己方登陆部队提供协助。

在两次世界大战之间的时期，日本、英国和美国都在一定程度上考虑了如何在对抗条件下实施两栖登陆作战。晚近的先例并不令人鼓舞。1915 年，英国在加里波利的登陆以惨败告终，登陆部队几乎无法越过海滩，整个行动陷入僵局，在僵持了数月之后，部队被迫不光彩地撤退。除了考虑了一下相关问题之外，英国人几乎没有采取什么行动，1940 年，当他们的战前准备在挪威遇到考验时，暴露出来的是他们做得太少，行动太晚。日本人做得要好一些：1941-1942 年，他们在香港、吕宋、马来亚、关岛、所罗门群岛和荷属东印度取得了一些引人瞩目的胜利，尽管遇到的对手较弱。但是，他们也有一些值得注意的失败。1942 年菲律宾战役期间，美军击退了日本发动的至少四次不同的两栖登陆。

1940 年被逐出欧洲大陆之后，丘吉尔成立了一个联合作战总部（Directorate of Combined Operations），以考虑在敌对海岸上登陆所涉及的问题，并为英国有朝一日重返西北欧准备必要的装备。经过英美的共同研发，由美国建造了一整套两栖攻击专用装备，既有足以运载一个坦克中队的大型坦克登陆舰，也有能够将一个排的步兵运送上岸的小型船只。由于这些准备工作，1944 年 6 月，发起登陆的“D 日”之后三周之内，盟军便让 85 万军人、14.8 万车辆和 57 万吨补给物资登上了诺曼底的海岸。

只有美国拥有一支专门为执行大规模两栖作战而设计装备的独立兵种，这便是美国海军陆战队。20 世纪二三十年代，美国的武装力量深知，有朝一日他们可能会需要将美国的军事力量投射到太平洋彼岸，为了做到这一点，他们需要沿着通往日本的岛链建立一系列前沿指挥基地。只等战争爆发，他们便可以获得必要的资源，将准备工作付诸实践。到战争结束时，美国海军陆战队已经发展为共有六个师的两个两栖兵团，拥有自己的空中部队，尽管在每次登陆的突击阶段还需要依靠美国海军舰载航空兵提供空中支持。在将两栖突击登陆艇、海军炮火、近地空中支持与他们自己的步兵整合起来这一方面，海军陆战队已经成为了专家。但是，美军舰队和海军陆战队能够在日本岛屿要塞之间“跳跃”，在很大程度上也要归功于后勤补给船队的出现；无论舰艇是在海上行驶还是处于锚泊状态，都能从它们那里得到补给。

远东的战争：斯利姆与第十四军

发动战争时，日本人坚信，他们能够对敌人发起一记重击使之晕头转向；而初期取得的胜利也使他们没有理由怀疑自己最深的信念，即日本军队在精神上的勇敢，可以绰绰有余地克服对手的物质优势。与之相反，1941-1942 年，英国在马来亚和缅甸遭到的失败，迫使他们在战略上处于守势，也充分地促使他们更仔细地研究其对手。如果他们要对所剩无几的残余部队加以最优利用，就必须了解并弄懂日本人能够做什么，可能怎样做。

新加坡和马来亚陷落造成的创伤，使英国人相信，他们自己的部队需要大规模重新装备和重新训练，才能与敌人匹敌。他们迅速调整了战前对日本人的印象。后者的士气和纪律都是第一流的，即便对手强大胜算无几，他们似乎也宁愿战斗到死，而不是投降。英国人面对的问题是，如何以可接受的成本击败这样一个敌人。印度驻军之前的训练目标是在印度西北边境上对付轻武装的游击队，以及穿越阿富汗或中东而来的苏联或德国机械化部队。部队几乎需要完全重新训练，才能在缅甸丛林里与日本人作战。因此，陆军在印度建立了一个中心，用来分析日军战术，其评估报告被应用到那些将要被派往缅甸前线的部队的训练项目当中。1942–1943 年，第一次若开战役的失败表明，只靠压倒性的火力不能带来胜利。到 1943–1944 年，英国已经发展了灵活有效的手段，用来分析教训，并将其扩散到前线单位当中。英属印度军队创设了自己的训练项目，并不断加以更新，以便让那些将要前往缅甸参加严酷的丛林战的部队做好准备，还以《丛林手册》（*The Jungle Book*）的形式发布了通用的军事学说。针对日军侧面包抄渗透到对手背后的习惯，部队研究出了反制手段。他们学会了在被包抄或包围时坚守阵地，在通路被切断时依靠空投物资。

在威廉·斯利姆爵士（Sir Willam Slim）领导下，1944 年春天，第十四军在英帕尔和柯希玛两场接连进行的战役当中，成功地遏制住了日本军队的前进之势，并加以摧毁，这凸显了印缅战区英属印度军队改革的成功。牟田口将军的第十五军带着仅够几星期使用的补给物资向英帕尔进兵，满心相信英印军队的防御将会迅速瓦解，使他能够夺取所需要的全部补给。但是，对手并未崩溃。当他们被包围时，他们掘壕固守，发动反击，从空中得到补给补充。与之相反，日本人的食品和弹药消耗殆尽。在步兵几乎无法获得炮火支持之后，他们只能发动自杀性的前线突击。失败、饥饿与疾病加在一起，最终使第十五军分崩离析，这反过来使斯利姆得以在 1945 年发动反攻，日本在缅甸的整个防御体系就此崩溃。

海上战争：北大西洋

这种胜败反转的例子不仅限于地面作战。1940 年到 1942 年之间，德国 U 型潜艇部队和盟军海军在北大西洋上的优势平衡同样反复移动，直到 1943 年决定性地转向了不利于德国人的一方。

1940–1941 年冬天，U 型潜艇迎来了它们的第一段“好日子”。1940 年春夏，攻陷挪威和法国让德国人打开了通往大西洋港口的道路，从这些港口出发，他们得以派出 U 型潜艇部队，以“狼群”的行动方式对盟国的商船发起攻击。通过发动夜间攻击和水面攻击，以躲避护航船队的水下侦测设备，他们能够制服通常十分虚弱的防御部队，并给船队造成严重的损失。1942 年上半年，随着美国参战，U 型潜艇迎来了第二阶段的丰硕战果。英国人曾将自己在护航方面艰难取得的经验与美国人分享，但也只能眼看着自己的建议遭到忽视。

然而，盟国坚持到了最后。他们的胜利应当归结于几个因素。德国人犯了一些错误。他们低估了为使英国投降而需要击沉的船只吨位总量；尽管他们扩大了潜艇舰队的规模，盟军仍然有能力及时采取反制措施先发制人。英国对经济进行了调整，使自己能够靠一半于战前的进口量生存下来，并继续战斗。美国船坞的建造能力，意味着同盟国家不仅生产出足够吨位的商船来弥补敌军行动带来的损失，实际上还有能力增加总运量；1941 年，盟军的商船队的载运能力为 4500 万吨，到 1945 年则为 6800 万吨。

1917–1918 年，英国曾运用海上护航来保护其商船队；1942 年上半年，美国遭遇了惊人的损失之后，也开始依样画葫芦。盟军建造了许多反潜舰艇，并最终在上面装备了雷达、声呐（可侦测到水面以下潜艇的一种装置）等一批技术装备；此后，无论 U 型潜艇于夜间从水面上还是在水面下发动袭击，护航舰队都可以侦测出来。关于作战行动的科学研究提供了对敌作战的更佳方法，也显示出前射刺猬炮等新式武器为侦测到 U 型潜艇之后将其摧毁提供了更好的手段。

美国的工厂也制造出了足够多的、以 B-24“解放者”为突出代表的超远程飞机，到 1943 年初，大西洋中部的空中缺口开始合龙。从此以后，护航编队可以在横渡大西洋的全过程当中得到空中掩护。飞机的重要性在于，即便它们不能摧毁 U 型潜艇，也可以迫使其下潜，而下潜之后的潜艇速度减慢，无法与其猎物一道前进。最后，1941 年 6 月，英国的密码破译人员成功破解了 U 型潜艇舰队所使用的无线电代码。尽管 1942 年 2 月到 1943 年初之间他们未能接收德国的讯息，但只要他们能够收到讯息，就能够绘出“狼群”等待的位置，并试图使护航编队的航线远离这些地方。

1943 年春天，护航战达到了顶峰。此时，德国部署在海上的 U 型潜艇已经太多，护航编队的航路无法全部绕开它们。但盟军的护航舰知道它们的地点，并最终掌握了用以将其摧毁的舰船、飞机、侦测装备武器。U 型潜艇被拖入到了一场没有胜利希望的消耗战当中。在 1943 年的起初五个月间，帝国海军（Kreigsmarine）在大西洋上损失了近 100 艘 U 型潜艇，仅 5 月一个月间就损失了 47 艘。当月月底，德国海军总司令、海军上将邓尼茨承认失败，将其潜艇撤出了大西洋。

战略轰炸

1940 年夏天，德国空军开始袭击英国，德国人在西线发动了战争期间第一次空中战略行动。起初，他们实施的是消灭敌方有生力量的策略，以皇家空军的机场和飞机制造厂为目标，结果反而与世界上第一个综合防空体系迎头相撞。雷达站能够侦测到距海岸一定距离的入侵飞机，通过电话线，它们与一组控制室相连，后者绘制出入侵者的位置，使用无线电指挥“喷火”和“飓风”战斗机中队对其实施拦截行动。因而，皇家空军战斗机司令部（RAF Fighter Command）能够给德国空军造成难以接受的损失。德国空军不仅被迫将其战术由昼间突袭转变为夜间行动，也被迫改变了战略。消灭力量的行动被撤下，由袭击港口、食品储备、青贮窖、船只和空中发动机工厂的行动所取代，寄希望于毁灭这些地方将使伦敦和其他主要城市陷于停滞，强迫英国人寻求和平。1940–1941 年冬天，平民的士气有所下降，但从未崩溃。

战争开始时，皇家空军轰炸机司令部（RAF Bomber Command）

相信，他们的双引擎轰炸机可以在昼间的德国领空当中幸存。1939年秋天，当德国的昼间战斗机将他们最先进的飞机从空中击落殆尽时，皇家空军迅速抛弃了这一幻想。皇家空军之后转向对铁路调车场及个别工厂等精确目标进行夜间打击，空军将领们希望，毁灭这些目标可以大为削弱德国的战争能力。然而，1941年7月，轰炸机司令部接到上级颁发的一项新的指示，命令他们将大部分行动用来攻击德国的城市，以求动摇工厂工人的士气。一个月之后，内阁办公室执笔的一份报告发现，只有三分之一的皇家空军飞机能够在距离设定目标的五英里半径范围之内投弹。皇家空军的夜间打击所能命中的最小目标似乎便是城镇和城市。因此，1942年2月，人们告诉轰炸机司令部的新主官阿瑟·哈里斯爵士（Sir Arthur Harris），袭击德国城市是他当前超乎一切的第一要务。1943年10月，哈里斯表示，区域轰炸将使轰炸机司令部能够“毁灭德国城市，杀死德国工人，扰乱德国上下的公民公共生活”。为使其部下能够做到这一点，哈里斯督导引进了“吉（Gee）”“氘（H2S）”和“双簧管（Oboe）”等新的导航系统，并在轰炸机司令部创设了由精英机组组成的“探路者”航空队（Pathfinder Force），其任务是在轰炸机主力部队前面飞行，为他们寻找并标记目标。

到1943年，美国陆军航空队已经与轰炸机司令部共同展开了轰炸机空袭作战，但是两支空军采取的战术并不一样。美国陆军航空队拒绝吸取英国人在开战之初的几个星期内获得的教训，坚持相信自己的轰炸机能够仅凭其自身装备的机枪便能一路战斗到目标上空。他们也几乎同样确信，如果能够在昼间行动，他们便可以避免英国人在袭击精确目标时遇到的问题，让飞机的轰炸精度毫厘不差。到1943年下旬，经验证明他们错了。1943年8月和10月，美国第八航空队的轰炸机在施韦因富特上空遭受的损失，迫使其指挥官们重新评估作战手段。他们不再进行深入德国纵深的空袭作战，以便将德国战斗机防御的影响最小化。英国人将其既有做法又坚持了五个月。1943年11月到1944年3月之间，轰炸机司令部试图将柏林彻底炸毁，哈里斯希望这样做能够赢得战争。实际上，他几乎毁掉了轰炸机司令部。他相信，由己方飞机投下的箔条（条状的金属薄片）可以让德国的雷达失效，但事实证明这只是臆想。五个月间，战斗机司令部损失了1100多架飞机，比全部一线作战力量还要多，这样的损失率是完全不可维持的。

这样，德国空军便迫使西方盟国暂时停止了空袭攻势。找到办法扭转局势的是美国人，其领导者同意，如果要将损失减到可以维持的水平，轰炸机在前往目标的往返途中都必须由单引擎战斗机全程护航，且这些战斗机能压倒德国空军最先进的对手。他们想要放弃“无护航轰炸机总能穿越封锁”的信条，这一意图最终得以实现。1944年2月，美国陆军航空队对德国的飞机工厂实施了一系列空袭。当德国空军战斗机升空保卫这些工厂时，它们遭遇了新的美国P-51“野马”式战斗机，以及装备大型可抛弃型副油箱，从而航程大为扩展的P-38和P-47式战斗机。由此，美国轰炸机在飞往目标及返回期间，便可以由战斗机接力全程护航，这些战斗机可以为德国战斗机部队带来无法承受的消耗率。空战中，美国的远程战斗机击落对手的比率是3∶1。德国人能够弥补装备方面的损失，但无法弥补训练有素的飞行员的损失。4 月，美国陆军航空队将袭击的目标转为德国的石化工业，使得问题更加严重，因为这使德国空军无法获得训练新飞行员所需要的航空燃料。

1944 年春天，轰炸机部队被派去支援诺曼底登陆，但当盟军安全登岸之后，德国空军的消亡使哈里斯得以重启夜间袭击。但是，这一次他的轰炸机同样由远程护航战斗机伴随，后者能够拦截德国的夜间战斗机，使它们无法找到猎物。哈里斯不得不从区域轰炸中将一部分资源调拨出来，他不情愿地接受了这一事实；实际上，轰炸机司令部在石化目标上投下的炸弹总数比美国人还要多。美国陆军航空队继续坚持称自己正在进行一场精确轰炸作战，但实际并非如此，大多数炸弹都落在了原先目标区域之外。实际上，到 1944 年秋天，研究显示，在其最新的电子导航及轰炸技术协助下，夜间行动的皇家轰炸机比昼间大编队行动的美国轰炸机更可能集中目标，后者依靠的是目视投弹技术，也经常为西欧上空的多云天气所阻挠。

轰炸机司令部在欧洲战区共有 55463 人战死，美国陆军航空队的死亡人数约为 3 万。他们击毙了约 35.5 万德国人，击伤更多，将许多德国市镇夷为平地，并最终切断了德国继续战争所需要的石油和运输资源。但是，他们的成功来得太晚，为盟军的胜利贡献甚微。战略轰炸的基础假设是，现代工业经济的高楼大厦天生脆弱，而对于处在战争状态下的国家来说，最薄弱之点便是其经济和平民的意志。如果能够直接攻击这两点，则既可以摧毁敌人的手段，也可以摧毁其意志。但是，德国经济的适应力要远超过盟军所假设的程度。例如，直到 1944 年 9 月，德国的战斗机生产才达到顶峰水平；事实也证明，在轰炸之下，德国人民至少与1940-1941年间的英国人民一样具有复原能力。与战略轰炸的一些鼓吹者在战前所期待的不同，并不能在无须动用大规模地面部队的条件下单独赢得战争。

在对日本发动战略空袭期间，美国陆军航空队同样乐于创新。1944年11月，马里亚纳群岛的陷落使美国人得以首次将B-29“超级堡垒”中队的基地设在能够打击到日本全境的地方。起初，它们发动的是高高度昼间空袭。但是，随着这些行动被证明无效，美军的损失逐渐增加，他们转而进行低高度的夜间袭击。1945年3月，它们放弃了精确打击，转而在日本城市的广大区域投放燃烧弹。到1945年7月末，大大小小几乎所有的日本市镇都已经被轰炸并烧毁，日本的经济才真正陷于停滞。轰炸造成30万人丧生，50万人受伤，850万人流离失所。一些军政领导人意识到大难临头，认为投降是留给他们的唯一可能选项。但是，大多数军方领袖并不同意。直到投下两颗原子弹、苏联对日宣战，天皇自己坚持投降之后，他们的反对才被压倒。

结 论

德国人、意大利人和日本人对他们的英美对手都评价不高。（德国人对红军的评价要高得多。）他们坚持认为，单兵作战情况下，英美军人在战斗素养方面完全不能与普通的日本或德国士兵相匹敌。1944年8月，在诺曼底战役的进行期间，一位德国情报官员向其同胞保证，“汤米（对美国人的戏谑称呼——译者注）不是当兵的料”。但他在得出这一结论时忽略了重点。无论士兵、水手和飞行员的军事素养如何高度发展，如果他们没有作战需要的装备和补给，以及补充伤亡所需要的后备军，轴心国集团也几无可能从中获得优势。

但是，在战争后半段拥有更多、更好的装备，也并非盟军获胜的全部答案。在和平时期，军事组织的学说常有缺陷。与其他的专业人员不同，士兵、水手和飞行员在离开实战的情况下没有办法不断在实践中检验并修正其学说。决定成败的关键在于，开火之后他们是否有能力和意愿找到既有做法当中的缺陷并将其纠正。盟军赢得战争，并不仅仅是因为他们能够动员压倒性多数的人员和装备。他们之所以取胜，也是因为士兵、水手和飞行员在不同程度上掌握了充分利用手头武器和物资的技能。假如他们不具有这种能力，假如他们的军队不愿承受动辄惊人的损失并从过去的错误中学习，理解敌人想要做什么，并找到相应的应对之策，战争的最终结果或许也不会有所不同，但战争持续的时间必定会被拉长，他们遭受的伤亡数字甚至会更高。由于他们更有能力和意愿改变，适应新的作战方式，他们才能够像威廉·斯利姆爵士评价第十四军的缅甸战役时所说的那样——转败为胜。

理查德·奥弗里
Richard Overy

Economies in
Total War

第八章

总体战中的经济

伦敦大理石拱门上挂着“为胜利掘土”的横幅，以鼓励伦敦市民多在花园和公园里种植食物，从而弥补配给产品的不足。

与1914–1918年的世界大战相比，人们从二战中获得了更为重要的经验，尤其意识到了只有充分动员国家经济，使其尽可能地为战争服务，并为意外战争未雨绸缪，才能在工业化的现代战争中取得胜利。虽然一国经济的持久增长有赖于很多因素，取决于其战略、政治与社会选择，但二战中没有一个交战国的战争决策是在忽视本国经济状况的条件下做出的。对日本、德国和意大利这些侵略国而言，战争本身的核心目的就是经济。发动战争就是为了争取更多的资源和市场，使国民更加富有，让商业和金融秩序更好地服务于本国利益。

战时经济必须立即完成如下目标：为军队提供武器装备，为平民提供稳定而够用的食品和物资；在军队和工农业生产之间合理分配劳动力，在不引起严重通胀的前提下为总体战筹集资金。金融稳定性尤其重要，正如在第一次世界大战过程中，筹资的问题就引发了货币贬值、劳动力价格上涨和黑市盛行等情况。这些要求本身就是复杂的，战争环境进一步加剧了达成这些要求的困难。战争中的各种突发事件、敌方封锁和空袭等，不利于建立高效战时经济，也不利于处理战时动员和资源分配难题。

经济动员模式

毫无疑问，各个交战国的经济运行轨迹是截然不同的。就德国、意大利和日本三个轴心国而言，它们早在1939年世界大战爆发之前的三十年代，就开始根据备战需要推动国民经济转轨，一方面把经济政策和工业生产的重要部门置于国家控制或监管之下，另一方面则控制贸易，并开始制定自给自足（autarky）的经济计划。德国拥有丰富的自然资源，是一个规模较大的工业经济体，比其他轴心国更有优势。1936年，在空军参谋长赫尔曼·戈林的率领下，德国展开了第二个“四年计划”，旨在增强农业自给自足能力，控制贸易、劳动力价格和物价水平，并推动合成品工业的发展（主要是德国较为缺乏的合成品，如石油、纺织物和橡胶）。随着德国对奥地利、捷克斯洛伐克苏台德区的吞并，以及1939年3月对捷克斯洛伐克本土的占领，纳粹德国的经济基础得到了进一步拓展。1939年9月波兰的沦陷，还使德国控制了波兰的煤矿、钢铁和机械工业，以及解决许多德国人民战时吃饭问题的大量农田。德国战时经济的发展从来不曾囿于本国境内。

1939年德国中央银行和金融部门制定了战时宏观经济管制计划，以保证居民消费品的生产不与军事生产争抢资源，并严格限制劳动力价格和物价上涨。经济部门成立了所谓的“教授委员会”，对如何避免通货膨胀和节俭开支提出建议。1939年后的德国国内经济运行较好，一战时期物价上涨、劳动力价格暴跌、黑市盛行的情况并没有再次上演。相反，通货膨胀被抑制下去，战争初期的大量资源也被分配为军用，储蓄被转为战争债券，而黑市则以“杀鸡儆猴”的方式得到控制。

日本和意大利面临着截然不同的问题。日本经济相对脆弱，依赖于食物和原材料的进口，日本航空兵和庞大的海军尤其依赖海外石油的供给。在很多关键领域，日本都掌握了最新的技术，但它的汽车工业十分落后，重要物资的合成替代品生产也远远落后于同期的德国。1936 年日本大胆地发起了“自给自足”的经济项目，但最后不了了之，因为日本在 1937 年深深卷入了在中国的战争，本可用于工业现代化发展的人力、资本和资源都被投入到了中国战场上。举例来说，日本的钢铁产量在 1943 年达到了近 700 万吨的峰值，但同期德国产出 3000 万吨钢铁，英国则有 1300 万吨。1940 年，日本煤炭供应量最高只有 6600 万吨，而 1943 年德国煤炭量最高达到了 347 亿吨。较高的贸易依赖性使得日本很难抵抗经济封锁。因此，1941 年美国限制对日本出口废铁，并冻结了日本的海外资产，这直接促使了日本决心向同盟国发起全面战争。

就战争潜力而言，意大利是三个轴心国中最弱的。跟日本一样，意大利从 20 世纪 30 年代中期就已开始参加战争，首先征服了埃塞俄比亚，随后入侵西班牙支援佛朗哥的民族主义反叛军。随着墨索里尼野心的不断膨胀，国内资源不断集中投入到战时经济的发展中去。相比起大型工业，德国和日本更适合发展小型精细工业，意大利的情况却与此不同，而且它缺乏打仗需要的几乎所有核心物资（尽管它的水力发电相当充足）。1940 年意大利的煤炭产量为 1580 万吨，钢铁产量只有微不足道的 220 万吨。跟日本一样，意大利的农业规模不小，但效率较低；1941年意大利只有380万名工人，而德国同期有1300万，英国则有870万。即便在二战时期，意大利的工业也不如一战时期的水平；原材料供应不足，宏观调控效果不佳，加上金融危机的影响，导致意大利工业产值从1940年的顶峰不断下跌，到1943年墨索里尼下台时已下降了五分之一。意大利试图通过占领海外资源改善本国的经济基础，但这个愿望一直没有得到实现。利比亚沙漠下没发现石油资源，而意大利军队也没能攻占苏伊士运河，失去了通向中东石油资源的通道。意大利商船队在英国空军和海军的威胁之下遭遇巨大损失，这对于一个依赖进口的国家而言可谓最严重的问题。到了战争的最后阶段，约64%的意大利商船都被击沉在地中海海底。然而日本的情况更糟，其商船队总吨位从1942年的500万吨下降到了3年后的67万吨。

同盟国的情况则遭遇了较大的波动，而且各国情况不尽相同。英国在20世纪30年代致力于维护和平，但从1934年起就已经开始为可能爆发的战争做准备了。经济军事化是这一计划的重点。英国增强了后备工厂（所谓的“影子工厂”）的产能，囤积了粮食和原材料，逐步实现劳动力配置与战争的接轨——1939年9月3日颁布了《国家兵役法》，1941年12月出台了征召妇女入伍的补充法案。显然，英国实际上拥有许多经济优势：较大的制造业基础，全球最大的贸易网络，超过2000万吨的商船队伍，国内丰富的铁矿和煤炭资源，以及英联邦和帝国属国的支持（铜矿、橡胶、锡矿和棉花等资源支持）。1939年随着战争一触即发，政府组建了负责监管战时宏观经济的委员会，以避免金融危机、通货膨胀和英国海外偿付能力的暴跌。许多资深的经济学家被选为政府顾问，例如著名的约翰·梅纳德·凯恩斯成为了财政部的顾问。上述这些目标可以通过强有力的国家监管来实现，包括严格管控劳动力市场、有限供给消费品、提高税收等。英国战争投入最高时曾占了财政收入的55%，然而即便在这样的军用支出比例下，战时经济的整体运行和居民的生活水平都没有受到严重的干扰。

但是，英国政府仍然有两个问题未能解决：在1940年到1943年间，受到敌人飞机和潜艇的长期威胁，英国贸易受到了很大的影响。尽管贸易航路仍然畅通，关键物资也囤积足够，但英国的贸易量仍然持续下降，进口量从1938年的6800万吨减至1941年的2600万吨。尽管敌人的封锁行动始终没有得逞，但反潜战仍须臾不可放松。1943年1月，英国剩余的石油只够维持两个月。第二个问题则是海外偿付。由于英国出口量只能达到战前的一小部分，因此许多从美洲进口的物品必须通过清算海外固定资产来支付，或使用稀缺的外币或美元储备。到1940年底，这些资产几乎已经用光。幸运的是，美国和加拿大政府为英国无偿提供物资，或延长大量债务的期限，才避免英国的战时经济在1941年出现严重的危机。事实上，到1944–1945年，英国的战时生产能力已经无法与德国、美国以及苏联相比了。

苏联的情况与其他交战国完全不同。在20世纪30年代，这个共产主义政权倡导以较高的社会成本建设大型工业化经济体和高效农业。出于对“帝国主义、资本主义”的担心，苏联政府从1932年起就开始扩充军备生产，到1939年为止，理论上而言，苏联已拥有世界上最大的武装部队。苏联空军有1万多架飞机，这是1941年德国空军飞机数量的两倍，尽管德国拥有更先进的机型和更优秀的飞行员。同时，德国政府也出于对苏联经济实力和军事力量的担忧，在三十年代推动军备扩张，并赶在红军力量还未充分壮大之前，于1941年6月22日发起“巴巴罗萨行动”。与拥有大量私有工业部门的资本主义国家相比，在苏联组织战时经济是一个截然不同的问题。苏联的“五年计划”非常适用于战时，因为国家掌握了所有资源和劳动力的使用权，在计划经济中也不会发生严重的金融危机。随着大量资源被投入战争，人民生活水平和劳动环境质量逐渐下降，劳动力市场也开始出现动荡。但这个情况得到了安全部门的严格监控。在三十年代，苏联安全部门遣送了数百万有异议分子之嫌的工人和农民进入古拉格劳改营或失业收容所。

轴心国迅速占领了苏联西部地区（主要是乌克兰），这里集中分布了苏联的重工业和许多粮食产地，此举极大地削弱了苏联的战争潜力。到1941年底，苏联三分之二的生产力都落入德国手中，尽管苏联破坏了其中的许多工厂，东迁了2600家企业和1600万工人及其家属。经济危机显然已经到来。苏联的煤炭产量从1941年的1.51亿吨降到1942年的7500万吨；钢铁产量从1790万吨跌至810万吨。在1943年，德国及其欧洲“新秩序”领地的钢铁产量是苏联的四倍。而最令人震惊的是，苏联凭借其日益萎缩的工业基础，反而比资源丰富的德国产出了更多的飞机、坦克和火炮。这反映了斯大林当局以战争为首的政策，以牺牲消费品生产为代价，将所有工业都投入到战争生产中去。为战时经济工作的工人可以获得产品配给，而其余苏联人民则依赖于家庭，或依靠政府的救济（政府为了鼓励人们种植更多食物而另设了一定的产品配额）存活下去。尽管生活质量和工作条件较差，但苏联工人不断生产出大量既先进又可靠耐用的武器。1942 年末战场上频频传来捷报，工人的辛勤劳动帮助扭转了轴心国的攻势，他们也因此备受鼓舞。

同样，美国的战时经济也是独一无二的。在 20 世纪 30 年代，与欧洲和亚洲国家相比，美国的军费支出微不足道。1938 年日本的飞机产量就是美国的两倍。但美国是一个沉睡的巨人，它拥有全世界最大的工业经济、丰富的原材料（包括石油）和充足的农业生产力。美国的劳动力市场广阔，在 1929 年大萧条之后，大部分劳动力处于失业或未充分就业的状况，这就为战争提供了许多可用的人力资源。在 1938 年，各部门共有 4400 万人就业，到 1943 年则达到了战时的峰值，即 6500 多万人。美国拥有大量未利用的资本、工业产能和人力资源，这意味着它能够不以高通胀率、人力分配问题或中央指令为代价，即可发展成一个巨大的战时经济体。即使在战争投入最多的时期，美国的军费支出也只占总体经济的 45%，而相比之下，德国和英国则分别占 70% 和 55%。在 1938 年到 1944 年间，美国国民生产总值增长了 87%，这使其经济可以同时满足军队、同盟国和国内消费者的需求。

为了尽快扭转战局，美国有必要加强政府干预的强度（尽管存在许多抵抗），但是美国的工业发展实践——大公司、大规模生产方式、较高的技术标准和专业化管理——表明，私人企业和政府干预一样，都是美国战时经济的强大引擎。在二战期间，美国生产的物资总量占全部同盟国的三分之二，包括 29.7 万架飞机、19.3 万门火炮、8.6 万辆坦克和 200 万辆卡车。美国造船厂共产出 8800 艘舰船，是日本的 16 倍。与此同时，美国还保持了与其他国家同等的消费水平（尽管对包括石油在内的一些物品实行了配给制），并提高了劳动收入。1944 年美国的平均卡路里摄入量高于 1938 年，这是其他交战国根本无法达到的水平。对于美国社会的底层人民而言，更好的饮食和更高的收入是非常重要的。美国虽然遭到大萧条的重击，但如今它的人民能够享受到更高的生活质量。尽管许多历史学家认为“战时经济繁荣”的概念过于夸张，但相比起经济危机时期，“繁荣”一词名副其实。

经济互助

1941 年 12 月，美国正式参战，这对其他同盟国而言是一笔财富。因为早在 1941 年 3 月美国国会就通过了租借法案，承诺为与德国和意大利作战的国家免费提供物资；其次，美国海军和航空兵通过轰炸和封锁行动，打击了德国和日本的经济。英国是这项慷慨的供应计划的最大受益者，共接受了价值 300 亿美元的援助，其中三分之二为军事装备和武器，15% 为食物和农业供给品。苏联从 1941 年夏季开始就出现在接受供应的国家名单中，总共获得了价值 106 亿美元的援助，包括食物、车辆、通信设备和原材料。这些援助是非常慷慨的，而且对维持英苏两国继续作战起到了关键的作用。其实，1941-1945 年间租借法案涉及的援助物资只占美国国内产值的

4%。加拿大也同样提供了援助，例如为英国提供了40亿加元的贷款，以及可赊账的飞机和车辆等。作为回报，英国则向美国和加拿大提供英国本土设施、装备和稀缺的地区性资源（例如，英国为美国在北非部队提供产自中东的石油）。1941–1945年间，互惠的援助共带来了价值56亿美元的服务和物资转移至美国。

西方同盟国之间的资源互享，对其取得最终胜利起到了至关重要的作用，尽管据估计，苏联为其同盟国提供的互惠援助不超过200万美元。苏联严重依赖于租借法案，因为获得了食物、原材料和设备的供给之后，苏联工业便能够集中力量生产武器。美国共为苏联提供了36.3万辆卡车，这个数字超过了德国在整个二战期间的卡车产量；租借法案提供了苏联58%的航空燃料和53%的炸药，以及1900辆火车头，相比之下只有92辆是苏联自产的。苏联的军事通讯系统是通过改装租借的电话、电话线和前线收音机组建而成的。尽管苏联在战后时常贬低帝国主义西方国家的援助，但据20世纪60年代赫鲁晓夫回忆，斯大林曾多次评论，如果没有西方国家的援助，苏联不可能继续作战。

轴心国之间并没有类似的经济协作。德国不情不愿地为意大利提供物资，它优先给被迫为自己生产军备的欧洲国家提供设备和原材料。1942年当雷达和防空炮被送到意大利时，它们被分配给了驻扎在半岛的德国军队——防空炮偶尔还会击中误入射程的意大利飞机。双方在经历困难的谈判之后，德国才同意提供煤炭和钢铁，而且意大利必须以更多的农产品和“自愿”劳动力作为交换。意大利最终成了为德国战时经济“作嫁衣裳”的角色。日本和它的欧洲轴心国伙伴之间几乎没有多少互相援助。1940 年和 1941 年上半年，日本通过苏联向德国供应橡胶；随后德国通过空运或潜艇运输的方式向日本提供了技术设备和图纸，而其他的经济援助则完全不存在。

武器设备的生产

战时经济的试金石，尤其是全面战争，无疑要看生产的军用设备在数量上是否符合战略需求，在质量上能否与敌军抗衡。不同的交战国情况各异。

当然，当中的差异首先源自各国不同的自然资源禀赋，劳动力或者经济状况。对于资源有限的意大利和日本而言，让它们和其他工业化大国相比，的确有失公允。到 1943 年，美国福特汽车公司的武器装备产量就超过了意大利全国。但是，武器装备的产量同样受到武器使用方式和战争形态的影响，这在总体上决定了武器和物资的种类及数量。例如，同盟国的船只在大西洋航行的时候遭受了巨大的损失，迫使英国和美国不得不投入大量资源生产新的货船。由于损失较大，且不少登陆舰和护卫舰将用于太平洋、地中海战区与 1944 年法国登陆战的大规模两栖作战行动，因此美国在 3 年的时间里就建造了数以百万吨计的船只。

相反，德国和苏联在东线战场上遭受了包括人员和设备在内的惨重损失，而德国还需要向南部欧洲前线战场和本土防空部队提供武器装备。1943−1944 年，由于损失过重，德国唯有压榨其工业经济，加快生产，才能解决前线战场上的需求，简化并合理化生产过程。苏联似乎对武器的使用十分慷慨，红军的作战本质使得损失难以避免，而且斯大林为了尽快发起进攻战，不得不投入大量武器装备。为了应对高损耗率，苏联工业加大生产量，为本已庞大的军队配给装备。正是因为认识到武器需求量极大，否则德国和苏联不会有这样的生产动员规模。而且，如果同盟国没有发动空袭，那么德国战时工业应对战争武器的需求完全游刃有余。

长久以来，历史学家对德国战时经济的研究兴趣都要高于其他国家。这主要是因为人们对于英美空袭对德国战时经济造成了多大破坏，仍存在争议。而两国在战后的空袭效果评估也并未彻底消除这些争议。根据战后的轰炸调查结论，德国在 1939–1941 年期间没有实现完全的战争动员。这也解释了为何在后来空前激烈的轰炸威胁下，德国工业生产仍能不断增长，并在 1944 年 9 月达到顶峰。但是，最近越来越多的研究否认了这一观点，研究结果表明，希特勒政权在战争伊始就启动了大规模的动员，而 1943–1944 年的高产量恰恰是早期就已开始大规模动员的结果。无可置辩的是，在美国加入二战之前，德国可用于制造武器装备的资源，要远远多于它的敌国，但其武器产出未能与庞大的资源基础相匹配。苏联产出的飞机、坦克和枪支都比德国多，尽管它实际上的钢铁、煤炭和铝矿资源比德国少。欧洲大陆上的大部分国家都成了德国的经济卫星国，尽管统治如此广阔的土地也需要付出一定的代价，但其中的大部分代价都是由被占领国承担的，它们向德国输出了多达 2000 万人的劳动力。

德国为什么没有充分利用资源，将其完全转化为战争生产力的原因包含几个方面。其中最重要的因素就是德国战时经济的组织方式。德国方式与其他同盟国家形成了鲜明的对比。苏联的战时经济由以斯大林为首的中央国防委员会（Central Defence Committee）领导，委员会成员每天会面处理相关问题。军队和文职领导也聚首商讨事宜，自上而下发布行动指令。五年计划实施过程中不断发展起来的实际规划方法，推动了中央计划机器的形成。这个计划机器由年轻的经济学家尼古拉·沃兹涅先斯基（Nikolai Voznesensky）领导，他是苏联国家计划委员会（Gosplan）的负责人。各种级别的武器每月、每季度和每年的生产日程都由他和他的员工负责起草。此外还有确保设备工具、劳动力和材料的供应与生产目标相匹配的资产负债表。尽管这个规划体系经常遇到许多意想不到的问题，但国防委员会都能及时处理（很多时候都是对负责人进行处罚）。

英国战时内阁和国防委员会也紧密关注着国内的经济事务，但处理如何匹配资源和战时工业需求的问题，则由另外设立的两个执行机构完成，一个是由约翰·安德森爵士（Sir John Anderson）领导的枢密院大臣委员会（Lord President's Committee），负责监管经济政策，第二个则是工党主席、劳工和国民兵役大臣欧内斯特·贝文（Ernest Bevin）领导的生产执行机构，这一机构是 1942 年成立的生产部（Ministry of Production）的前身。这种系统的设立，旨在处理物资短缺和各种瓶颈问题，苏联的那套体制也有同样的目的。尽管不完美，但这一体系的确为民众组织武器设备生产提供了一个正式而统一的组织架构。而美国则情况有别，罗斯福很难建立一个完全中央集权化的战时经济体制。战时生产委员会在 1942 年 1 月成立，由西尔斯—罗巴克公司（Sears-Roebuck）副总裁唐纳德·尼尔森（Donald Nelson）领导，负责监管订单分配和控制一些关键物资的供给，但实际上仍然存在很多工厂建设混乱、资源配置错误和行政损耗过大的情况。然而，这些问题被美国富余的资源和人定胜天的生产文化掩盖了，这种坚定而乐观的生产文化鼓励着美国的企业家们尽其所能、产其所有，效率高而产量大，甚至不惜代价加倍生产。

德国独裁政权的本质，使其很难建成一个中央集权而协调一致的生产体系。到1938年，希特勒取消了内阁会议。由是，关心军备生产的部长和高级军官便没有了聚首商讨生产事宜的国防委员会或国家机构的平台了。最高总部（Supreme Headquarters）起初是一个军事机构；经济问题主要由个别部门负责，国务秘书则力图通过组织常规会面，形成“类内阁”来处理问题。但关于战时生产规模、资源分配和民用经济削减等决断，最终仍然需要希特勒敲定，就算有些政策在部一级或军队就能做出决定。一旦失去了为军事项目配置资源和人力的平台，失去了管理经济的集中计划，其结果可能会是问题重重。而德国拥有丰富的资源以及配套的世界一流的科研基础，使得德国工业家和银行家在重重困难下仍能较为合理地组织生产，监管宏观经济。

在战争早期，他们就被军队的过度干涉捆绑住了手脚。军队拥有大规模的设施和技术支持，供其监管和指导武器生产和资源分配。经济和军备办公室（The Economics and Armaments Office）由陆军上将格奥尔格·托马斯（Georg Thomas）领导。这是一个全国性的军备生产督查制度，其成员认为他们要为国家的战时经济负责。军方希望自己来掌控武器生产的数量和质量；他们不愿意进行标准武器的批量生产。结果是，德国军队拥有上百种不同类型的飞机、车辆和枪炮，保养、储存和维修体系复杂臃肿。直到 1944 年，在阿尔伯特·施佩尔（Albert Speer）的坚持之下，德国才开始集中生产成熟模型的武器装备，不再在最新技术或战术要求上浪费资源。阿尔伯特·施佩尔是希特勒宠爱的建筑师，从 1942 年 2 月起任德国装备部长。他将反坦克武器从 12 种类型减至 1 种，车辆从 55 种减至 14 种，飞机则从 42 种（不包括许多改型）减至优先生产的 5 种。然而，由军方研究推动的另一个战略决策却始终消耗着大量的宝贵资源，包括复仇武器（Vengeance Wepons）A-4 火箭（或称 V2）、菲泽勒 76 巡航导弹（V1）在内，它们几乎没有任何军事价值，但迎合了希特勒寄望于用新型武器扭转战局的不实幻想。

当然，生产规模与战争胜算不能直接画等号，再高效的经济和再集权的管理架构也无法避免生产危机。由于技术上的不足，英国皇家空军的重型轰炸机生产计划也被搁置。阿芙罗“兰开斯特”轰炸机其实只是在性能不佳的“曼彻斯特”轰炸机上加了两个发动机而已。直到空袭行动接近尾声，英国皇家空军才终于获得了足够数量的轰炸机。1942−1943 年间，由于未能优先生产可抛弃型副油箱，携带可抛弃型副油箱的远程战斗机的生产计划就搁置了数月。美国“谢尔曼”坦克速度领先，性能优良，但性能完全不敌德国新型坦克，也难敌德国的反坦克武器。同盟国的许多武器装备都有着技术弱点，而且修复改良成本高昂。尽管同盟国在船只、飞机、车辆和武器的数量上远远超过轴心国，但敌人有充足的高质量设备，使得同盟国军队不得不为最终的胜利付出较高的经济代价和人员损失。

战争后方的经济

参战国面临的第二大问题，则是在军事、工业和农业之间分配劳动力。与此同时，政府还需要抵抗通胀压力，控制工薪，维持食物和消费品的充分供给，以保证投入战时经济生产的劳动者的生活。充足的备用资源使得劳动力分配更加游刃有余。在美国，大量无业劳动力可以投入到工农业生产中，或者动员加入军队作战。美国政府决定集中资源生产大量的武器装备，以供美国和同盟国军队使用，而不是建立大规模的武装队伍（即便在人数最多的时候，美国服役人员总数也仅仅有 1140 万人，其中大部分人都没有参加实际作战）。

战时经济的膨胀，推动了高失业率地区的劳动力再就业，也刺激了美国境内的劳动力转移，而转移的目的地主要集中在西部沿海地区，东北部以及伊利诺伊州和密歇根的工业带。鉴于人们对招募美国黑人入伍总是持有偏见，因此许多男性工人都来自美国南部的黑人社区。对工业劳动力的需求同时还推动了女性就业，使得女性就业人数从 1940 年的 1400 万上升到了 1944 年的 1940 万，处于劳动年龄的妇女就业参与率达到 36%。征兵制并不是强制的，但全国范围内发起了鼓励男男女女加入战时经济的宣传活动，例如，“铆工罗茜”（Rosie the Riveter）的著名海报贴满了大街小巷，新闻报纸甚至在流行歌曲里都出现了这一形象。新的工人潮的出现主要由于美国经历了较长时间的经济萧条期；而只要战争打响，人们也就视新的就业机会和稳定高薪为意外收获了。在战争时期，美国的居民实际消费上涨了 13%，而其他所有国家都急剧下降。较高的政府支出带来了通货膨胀和物价上涨的压力，但由于工资限制在 1942 年 9 月时的水平，最终这些压力被上升的收入、大量的加班和奖金所缓解。由于战争的压力所在，工人们不得不更辛勤地工作，劳动时间也延长了，这些都是工人罢工要求更高收入和更好工作条件的原因。但实际上美国工会在战争伊始就与政府达成协议，将不会发起正式罢工。在二战期间，美国共发生了 14471 次无工会组织的"野猫罢工"（wildcat strike），其中东北部煤矿和无烟煤工人的大型罢工最终促使了国会在 1943 年通过一项议案，授权政府在可能危及国家安全的罢工活动中接管生产。尽管被罗斯福总统否决，国会还是通过了这项立法提案。

而在其他的主要参战国中，严重的劳动力短缺成为一项通病。在英国、德国和苏联，人们被强制要求参与与战争相关的工作，否则，军事作战和国内经济发展之间将无法达成平衡。1939-1940 年，英国还有足够的未雇用劳动力来应对战争的需求，但随着越来越多的技术工人被征兵入伍，这种劳动力短缺的情况便日益显著。在战争中，军队招募了 550 万名男性和将近 50 万名女性。但在第一波被征用的士兵中，有很多都是技术工人，由于劳动力短缺的原因，他们不得不回去支援国内经济生产。到 1941 年第，欧内斯特·贝文凭借"基本工作命令"（Essential Work Order），一共让 3 万家公司的约 600 万工人免征入伍，这个数字占了男性劳动力的 40% 以上。他还发起了就业登记，这使得英国历史上首次实现了对所有劳动力转移的跟踪调查。和美国一样，为了缓解劳动力短缺，许多英国女性应征参加劳动，女性就业人数从 500 万增长到了 700 万。到 1943 年为止，在车辆和汽车工业领域，女工占了所有劳动力的 36%。在战争开始的前几年间，政府未能很好地控制通货膨胀，因此工资水平持续低于物价上涨的水平。配额供给也还没有广泛实现，因此罢工活动时有发生；在 1940 年，所有罢工人数加起来共浪费了 370 万个工作日。在 1940 年 7 月，贝文设立了与工会存在合作关系的国家仲裁法庭，于是在随后的几年间，罢工潮终于冷却下来。除了仲裁法庭的调解之外，这还得益于政府出台了更广泛的定额配给方案，建立了更好的工作配套设施（包括食堂和托儿所），对加班、长时间工作者进行涨薪，以及发放奖励等。人均消费水平降低了 13%，但每周实际收入同期提高了 80%，而其中很多增长部分都被吸纳进了战争储蓄。相比起欧洲大陆的情况，这已经是可以接受的牺牲程度了。

苏联的情况在所有同盟国中当数最不利的。轴心国的入侵导致苏联丧失了领土和约 6000 万人口，这使其劳动力从 1940 年的 8700 万人下降到了 1942 年的 5470 万人。整个战争期间，工业就业率再也没有达到过 1940 年的水平。一定程度上这是因为在接近战争尾声时，又有约 3450 万人（男女）被征兵入伍，其中近 900 万人阵亡，其余大部分则遭受不同程度的伤残（尽管其中一部分伤员可以回到工厂工作）。劳动力短缺的危机最终得以解决，解决方式却是当局要求所有能劳动的人必须劳动，无论男女老少；另外，政府决定处罚老人，或不给他们发放定量供应卡。因此，参加战时工作就意味着生存，对于很多苏联工人而言，工厂已经成为他们得以饱餐一顿、温暖身躯的地方。由于绝大部分男性被征召入伍，主要的工作压力就落在了妇女和青少年肩上。到 1945 年，80% 的农民和 51% 的工人都是女性。年轻人也是重要的劳动力，他们被迫在严峻的环境中长时间工作。一名在车里雅宾斯克（该城市后来以其生产的坦克闻名）工厂工作的 15 岁少女被滴落的高温金属烫伤腿脚并致残，然而当她在家恢复休养时却被工头发现，还被拖回了车间。劳动抗议是无望的，食物供应越来越少，较低的生活标准也只能保证工人还可以继续工作。到 1943 年，民用消费品的产量已经缩减了一半以上，而国防相关产量则增长了 4 倍。苏联的战时经济是以民众的牺牲为代价的。

对德国和日本而言，战争对劳动力的需求也是极高的，但这两个国家在利用本国劳动力之余，还可以残酷地压榨国外的劳动力资源。和苏联一样，50% 的日本劳动力都投入到了农业生产中，并征召了多达 1000 万人入伍。从 1939 年起，日本实行了强制劳动分配制，到 1945 年为止，超过 600 万工人被分到了战争相关的工业领域，还有 32 万来自朝鲜半岛和中国的工人。女性劳动力总量增长了不到 100 万人，从 1940 年的 1270 万上升到了 1944 年的 1320 万，但其中很多妇女都从消费行业被迫转向了战争工业；从 1943 年夏天起，政府批准雇用童工，并推迟了中学以上的所有教育，使得劳动力总量又增加了 340 万人。随着太平洋战争的推进和美国的封锁，食物供给被切断，这些新的劳工的工作环境变得更加不堪了。大部分工人都只能依靠日益减少的大米配给度日，蔬菜也仅有日常需求量的一半。自由买卖的商品价格在战争期间上涨了三倍，而实际收入却比战前低了 70%。国家投入了大量资源生产武器装备，而军事物品的产量也稳步上升，但这是以牺牲国民利益为代价的。

德国战时经济得益于其在三十年代末至四十年代初进行的领土扩张，由于“大德意志”（Greater Germany）总人口从 6900 万人上升到 9600 万人，劳动力总量也随之大大增加。但是，德国在战争伊始就发起了极大规模的征兵，到最后约有 1700 万人（男女）被军队招募。德国本国的工业劳动力从 1939 年的 1080 万人跌至 1944 年的 760 万人，其中大部分人被重新分配到了战争相关的工作领域。其他国家的女性就业比例很高，这一定程度上是效仿了德国农业劳动力结构的结果。家中男丁被征入伍后，数以百万计的农田都由妇女耕种；到 1944 年，三分之二的德国本土农民都是女性。在工业领域，妇女从消费行业转移到工程和基础材料相关工业工作。到 1944 年，德国有一半的劳动人口都是女性，她们中的绝大部分都受到了强制登记和分配。已婚妇女并未被直接征召入伍，但大部分没有全职工作的德国女性都被要求兼职工作，或加入大型志愿者公益组织，又或者承担民防任务等。

无疑，更多女性被强制要求参加全职工作，或工作较长的时间（女性可被要求每周工作超过 50 个小时），德国掌握着被占领国的大量劳动力资源，以及集中营的囚犯和数以百万计的战俘。早在 1941 年，德国大规模的军事动员就已造成了严重的劳动力短缺。一些欧洲人被高薪和稳定的工作机会所吸引，因此，并非所有的德国外籍劳动力都是被迫工作的。1942 年，纳粹党地方长官弗里茨·绍克尔（Fritz Sauckel）被任命为全德意志劳动力调配全权总代表

（Plenipotentiary for Labor Supply），那时德国对劳动力的需求就已显得非常紧迫了。到 1944 年为止，共有 900 万名外国工人、囚犯和战俘为德国工作。在一些主要的武器生产行业，外国工人的比例甚至达到了三分之二，其中很多都是从乌克兰、波兰或白俄罗斯招募过来的女工。数以百万计的人被分配到农场工作。1944-1945 年，战场上惨重的人员伤亡使德国不得不通过合理分配劳务、延长值班时间、提高社会支出和发放优厚奖励的方式，来刺激劳动生产力。

与一战时期相反的是，在整个二战期间，德国的收入管控和物价控制都取得了良好的效果，但这是建立在压榨被占领国民众的基础之上的，他们的食物和消费品被掠夺，尤其是欧洲大陆上的犹太人，其地产、物品和衣服都被无情地征用。德国民众在战争伊始就遭受了严格的定额配给管理，名义上为自愿的税收和储蓄计划也严重抑制了居民消费。在 1938-1944 年间，人均消费水平降低了 30%，而劣质的商品和掺假的食物更在无形中降低了生活质量。由于食物供给严重不足，成千上万的集中营囚犯和劳役死于营养不足或疾病。从 1943 年起，剧烈的空袭使得人们不得不长途跋涉到疏散地点，食物的短缺和大面积房屋的损毁，更加恶化了生存环境。到 1945 年初，约 900 万人离开了大城市。在战争的最后几个星期，随着同盟国军队的逼近，大部分工人都失业了；在战争的最后几个月里，日本也出现了同样的乱局，工业城市被烧成灰烬，迫使数以百万计的民众逃往乡村。

国际经济

大量资源被用于战争物资的生产，这严重扰乱了世界经济的运行。国际支付和贸易体系崩塌，取而代之的是由德国和日本控制的地区贸易体系，以及同盟国在租借协议基础上的物资供应。随着同盟国胜利曙光的靠近，英美经济学家和政治家开始讨论重建世界贸易和支付体系的问题，试图恢复被损毁的经济运行机制。欧洲和亚洲在战争中遭受了巨大的损失。资本市场已不堪战争支出的重负，以日德为例，和平的到来也意味着其本国资本市场的崩溃；战争摧毁了海陆交通运输体系，贸易受到严重影响；而设备、化肥和交通设施的不足，也阻碍了农业的复兴；德国和苏联的房屋存量已经完全无法满足幸存人口的需求了。为了应对战后可能出现的挑战，1944 年 7 月，自称为“联合国”代表的官员们聚集在美国新罕布什尔州布雷顿森林，讨论由美国财政部长亨利·摩根索（Henry Morgenthau）提出的方案，他认为应当建立新的国际机构，来管理世界贸易和货币交易，重建全球信贷体系。

会议达成了一系列协议，同时也塑造了战后世界经济的发展轨迹。为了避免重蹈 20 世纪 30 年代以邻为壑的经济民族主义的覆辙，“联合国”签署了关税与贸易总协定（General Agreement on Trade and Tariffs），从而实现对国际贸易的管理，并通过决议成立国际货币基金组织（International Monetary Fund），帮助各国应对支付问题和财政困难，还筹资成立了国际复兴开发银行（International Bank for Reconstruction and Development），这是世界银行（World Bank）的前身。美国是推动这些新倡议的主要力量。的确，世界经济的复兴主要依靠全球最富裕的国家（美国的领土并未受到战争波及）承担责任、帮助其他国家度过战后重建阵痛期的意愿。而红军占领的欧洲国家则是例外，它们的恢复和重建工作依靠基于苏联国家规划经验的计划经济体制。欧洲经济复苏难见成效，因此，美国国务卿、前陆军参谋长乔治·马歇尔（George Marshall）在 1947 年发起了一项欧洲复兴计划（马歇尔计划）。为了刺激意大利、德国、法国、英国和低地国家的经济复苏，马歇尔计划的 127 亿美元总额中就有 99 亿美元拨给了这些国家。到五十年代初，这些受美国援助的地区的经济表现就已超过了 1938 年时期的水平。

战争造成了大量的人员损失和财产损毁，也严重威胁着人们的生活水平。在 20 世纪 30 年代，人们坚信对经济进行重新武装是为全面战争做好准备的关键，这无疑成为了一个自我实现的预言，而战争代价之高是人们未曾预料到的。但是，如果没有进行大规模的经济动员，战争就无法以一方取胜而结束。在二战期间，意大利投入最多的时候也仅向战争贡献了国民经济总值的 23%，它也无法展开有效的海外作战行动，或抵抗同盟国对其本土的进攻。同盟国的丰富资源也不一定能阻碍轴心国取胜，正如 1940–1941 年，德国对英法两国取得了势如破竹的胜利。1941 年，在美国参战之前，随着苏联丧失大量西部沃土，资源的天平倒向了轴心国。到 1943 年，同盟国开始取得明显的胜绩，但最终的胜利还取决于它们是否有效利用资源来改善战况，维持国内对战争的投入，并保持英联邦、美国和苏联的团结。经济资源丰富与否最终决定战争的胜败，这样的推论并不总能成立，其中一个例证就在东部战线上——苏联虽然在关键工业材料上远远落后于德国及其占领地区，但由于苏联政权有能力最大限度地集中民众力量，其生产能力便也大大超过了德国。

迈克尔·斯纳普
Michael Snape

Front Line I: Armed
Forces at War

第九章

前线（一）：战争中的军队

1940 年 1 月，一支芬兰滑雪巡逻队。芬兰的充分军事准备，更反映出庞大而迟缓的红军在 1939 年 11 月至 1940 年 3 月所谓“冬季战争”期间的诸多不足之处。

第二次世界大战期间，被交战各国拉入武装部队的男人和妇女，在数量上是史无前例的。苏联的征兵数超过 3400 万，是第一次世界大战中在俄国军队服役的人员总数的两倍多。另有 1700 万人在德国国防军服役；根据中、美、英、意、法、日等国的动员数字，全球的参战人数应在 1 亿左右。个别国家的军事动员程度可以达到惊人的比例：参加过德国国防军的人数远超过德国战前全部人口的五分之一。然而，这些武装部队在能力、结构及文化方面彼此迥异。例如，1945 年，美国陆军航空队与中国国民革命军之间在上述三个方面都存在着鸿沟。前者代表着一支在技术和组织方面高度发展的武装力量，有能力将核打击投放到大洋彼岸；而另一方面，后者则是由一群营养不良、训练低下、装备恶劣的农民组成的乌合之众，1937 年以来实际上一直在向后退却。此外，这一类的差别也可以在一国的不同部队甚至同一部队内部找到。与意大利陆军不同，1940 年 6 月意大利参战时，“王家海军”（Regia Marina）堪称一支相当均衡的现代化海军，其人员素质相对较高。与之类似，1945 年所向披靡的红军，其近卫部队（特别是坦克部队）与后备梯队之间也存在着巨大的差距。总体战也未能使武装部队体现出其社会基础的横截面。各支武装部队对人员的要求，以及文化、法律、政治、意识形态等大量其他因素同样影响了武装部队的构成。然而，所有的武装部队都被刻上了其社会的沉重印记，并因战争的迫切需要而做了不同程度的改变。本章将探讨上述主题，同时涉及武装部队的招募与构成、遂行现代化战争的能力、训练与军事理论的掌握、与平民社会的联系，以及文化、宗教、犯罪等情况。

人们认为，由于第二次世界大战是一场总体战，因而可以轻易推断军事包袱是普遍存在的，其负担大体上是平均分配的。事实则远非如此，英帝国和联邦就是一个例子。继英国陆军之后，印度陆军成为了英帝国武装部队中最大的一支，1945 年 8 月达到 250 万人，是世界上最大的纯志愿军。然而，澳大利亚和加拿大从一开始就不愿意将军队送到海外，使他们再次遭到第一次世界大战那样的屠杀。因此，澳大利亚陆军对志愿兵和义务兵做了重要的区分，只有前者可以参加部署在海外的澳大利亚皇家部队（Australian Imperial Force）。与之相反，构成澳大利亚国民军（Citizen Military Forces）主体的义务兵只能参加本土防御。这些“巧客（Chocos）”（“Chocolate Soldiers”）饱受嘲弄，然而不幸的是，本土防御包括巴布亚岛的澳大利亚领土和新几内亚的澳大利亚托管地，这意味着他们要在 1942 年 3 月开始的新几内亚战役中承担主要任务，该战役漫长艰苦，直到日本投降才结束。加拿大选择了一个类似的“有限责任”体系，1944 年，当它试图将本土服役的义务兵派往海外，以填补在欧洲的纯志愿部队当中的空缺时，引发了一场政治风暴，并最终导致驻扎在英属哥伦比亚泰拉斯地区第十五步兵旅发动了大规模叛乱。

苛酷的军事征兵体制压倒了平时条件下并非无所不包的其他体

制。根据不同社会和经济体的需要，即便对于身体健全的成年男性来说，也有许多根据职业而豁免兵役的情况。在法西斯意大利，大学生可以将兵役推迟到 26 岁，这种特权使得大学的招生数从 1940 年到 1943 年翻了一倍。美国的农业劳动者构成了男性劳动力总数的约四分之一，地方征兵局向这一优待职业群体慷慨地提供了大量延期服役的指标，以至于在 1942 年的征兵总数中，该群体的成员只占 15%。甚至在德国，直到 1944 年 5 月，仍有 600 多万人还在受保护的岗位上工作。除了关键岗位工人免于兵役之外，与法国不同，英语民主国家出于道德考虑，还在一定程度上承认了脱离战斗部队的权利，而在德国类似的行为则有被判死刑或投入集中营的危险。出于政治或意识形态原因，地区、民族或种族也可能会整体免除全部兵役义务。在英国，北爱尔兰的六个郡就被免除了兵役，而以法语为母语的加拿大人反对无限制的战争投入，在很大程度上造成了征兵这一棘手问题在加拿大的激化和复杂化。在德国，纳粹的反犹主义导致纯血统的犹太人在 1936 年之后被国防军完全排除。尽管长期人力不足，德国还是采取措施，在战争期间逐渐将德犹“杂种”从国防军中清洗除去。甚至到 1944 年，还颁布了一条法令，下令开除那些剩下的“四分之一血统犹太人”。然而，对于美国黑人来说，种族歧视在更大程度上是一个不公平的排斥问题。美国陆军、海军和海军陆战队都有种族隔离制度，直到 1942 年 12 月为止，海军都拒绝接受任何黑人义务兵，连战时志愿者也不例外。此外，在整个战争期间，三个兵种在很大程度上都将其黑人成员限制在劳动强度较大或支援性的岗位。

同样值得强调的是，包括中国和苏联在内，没有哪个交战国的人力供给是无限的，因而，区分军人和平民的界限经常是模糊的。在中国共产党控制的地区中，共产党的地面军队与当地建立的民兵系统有着共生关系。后者不仅为前者提供了训练有素的补充人员，也提供了给养和医药。必要时，民兵部队也与共产党正规军在常规战中并肩行动，与日本人对抗。在苏德战争中，1941–1942 年德国的迅速推进，使四散的小股红军战士成为了无数的游击部队训练有素的核心力量，而以 1941 年保卫莫斯科和列宁格勒的行动为代表，大量临时部署的工人民兵师也模糊了东线战场上军人与平民之间的清晰界限。1944 年秋天，盟军对德国东部和西部边境构成的威胁日益增加，同样也促使希特勒创立了由国家社会党组织的全国性民兵部队“德意志人民冲锋队”（Deutsche Volkssturm），年龄在 16 到 60 岁之间的全体男性都有义务参加。尽管训练和装备水平有限，“人民冲锋队”还是在布雷斯劳（译者注：今波兰城市弗罗茨瓦夫）、柏林及其他德国东部城镇的最后一线防御中起到了关键作用，在这一过程中，数万人伤亡。

考虑到第二次世界大战期间，对武装部队成员的需求具有多样性，应当强调的是大量军事人员从事的战争工作相对安定，并无风险。欧洲战争结束时，美国陆军的三分之一强仍然留在美国；在西方民主国家高度机械化的陆军当中，即便在战场一线，也有大量人员固定从事维护工作和支援性勤务。在美国、英国和加拿大的步兵师当中，甚至只有很少的一部分士兵属于步兵作战单位。在这些情况下，战斗员的明确职责范围实际上小得令人惊讶；于是，不必说英国市镇中的许多平民，就连一些商船的海员们，其可能因敌军行动而遇到的危险也显然超过了英美军队中的大量男女士兵，后者有可能发现，他们的职务是在平民身边加油鼓劲。在交战国的空军当中，支援人员与一线人员之间的职位隔离与数量上的显著差距甚至更为明显，典型的例子便是陆勤人员与空勤人员之间的两分。在戈林领导下，德国空军扩张多年后，到 1942 年已经接近 200 万人，但第一线飞机仍然长期不足。当年晚些时候，由于德国在东线的局势趋于恶化，陆军人力不足，需要从空军的地勤人员中调拨出 20 万人。在戈林的坚持下，这些人组成了单独的空军野战师（Luftwaffe Field Divisions）。这些不幸的部队缺乏必要的训练、指挥员和装备，结果在面对重整旗鼓的红军时不出所料地表现得极差。

空军野战师的命运清晰地表明，第二次世界大战中的武装部队在技术要求上是非常具体的，其人员的技巧也并不容易转换。第二次世界大战期间，主要交战国的海军和空军力量使用了当时工业国家生产出的最为复杂的武器系统。与战列舰、潜艇、战斗机和战略轰炸机相比，即便是最新的坦克与大炮也显得十分“低科技”。这一根本性的事实对当代武装部队的构成产生了重大影响。例如，德国海军的 U 型潜艇部队当中，来自鲁尔和德国中部内陆金属制造工业区的水手占了很大比例。而除技术要求之外，社会地位因素也同样为英国皇家海军和皇家空军带来了更加优秀的应募者。传统上，皇家海军比英国陆军更受国民尊敬，而 1918 年 4 月创立的独立空军则加剧了上述两个军种在第二次世界大战当中的竞争；考虑到堑壕战留下的悲惨回忆、航空带来的纯粹狂热以及皇家空军相对进步的气质就更是如此。在英国的体制下，在动员之前就自愿参军的人可以加入自己选择的军种，甚至还允许义务兵表达自己的志愿。显而易见，志愿参加陆军的人数少到令人尴尬，而希望加入海军或空军的义务兵则大大超过了需求。与皇家海军一样，美国海军和意大利皇家海军也吸引了很大一部分的志愿者，可以从义务兵中进行挑选以弥补所需的差额。战前数年间，日本帝国海军的地位如此稳固，以至于接收义务兵的目的只是为了保证其在日本社会当中的影响力与利益得到最大化，而由于帝国海军与日本帝国陆军之间的尖锐对立，这一目标是十分重要的。尽管帝国海军在太平洋上与美国海军进行的战斗旷日持久，且越来越向一边倾斜，但事实证明它的人气仍然长久不衰，即便到 1945 年，其新成员的三分之二仍是志愿兵。

海军和空军对志愿者更有吸引力，因而可以遴选技术水平与教育程度更高的义务兵；与此同时，两次世界大战之间的时期的机械化效应也在许多陆军当中引发了专业技能的扩散。二战期间，为了满足日益增加的技术需求，高度机械化的英国与美国陆军设计了一系列人事政策与能力测试，以保证其步兵单位在获得所需新兵时的分配顺位最为靠后。英国陆军总共认可了超过 500 门行业与专业技能，其普通步兵的数量与质量因而都有所折扣。1945 年，由于严重的人力短缺，皇家空军和皇家海军的兵员被改派到陆军，这些人相对的高素质给他们的教官留下了深刻的印象。类似的情况在美国陆军也很普遍。种族隔离制度、让士兵的职务尽量接近其平民职业的政策，以及陆军的统一分级测试结果，导致无技术、无特长、显然不具备长期服役价值的白人不成比例地进入了步兵部队。人们说，美国步兵班的主体是“乡巴佬、爱尔兰佬和西班牙佬”。然而，纳粹的理想“血与命运共同体”（Volksgemeinschaft），以及德国陆军人事政策的优先目标，使德国的前线部队更为均衡地代表了德国社会。与英国和美国陆军不同，种族共同体需要所有社会阶层的平等牺牲，而“要刀刃不要花架子”（译者注：原文为“to maximize its ‘teeth to tail ratio’”，系企业管理方面的英语谚语，“teeth”指为提升产品实际性能而进行的投入，“tail”指广告等其他相关投入）的无情决心，则有效地遏制了支援性部队的扩张。

社会结构

无论交战国的军队依靠志愿兵、义务兵还是两者结合来填满下级岗位，他们最终都要由一批相对人数较少、长期服役的专业军官来领导。然而，在不同国家之间，甚至不同军种之间，这些人的社会背景都有着显著的差别。对军官队伍的改造，是战争在德国陆军社会背景方面造成的最大影响之一。陆军军官群体长期以来一直是贵族和富裕中产阶级的保留地，但“血与命运共同体”起到了拉平社会地位的效应，而为民族生存而战的实际需要，使受过战场磨炼的老兵整批地晋升了军衔，有八位前士官甚至被提升为将军。武装党卫军（Waffen SS）规模较小，没有受到从普鲁士和帝国军队那里继承来的社交惯例的影响，于是成了一条更好的晋升通道；包括一度担任过希特勒的司机的赛普·迪特利希（Sepp Dietrich）在内，有三位曾在此服役的士兵成为了将军。这样，德国地面部队相对较为接受“择优而仕”的精英主义，这一点与他们的终极敌人红军颇为相似。红军作为由共产党控制的一支新型军队而创设，将为工农服务作为目标；到 1939 年，俄国内战与斯大林清洗的联合效应已经产生了一代红军将领，与其在战略、战役指挥及军事管理等方面的能力相比，他们的政治可靠性更加突出。然而，红军当中更优秀的那些将领扛住了战争年代的考验坚持了下来，与他们的成功相比，其他国家陆军当中那些社会地位类似的人获得的机会就显得有限了。整个战争期间，贵族都把持着德国陆军的最上层，而 1945 年攻陷柏林立下功劳的两位苏联元帅——格奥尔吉·朱可夫（Georgy Zhukov）与伊万·科涅夫（Ivan Konev），都是农民家庭的儿子，也都曾在一战中担任俄国陆军的下级军官。

在意大利、罗马尼亚等其他欧洲国家以农民为基础的陆军当中，类似的加官晋爵、声名显达并无可能发生。像红军一样，意大利、罗马尼亚两国陆军在动员人力方面也要严重依赖占压倒性多数的农村人口。但是，为期二十年的苏联教育政策起了效果，与俄国人的情况相比，文盲率问题在意大利和罗马尼亚的义务兵中要严重得多。这一因素限制了下级官兵的提升，也妨害了士官的工作效率；同时，两支陆军仍然都由一群专业军官把控，他们在社会及政治方面与生俱来的保守性，并未因家长式的责任感或“贵族式的义务感”（noblesse oblige）而有所缓解。另一方面，抛开军官与其他军阶之间的社会与文化鸿沟不谈，在意大利与罗马尼亚陆军中，随军衔而来的特权也是显而易见、过度铺张的。隆美尔对意大利军官在这一方面的恶例颇有微词，而凯塞林则挖苦地提到，意大利军官的残羹剩饭，比他在自己的司令部中得到的饭食都要好。罗马尼亚军官的生活条件也比他们的士兵舒适得多，而旧式的军规还允许他们鞭打不服从的下属。所有这些不仅与德国陆军设立的尚武平均主义典范相冲突，也与意大利的法西斯主义民兵“国家社会主义志愿民兵”（MVSN）的风气相冲突；后者曾将黑衫军的许多军团和师团送去与意大利的王家陆军（Regio Escercito）并肩作战。

这种不平等打击了罗马尼亚和意大利陆军的士气，但也与日本帝国陆军的主流状况存在着鲜明的差异。后者同样是一支严重依赖农民士兵的陆军。日本的右翼军事机关则对国家的农民有着十分不同的看法。由于工业与城市发展带来的文化及政治威胁，两次世界大战之间的时期，陆军中城市新兵的人数日益增长，对他们的怀疑也日益增加。相反，日本的农民，在接受了高度军事化、高度民族主义、几乎消灭了文盲的国家教育体系的洗脑之后，被认为是培养成为军人的最佳人选。尽管军官的权威被视为天皇神圣权威的直接延伸，而严厉的肢体暴力是日本帝国陆军训练与军纪规范的重要特征，但令人惊讶的是，在军官和其他军阶之间，社会地位上的差距并不严重。20 世纪 20 年代，只有五分之一的帝国陆军军官来自前武士阶层，小地主甚至店主的儿子在全体军官中都得到了充分的代表。此外，并不禁止军官与其兵员进行社交，这与通常的欧洲实践存在着显著的不同。实际上，在下级军官与其他军阶之间存在着紧密的相互依赖关系，这一点似乎是战时的日本帝国陆军在团结齐心和战斗表现两方面都令人生畏的关键要素。

社会阶层之间的紧张关系也影响了英国和美国的武装部队。英国陆军在这方面的问题尤其严重，索姆河战役与帕斯尚尔战役的阴影长期笼罩着他们，所招募的士兵又并不那么顺从，英国社会当中无处不在的阶级张力同样也在他们当中存在。实际上，1940 年到 1942 年之间一连串的失败，使针对其传统军官阶层的批判前所未有地高涨起来，并最终形成了“卜林普上校”（Colonel Blimp）的荒诞漫画形象。人们对在陆军军官遴选过程中普遍存在的阶级歧视有着强烈的怀疑，顺应这种态度，1942 年 4 月，陆军部遴选委员会（War

Office Selection Boards）体系得以引入，用来从其他军阶当中选择军官干部。这些委员会提升了透明度、客观性与公平性，但显然没能实现任何类似于社会革命的目的。英国陆军军官群体中，公学毕业生的数量仍然远远超过应有比例；在整个战争期间，他们占据了军官总数的三分之一强。皇家海军尽管有着技术上的需要，但在社会地位方面的保守程度毫不逊于陆军。这一有着漫长历史的军种十分不愿意从“下层甲板”征召有经验的战前水手，而同样更倾向于任用出身于中层和上层阶级的、相对来说经验较少的人。因此，对于皇家海军在遴选临时军官时表现出的体制性的阶级偏见，同样有着尖锐的控诉。到 1945 年，皇家海军军官群体中约有 90% 都是临时军官。甚至在历史较短、相对较为进步的皇家空军当中，尽管其遭受的损失要求飞行员的遴选过程更加切合实际，但人们也经常能够感到阶级的区隔，并对此加以反思。例如，军官飞行员和士官飞行员受到的对待是不同的，而且并不公平。

尽管美国有着“人人平等”“选贤任能”的形象，但美国陆军和海军中的情况似乎也并没有好很多。来自西点和安纳波利斯两大军事院校的毕业生在很大程度上奠定了基调，占据着军阶的高层。尽管未必都来自美国的富裕家庭，他们至少也拥有足以让参众议员向两大军事院校之一提名自己的关系网，受到的教育也足以通过竞争性的入学考试。战争期间，尽管美国陆海两军军官人数出现了指数式的增长，但军官群体的社会构成没有发生大的转变。1943 年，美国陆军的军官数量是 1941 年的 30 倍，其中近 90% 是高中毕业生，一多半曾经念过一段时间的大学。如果这样的背景还可以说是相对优势的公平体现的话，美国海军在社会背景方面则显然更为封闭。

战争期间，只有不到五分之一的新任海军军官来自海军的下层兵员，大多数通过遴选的人有着大学教育的基础，或有着值得尊敬的商界背景。

外国军团

尽管征兵体系在各主要交战国发挥了重要影响，世界大战带来的危机还是提供了机会，塑造出一批多元程度惊人的武装部队。以皇家空军为例，其飞行员中约有40%是来自英帝国各地的志愿者。轰炸机司令部的战斗序列中还有波兰、法国及英联邦飞行中队；战争期间，将空勤人员打散混合的政策成为一种常态，并产生了深远影响。例如，与全由加拿大人组成的第六轰炸机大队相比，在轰炸机司令部其他中队服役时牺牲的加拿大人要多得多。此外，从1943年开始，有不少于800名西印度人和一些西非人曾在皇家空军中执行飞行任务，打破了战前征兵的肤色藩篱。长期缺少训练有素的人力资源，也帮助德国国防军克服了种族主义的传统：红军战俘往往忍饥挨饿、心怀叛意，且其人数日益众多，最终使德国国防军利用数百万苏联公民组建了“志愿援助者”（Hilfswillige）以及“东部部队”（Osttruppen），作为数量诸多、管理松散的“东部军团”（Ostlegionen）的一部分。理论上讲，按“1944年方案”编制的德国步兵师，其总人数的12770人中，应当包括不少于1400名“志愿援助者”。然而，德国陆军在这方面的表现远不及武装党卫队。从1943年开始，后者不再是雅利安种族的保留地，而向一大批显然“非日耳曼系”族群开放了其军阶，其中包括俄罗斯人、阿尔巴尼亚人和乌克兰人，他们组成了自己的党卫军师团。这些变化凸显了纳粹意识形态内部以及纳粹对待东欧被占领地区人民政策当中的张力。类似的脱节同样在日本发生：1942 年起，为日本人所蔑视的韩国臣民有了应征入伍的资格，尽管他们中的大部分人不过是在劳动强度较大的或后方的军事单位中服役。

出于意识形态与机会主义的原因，交战国的武装部队当中也可能出现相当比例的中立者。尽管爱尔兰人不公开地怀有反英的中立立场，还是有将近 4 万名爱尔兰男性和女性志愿参加英国的武装部队，甚至建立了全由爱尔兰人组成的步兵旅，在意大利颇负盛名。与之相似，仿照一战期间著名的“拉斐特飞行小队”，在珍珠港事件之前，数十名美国飞行员曾志愿到皇家空军三支“鹰”中队担任战斗机飞行员，或前往中国（国民党）空军参加美籍志愿大队（即“飞虎队”）。从专业技术与宣传价值方面讲，他们都是十分宝贵的财富。1939–1940 年的“冬季战争”期间，来自瑞典、挪威、丹麦和匈牙利的数千名反苏志愿者为芬兰陆军提供了有力的补充。最后，尽管佛朗哥的西班牙表面上一直保持中立，西班牙内战中的意识形态分野也在二战中得到了反映，这包括 1941–1943 年“蓝师”（德国陆军第 250 步兵师）在东线的存在，还有 1940 年参加法国本土陆军、传奇式的法国外籍军团（Foreign Legion）以及非洲军（Armée d'Afrique）轻步兵团的大量西班牙共和国难民。

军中妇女

平民社会与其武装部队之间的另一个区别是妇女的存在与否。

总体上看，参加二战的武装部队中，男性仍占压倒性多数，妇女在军队中的作用是象征性的，代表着各国社会的主流文化与意识形态价值观。从这一角度来看，不同寻常的女战斗员形象在很大程度上与苏联红军的实践及苏联妇女享受的相对平等重叠了起来。在战争爆发之前，苏联工业劳动力中已经有 40% 的妇女，她们与男性同工同酬。在接受高等教育的学生当中，也有超过 40% 的女性，而苏联技术与职业学校中的女生则超过半数。尽管 1939 年之前妇女都免于兵役，但年轻的苏联女性在由国家赞助的“国防及航空化学建设促进会”（Osoaviakhim）中也十分活跃，她们学习航空与射击技能，并接受医疗方面的训练。由于她们的参与，到 1941 年，苏联已经积累了相当多的妇女预备队，她们熟练掌握各种军事技能，可以用来抗击德国的侵略。1943 年末，女性数量占红军总人数的 8%，数十万名妇女担任着高射炮手、信号员，也承担着多种前线任务。战争结束时，苏联妇女已经担任过战斗飞行员、坦克手、机关枪手，最有名的则是狙击手。实际上，考虑到东线战场战事自始至终的惨烈程度，非战斗状态根本上看是一种幻象，甚至连女医务人员和女司机都接受了使用枪械的训练。

然而，尽管苏联的特殊形势以及德国与盟军对红军前线女战士的反应起到了很大影响，这种高度的妇女参与既是现实的迫切需要所致，也是共产主义意识形态的结果。显而易见，在保守的天主教国家波兰，国家存亡的危机感如此强烈，以至于从 1937 年开始，波兰青年妇女都必须接受包括使用枪械在内的军事训练。国家社会主义的意识形态则从根本上反对同样程度的妇女动员，颂扬母性，认为妇女的首要重心在于“孩子、厨房与教堂”（Kinder, Küche,

Kirche）；然而，人力短缺与军事需要再一次成为了实践手段发生戏剧性转变的催化剂。起初，德国国防军招录的德国妇女只担任护士与协助人员［绰号“闪电女郎”（Blitzmädchen）］，目的是将男性从勤务及其他类似工作中解脱出来。然而，随着联合轰炸攻势日益强劲，从1943年开始，德国空军招募了多达10万名妇女，担任防空协助队员（Flakwaffenhelferinnen），任务是操作探照灯，并在防空站点服务。尽管出于意识形态方面的顾虑仍然要求禁止妇女真正发射防空炮，与可恶的红军“女炮手”打过交道则又加强了这一禁忌，但1944年11月，在受到苏联威胁的地区，开始允许妇女受训使用武器。随着局势的恶化，1945年2月，希特勒甚至批准了在“人民冲锋队”中设立一个全由妇女组成的步兵营。直到此时，德国妇女作为战斗员在帝国保卫战当中的参与才达到了顶点。到战争结束时，女防空协助员不仅被允许发射配发的火炮，也被派去参加阻挡苏联坦克的行动。与之相似，从1944年夏天开始，在西线和东线战场上，不计其数的女性陆军协助员和平民站出来并拿起了武器。

对于西方盟国来讲，他们在诺曼底与德军女狙击手的遭遇令人心惊胆战，并且似乎代表了性别角色的反转——向他们的部队开火的是德国士兵的法国女友们。英语民主国家在性别角色方面比苏联更为保守，其本土也从未遭受全面入侵，因而，其武装部队当中的妇女角色相应地也更为有限。尽管英国军队招募了数量可观的女性（到1945年6月，共有约45万护士和女性协助人员），她们的首要任务是承担多种多样的非战斗职责，将男性解放出来，使之能够填补急需男性人力的其他岗位。最终，在英国陆军“辅助防卫军”（Auxiliary Territorial Service）当中，有约80种不同的专业得到了承认，从1941年开始，其成员越来越多地参与到男女兼有的“混合”防空小组中，承担防空任务。然而，在这些岗位上，她们仍被1938年创设的“辅助防卫军”的皇家特许令所限制，不能真正发射防空炮。“辅助防卫军”的炮兵们要经常与敌军行动发生接触，1944年甚至被派往欧洲；她们组成了高度复杂的火控系统的一个部分，在这一系统中，谁来控制火炮拉火索的问题，其象征意义大于实际意义。然而，英国陆军所经受的压力，从未达到使其改变“辅助防卫军”创建时的规定、毫不含糊地正式赋予女性战斗职责的地步。堪称前线堡垒的英国尚且如此，美国陆军便更没有理由赋予女性前线职责。仿照“辅助防卫军”之例，1942–1943年，近400名美国“妇女陆军辅助军团”（Women’s Army Auxiliary Corps）[1943年改名为“妇女陆军军团”（Women’s Army Corps）]成员在美国接受了防空岗位所需要的训练。尽管男女同场环境下她们的训练取得了显著成果，美国陆军总参谋长乔治·C. 马歇尔（George C. Marshall）还是决定放弃这一实验。保守派文官的意见具有相当的分量，而允许妇女担任战斗职责还需要一些法律上的变更，除此之外，关键的问题仍然是军事上的必要性——或者说必要性的缺失。实际上，美国并没有受到严重的空中威胁，也有足够多的男性为本土的防空站服役，当务之急是要将潜在的战斗员从行政工作当中解放出来。

备战与训练

武装部队与养育他们的社会之间与生俱来的关系，同样反映在后者为战争的残酷考验所进行的准备与训练之上。在这一方面，之前已经介绍过，意大利与罗马尼亚两国在经济文化方面的相对落后，如何对他们军队的作战效能产生了重大消极影响。然而，就一个社会内在的经济、文化与政治问题如何削弱其武装部队的表现而言，从全球范围来看，国民党领导下的中国提供了最为极端的案例。国民党军队在中日战争期间一贯表现极差，而这一点不应掩盖如下事实，即早在 1937 年 7 月卢沟桥事变发生之前数年，国民党政府便已经开始为中日之间的持久战而打下基础。除了接二连三地制定防务计划之外，他们采取的手段还包括建立一个新的征兵体系，并让为数不多的中国高中生接受政治与军事训练。然而，由于中国特别是中国内陆的工业基础十分薄弱，事实证明，不可能为一支 1941 年已达 570 万规模的国民党军队提供所需的食物、训练以及装备。即便在中日战争的起初几场战役中，国民党军队勉强凑合的作战单位也缺少无线电、大炮以及摩托化车辆。整个战争期间，他们的空中支援行动都严重依赖外国飞行员。通过占领中国的沿海城市，日本在很大程度上切断了中国的补给线；美国的租借物资从 1941 年开始运抵中国，由于猖獗的腐败、严重的派系内斗，以及基础设施问题阻碍了这些物资的进一步分配，使物资的总体价值大打折扣。缺少给养的国民党部队又日益卷入同共产党部队一场接一场未宣即打的内战当中，常常为了生存而站到农民的对立面。这一问题在很大程度上使蒋介石的抗日游击战策略趋于瓦解。由于开战之初遭受的巨大人力、物力及领土损失，国民党军队以不可阻挡的势头从相对发达的中国沿海地区后撤到内陆的广大落后地区，军队的质量难以避免地下降了。战争前夕，国家的识字率在 20% 左右，但国民党义务兵的文盲率则多达 90%，这一因素降低了其下级指挥员的教育水平，也降低了技术操作的总体熟练程度。

然而，战前的军事经验与教育，在更加发达的社会当中则有可能产生较大的积极影响。仅仅隔了一代人，第一次世界大战的教训（对苏联来说再加上俄国内战的教训），对第二次世界大战的展开方式产生了重要影响。许许多多的将军曾在担任下级军官甚至士官时亲眼目睹前线作战，他们的经历常常从根本上影响着其声望和指挥风格。陆军少将伯纳德·弗雷博格爵士（Sir Bernard Freyberg）曾是一位伤痕累累的国家战斗英雄，在1916年的索姆河战役中赢得了维多利亚十字勋章；他指挥了第二新西兰师在北非和意大利的行动，领导了1941年的克里特岛保卫战。在战争期间一度领导过弗雷博格的伯纳德·劳·蒙哥马利元帅同样曾在西线战场上负伤，当时是一位步兵军官；同弗雷博格一样，他决心将伤亡降到最小，并使用一种不那么正式的指挥风格，为他手下出身平民的士兵们提供便利。在战术领域，蒙哥马利性格中的小心谨慎，以及他对事先计划缜密如舞台布景一般的战斗的偏好，显示出1914–1918年留下的印记。尽管这与他的宿敌埃尔温·隆美尔有所不同（后者是一个精力充沛的典型乐天派），但在珍惜其手下士兵的生命方面，蒙哥马利与许多有着类似的一战经验的德国将军［如冯·李布（von Leeb）和冯·克雷斯特］实际上并没有很大区别。自然地，第一次世界大战留下的个人与职业印记，在那代人当中广泛存在，这也无疑增加了英国本土警卫队（British Home Guard）与德国人民冲锋队的军事潜力；这两支部队的各级岗位上，均有大量参加过上一场大战的老兵。

在对平民进行定期军事训练方面，应当明确区分“志愿参与”与“动员参与”两类社会。包括英语民主国家在内，前者回避了征兵制，在和平时期维持着全由志愿兵组成的职业化武装部队。危机到来时，这种部队可以从各类的预备役人员以及类似于英国本土防卫室（Territorial Army）、美国国民自卫队（National Guard）等业余组织当中热心公共及国防事业的公民中得到补充。此外，穿制服的青年组织以及相对为数较少的一些精英学校，也向其成员提供了零零星星的军事训练。与之相对，“动员参与”的社会实施了普遍的或全民的义务兵役制，可以通过公立学校和国家支持的计划与组织推进军事教育。后一种体系在纳粹德国、法西斯意大利、日本、苏联等集极主义或独裁主义国家最为典型，但波兰、罗马尼亚、南斯拉夫等威权主义国家，以及法国、芬兰、比利时等民主国家，在一定程度上也具有类似的特点。

在第二次世界大战的大熔炉中，这些体系的各自优点分别显现出来，成为一些讨论的主题。尽管笔者并不同意这种观点，但德国国防军的战斗力常被视为举世无双（ne plus ultra），而这种战斗力在很大程度上要归功于他们在希特勒青年团（1940 年起为全民义务参加）、帝国劳工服务队（Reich Labour Service）以及最终加入国防军后获得的军事与意识形态训练。与之类似，苏联战争工作的韧性与适应性引人瞩目，而这至少部分应当归功于战争前夕，23 岁到 35 岁之间的男性当中，有超过 70% 的人已经参加过红军。此外，“国防航空化学发展协会”战前的会员数多达数百万，通过这一协会的活动，急救、伞降等军事技术训练在十余年间广为传播。然而，此类战前训练常常供不应求，其产生的积极效果也容易被人们夸大。在苏联，有限的资源为每年能够应征入伍的男性数量设置了上限。在战前欧洲的其他地方，征兵意味着对那些蓄积了大量剩余人力的社群进行动员，这些人往往训练不足、缺少积极性，同时国家还要勒紧腰带给他们提供装备。此外，他们的存在可能阻碍技术和战术的变革。1939 年 9 月进行动员时，法国拥有一支接近 500 万人的陆军，人们普遍认为这是世界上最好的陆军。然而，实际上，正如 1940 年 5–6 月灾难性的战役逐渐显示出来的那样，法国陆军过于依赖步兵，也过于依赖讲求“战有章法”（bataille conduite）的军事学说。此外，他们缺少运动战所需要的灵活通讯手段，缺少机械化作战所需要的有效战术学说，而后备师团中众多的法国士兵们实际上完全没有准备好适应现代战场要求。这些问题也并不限于法国军队。日本帝国陆军尽管有着骁勇善战的名声在外，且其征兵体系可以追溯到 1873 年，但它投入中国战场的大量后备军则是出了名的士气不振、军纪涣散、罪行累累。在驻防华北的六年间，日本第 37 师团因士兵心理崩溃而损失了数百人，7000 人被俘，似乎有多达 100 人投降了中国共产党的八路军（或许值得一提的是，这支部队中有许多成员来自冲绳以及九州北部的煤矿与工业区）。即便在其成功的巅峰时期，被过度美化的德国陆军在训练与装备方面也有所欠缺。在入侵波兰之前，他们缺少在森林及城市地形中的作战训练，“假战争”期间的几个月都被用来进行补充性指导训练。此外，在接下来的西线战争中，即便是他们的法国对手，也经常认为德国的步兵战术笨拙而浪费。1940 年 6 月在索姆河和埃纳河的艰苦作战当中，德国步兵似乎仅仅满足于扑向敌军的据点，其结果可想而知。

战争期间，夸大动员型社会军事能力的倾向已经显而易见。例如，珍珠港事变之后的几个月间，日军风卷残云般迅速征服了东南亚和太平洋地区，获得了“尤为擅长丛林作战”的赞誉。实际上，日本帝国陆军先前并没有丛林作战的经验，其早期取得的成功在很大程度上来源于战术上对大胆攻势行动与高度机动能力的特别重视：用来对付训练不足且并不坚定的对手时，这一军事学说的威力是令人生畏的。之后的事件逐渐表明，补给方面的问题，以及日本自身对后勤的傲慢忽视态度，致命地削弱了日本在丛林地区进行有效作战的能力。太平洋战争中，死于饥饿的日本士兵很可能比死于敌人行动的还要多。此外，盟军训练的提高在一定程度上也起到了推翻日本人丛林战不败神话的作用。英国从缅甸撤退之后，陆军将领威廉·斯利姆爵士为使其多国兵员混合的第 14 军从打击之下重整信心，关键举措之一便是开始重视丛林战方面的密集训练，这些训练在印度进行，为提高士气起到了相当重要的作用。同样，通过 1942 年为第二次阿拉曼战役进行的准备工作，蒙哥马利也展示出战场即时训练对于提升士气的作用，并使之众所周知。从这两个案例中都可以看出，恰当的时机、充足的资源，以及合适的训练教官，对于提供有效训练有着至关重要的意义。德国陆军也在艰苦的实践中掌握了这一教训，至迟到 1944 年，即便只是重要性较低的步兵，也获得了十二到十四周的基本训练。然而，充足的时间和资源并不是可以经常获得的，即便对英美两国来说也是如此。由于吸取了北非、欧洲与太平洋战场的经验，再加上比别国更加充足的资源（后期甚至包括了数百部不同的教学影片），美国陆军的训练随着时间的推移而稳步提高，但即便如此，训练也不可避免地服从于无法抗拒的战争需要。例如，1945 年 1 月，美国装甲部队人员的训练时间被缩短至十五周，但他们的德国对手仍然可以享有二十一周的训练。此外，对于战争后期作为战场补充人员的美国士兵来说，转到他们各自被分配的单位所需的几个月时间足以削弱国内训练的效果。红军在战争中一直被层出不穷的异常情况牵着鼻子走，相应地，他们的训练计划也极为多样化。1943 年，红军的运气开始好转时，苏联的坦克军官可以预期自己将要接受为期一年的训练。与之相对，1943 至 1944 年，当红军向西推进时，它不仅吸收了前游击队员，还从乌克兰和白俄罗斯征募了大量的义务兵。对于这些“战利人力部队”（Booty Troops）而言，训练可以短至十天，之后他们就会被各自投向战场。

休・斯特罗恩（Hew Strachan）曾指出，对于士兵来说，训练在提升士气方面的作用，与其在传授具体军事技巧方面的作用同样重要。但在技术性更强的海战与空战领域，这一观点的分量显然不那么重要。与第一次世界大战中的德国海军一样，实践证明，U 型潜艇部队是德国海军当中最有力的武器，其重要性远在其他兵种之上。尽管损失极为严重，但对高强度训练 U 型潜艇部队人员的重视从未降低。为了跟上实践中的变化，在潜艇的建造过程中，其未来的乘组便会登艇进行训练，到 1944 年，U 型潜艇在开始第一次实战航行之前，通常要经过九个月的演习与训练。然而，大西洋之战的结果显示，到 1943 年夏天，英国、加拿大和美国可以向反潜作战中投入的人力、技术与物质资源已经大为增加，德国人这种按部就班的实践手段既不足以克服其影响，甚至也不能与之相抗衡。到战争结束时，全部用于实战的 U 型潜艇当中，有 80% 都已沉没，潜艇部队的阵亡比例，比德国军队中其他任何一个兵种都要高。

尽管训练具有很大的随意性，但是效果显著，再加上有所进步的技术水平和超过对手的生产水平，英国和美国得以压倒轴心国力量，逐渐获得制空权，这与对抗U型潜艇时发生的情况类似。在这一方面，英美两国都有能力在战时通过显然有效的权变手段，强化其进行空中训练的能力。皇家空军解决了在危险空域和英国多变气候中进行飞行训练的实际问题，通过帝国空中训练计划（后改名为英联邦空中训练计划）确保了部队大规模扩张后所需要的大量空勤人员。这一项目中，大多数空勤人员在加拿大、澳大利亚、印度、南非及罗德西亚等地更为晴朗也更为安全的领空中接受训练。1943年，皇家空军与333所飞行训练学校之间有所联系，其中多半位于海外，这比战争爆发时的情况有所进步。战争期间，超过30万皇家空军空勤人员从这些飞行学校培训合格，其中不到三分之一是在英国本土接受的训练。训练计划的规模很大，可以为作战训练单位（另一项有用的战时军事变革）提供大量受过训练的志愿人员，这有利于将训练水平保持在一个相对较高的位置。一位皇家空军飞行员接受的训练长达十八个月也并不奇怪。与之类似，美国陆军和海军的飞行员也享有平静领空与大量训练资源带来的便利条件。1941年，美国陆军航空部队设定了在其他空勤人员之外，每年训练3万名飞行员的目标，并与数十家民间飞行学校签订合同，要求后者向飞行训练生教授飞行基本原理，并在这一初级训练课程之后，再让他们通过基础、高级及过渡性课程。加总起来，核心飞行训练的不同阶段通常要占去一年的大部分时间。然而，从1939年7月到1945年8月，共有约20万飞行员从美国陆军航空部队的高级飞行训练学校毕业，而其领航员、投弹手及炮兵学校的毕业生亦多达数万。

与如此规模宏大、成就显著的战时临场发挥相比，德国空军与日本陆海两军各自航空部队中的空勤人员训练则日益左支右绌，这一问题是导致他们衰落的原因之一，也是这种衰落的体现。早在1940年，不列颠之战便显示出，如果行动为期较长，德国空军便没有能力持续提供数量足够、训练有素的空勤人员，甚至无法为自己的伤亡进行补充。实际上，1942年之前，他们的飞行员训练计划与平时的课程设置并无太大不同，包括“空中滑雪”（skiing）和“空中舞蹈”（dancing）这样的空战关键要素。然而，到1943年，由于石油短缺，且德国、俄国和地中海地区上空的战斗消耗巨大，训练时数明显减少。即便德国空军1943年能够训练两倍于1942年数字的战斗机飞行员，这样的进步也几乎不足以弥补当年的损失。1944年，德国空军飞行员在训练中只能完成一半于英美飞行员的飞行时数，往往还是使用老旧过时的飞机，德国空军因事故而损失的飞机数量与因敌军行动而损失的飞机数量几乎一样多。在欧洲的空对空战斗中，美国战斗机飞行员击落德国敌人与己方损失的比率是3∶1。1944年10月，美国王牌战斗机飞行员查克·耶格尔（Chuck Yeager）在一次空中行动中摧毁了五架德国战斗机：击落两架，两架相撞，另有一架坠毁。美国海军飞行员的训练项目在一切方面都与陆军的一样周密，受益于此，他们在太平洋上最终同样建立了相对于日本人的优势。尽管日本帝国海军的航空训练比日本帝国陆军更加严格，但20世纪30年代，双方都将空勤人员的质量而非数量视为重中之重。珍珠港事变发生时，日军飞行员已经在中国接受过战斗的磨练，但燃料短缺日趋严重，1942–1943年间又大量损失了有经验的飞行员，在长期中产生了不可避免的消极影响。1944年，帝国陆军和帝国海军先前精英主义造成的错误已经尤为明显，他们匆匆扩大了训练计划的规模，并简化了训练项目，但这些训练并不能培养出数量足够的空勤人员，也无法使他们达到顶住美军猛攻所要求的标准。恰恰相反，日军飞行部队同美国海军和海军陆战队飞行员的交手全无希望地呈现出一边倒的状况，航空训练的退化一次又一次地显现出来。其中，最为众所周知的是 1944 年 6 月的所谓“马里亚纳猎火鸡大赛”，共有约 300 架日军飞机被击落，美军的代价仅仅是在行动中损失了 20 架飞机。

文 化

英国军队中的军官任命引起争议可谓普遍现象，这显示出，男女军人同样会反映出他们背后平民社会中的矛盾、需求与忧虑。相对而言，他们中只有极少数是职业的士兵、海员或飞行员，战争年代主要还是一种脱离生活轨道的不快经历。作为穿着军服的平民，他们通常珍视并精心呵护家庭联系，典型的手段是通过探亲假制度，以及持续不断的信件往来，军队的邮政系统为维护后者煞费苦心。然而，这些手段的效率与可靠性取决于许多因素，其中包括人员环境，组织的重视程度，以及战争的总体进程。同盟国流亡政府的武装部队自然地也处于流亡状态当中，而后者的流亡状态则未必仅在战争期间发生。战时大量四处流散的波兰难民、被驱逐出境者和战俘组成了波兰部队，在挪威、法国、北非、意大利、低地国家参加战斗，也在东线战场上与红军并肩作战。四百名波兰军官协助英国训练了西非部队，而被征募加入德国国防军、之后又在西北欧被俘的波兰人，大量加入了马泽克将军（General Maczek）的第一装甲师。这种程度的颠沛流离，是英美军队远未曾体验过的。然而，对于后者来说，家庭联系的密切程度也不可避免地不尽相同：一些人留在本土，一些人被派往海外，另一些人则因为被俘而体验了长期的极度孤独。即便在美国参战之前，陆军中的高级军官们便注意到，在国内演习时，他们的士兵们有在零星散落的农场停留，往家里打个电话的倾向，这一点颇为令人不安，高级军官指责这种习惯"缺少战场作风"。然而，这种对家的牵挂是无药可解的；到 1943 年，普通的美国士兵平均每周要收到十四封邮件；1942 年引入"V-邮件"，在很大程度上也是为了降低后勤物流方面的压力：这一技术将信件拍成照片，再运往海外，之后重新印到较为轻薄的相纸上再行投递。除了邮件之外，无微不至的美国红十字会和联合服务组织（United Service Organization）也提供了福利与文娱活动，让远离故土的美国大兵们感受到一点家的温馨。同样，根据蒙哥马利元帅的说法，只要有信件、有报纸、有大量的茶，基本上就能让英国军人开心了。然而，英国军队还在培育区域及地区联系方面花了很大力气。陆军的"依郡设团"制度有着深厚的历史基础，也是他们的骄傲，而 1942 年政府举办的"战舰周"活动，目的是为了在海军中培育出类似的联系。英国的镇、城市甚至企业，都被号召筹集资金，用来"认养"它们自己的舰艇。

然而，与家乡的接触并不一定能为军队带来士气的提高，这是一个令人痛心的事实。邮件可以为英美军人带来令人不安的消息[并不限于以可怕的"亲爱的约翰…"开头这一种形式（译者注：指恋人写来的分手信）]，而联合轰炸机攻势产生的效果，则显然将许多德国军人的私人通信与探亲休假变成了双刃剑。了解到英美轰炸为德国市镇带来的严重毁坏，一些陆军高级指挥官反而让其士兵写信回家，鼓舞他们的平民朋友和亲人，这可以说是角色反转的一个典型案例。尽管战争期间红军士兵与其家庭之间有着大量的信件往来，但在许多时候通信并不稳定，德国的占领程度与红军的严格审查都可能在很大程度上加剧通信的困难。但是，红军越过苏联边境继续西进，不仅解放了苏联领土，也让苏联的平民分享了红军顺势打劫的成果。从 1944 年 12 月开始，所有表现良好的红军军人都获准每月至少向家里邮寄一个包裹，重量从士兵的 5 公斤到将军的 16 公斤不等。这些包裹的运输得到了高度重视，有严厉的惩罚措施以使这些包裹免于扒窃、暴力装卸以及错误投递。尽管这为脆弱的铁路和分发系统带来了相当大的负担，但源源不断的物资和食品输入，有利于提升艰苦的国内前线的士气，甚至维持人们的生命。尽管这一迟到的举措显示出斯大林主义者的宽宏大量，但实际上，在战争的大部分时间里，红军士兵对家人的天然关心，被用来对他们进行强制。1941 年 8 月，斯大林发布了臭名昭著的第 270 号命令，为那些不能恪尽职守的士兵和政委们的家庭设定了大量的惩罚措施，其中包括逮捕擅离职守者的亲戚，剥夺投降者家人的国家福利。

在为平民生活经验所并不熟悉的服饰、用语和职责组成的外壳之下，人员构成决定了大多数武装部队的文化仍然是高度平民化的。在这一方面，广播这一新的媒体提供了前所未有的全新手段，让国内和海外的现役人员与平民社会保持同步。以美国为例，从 1942 年开始，对海外现役人员的广播主要由武装部队广播服务（Armed Forces Radio Service）负责。其节目大多是商业制作，只是删去了广告，节目多种多样，包括新闻、体育、流行与古典音乐、喜剧和戏剧。1940 年 1 月，BBC 为驻法英军专门推出了一档“军队广播”

（Forces Programme）节目。由于这档节目内容较为轻松，富有吸引力，最终比相对无趣的国内广播吸引了更多的军人与平民听众。随着数十万名美国大兵的到来，“军队广播”改版为“军旅纵横”（General Forces）栏目，播报的内容更加轻松，更加多元化，其中包括来自英国、美国和加拿大的作品。英美的广播节目弥合了军队与民间听众之间的鸿沟，而莫斯科广播电台（Radio Moscow）也起到了同样的作用。尽管它最初连与“巴巴罗萨行动”有关的新闻都未能播报，并因此而远近闻名，但随着时间的推移，莫斯科广播电台成为了苏联凝聚人心的一支强大力量。用广播播报平民与红军战士之间的通信是战争期间的家常便饭，而其最受欢迎的节目设法让失散了的家人重新团聚，在家乡与战斗前线之间架起了桥梁。

其他的业余爱好，也反映出大部分部队成员内在的平民身份。通过他们与国内战线之间的通信，一些有文化的红军战士显示出引人瞩目的典型俄式诗歌欣赏与创作品位。英美军人则在文学方面展现出各自社会的多元化品位与主张自由的指导思想。尽管人们喜欢漫画书超过其他任何文学作品，但也能接受水平更高的阅读材料，这在很大程度上提升了平装书的人气。在英国，来自军队的需求让企鹅出版社出版的书籍种数从 1941 年的 87 种增加到 1945 年的约 700 种，企鹅出版社甚至建立了自己的军人书友会（Forces’Book Club）。此外，军方自己的杂志与期刊，无论是舰船、兵站与作战单位的内部刊物，还是公开发行的高端出版物，都在风格上倾向于平民，反映了平民的趣味。实际上，1942 年 6 月，广受欢迎的著名周刊《美国佬》（*Yank*）创刊时，其编辑部向读者保证，这本杂志“不会比我们这些美国兵更加美国兵”（not G. I. except in the sense that we are G. I.)。《美国佬》尽职尽责地提供了大量卡通漫画、国内新闻、体育运动赛果以及海报女郎，而美国军队内部组织的娱乐活动也有着明显的平民色彩。实际上，从美国陆军发展出来的“特别服务队”（Special Services）组织，其工作便是支持《美国佬》，为联合服务组织的军营表演提供便利，保证军人能够获得运动装备、电影、戏剧道具，以及往来邮件。

英国军队内在的平民文化也可以通过一系列军队出版的周刊及日报的内容反映出来，这些出版物包括《老家》(*Blighty*)、《起床号》(*Reveille*)、《米字旗》(*Union Jack*)，以及《十字军》(*Crusader*)。海陆空军小吃部（Navy, Army, and Air Force Institute）只是为军人们提供餐厅与俱乐部，是使他们仍然能够享受平民生活中的惬意时刻的诸多机构之一。英国全国劳军演出协会（Entertainments National Service Association, ENSA）在国内和海外源源不断地进行演出，尽管其观众并不总能欣赏它们。尽管受到更为严格的意识形态与物质条件限制，德国国防军也意识到人们熟悉的休闲活动在提升忠诚感与幸福感方面起到的积极作用。作为“欢乐带来力量”（Kraft durch Freude）活动的一种延续，仿照“帝国劳动服务营”（Reich Labour Service camps）中已经采取的举措，帝国国防军将上万名剧院艺术家组成流动剧团，仅 1942 年一年，就有 1.4 万名艺人为其工作。战争也催生了《军队通讯》(*Mitteilungen für die Truppe*)、《南部前线》(*Sud Front*) 以及插图极为丰富的《信号》(*Signal*) 等一系列军方报纸，这些报纸以超过二十种国外版本，在被占领的欧洲全境发行。然而，无论打上怎样的包装，纳粹意识形态受到的喜爱还是不能与美国的流行文化相比，欧洲、北非、亚洲和太平洋地区数以百万的美国大兵正是后者的使者。自然地，战争之前，美国文化对欧洲社会的渗透便早已开始，爵士乐的流行程度和种族背景便曾触怒了纳粹的敏感神经。出身平民的美国军人薪酬体面、资源充足，是他们大大推动了这一进程。在欧洲西部及南部的大部分地区，美国大兵一边享受着同盟者与解放者形象所带来的吸引力，一边将他们的音乐、电影、语言输入到那里，以及看上去无穷无尽的日用品和消费品。在因战争而千疮百孔的欧洲，所有这一切都在断言着美国的文化优越性。在太平洋战区，这一过程也十分明显，在美拉尼西亚的许多地区，美国的充裕物资很大程度上导致了当地的“货机崇拜”。

宗　教

武装部队或多或少地反映着其背后社会的文化特征，宗教则是这一点的另一种体现。西方文化与社会经历了现在看来颇可诟病的漫长世俗化过程，关于第二次世界大战的军队研究中，宗教自身受到的关注极少。然而，宗教的重要意义常常是明显的，并且无处不在。至少在制度上，日本的武装部队浸透着对神化天皇的狂热崇拜；“国体”代表着他们超越其他民族的神圣独特性与优越感，其绝对必要性为人们提供了动力。在战场上高呼“万岁”成为礼赞日本“现人神”的一种固定模式，战舰“武藏”上的一位幸存者哀伤地回忆起，该舰在莱特湾海战中沉没之前，人们是多么小心翼翼地取下了天皇的画像。按照主要由印度人组成的驻缅甸第 14 军指挥官、陆军将领威廉·斯利姆爵士的说法，印度士兵有“三忠”：忠于宗教，忠于军团，忠于其军官。英属印度军经过了长期协调，以适应其多宗教、多民族、多语言的士兵的宗教敏感性，即便在二战战场上也会十分小心，避免冒犯士兵。例如，迟至 1945 年 4 月，驻意第六孟加拉骑兵团（the 6th Bengal Lancers）的一位英国军官小心地征询了团里高级印度军官的意见，以便遵照正确的方式埋葬一位高种姓的印度死者。印度士兵对宗教的重视也在行动中体现出来。1944 年，在英帕尔附近争夺独树山（Lone Tree Hill）的喧闹战斗当中，英军与日军的战斗口号交织成一片，一位信奉印度教的拉杰普塔纳步枪团（the Rajputana Rifles）军官可以清晰地分辨出，他的印度教徒士兵和穆斯林士兵喊出的战斗口号截然不同。然而，在缅甸战役中，来自英帝国其他地方的士兵也体验到了战争的宗教意味。第五黄金海岸团（the 5th Gold Coast Regiment）的一位穆斯林士兵尽管为没有时间祷告而感到遗憾，他却仍然宣称，自己和其他非洲教友认为与日本人作战是一场圣战。值得注意的是，战争本身对皇家西非前线军（Royal West African Frontier Force）的宗教传统产生了重要影响，其军队曾在意属索马里兰及缅甸服役，1942 年人数约达 10 万。由于战争对于技术的较高要求，这一军团的成员对基督教传教士兴办学校的识字课程显示出浓厚兴趣。相应地，军队中基督徒的比例也从 1939 年的 2% 增加到 1945 年的近 50%。

无论是驻守缅甸的西非泛灵论者，还是驻守欧洲的美国长老会教徒，所有国家、所有背景的军人都显示出同样一种倾向，即携戴各种宗教手工品作为护身符，以求超自然力量或神灵保佑。那些将要参加“神风特攻”的飞行员们，即便其死后成神的地位已经得到保证，也一定会长眠于靖国神社，仍然坚持佩戴护身符；这些护身符既包括传统的“千人针”（由祈福者们缝制的好运腰带），同时甚至还包括圣经。然而，即便在西方国家的军队当中，宗教作为一种动员因素的影响力也不应被低估。总体战的需要，以及随之而来的文化动员必要性，意味着宗教语言与象征往往成为方便法门，用来在人们内心深处激起文化上的共鸣。例如，显然是由于蒂埃里·达尚留（Thierry d'Argenlieu，天主教神父、修道士、海军军官，被尊为“二十世纪最伟大的思想家之一”）的怂恿，戴高乐的自由法国运动以洛林十字架（译者注：一种两横一纵的十字架标志，一战前曾代表着法国从德国收回阿尔萨斯-洛林地区的决心）为动员标志。洛林十字架既是一个有领土争议的法国省份的标志，也曾与法国十六世纪宗教战争中的天主教联盟密切相连。当许多高层法国教士与维希政权勾结谋利时，一些杰出的戴高乐主义者仍然努力从与之迥异的、不屈不挠的天主教爱国风骨中获得启迪。一个典型的例子是，费利佩·勒克莱尔将军（General Philippe Leclerc）指挥下的自由法国第二装甲师 1944 年抵达英国时最早举行的仪式之一，便是纪念圣女贞德的一场公开弥撒。英国军队同样也深深受惠于本国丰富的宗教遗产。与第一次世界大战平淡无奇而相对较为世俗的先例迥异，在抗击纳粹德国的战争中，英国陆军大量使用了十字军的十字架图案，其变种成为了第一、第二、第八军以及蒙哥马利第二十一集团军的军徽。蒙哥马利的父亲是一位英国国教主教，其兄弟则是一位陆军的现役随军牧师。蒙哥马利本人则常常在对军队发表的著名公开讲话中向全能的上帝祈祷，其用词与詹姆斯一世钦定本《圣经》（*the King James Bible*）和《公祷书》（*the Book of Common Prayer*）颇有相通之处。类似地，《旧约全书》为皇家空军最著名的一些行动提供了丰富的命名灵感来源，其中包括“蛾摩拉”（1943 年对汉堡的燃烧弹轰炸）、“耶利哥”（1944 年对亚眠监狱的轰炸），以及“玛娜”（1945 年对占领下的荷兰投放食物给养）。

然而，应当强调的是，这种语言与象征的运用及其威力，并不一定依赖于较强的教堂礼拜文化。从苏德战争爆发开始，苏联境内的俄国东正教以一种实用主义的方式走向复苏，这一引人瞩目的案例，最为典型地体现出宗教信仰与国家认同在赢得战争这一至高利益面前，如何走向了真正的、强有力的历史性结合。教堂重新开放，教会生活重新开始，这些政策的效果在很大程度上出现在表象之下，但也绝不能说红军就丝毫不曾为之动摇。1945 年攻陷维也纳的费奥多尔·托尔布欣元帅（Marshal Fyodor Tolbukhin）便长期被怀疑是一个皈依了的信徒。但是，在红军的普通士兵当中，也广泛存在着各种征兆，显示他们虽然没有参加教堂活动，但已经重新点燃了宗教信仰。此外，由于虔信者们的捐赠，一个苏联坦克旅的全部 T-34 坦克都装饰上了东正教十字架，而东正教神父们甚至会在苏联坦克驶下组装线时为它们祈福。尽管纳粹德国与苏联的对战常被冠以“新十字军东征”的名义，但由于意识形态冲突，纳粹政权实际上不那么愿意在德国国防军中推广宗教。英语民主国家在武装部队中大量地甚至是强制性地提供宗教仪式，与之相对，在国防军前后总计 1700 万兵员中，只有一千名左右的随军牧师提供宗教服务，大多数集中在陆军当中，因为纳粹主义更加彻底的空军和党卫队蔑视这种服务。然而，即便在这种条件下，对宗教慰藉的广泛需求也长期存在。从纳粹意识形态角度来看，欧博斯特·维尔纳·默尔德尔斯（Oberst Werner Mölders）是第三帝国中颇成问题的战斗英雄之一，他获得过骑士十字勋章，也是史上第一个实现空中绝杀超过 100 次的王牌战斗机飞行员。然而，默尔德尔斯是一位虔诚而公开的天主教信徒。他死于 1941 年 11 月，之后，人们普遍认为，他的宗教信念与纳粹政体特别是其安乐死计划有所冲突。与之类似，对于 1944 年在卡西诺山被围的德国伞兵来说，颇为有害的纳粹反教权主义似乎并未起到什么作用，他们一直强烈要求得到随军牧师的服务。

宣　传

此外，平民观念与态度的另一种延伸，体现在武装部队进行战时宣传的方式方法上。当然，维持了战前政治机制的红军，由政委（politruki）负责推广共产主义的意识形态与活动，监视不服从行为，范围甚至可以下至排一级单位。尽管早期遭遇了惨败，意识形态方面也相应地有所倒退，但 1943 年之后的战争进程极好地证明了党的合理性，士兵申请入党的数量激增，共产党因而收获了胜利果实。德国陆军有意避免佩枪的红军政委过分干预、扰乱军事事务的模式，从 1935 年重启征兵制开始，培养纳粹版的政治化军人的工作一直在着手进行，1938 年，这一工作重点转移到了军官身上。相应地，整个战争期间，军方高级指挥官发布的命令与公告都被纳粹意识形态与语言所浸染。然而，是站在理想的“战斗共同体”（Kampfgemeinschaft）核心的陆军下级军官，承担着通过言传身教推广国家社会主义世界观的主要责任。这种义务并不仅限于陆军，如一位 U 型潜艇王牌舰长沃尔夫冈·吕特（Wolfgang Lüth）表示，他定期召集全体艇员开会，以便启发他们加深对战争性质和意义的认识。但是，这一体系遇到的终极考验，发生在苏德战争的背景之下。1943-1944 年冬天，随着德国局势的恶化，陆军军官的意识形态任务加强了；他们出版了一本标准的小册子，题为《我们为何而战？》（*Wofür Kämpfen wir?*），还引入了一些经过党培训的“国家社会主义干部军官”（Nationalsozialistiche Füh-rungsoffiziere）。这些新岗位的任务，是帮助军官们完成那些被认为是“精神方面的”工作。

与红军、德国国防军，更不必说还有日本帝国陆军和帝国海军截然不同的是，相对自由、战争色彩较淡的英语民主国家当中，武装部队在意识形态动员方面的不足状况可谓可悲，正如当前的情况一样。军队内部有一种默认的共识，即战争是一项不得不完成的工作，而人们宁愿投降也不愿牺牲，这种风气使指挥官们感到担忧，也被他们的对手留意到甚至鄙视（在投降问题上受到日本人的鄙视最为世所熟知）。即便在阿拉曼战役取得胜利之后，蒙哥马利忧伤地写道：“我们的英国小伙子，问题在于不是天生的杀手；必须有人启发他们说，他们是渴望杀戮的。这就是我努力对自己带的这个军所做的事情。”早在 1942 年，美国陆军也认识到了在士兵当中唤起更加崇高的使命感的必要性，招募人员成立了“信息与教育部门”（Information and Education Division），与好莱坞导演弗兰克·卡帕拉（Frank Capra）共同拍摄了题为《为什么我们要战斗》的七部教学系列片，以解释美国的战争目标。尽管这部系列片将战争简单地描绘成正义与邪恶之间的全球较量，战后的一项调查显示，其对目标受众的影响微乎其微。然而，尽管与德国、苏联和日本同行相比，英美军人总体上积极性较弱，但有一个明显而确凿的异常事实，将上述论断复杂化了。尽管新加坡、菲律宾以及特布鲁克在 1942 年的灾难性陷落留下了长期的阴影，但英美军队的投降人数，远远不能与 1941 年的红军、1943 年之后的德国国防军甚至是 1945 年满洲的日本帝国陆军相比。最终，在意识形态的故作姿态与夸夸其谈之下，压倒一切的人类自保本能是所有军队的共通之处。

犯罪行为

无限制潜艇战、对平民进行无差别轰炸等行动违反了世所公认的战争规则和公约，因而被官方从战略角度禁止。然而，与之有所不同的是，在此起彼伏、看起来永无止境的战争暴行当中，很容易分辨出平民们相对稳固的观念所产生的影响。日本人对中国人有着深刻的种族歧视，加之游击队活动构成的威胁持续存在，因而，中日战争当中日军对待中国平民人口的方式很快挑战并突破了纪律允许的范围。以 1937–1938 年冬天漫长而臭名昭著的南京大屠杀为最典型代表，日本帝国陆军在中国广泛施行谋杀、强奸、虐待和劫掠，形成了行为习惯，最终引起了天皇兄弟的抗议，最终导致了 1941 年 1 月《战场正当行为规范》（*Code of Battlefield Honour*）的颁布。这本规范原本是作为补救措施而编写，但实际上，人们更多地在打破它时才对其有所重视，谈不上严格遵守。由种族歧视和恐惧，特别是对游击队行动的恐惧组成的危险混合物，也催生了德国国防军在欧洲的一系列暴行。在波兰，从欧洲战争一开始，德国陆军就深深卷入了对波兰平民的杀害活动中。例如，1939 年 9 月 4 日，沃尔特・冯・赖歇瑙（Walter von Reichenau）将军下令，每有一位德国士兵被杀，就枪毙三个波兰人质。在 1940 年对法国的战役中，黑皮肤的非洲战俘极易成为纳粹种族意识形态中某些主张杀害的观点的受害者，数百名塞内加尔士兵在投降之后手无寸铁地遭到枪毙。

陆军高级指挥官同时也对希特勒灭亡苏联的战争做出了重要贡献。除了广为宣扬希特勒 1941 年 3 月提出、旨在残忍杀戮的《政委法令》（*Kommisarbefehl*）之外，他们还大力推行饿死苏联人口的计划，为集体劫掠行动和大规模射杀平民行动做了精心准备。与之相反，他们却没有为苏联战俘的住宿和食品做什么准备，这倒是符合战役的本质。在这一框架下，德国陆军与别动队（the Einsatzgruppen）一起，全程参加了对数十万名犹太裔及其他苏联公民的谋杀行动，而这些行动往往又披着反游击作战的无辜外衣。此外，在苏德战争的前 6 个月，有大约 200 万苏联战俘死于德国国防军的羁押之下，大部分死于疾病、寒冷及营养不良。然而，这种行为并不仅限于日本与德国军队，意大利和其他较小的轴心国家在犯下战争罪（即违反公认的战争原则）与反人类罪（如对平民人口进行种族灭绝、驱逐、奴役和压迫等）方面也都不甘落后。意大利的军队尽管未染指犹太人大屠杀，并因此受到赞扬，但在上述两个方面都卷入颇深。在 1935-1941 年侵略并占领埃塞俄比亚期间，他们轰炸了红十字会设施，使用了光气和其他化学武器，对埃塞俄比亚人口实行有系统的恐怖统治，1937 年，由于有人试图暗杀意大利派来的总督鲁道夫·格拉齐亚尼（Rodolfo Graziani），意大利处决了 3 万名平民作为报复。1941 年 10 月，敖德萨港口在激烈的保卫战之后陷落，此后，罗马尼亚陆军实行了战争中规模最大的一场单次犹太人屠杀。

如果说，综合各方面考虑，轴心国部队总体上比他们的同盟国对手犯下了更多的战争罪与反人类罪，但是两者之间也未必相去甚远。1939 年 9 月入侵波兰之后，红军在内务人民委员会（NKVD）的指使下，杀害了数千名波兰难民，没收了超过 100 万波兰公民的财产并将之驱逐出境。无独有偶，这一事件实际上只是战争期间斯大林政权实行的数起全民族驱逐行动之一。1944–1945 年，红军的西进带有复仇色彩，作为这一行动的一部分，红军不仅在政策允许的范围内进行了规模极为巨大的抢劫，还强奸了罗马尼亚、匈牙利和德国的数十万名女童和妇女。然而，也绝不能说西方盟国的军队与此类行动全无干系。1943–1945 年意大利战役期间，阿方斯·朱安（Alphonese Juin）将军率领的法国远征军当中的摩洛哥土兵（goumiers）发狂失控，对意大利平民犯下了令人发指的罪行。用一位法国高级军官的话来说，这些从柏柏尔部落中招募来的非正规军战士“只为劫掠和战争而生”。诚如斯言，1944 年，他们强奸了数千名各个年龄段的意大利男女平民，只有在上级杀鸡儆猴地处决了一大批人之后，他们的暴行才有所收敛。

英美军人同样自发地犯下了一些战争罪行，他们必定发现，在战斗环境下，公认的战争原则常常被抛弃。攻打西西里期间，显然是受到乔治·S. 巴顿将军“不要对敌人有一丝心慈手软”训话的鼓励，美军第 180 步兵团的军人们在 1943 年 7 月争夺比斯卡里（Biscari）机场的艰苦战役之后，射杀了数十名手无寸铁的意大利及德国战俘。如果说杀害敌方战俘在欧洲属于少数行为的话，美日战争中的情况则远非如此。在这里，日本人既不愿意投降，美国士兵和海军陆战队员也不愿意收容俘虏，从而加剧了情报收集工作的困难。尽管类似情况在缅甸战役中的英帝国军队身上似乎没有发生，但是对敌人的本能仇恨常常使太平洋战场上的美国人以毁坏尸体的方式作为发泄，并将日本人身体的某些部分，特别是头骨，当成纪念品。美国人的态度和行为，部分地是由于看到日本人的暴行而引起，但也受到了长期以来对日本人及其他亚洲人在种族与文化方面的蔑视心态的影响。这种偏见在战前曾成为对亚洲人移民美国加以严格限制的一些政策的基础。然而，战争罪这一严重问题不应掩盖英美军人经常涉足的、严重程度较低的其他犯罪。尽管没有红军享有的那种官方批准，英美军人也经常实行抢劫甚至强奸，且范围不仅限于德国。此外，数量充裕、种类繁多的军事物资给养，在基础设施被毁、平民生活艰困的背景下，导致了广泛的盗窃、诈骗与剥削行为。

结　论

第二次世界大战中的武装部队，与产生他们的社会群体一样，都是多样化的。然而，这种多样性超越了显而易见的国籍与文化差异，并且由于各个军兵种的不同需要，在一国内部不同军种之间甚至军种内部都可以观察得到。在人员组成方面，武装部队并不仅仅是特定平民社群中的各个部分共同军事化所产生的结果。在志愿兵役体系所产生的效果之外，大量外国志愿者的存在，还造就了这样一些组织，它们与自己所要保护的社群在人员构成上迥然不同，如英国的皇家空军、德国陆军，甚至是党卫军等。此外，由于文化、政治、意识形态、军事考量等诸多因素的作用，各国的义务兵役体系在适用范围和严苛程度上大有不同，加拿大与苏联在这一方面的显著差异可以很好地说明这一点。如果说，社会规范与惯例从人文角度塑造了陆军、海军与空军，那么也可以说，平民文化同样渗透于这些军队当中。尽管两次世界大战之间的时期有诸多社群以军国主义自居，并相应地表现出一些外在特征，但他们的武装部队中，拿起武器的平民还是占了压倒性多数。这些男性和女性往往顶多算是不情愿的战斗员，希望回到和平状态中，越快越好。无论是对在中国的日本军人而言，还是对在北非的意大利军人而言，上述现象都确实存在。而在这样的背景下，与家庭之间的纽带不但不会被抛弃，反而备受珍视；新技术，尤其是广播，能够以前所未有的水平强化这些纽带。左右各国武装力量遂行现代战争能力的根本性因素，除军人的个人既定素质之外，还有平民社会在他们当中留下的印记，如性别角色、文化追求、宗教信仰、政治信条和犯罪倾向等。这样，在总体战争带来的沉重负担之下，第二次世界大战中的武装部队，更多地在心理和文化层面而非人员构成层面，反映了他们背后各个交战国的面貌。

理查德·奥弗里
Richard Overy

Front Line II: Civilians at War

第十章

前线（二）：战争中的平民

1940 年 11 月，柏林市民清理英国皇家空军轰炸后的街道。德国市民需要一起完成空袭过后的应急处理工作。超过 2200 万人加入了德意志帝国防空联盟（Reich Air Defence League）。

第二次世界大战以轰炸无辜平民开始，最后也以此结束。1937年8月14日是一个炎热的星期六，这天下午，第一批炸弹从上海的上空投下，夺去了约1000人的生命。一位记者这样描述，随着烟雾逐渐升起，他看见“许多尸体身首异处，现场血肉模糊……空袭前，一位中国警察还在疏导路口的交通，如今他的头部被炮弹碎片刺穿，尸体横倒在路旁”。这次“屠杀”行动由三架轻型轰炸机完成，它们隶属于中国空军中队，曾受命袭击停靠在海港的日本巡洋舰。这是中国国民党为了在战斗伊始就控制最主要的城市而发起的一次悲剧性的错误行动。随着上海战役的战火继续烧至10月、11月份，日本也开始了空袭行动，将城市部分地区夷为平地，造成了大规模的人员伤亡。而恰恰就在8年后的同一时期，一架名为艾诺拉·盖（Enola Gay）的美国B-29超级空中堡垒轰炸机从日本港口城市广岛的上空投下第一颗原子弹，一举夺去了约7万人的生命。与第一次世界大战不同的是，无论自愿与否，平民都被卷入了一条远离战场的“前线”，他们被迫学习如何应对极端暴力。空袭是这一“前线”最显著的展示形式，但这仅仅代表了平民卷入全面战争的其中一个方面。

两次世界大战之间，“全面战争”这一概念得到了详细阐述，其背后隐藏的观点是，未来的国家间冲突将由全民参与，而非仅仅是作战的士兵。武器生产者、火车驾驶员、农民和行政工作人员都是为战争贡献力量的成员，都可能成为战争的对象。一国政府也是以这样的方式看待其市民社会的。劳动力、财产和关键物资被动员起来，由是，后方临时转变为了巨大的战争营地，全民战争对平民提出了共度患难、牺牲自我的要求。民族共同体的排他性开始发挥作用，共同体的目标便是寻求民族的胜利。而不属于这个共同体的人则遭到围捕驱赶，或者被送往集中营，最极端的案例发生在欧洲犹太人的身上，他们遭到了残忍的杀害。人们往往很难有机会对自己所在的战争共同体提出异议。只有当国家覆灭或分裂的时候，共同体的内部纷争才会重新显现，人们要么武装反抗当局政权，要么在内战的不同意识形态阵营之间相互对抗。到 1945 年战争即将结束之际，横跨欧亚大陆数以百万计的平民都拿起了武器，加入到民族军队中去。

民防战士

战争以各种形式直接威胁着人们的日常生活，而其中最极端、最无处不在的形式就是空袭轰炸。在二战期间，欧洲和东亚地区几乎所有大城市（也包括许多小城市）都在一定程度上遭遇过轰炸。早在 20 世纪 30 年代，人们就意识到轰炸已成为一种普遍的作战形式，而所有大国都采取了所谓的民防措施。这并不完全是个新事物，在一战期间，德国轰炸机和飞机就发起过空袭，英国也曾轰炸德国，因此，人们在那时就已开展过早期的防空预警行动。但是，当时的社会普遍认为，平民应当自愿加入民防组织以应对空袭的威胁，而这种观念改变了平民参与战争的本质，也让民众真切地意识到，自己正处在一条难以预料的全新战线之上。1945 年，英国内政大臣赫伯特·莫里森（Herbert Morrison）回忆自己领导的民防力量时，称其为一支由“普通”战士组成的“市民军队”。

除了组织空袭后的救济和医护工作之外，民防还有许多其他任务。在进行防空演习和灯火管制时，民防也意味着维护社会秩序。未能遵守防空保护相关规定的人通常将受到罚款的惩处，甚至遭受牢狱之灾。在意大利、英国、苏联和德国及其西欧的占领区，市民被要求参与灯火管制，针对燃烧弹袭击的防火检查和防空洞维护等，这时刻提醒着人们不要忘记自己在战争中的义务和责任。民防训练的对象甚至包括了小学生，训练仿照正规军队，要求民防士兵认清自己在战争中的定位。早在战争爆发之前，德国就向民防战士发放了制服、头盔和徽章。而英国的民防兵在开始时仅有袖章和头盔，但随着越来越多人的抗议，民防士兵终于统一了制服，他们甚至可以参加三军阅兵盛典。总而言之，民防士兵给了普通市民不亚于常规军队的前线体验。民防士兵不仅受到严重的空袭威胁，还要救助伤亡人员，寻找伤员丢失的身体部位。他们在每一次空袭中都面临受伤甚至死亡的风险，这要求民防士兵必须拥有前线战士一样的纪律和勇气。

参与民防组织的人数是巨大的。苏联和德国并未强制人们加入国家防空协会，但这早已被视为一种责任和义务。战争爆发时，德意志帝国防空联盟（Reichsluftschutzbund, Reich Air Defence League）就已拥有1300万名成员；到1933年，苏联防御协助协会（Osoviakhim, Society for Assistance to Defence）共有1500万名成员，但其实苏联受到的空袭威胁是极小的。这些组织的成员接受了许多训练，包括如何应对燃烧弹和化学武器，监督防空避难所的修建，实施紧急救助等。在1944年，苏联共有74.7万名全职的空袭保护人员，还有290万人的城市自卫队协助救护和消防工作。令人震惊的是，约7100万苏联市民都接受了基本的防毒战和救护训练。德国空防系统共有150万位民事官员，2200万名受过全面空袭保护训练的成员，这占了将近全国人口的四分之一。德国有3400座民防训练学校，课程包括消防、防毒保护、急救和民防领导力等。

其他国家的民防参与度则为中等水平，但还是发挥了非常重要的作用。从1938年起，英国就发起了一项积极招募民防人员的活动。到1940年，共有超过100万名带薪或兼职的民防工作者和19.3万位消防协助人员。由于防火检查和燃烧弹相关训练变成了强制课程，到1943年底，民防参与人数上升到了186万人，另外还有约400万名防火检查员和民防协助员加入进来。在城市地区，每一条街都成立了自卫组织，并有防火检查的日常轮值表。而法国则在三十年代成立了消极防御（Passive Defence）体系，要求所有城市社区提供防空保护服务，并为相关人员提供必要的训练。1940年6月法国陷落之后，纳粹占领军和维希政权也沿用了这一体系，以应对同盟国空军对法国目标地点持续不断的轰炸打击。但实际上，民防参与度仍然很低，这一定程度上是因为法国维希政权在非战争状态下不愿动员民众，也不愿意为建立有效的民防结构投入过多资源。意大利的情况也大同小异，其民防参与人数比英国和德国更少。1939 年，全国防空保护联盟（National Union for Anti-Aircraft Protection, UNPA）只能号召 15 万人，并且其中一部分人并不是真正的民防兵，而到了 1940 年 7 月对英对法战役打响之际，许多成员都退出了这一组织。为了鼓励 UNPA 剩下的成员，法西斯政权在 1940 年 8 月将他们认定为“已动员的市民”，给予城市后方一个正式的军队地位。

民防不局限在直接受到空袭威胁的欧洲地区。1941 年 5 月，美国成立了以哈佛法学教授詹姆斯·兰迪斯（James Landis）为领导的民防办公室。美国的城市和工厂可能受到来自日本对其西海岸的袭击，或来自德国对其东海岸的飞机轰炸和潜艇攻击。1941 年 12 月战争一打响，美国就引进了防空队员的全副穿戴、灯火管制和防火检查方法，但由于后来没有出现明显的威胁，美国放松了灯火管制，实行了减弱灯光的“半灯火管制”（Dim-out）。美国引进民防措施后，现代战争中的市民责任本质日益明晰。“现代战争不应局限于战场上的斗争，”兰迪斯写道，“它是一个民族倾其所有武器、资源和生产力，与另一个同样倾其所有的民族之间的斗争。”在兰迪斯笔下，民防就是军事任务。广阔的英帝国属地几乎都实行了空袭预警制度，包括受到空袭直接威胁的香港在内。新西兰的防空行动由预警服务局（Emergency Precautions Service）组织，该机构成立于 1942 年 3 月，效仿了澳大利亚在珍珠港事件后采取的相关管理措施。

新西兰还成立了看守人服务制，每 500 人则有 6 名看守，并为工厂和办公室安排另外的警卫。但是就像美国本土一样，新西兰也从来没有遭遇过空袭。

民防动员的社会包容性较高。妇女在政府招募的民防兵中占了重要的比例，此外还有一部分则是儿童。战争打响后，德国男性民防工作者出现短缺，于是不得不招募妇女。在防空联盟中，将近 20 万名官员都是女性。而在英国，妇女从战争伊始便被鼓励加入民防组织，她们中的许多人参与急救或救济工作，但随着男性劳动力短缺情况日益加剧，妇女开始承担起防空队员甚至消防员的角色。到 1940 年夏，英国共有超过 15.1 万名全职或兼职的女性民防工作者，她们顶着轰炸的威胁与男人同甘共苦，从而也推动了传统性别角色的革命性转变。在二战期间，共有 618 位民防女工丧生或遭受重伤，此外还有 102 位救济工作者。妇女在民防工作中的作用远不止于此，她们还成立了大型的救济组织，为人们提供食物和避难所，通报信息，安抚民意。英国防空预警妇女志愿服务中心（British Women’s Voluntary Services for Air Raid Precautions）成立于 1938 年，战争期间招募了超过 100 万名成员；德国国家社会主义人民福利（National Socialist People’s Welfare）组织则有 1500 万名成员，其中绝大部分是妇女。这两个战时组织都协助了空袭过后的临时救助工作。此外，儿童也发挥了作用。英国男孩们骑着自行车在空袭预警据点之间传递信息；苏联共青团的青少年们组成了救助小队，甚至在必要的时候被安排在房顶侦察燃烧弹；而德国的小学生则学习参观了各种类型的炸弹及其应急处理方法。

1943–1945年，正当空袭轰炸空前激烈之时，数以百万计的年轻和年迈的男性都被征召入伍，德国不得不招募女性和少年加入防空系统。当时，防空部队如雨后春笋般出现在德国各地。这些被招募的女性和青少年不仅需要协助空袭之后的救助救济工作，甚至还要加入防空部队。为了完成防空部队工作等一系列任务，女性空军辅助机构（Luftwaffehelferinnen, Air Force Auxiliaries）招募了很多成员，尽管她们没有明确的枪支使用权，但当地军官时常睁一只眼闭一只眼。对于被征召入防空辅助机构（Flakhelfer, Anti-Aircraft Auxiliaries）的男孩来说，他们别无选择，许多年龄仅有14或15岁的孩子被要求操纵原本是为常规空军部队设计的防空设备。比起其他国家，全面战争对德国后方平民的生活的干扰和入侵是相当严重的，到战争结束时，超过35万的平民丧生。为了展示军事战场和平民后方之间的联系，牺牲的防空人员和军队战士一样，其死亡宣告书旁都印有一个铁十字；有特别英勇事迹的民防人员也可以被授予真正的铁十字勋章。在英国，人们为因公丧生的民防工作者举行正式丧礼，棺材覆盖英国国旗，沿途还有正规军队列队在旁。

而对于那些没有主动参与民防的数以百万计的平民而言，战争意味着躲在避难地的几个小时里，听着炮弹坠落，闻着焚尸和建筑物烧毁的酸臭味，这些经历时刻提醒他们后方战场也一样残酷，这也给人们留下了心灵创伤。从1937年到1945年，战火所烧及之地的人们无不在经受这样的煎熬，无论是在简陋避难所躲避日本空袭侵扰的中国市民，还是在可容纳一万人的、混凝土墙厚达数米的特制高射炮塔内避难的柏林、汉堡和维也纳居民。战事不同，避难所的提供方式和避难经历也有巨大的差异。每个避难项目的成本都极高，在危急情况下，大部分国家都决定尽可能地疏散民众到各自家中避难。这使得人们无法获得同等的避难逃生机会，这是一种基于人文地理的失衡。英国工人阶级的房屋不适合建造“安德森避难所”（garden shelters, Andersons），也几乎没有地下室。因此，1940–1941 年，在德国空袭的威胁下，住在工人社区的人们只能依靠公共避难所或经改造的庇护地，尤其是伦敦地铁。中产阶级家庭更多地居住在远离轰炸区的地方，他们大多拥有花园或地下室，从而可以修建避难所。但无论是私人还是公共避难所，绝大部分都难以抵挡剧烈的空袭。在了解到公共避难所并不能提供多少帮助之后，很多人都放弃了避难所，据研究表明，只有约 50% 的人在空袭中会寻找避难地。这便导致了极高的死亡率，死亡人数与炸弹重量相关。在为时 9 个月的空袭当中，共有 4.3 万人丧生，平均每吨炸弹便有 1 人死亡。

在 20 世纪 30 年代末，德国开始宣传“不受炸弹威胁的安全屋”，在战争开始时，公寓大楼下已建成了上百万座地下室，私人住宅的地窖也被改造成了避难室。这些避难室的屋顶已被加固，安上了防毒门，并且有轻质砖墙围起来的逃生井联通其他避难室。德国实行强制避难措施，避难秩序也比英国严格得多。只有当出现大型燃烧弹袭击整个城市中心时，避难室的弊端才会显现出来。地下避难室里，人们可能吸入一氧化碳中毒而死，或者过热窒息，就像 1943 年 7 月汉堡遭遇轰炸后，大火把尸体烧成了灰烬。避难室里的时光不仅单调乏味，也让人筋疲力尽，这是平民前线的一个日常写照。英国和德国当局意识到，这些经历很可能引起民众精神崩溃，然而情况似乎并没有他们料想的那么糟糕。但实际上，经历了大火的幸存者们和前线战士一样，都在人后默默地为自己的心灵疗伤。在德国发动闪电战轰炸英国时，不列颠的宣传强调“英国能坚持下去”，而德国在其随后的战争宣传则利用了“命运共同体”的概念，并融合了自我牺牲的精神。这种立场导致社会对空袭幸存者难以开展救助。然而实际上仍然存在很多惊慌失措、士气低迷的情况，甚至还出现了直接的抗议，例如 1940 年 9 月由伦敦东区发起的占领伦敦萨沃伊饭店的抗议行动。意大利的情况与其他国家有所不同，这里的避难和防空措施既初级又无效，空袭之后的食物供应和援助少之又少，相比之下富人则有较完善的避难场所，这使得人们发起了强烈的抗议。当然，“后方”这一概念在意大利似乎并不存在，因为人们早已看清，墨索里尼发起的战争终将以失败收场，而且在 1943 年 9 月之后，他们还被德国挟为人质。

战争中的大后方

大部分平民都没有直接参加空中作战，而侵扰他们生活的，也不仅仅是炮弹的轰炸这么简单。大型战争要求劳动力配置必须符合战时经济的需要，这推动数以百万计的妇女和青少年参加工业劳动。德国占领的欧洲国家和日本都实行强制劳动制度，无数的工人被送往了远离家乡的地方。第二次世界大战的经济成本已经远远超过了第一次世界大战，这也严重限制了个人财产的使用和消费模式的改善。购买战争债券并不是强制的，但政府的宣传则强调市民应当为国家贡献经济力量，放弃战前的消费模式，履行爱国义务。为了保证人们多存钱、少花钱，政府常常限制消费品的生产，对诸如衣物、汽油和食物等关键物品实行定额配给制，就连资源丰富的美国也不例外。

人们往往难以总结概括战争对食物供给、医疗和福利的影响，因为随着战局的改变，生活经历也会随之变化，况且掌控着世界贸易链、未受到直接入侵的英美富裕地区，和遭到殖民剥削的亚欧穷苦地区，其情况有着天壤之别。除了美国和不列颠自治领以外，战争波及的所有地区的饮食标准都出现了不同程度的下降，无论是卡路里水平，还是食物种类和范围。1943 年，在德国占领的欧洲地区，各国定额配给的食物所能提供的热量高低不一，从捷克的 1920 卡路里到波兰的 855 卡路里不等；但在德国本土，即使在可以从占领的别国土地上获得大量食物供应的情况下，其平均摄入热量也仅有 1980 卡路里。军队每日消耗的食物量远远多于平民，因为维持士兵的身体状况是一项战略要求。随着战争的持续，食物供应越来越少，粮食配给也受到了更多的限制。而英国民众的饮食结构和食物供应种类的确好于其他国家，这主要得益于英国的海外贸易，以及美国在租借法案基础上对其进行的物资运输，以及本国农业的发展。而对许多较为贫穷的美国人来说，食品消费水平上升了，现在他们可以获得定量供应的物品，收入水平也得到了提高。在英美这两个西方民主国家，由于失业率的下降，居民健康状况不断改善。此外出于维持战时工作效率的目的，人们对饮食质量更加重视，这也为其健康状况的改善带来了积极的效果。

苏联和轴心国及其占领地区的情况则大为不同。德国从战争开始之际便实施了定额供应制度，与战前相比，提供给城市居民的水果、鱼肉和蔬菜量急剧下降。人们的饮食开始出现单调的循环，餐桌上总是摆着代食品、饮料和土豆，偶尔会出现肉、人造黄油和鱼干。乡村居民被要求上缴更多的土地产出，但也有证据表明，他们总体而言吃得更好了。随着战争的持续，定量供应的食物日益减少。当然，由于被占领地区的大量食物源源不断地运往轴心国内，因此供应量也从来没有跌至一战时期的水平。举例而言，法国农业为轴心国提供了 240 万吨小麦、89.1 万吨肉和 1.4 亿升牛奶。荷兰和丹麦的农民则主要为德国市场供应鸡蛋、培根和乳制品。到 1943 年，两个国家总共为德国提供的食物量超过了其他所有被占领地区，但是，荷兰居民从定额供应的食物中可获取的人均热量仅有 1765 卡路里。战后统计数据表明，法国仅有四分之一的人口能获得充足的食物，其中主要是法国农民，而 55% 的城市居民都无法稳定获得足够的食物。在德国占领的大部分地区，定额供应并不意味着食物充足，对于大多数城市居民而言，在各个商店寻找食物，甚至到黑市交易都已成为日常。

苏联的食物供应问题最为严重。1941 年夏，德国占领了被誉为“粮仓”的乌克兰地区，截断了苏联很大一部分的粮食供应。即便在战前，人们的食物消费标准就相对较低，尤其对农民来说，他们在 20 世纪 30 年代早期就被要求加入集体农场，如今只能依靠微薄的农场施舍存活，拿自己能种出来的任何东西充饥。战争对农场有着直接的影响，因为男性劳动力和马匹都被征用了；拖拉机产量从 1940 年的 1.85 万辆下降到 3 年后的 416 辆。到 1944 年，农场丧失了四分之三的男性劳动力，当拖拉机没有汽油、农场也没有马匹的时候，留守的妇女和儿童就不得不承担起锄地的任务。农产品被优先供应给军队或工业劳动者。工作是获得食物供应的唯一途径，而他们的家眷，无论老少，都只能靠种地维持生活，或者向有工作的人借取食物。1941 年 7 月苏联开始实行定额供应制度，儿童和老人的供应标准为 700 卡路里，矿工则有 4000 卡路里。非重度体力劳动者能获得 1900 卡路里的食物，刚好可以维持生活和工作。为了补充营养，工厂开设了每天供应一顿热饭的食堂，但供应的份额只给那些能自己种地、住在城外的工人，到 1944 年，这样的工人共有 1600 万名。食物可以被用来当作惩罚的工具，亦可被拿来当作奖励。工人只要被发现有稍微的玩忽职守，其食物的定额供应也会被切断。为了获得额外的供应，工人们可以为受伤的士兵献血，从而获得额外的供应卡和 500 克黄油或蔗糖。无数的俄罗斯人死于饥饿，其中一部分是由于德国的军事行动，包括列宁格勒围城战失去的 70 万 ~80 万人，其他人则死于忽视或隔绝。

在最极端的情况下，战时供应的食物可能少到难以维系生命。这不总是故意剥削导致的，有的是因为社区过于贫困，有的则由歉收或粮食储藏不力导致。但大多数情况下都是占领者的政策或特殊的军事环境造成的。1941 年夏天和冬天，希腊爆发了大饥荒，而这并非由于德国的占领，而是因为英国封锁了希腊获取美国小麦的渠道。到 11 月份，雅典居民每天只能得到 183 卡路里的食物配给，很多人都逐渐死去了。最终，丘吉尔不得不同意向希腊运送食物，但由于一些地区没有农业设备来提高产量，饥饿仍然是挥之不去的梦魇。约有 50 万希腊人被饿死，或死于饥饿导致的疾病。日本在中国实行“三光”政策，使数以百万计的人在战争中期就被饿死，而到了战争末期，由于美国的海上封锁，日本从海外运输食物的通道被截断了，日本人自己也濒临饿死的边缘。在孟加拉国，由于食物资源的市场配置已经失灵，加之 1942–1943 年的大米歉收，以及英国未能提供足够的舱位运送必要的粮食补给，导致至少 200 万人死于饥饿，而实际的死亡人数远多于这个数字。我们可以发现，即便在远离主要战场的地区，战争同样会给当地人民带来灾难性的危机。

人们不得不在战争中大规模迁徙，这加剧了食物供应的问题。在穿越战火的过程中，许多人的财产和粮食可能被转移或强占，这也为食物供应带来更多的难题。影响人口迁移的因素有很多，除了一些人出于自愿以外，大部分都是被迫的。在苏联，由于德国军队的快速挺进，1600 万工人及其家庭不得不迁往乌拉尔山地区或俄罗斯中部的工业中心，这又对食物供应体系带来了挑战。一些战斗区实行了疏散，尤其在战争开始之时，但总的而言都是临时疏散。其他的大型疏散发生在 1944–1945 年红军行进的路上，但影响疏散的原因主要还是欧洲和亚洲地区遭受的轰炸袭击。疏散的方式主要取决于轰炸的密度和当局的政策偏好。法国和英国在战前就做好了大量的计划工作，将城市人口——妇女、婴儿和儿童、老人和残疾人——转移到乡村或小镇。而德国则将其人民的性命赌在本国防空措施的有效性上，让民众在空袭中待在原地，但从 1940 年开始，大城市也开始对儿童进行一定程度的疏散。然而，在1943年，德国迫于激烈空袭的压力，不得不发起正式的大规模疏散行动，将人口从主要的工业区转移到轰炸范围以外的郊区，或靠近城市的乡村地区。另外还有一些自发的撤离行动，许多人出于对轰炸空袭的惧怕而举家迁往乡村。在拥有大量农村人口的日本和意大利，这种疏散形式是最为普遍的。

但无论是自发还是有组织的疏散行动，都会带来较大的社会问题。一方面，城市居民难以适应乡村生活，另一方面，乡村居民也指责这些避难者有着所谓的不良甚至犯罪行为，而且由于自己在土地上辛勤耕种但避难者几乎不劳作，他们也总对避难者心怀鄙夷。定额供应制度也被大规模的人口迁徙扰乱了，政府不得不向更多偏远的地区提供食物。由于避难者和当地人之间的矛盾，许多人又回到了前线城市的家中。当然这只是其中一个原因，还有很多人则是因为怀念熟悉的环境或希望家庭团聚。1939年9月，英国有140万人被疏散，但到了1940年1月，90万人又返回到原来的家中。当德国发起大空袭时，疏散行动升级了，但也没有达到战争伊始时的规模。战争爆发时，法国开始了早期的疏散行动，但随着1940年6月的沦陷，人们放弃了疏散。然而当1942年同盟国军队的轰炸机开始瞄准法国内陆城市时，疏散又一次启动了。但实际的疏散状况非常复杂，法国城市的家庭不愿意将自己的孩子送走，而德国统治者则要求男性留下来继续工作，其他人口搬离原地。妻子们不愿搬走，尽管纳粹威胁要切断她们的食物配给，她们还是毅然决然地回到自己的丈夫身边。1944年，多达120万人由于临时疏散搬到了乡下，但因为没有准备好住处与食物，他们也遭遇了重重困难。1943 年德国派兵占领意大利之后，随着同盟国军队不断空袭意大利北部和中部的城市，越来越多人被疏散出去，这也是一次大型的临时疏散事件。由于没有地方可以彻底地逃离轰炸，城市居民只好躲到周围的郊区。据统计，到 1944 年为止，共有 228 万人躲过了轰炸。他们被当局视为潜在的社会抗议者，也得不到收容他们的当地人的信任，因为避难者们每天最大的关切就是争夺食物。

在空袭规模更大、打击程度更强的德国和日本，疏散也通常是大规模的行动。1943 年 4 月，德国发起了一次始于莱茵-鲁尔区的正式疏散行动。当局倾向于将人们安置在城市周边的郊区或附近的乡村，这样可以让他们靠近上班的地方，而且也不会过多地扰乱定额供应系统的运行。大规模的疏散行动可能会造成政局动荡，所以政府总是努力避免发生无组织的撤离，因为无组织状态下的避难者难以被监控，食物供应也是一个难题。但到了 1943 年，不断攀升的伤亡率迫使政府不得不组织更大型的疏散，将妇孺和弱者转移到更远的地方，年底时已有 320 万逃避空袭的难民，其中有一部分是工人，他们被转移到了疏散区继续进行生产工作。

在 1944-1945 年，残酷无情的轰炸使得疏散成为一件无法避免的事情，无论是自发的疏散，抑或是有组织的撤离，德国政权都需要尽其所能地控制异常流动的人口。到 1945 年 1 月，德国全境共有 890 万难民逃到了小城镇和乡村；但即便是在这些地方，人们也不得安宁，因为同盟国空军能自由穿梭在德国边境，对小城镇和乡村进行扫射攻击。到了战争末期，日本的疏散人数最多时也达到了 900

万人，但这次疏散是为了应对 1945 年 3 月美国空袭日本城市而临时发起的撤离行动。在德国，组织和自发的疏散行动都对农业社区带来了突如其来的压力，使得本已短缺的食物变得更加供不应求。战争末期，日本濒临饥荒肆虐的边缘，使得逃离轰炸区的避难者更加难以生存。

在转移平民的同时，战时政策还直接要求转移战俘和被驱逐者。这种举措的动机之一，在于对所谓“第五纵队”的担忧。这个名词被民族主义者埃米利奥·莫拉将军用来形容西班牙内战时期，隐藏在被围困的马德里城市内的他的支持者，但随后在 20 世纪 30 年代末，这一词语很快被人们广泛使用，来形容对内部安全构成隐患的团体。在战争中，被视为威胁的民族或族群往往难逃被拘留或流放的命运。在法国，异族人和共产党人，其中还有许多逃避纳粹迫害的犹太人，都在 1939–1940 年被围捕并关进了集中营，受到了极度残忍的剥削。1939 年 9 月到 1940 年 5 月期间，共有 87 个集中营被设立，关押了约 2 万人。随着法国的沦陷，许多人都被移交给了德国，更加彰显了他们并非真的威胁到了法国作战安全的事实。在 1940 年夏，英国掀起了一阵对“第五纵队”的恐慌，这使得许多在英国生活了数十年的德国人、奥地利人和意大利人遭到了围捕和拘留。其中还有很大一部分是逃离希特勒德国的犹太人。约有 7 万人被关押或监管起来，其关押环境与战犯的待遇并无二致，但随后在广泛抗议的压力下，政府放松了管理，到 1941 年秋，仅有 5000 人仍然在押。北美也弥漫着对日本“第五纵队”的担忧。在加拿大，约 2.2 万名主要来自太平洋西海岸的日裔加拿大人被关押；美国约

11 万名日裔在西海岸被捕并遣送到内陆的 11 个营地集中关押，其中有三分之二都是美国公民。他们被迫变卖财产，住在木质营房里，每个家庭一个房间，与外面的世界隔着带刺的铁丝网。在 1943 年，战时搬迁委员会（War Relocation Board）试图招募一些年轻的日本人为士兵，但其中四分之一的人都拒绝征兵令，因此被发配到了加利福尼亚沙漠的偏远营地。

在独裁政权之下，拘役和流放措施变得更加严厉。在日本占领的地区，约 13.1 万名欧洲和美国民众遭到拘留，被关进了集中营，他们的饮食质量毫无保证，医疗卫生情况也极差，将近 1.5 万人在战争期间死去。在苏联，大部分人口被撤离家园，并安置在贫瘠遥远的西伯利亚或中亚地区。1940–1941 年，将近 100 万名波兰人被驱逐出了苏控波兰地区。芬兰人和朝鲜人都被要求从西部和远东边境地区迁移出来，因为他们也被视为潜在的安全威胁。1941 年 8 月，苏联政府强制转移了 150 万名有较远的德国血统的民众——伏尔加德国人，斯大林形容他们是叛徒和破坏者。到 1942 年 1 月，约 80 万德裔俄罗斯人被船运往东部，男人被强制劳作，妇女和儿童则自己照顾自己。17.5 万名强制劳工丧生。在 1943 年和 1944 年，斯大林认为高加索地区的民族帮助德国人进攻斯大林格勒，于是下令将所有 97 万人口都流放到远东地区。总计约 300 万苏联公民被发配到了艰苦的环境中生活，其中大部分是所谓的“特殊移民地”，他们需要承担沉重的体力劳动，用当地拾取的材料搭建简陋的房子，甚至凿地洞居住。

德国境内很少有敌国公民，在战争早期他们就已开始围捕拘禁共产党人和社会主义者，将其关在集中营里，防止他们向德国“背后插刀”。在德国占领的欧洲地区，拘役和驱逐行动并非仅仅出于对“第五纵队”的担忧，还因为纳粹德国一个关乎民族和经济复兴的大计划——“新秩序”。海因里希·希姆莱（Heinrich Himmler）是德占区的纳粹党卫队队长，从1939年10月他担任“保护德意志人的全权代表”（Plenipotentiary for the Protection of Germandom）。希特勒命令希姆莱让东欧国家的德意志人都聚集起来，甚至包括在同盟国和卫星国的德意志民族，从中挑选德意志新帝国的殖民者和管理者，从而打造一个德意志民族血统的坚定核心。具体的计划是向东转移65万~74万散居各地的德意志人，到达位于波兰的德国化地区。1941年，希姆莱下令起草东方总计划（General Plan East），该计划建议在德国打败苏联后，80%的波兰人、75%的白俄罗斯人和64%的西乌克兰人都将被流放到西伯利亚地区。他们计划通过流放和食物剥削，使人口削减3100万。除了成功实行了对欧洲犹太人和吉普赛人的灭绝政策，以及对一些被占领的苏联地区实施强制饥饿政策以外，建立所谓新帝国的可笑计划都没能实现。犹太人被视为一支巨大的“第五纵队”，纳粹认为，他们不仅破坏了德意志民族和文化遗产，全世界的犹太人还在密谋帮助德国的敌人。1941年末，流放并灭绝犹太人的命令正式下达，但其实党卫军特别行动队早已在波兰和德占苏联地区进行了大规模的屠杀。下面的章节将对种族灭绝相关问题进行更为详细的讲解。

战争的特殊环境还推动了另一种服务于德国利益的流放形式。由于德国出现严重的劳动力短缺，因此，德国在占领的地区开始大规模强制征用劳动力。战争期间被运往德国的外国劳工的具体人数已经难以确认。到 1944 年为止，官方数字为 700 万人，但没有将极高的死亡率考虑在内（估计有 250 万人在战争中死亡）。而被驱逐并强制劳动的欧洲人数约在 1200 万到 1350 万之间。这些强征的工人很少能够返回家乡。除了在德国农场工作的人以外，他们大部分都生活在一种无异于拘役的环境中，当然比起被拘役而言，他们毕竟还有工资，并且饮食条件相对较好。波兰和苏联劳役者的待遇很艰苦，但相比之下来自西欧的劳役者则享受更为宽厚的待遇。尽管从 1942 年 3 月起，荷兰劳役者被强迫接受在德国工作，但其实在 1940–1941 年就有超过 18 万人自愿搬到德国劳动，而即便是在强制命令下达之后，即 1942–1944 年，也仍然有约 9.4 万人得以回到荷兰。法国的工业劳动力较为充足，而劳役招募显得尤为困难，当强制劳动服务（Service du Travail Obiligatoire）命令颁布之后，许多工人干脆隐藏起来。德国商人尝试各种方法来证明自己的工人都是必不可少的，到了 1943 年，纳粹终于同意让他们留在法国，这样能更好地完成德意志帝国的任务。在二战期间，约 120 万法国人被送往德国，但到了 1944 年秋，德国只剩下 64.6 万名法国工人。在意大利，随着 1943 年 9 月强制流放投降士兵的命令下达之后，德国统治者决定利用剩余的劳动力来提高从意大利运输战争物资的效率。对于德国统治地区的人民而言，驱逐流放是挥之不去的威胁，和拘禁、疏散、饥饿一样，都是战争对民众生活的入侵。

平民的战争

无论是作战的士兵或是被统治的平民，战时经历都是极其艰难的，他们甚至可能会群起反抗。在第一次世界大战期间，紧迫的战事推动俄罗斯爆发革命，也加速了德国和奥匈帝国战时政权的瓦解。全面战争对民众提出了前所未有的要求，在这种情况下，每个政府都不得不考虑其人民的可靠性。但是在第二次世界大战期间，即便在条件最艰苦的苏联，其战争后方也并没有崩溃。相反，许多国家在战场失败后仍然有能力保持本国人民的忠心。而当民众真的反抗时，多是由被占领地区的人民发起，这些地方的叛乱和内战将数以百万计的民众都转变成了实际的战士。

有几个原因可以解释为何战争后方在极端的压力下仍然保持团结。首先，战争呈现给民众的条件是极端的。所谓民族灭绝的威胁和文明毁灭的担忧，都能广泛引起人们的共鸣，而战争的本质似乎也确认了这样一种倾向。对于美国和苏联而言，敌人的侵略更加坚定了人们对作战反攻的信念。其次，国家为民众提供关键物资的能力也相当重要，包括定额配给的食物、救济物资和医疗卫生等，而二战时期国家的这些能力都比一战时强。确实，理解民众的需求，并保持它与军事需求之间的平衡，可谓重中之重。最后，所有政府都仔细跟踪民意，实施审查制度，惩罚散布谣言的人和持异议者，而在独裁统治的情况下，包括英国对印度的帝国统治在内，当局都坚持以严苛的政策来威慑任何想要公开表示反战情绪、发起反战活动的人。而 1943 年 9 月之前的意大利则是例外，因为法西斯政权没能做到上述三条中的任何一条：政府无法让大部分民众相信参战是为了民族生存；食物和消费品资源的供应管理非常不堪（到 1943 年，农业产量仅仅是 1938 年时的 74%，人均食物消费水平下降了 20% 以上）；在一系列军事灾难和猛烈空袭的影响下，政府再也无力制止异议蔓延。

被占领地区的民众生活是非常艰难的。德国、意大利和日本统治下的人民面临着极端的选择，由于国家被占领，许多人被迫在这种环境下连续生活数年。统治者在占领区实行恐怖政策，这与其努力平息异议的国内政策完全不同。很早以前就有国家尝试将被占领地的民众分为两个不同的阵营，即同意合作的和坚持反抗的。但实际情况往往要复杂得多。大部分在异族统治下的民众都将生活重心放在维持生存上，他们既不支持也不愿妨碍新政权。一些游走在两种极端之间灰色地带的人则参与了一些或明或暗的抵抗运动，他们有时也不得不被迫合作，当然这不是出于认同而是为了生存或避免惩罚。而当地官员总是夹在要求顺从的统治者和憎恨占领的民众之间。一些少数派选择了通敌合作，无论是希望在日本监管下升官提拔的中国军阀，还是期望从合作中获得政治或经济利益的亲法西斯者，抑或是从被统治者转变为统治者的数万名通敌汉奸。在占领结束后，这些人大部分都付出了代价，而且往往是生命的代价。

如果说同意与当局政权合作的情况纷繁多样，那积极反抗的情形也同样错综复杂——不同立场和心态的人由于抱着对占领者共同的敌意而团结在一起。战后，人们并不忌讳将自己标榜为反抗者，因为这符合了新的战后政治现实。然而，抵抗运动的形式是多样，有人参加准军事集团进行作战，有人帮助藏匿犹太人，也有人只是伪造文件，而且反抗的形式也随着时间不断变化，获得自由的希望越大，反抗就越广泛，同时也越有效。民众的反抗也依赖于同盟国提供帮助，无论是以金钱还是枪支设备的形式。因此，广泛的军事竞赛与民众为自由而战的斗争交织起来，而由于同盟国将自己的政治利益建立在与反抗者之间的关系之上，这也产生了很多问题。举例而言，西方列强的政治决定一定程度上塑造了南斯拉夫和法国民众的抵抗运动，西方国家支持铁托（Tito）而非切特尼克（Chetnik）领袖米哈依洛维奇（Draža Mihailović），支持夏尔·戴高乐（Charles de Gaulle）而非亨利·吉罗（Henri Giraud）。在波兰，1944 年秋华沙起义期间的军事反抗遭到了德国的镇压，因为苏联支持总部在莫斯科的波兰共产党，而非波兰救国军里的民族主义者，因此苏联并没有支持这次叛乱行动。

最明显的抵抗运动无疑是与占领者展开激战。这些反抗团体包括在敌后从事反德运动的苏联游击队，组建于 1944 年、为与德国占领者决一死战的波兰救国军，以及南斯拉夫的两个敌对游击运动，其中一支是民族主义的君主主义力量，另一支则是共产党。很多退伍士兵参加了这些抵抗运动，而在苏联的情况里，参与者中不乏一些在前线掉队的士兵或逃兵。但许多游击队战士都是平民，其中还包括不少妇女和儿童，他们不愿参加强制劳动或在德占区被活活饿死，于是拿起武器加入了战斗。苏联游击队由很多单独的团体组成，一开始他们的武器装备非常有限，甚至需要像强盗一样向当地农民抢食物度日，并尽可能地逃避由纳粹党卫军的埃里希·冯·登·巴赫–泽勒维斯基（Erich von dem Bach-Zelewski）将军领导组织的德国反游击行动。当苏联反抗开始变得日益激烈时，苏联政府开始将游击队组织成实际的军事部队，归属由白俄罗斯共产党书记潘特雷蒙·博诺马连科（Panteleymon Ponomarenko）领导的游击战中央机构。红军军官、安全人员和党政委员潜入到德国后方地区，向游击队下发一些命令。德军的暴行激起了人们强烈的憎恨，反抗人数激增；“焦土”政策和对犹太人的屠杀行动促使许多犹太人和无地农民加入军队，反抗暴行。游击队所处的环境是非常险恶的。由于当地居民害怕被指责为与恐怖主义合作，常常背弃或举报游击队；武器和医疗设备往往短缺不足；一旦被抓，游击队员将被折磨甚至杀害；他们还必须时刻保持清醒，因为游击队行动时刻受到莫斯科的关注。具体有多少名游击队员早已不得而知，但到了 1943 年，据称共有 30 万名军事专家、党派组织者和民兵组成了游击队，成为德国后背一根永远的尖刺。

波兰救国军是一支不同寻常的队伍，他们开展地下活动，主要招募忠心的反抗者，为他们提供设备，尽可能避免与德国安全部队发生正面冲突。在 1942 年 2 月，这支主要的反抗力量取名为救国军由斯特凡·洛维克基（Stefan Rowecki）将军指挥。但他在 1943 年 6 月向德国盖世太保叛变了，于是其位置也被塔德乌什·博尔–科莫罗夫斯基（Tadeusz Bór-Komorowski）将军取代。在战争中期，救国军对敌对的游击队组织展开了不愠不火的打击行动。波兰民族主义者、波兰人民军、人民激进阵营和其他一些波兰组织有时会选择与救国军合作，但苏联游击队和乌克兰游击队则基本上与之保持对抗。

救国军由一些退伍士兵和年轻的波兰平民组成，其中后者占据了主要的比例。他们由一批在英国受训、空降到波兰土地上的游击队员领导，这批游击队员总共有 300 余人。救国军领袖准备发起一次起义总攻，因此在 1944 年 1 月展开“风暴”行动（Operation Burza）、支持不断逼近的红军之前，一直限制发起过多的反德行动。但当苏联军队抵达波兰东部时，波兰游击队已经解散了，其成员也遭到了逮捕，因为他们注定会对未来的共产主义波兰造成威胁。那些还留在波兰西部的游击队员期望在红军抵达之前解放全国。反德势力开始瓦解，而博尔-科莫罗夫斯基（Bor-Komorowski）力排波兰领袖的异议，决定将华沙起义的时间确定为 1944 年 8 月 1 日。救国军共有 5 万名位于华沙的战士，但配备有完整的武器装备的士兵仅有不到 8000 人。许多城市居民支持了这次起义行动，他们造街垒、征收交通工具、挖战壕，甚至还受任警卫的职位。战斗非常惨烈，历时也较长，其中最激烈的一场战斗中，约有 20 万平民丧生。10 月 2 日，战斗终于结束，幸存的反抗者中有 1.63 万人向巴赫-泽勒维斯基（Bach-Zelewski）投降，其中包括 3000 名女性。约 1.7 万人战死或被认定为死亡。

波兰救国军的失败证明，起义成功与否，与战争的进程和同盟国的政策有着不可分割的联系。在西部和南部欧洲，人们仅仅组织小规模的反抗行动，受到的军事诱捕也较少，但这些反抗团体清楚地认识到自己正与西方同盟国一道向自由和解放迈进。在丹麦和挪威，抵抗运动仅限于一小部分激进分子的恐怖主义行动，他们袭击德国的装备和通讯工具，但从未与德军展开正面冲突。在法国，抵抗运动最终蔓延开来，但在占领早期，抵抗运动按照地域和意识形态划分，而且规模都相对较小。在 1940 年 6 月到 1942 年 11 月间，只有西部和北部法国被德军占领（但自称为独立的维希政府在其领土上与德军合作打击抵抗组织）。随着德国逐渐占领法国全境，抵抗组织的网络也变得越来越全国化。在 1940 年法国就已开始出现抵抗运动，但它依赖于单独的市民团体的行动倡议，这些市民团体并未归属于一个统一的组织，他们对于法国的未来都持有不同的意见。这与波兰和苏联的准军事组织不可同日而语。大部分平民都向突如其来的现实妥协。1944 年，一位身兼法国教师的反抗者抱怨道："他们所想的都是如何平安度过这段时间。"

早期的抵抗运动、南方解放抵抗运动（Libération-Sud）和法兰西自由射手游击队（Francs-Tireurs et Partisans）都将阵地驻扎在南方，其活动方式主要为出版刊物和报纸宣传。在北方，法国防卫报（*Defense de la France*）和北方解放抵抗运动（Libération-Nord）更是囿于所成，尽量避免暴力冲突。1941 年夏开始，只有受令于莫斯科的法国共产党展开了针对德军的破坏行动，并对通敌者和维希政权拥护者采取恐怖行动，但他们并没有得到其他抵抗组织的信任。1942 年 11 月，法国流亡领袖戴高乐决定建立一支统一的秘密军队，加之人们越来越意识到解放并不是一个遥远的梦，由是，许多非共产主义抵抗团体也逐渐趋于统一。1943 年 6 月，抵抗运动领袖蒙塔尔吉将这些抵抗团体组织起来，形成了法国国家抵抗委员会（National Council for Resistance），与伦敦的自由法国运动（Free French）保持紧密联系。反德暴力行动席卷法国，数量不断增长，在一年的时间里，武装团体和游击队在法国偏远乡村和山区组建起来，其中包括了许多共产党人和民族主义者。他们当中有很多是逃离强制劳动服务命令的年轻人，或躲避德国迫害的避难者，他们花了一定的时间才培养起自己的军事素养。对于很多人来说，这更多地是逃离德国和维希统治的手段。据估计，约有 11% 的反抗者是女性。从 1943 年底到 1944 年夏季巴黎解放，抵抗运动的范围不断扩大，这阻碍了德国的军事准备工作，也帮助了同盟国随后的登陆作战行动，尽管在他们之间仍然存在分歧，例如共产主义者与非共产主义者之间的分歧，接受戴高乐领导的人与反对他的人之间的分歧。抵抗运动的代价也是极高的。约 9 万名反抗者被杀害或驱逐，数千人遭到长期折磨，无论男女，而他们大部分人都是平民。

意大利的抵抗运动显得更加错综复杂。反法西斯运动早在 1943 年春就开始被组织起来，那时墨索里尼的势力已近乎瓦解，因此未来的抵抗运动架构也开始成形。1943 年 7 月墨索里尼倒台，随后意大利投降并在 9 月被德军占领，这立即为武装抵抗运动创造了条件。许多意大利士兵为了躲避德军的驱逐而逃往山区，被左翼政治激进主义者组织起来，此外还有很多拒绝被征召入伍为德国和意大利社会共和国而战的意大利年轻人。意大利社会共和国是墨索里尼设立在德占区的伪政权。到 1944 年春，三分之二应被征召入伍的人逃走了；并非全都加入了游击队，但对于许多逃难者来说他们的确无处可去。抵抗运动反映了意大利北部政党组织的复兴，它们成立的目的是对抗法西斯之后的势力。行动党的“正义与自由”旅为建立一个激进民主的意大利而奋斗；意大利共产党的加里波第旅（Garibaldi

Brigades）旨在推翻法西斯统治，但因其成员政治战略不同而内部分裂，一派人主张将游击运动与真正的社会革命结合起来，另一派人则坚持与更多的中间派合作；社会主义党不愿意与共产主义者联合，他们组建自己的社会主义旅。1943 年 9 月，许多反法西斯和反对德国统治的政党团结在全国解放委员会（National Committee for Liberation, CLN）之下，但它们仍然存在许多重大的政治立场差异。抵抗运动也可能是自发的。在 9 月末，那不勒斯的民众推倒了街垒，拿起了武器，加入了为时 4 天的反德运动，并取得了成功。

意大利武装游击队在人数最多时共有 15 万人，其中五分之一的游击队员组成了“正义与自由”旅，超过一半的人组成共产主义加里波第旅。他们与法西斯黑衫党民兵以及德国军队展开斗争，并经常参与破坏和刺杀行动。其中许多行动都与其他意大利人相对抗，这也就像反维希政权的法国抵抗运动一样，被赋予了一种内战特征。而抵抗运动不仅面临来自占领者的压制，还需要应对许多当地居民的抵抗，以及一些不认同其意识形态目标或反对使用强盗手段和恐怖主义行动的机构的抵抗。总体而言，抵抗运动是一项危险的事业，它受人谴责，还面临告密者与内奸的威胁，此外德国占领者对消灭反抗者的人实行奖励，而同盟国军队的援助也模糊不定。德军及其合作者经常进行大规模的报复行动，包括对无辜村民的大屠杀，杀害平民人质，烧毁乡村和农场，都有着逆反的效果。一方面，这些暴行促使愤怒的幸存者加入游击运动；但另一方面，当地居民也往往谴责游击队，或出于惧怕报复而举报游击队行踪。而民众的抵抗运动也促使了苏联、意大利和中国的占领者屠杀抵抗者，并通过恐吓的手段使其他民众被迫服从。

面对这样的险境，显示自己具备取胜能力，对于抵抗组织而言是非常重要的。这也恰恰解释了华沙占领行动，以及抵抗组织在1944年8月同盟国军队抵达之前的巴黎占领行动，同时也解释了意大利游击队在1945年4月抢在同盟国军队之前解放意大利北部城市热那亚、米兰、都灵、博洛尼亚的决心。“我们不应该也绝不能等待同盟国向我们施舍自由。”意大利共产主义者彼得洛·塞基亚（Pietro Secchia）写道。他认为，游击队员可以证明，平民是能够通过奋斗，获得自己的独立和自由的。南斯拉夫得以从德国和意大利的统治中解放出来，几乎全靠铁托领导的游击队，而苏联的游击战也在很大程度上帮助了1944年白俄罗斯和乌克兰击败德军。

结　论

由于全面战争的性质，二战中的平民始终与战场紧密相连。英国诗人、民防志愿者斯蒂芬·斯彭德（Stephen Spender）在战后写道：“毫无疑问，在政府和人民的心目中，第二次世界大战是一场平民的战争。”民众每天都需要面对残酷的战争事实，时刻受到空袭威胁，面临祖国被占领的窘况，并试图在战时管制和物资短缺的情况下生存下来。人们在战前已对全面战争早有预期，这也使他们更能适应战争中的情况，积极加入自保和救济行动。这些预期也使得参战国更易获得人民的支持与合作，使民众接受牺牲和危险的常态性，并加入到全面战争所要求的民防运动中去。更加全面深入的民众参与使得排除异类和强制服从的推行更加便捷，也让人们深刻感到，自己贡献的力量丝毫不亚于军队士兵。

而在不同的被占领区，民众的角色是非常不同的。在原有国家结构被推翻的情况下，民众似乎更需要承担责任，为自己的未来奋斗，要么推翻占领者，要么怀抱侥幸与占领势力合作。但绝大多数人都在通敌和抵抗带来的威胁中放弃选择，只希望能在这个日益纷乱危险的世界存活下去。在个别情况下，通敌方和抵抗者之间会爆发激烈的内战，与军事冲突相联系却又具备了不同的特征。到了战争末期，身着自制的战服、手拿步枪、背着弹药筒的年轻男女在中国、南斯拉夫和意大利都非常常见，他们不仅打击敌人，也袭击本地的通敌者。与正式军事冲突相伴的平民战争，已经改变了现代战争的特征，推动了战争残酷性的上升，但同时也锻炼了人民的坚韧品性。

理查德·贝塞尔
Richard Bessel

Unnatural Deaths

第十一章

非自然死亡

美国 B-29 轰炸机多次向东京投下燃烧弹，留下一片废墟。图为被烧毁的东京鸟瞰图。

> 路上有死尸。有个还不到十七岁的女孩子，瘦削而美丽，躺在潮湿的泥土上，她的嘴唇有死的绿色，她的眼睛睁开着，雨落在上面。人们削着树皮，在路旁舂碎作食物；小贩出售树叶子，一块钱一把。挖着坟冢的狗，把人的尸首翻了出来。鬼一样的人们，在池塘的死水里捞取水上的青苔来吃。
>
> （[美]白修德、贾安娜著，端纳译，《中国的惊雷》，北京：新华出版社，1988年版，第189页。）

这个女孩的生命并非终结于士兵之手；她也不是在集中营受折磨而死；更不是在东欧的杀戮场上被夺去生命。她死于1943年的河南大饥荒，那时，还有其他200万到300万人丧生于这个中国中北部省份。1937-1945年中国抗日战争期间，1500万~2000万人因战乱而死，其中绝大部分并非士兵：他们很多人被活活饿死，或因缺药而病逝，此外还有因为传染病或强制劳动丧生的人。当我们回忆起二战的亡灵时，我们往往不会记得像这位河南年轻女子那样的人。但是谁也无法否认，她确实是二战中无数伤亡人员中的一员。

军事行动的代价

第二次世界大战是有史以来死亡人数最多的人祸。众所周知的是，各国在军事行动中遭受了惨重的人员损失，尽管伤亡数字始终是不确切的。但总体（在欧洲和亚洲）而言，共有2200万名士兵死于战场，或后来因战伤病逝。然而，本章的讨论重点不是在军事战斗中伤亡的士兵，而是那些在战场外围的非自然死亡人员。最近，宝芬妮·拉西纳（Bethany Lacina）和尼尔斯·格莱迪奇（Nils Petter Gleditsch）针对军事作战导致的死伤情况提出了这样的观点：

> 阵亡的人数……根本不足以表明人类在战争中所付出的牺牲和代价。战争以更为间接（但可预见性高）的方式夺取人的生命，尤其当它摧毁了社会经济、卫生服务基础设施和公共安全体系的时候……战争的代价不仅仅是战场上的亡灵，还有在单向暴力中丧失的生命（例如处决战俘或大屠杀）；犯罪暴力的上升（例如，犯罪率随着当地警力系统的崩溃而高涨）；无组织犯罪的上升（例如致命的饥民暴乱）；非暴力原因死亡人数的上升，如疾病和饥饿。

正如拉西纳和格莱迪奇所指出的那样，“战争的代价是无法直接统计的”。这不仅仅是由战争伤亡的规模或战争复杂易变的性质造成的，还因为我们往往很难将一些死亡归结为简单清晰的原因。在战争中，自然死亡之外的非自然死亡，其实很难得到准确的界定。第二次世界大战是人类历史上流血牺牲最多的战争，而对于人类付出的牺牲代价，人们却往往只能近似描述，叙之大概。

在一战中，平民只占了死亡人数的三分之一，而在二战期间，至少三分之二的牺牲者都是平民。这个比例恰恰反映了战争期间交战国犯下的屠杀罪行。从苏联和西伯利亚到中国和菲律宾，无数平民被肆意屠杀，这是二十世纪历史上的污点。同时，这也反映了一个与以往战争不同的现实，即在远离战场的地方同样可能遭遇死亡和毁灭性的威胁，例如空袭轰炸，就在二战期间的欧洲夺去了约 60 万人的生命。在日本，超过 24 万人死于 1945 年美国空袭，31.3 万人受伤，而这仅仅是在广岛和长崎被投下原子弹之前的数据。但是，二战造成的死亡人数，还要远远多于这些被蓄意杀害的人数。

二战中平民丧生的原因不尽相同，而德国在欧洲占领地实行的大屠杀行动不过是战争中非自然死亡原因的一部分，除此之外还包括报复性仇杀、大量人口强制转移、疾病、营养不良和饥荒。当然，这些死亡诱因并不是新出现的事物；它们也不是二战的专属。饥荒和屠杀早在二战之前就已出现；疾病也总在战争中伴随士兵的左右；尽管“种族灭绝”是一个新词，但并不是一个新现象。而让二战中非自然死亡史如此与众不同的，是战争暴力强度和广度的结合。战争的本质，尤其是欧洲东方战场上歼灭战的极端暴力属性和日本战争行为的不妥协性质，都促使战争开始抛弃文明社会的价值，使得无数人在战场之外丧失生命。

二战中丧生的人数是巨大的，但死伤的具体情况因时因地而有所不同。丹麦在二战当中共有 3000 多人丧生，而立陶宛（战前总人口仅有丹麦的三分之二）则有 38 万人丧生（包括 13.5 万名犹太人）。战争爆发后的前两年，欧洲的伤亡人数相对较少（相对于后来的伤亡人数而言），最猛烈的轰炸空袭还没有到来，对欧洲犹太人的种族屠杀也刚刚开始。事实上，在 1939 年 9 月到 1941 年 12 月，欧洲人口还有所增长。但是在亚洲，战争从1937年开始就已在中日之间激烈打响，夺走了大量中国民众的生命，直到战争的最后一年，由于美国密集轰炸，日本才开始面临大规模的民众伤亡。

当轰炸袭来，死伤情况是难以统计的。无数人被火活活烧死，或在崩塌的建筑物里被压垮或窒息而死。我们仍然对1945年8月广岛和长崎原子弹爆炸带来的毁灭性打击记忆犹新。但事实上，1945年3月9日-10日东京受传统袭击导致的人员伤亡，要远远多于长崎原子弹爆炸，甚至是1943年7月汉堡燃烧弹袭击伤亡人数的三倍之多。美国飞机向日本首都（房子主要由木头建成）投下燃烧弹，烧毁了16平方英里的土地，造成8万到10万人死亡，超过100万人无家可归；如策划这场袭击的柯蒂斯·李梅（Curtis LeMay）少将所言，许多民众被“活活烧死”在这场约翰·道尔（John Dower）笔下“有史可考的最大城市火灾”中。总体而言，美国空军轰炸导致的日本伤亡人数可能达到了40万人。

同盟国军队空袭德国造成的伤亡人数与日本相仿，尽管对德袭击持续了更长的时间（直到1944年秋美国才开始集中轰炸日本城市）。德国和奥地利共有35万人死于空袭。轰炸过后，满目疮痍，支离破碎，血肉模糊。处理尸体和残骸变得越来越难，而在最极端的情况下，大量尸体被集中焚烧——就像在1945年2月的德累斯顿，人的尸首被堆在老城旧市场的金属炉上，洒满汽油后点火焚烧，而最后的骨灰则被埋在了公墓。同盟国的反德反日轰炸行动相比其他地方的空袭而言，规模和强度都较为显著，但这并不意味着其他地区的平民在空袭中的死亡率不高。早在1939年9月，纳粹空军就已经开始轰炸华沙；1940年5月德军轰炸机袭击了鹿特丹；而在 1941 年 4 月，纳粹空军空袭贝尔格莱德，造成严重的人员死伤情况。在英国，约有 6 万人死于德国空袭：1940 年夏秋期间，多个英国城市遭到袭击（伦敦被频繁袭击）；1942 年 4 月-6 月期间，德国轰炸机袭击了一系列英国教堂城市（cathedral cities）；1944 年下半年和 1945 年初，德国向英国发射了 V1 飞行弹和 V2 火箭。意大利和法国都遭受了同盟国军队激烈的轰炸，其中法国共有 5.4 万名平民死亡，意大利则有 8 万人死亡。在亚洲，日本空军对国民党占领的城市进行空袭——主要是重庆，在 1939-1941 年间，重庆被轰炸了 268 次，导致数以千计民众丧生。

大屠杀

20 世纪 40 年代初，大屠杀造成无数平民丧生，死亡人数甚至比在空袭中遇难的人还要多。屠杀欧洲犹太人并不是人类历史上第一次种族灭绝行动，而且也不是最后一次；但是，二战期间的犹太人种族灭绝行动之所以与众不同，在于其空前绝后的强度、广度、犯罪行为的系统性、屠杀手段的现代性，以及“刽子手们”强迫症似的决心。与大众认知中的德占欧洲区犹太人屠杀行动不同的是，其实只有不到一半的犹太遇难者死于集中营和灭绝营。事实上，将近五分之二的犹太遇难者都是在集体枪击中丧生的——流动屠杀分队和警察分队负责东欧地区城镇和村庄的屠杀任务；但更多人是在犹太人居住区和强制劳动营中因疾病和营养不良而丧生，或在战争的最后几个月间，由于集中营管理系统崩溃，造成许多人在向屠杀场行进的路上丧生。（1945 年 1 月，纳粹集中营拘禁了 71 万 4211 人，当中有 20 万名犹太人；而总拘禁人数中的 20 万到 35 万人死于 1945 年冬春时节。）

早在战争刚刚打响时，大屠杀行动就已开始。在德国袭击波兰的数周间，纳粹党卫军分队就对平民进行了大屠杀。（二战期间第一次犹太人屠杀发生在 1939 年 11 月 11 日华沙东北方向的奥斯特鲁夫-马佐维茨卡。当天，德国警察屠杀了 364 人，包括 156 名男性和 208 名妇女儿童。）当然，这个数字比起后来的屠杀遇难者人数而言是相对较少的，但二战的爆发的确为大屠杀行动添加了催化剂。德国闪击波兰的行动取得胜利后，许多试图逃到苏占波兰地区的犹太人都被射杀了；盖世太保统领下的自卫部队在 1939 年秋杀害了 2 万到 3 万名波兰人，据波兹南的德军司令的 11 月记录，纳粹党卫军几乎在所有大城镇都进行了集体枪击。

尽管我们无法对屠杀欧洲犹太人行动的细节进行一一检查，但从一些案例中也可窥见许多死亡的犹太人生前的命运，例如从 1941 年 12 月开始，德国西南部城市符腾堡的犹太人就遭遇了大流放。1940 年 10 月，附近巴登地区的犹太人也被驱逐到位于比利牛斯山西侧的戈尔斯集中营，在符腾堡时，他们最初还被允许留在家中。到 1941 年下半年，位于斯图加特的特别行动队办公室通知警察和周围地区的当地政府，“将犹太人移出奥斯兰总督辖区”的命令即将下达，随后，该地所有犹太社区被告知将被疏散撤离。11 月底，来自 60 个不同乡镇和村庄的犹太人被聚集在 1939 年德意志帝国斯图尔特花园博览会的旧址；而后在 1941 年 12 月 1 日，载着 1013 名从符腾堡而来的犹太人的列车离开斯图加特，驶向里加。3 天后他们抵达了一个货运站，被当成货物来运输的人们被驱赶到一个临时搭建起来的集中营，这个营地由道加尔河畔的旧农场改造而成，离拉脱维亚首都仅有几公里之遥。到 1942 年 3 月底该集中营被拆除时，当时被运载过来的犹太人都已经死去了；或许有四分之一的人在营地里因营养不良、饥饿、寒冷和疾病而死；但是其他存活下来的犹太人则在 3 月底被带到里加东部的森林枪决，随后埋在集体坟墓中。

里加杀戮事件与夺走绝大部分欧洲犹太人生命的大屠杀浪潮同时发生。随着 1941 年 6 月德国入侵苏联，偶有出现的杀戮事件开始演变为集体屠杀——蓄意对欧洲犹太人进行有组织的种族灭绝行动。在克里斯托弗·布朗宁（Christopher Browning）经常被引用的一段话中，他写道："1942 年 3 月中旬，75% 到 80% 的大屠杀遇难者还活着，而其余的已经死去。但仅仅过了 11 个月，在 1943 年 2 月中旬，死人和活人的比例就逆转过来了。"秘密警察的特别行动队和苏联安全局开始了枪杀行动，在德军占领的波兰及其他地区警察营及其辅助机构也对平民进行屠杀，德国占领者在东欧地区建造的犹太人集中地环境极其恶劣，而灭绝营的毒气室更是令人毛骨悚然，上述这些都构成了迄今为止仍然难以想象的种族大屠杀行动，共夺去了将近 600 万受害者的生命。

战争的爆发同样催生了纳粹的"安乐死"行动——消灭那些"不值得存活的生命"。随着德军入侵波兰，瓦尔特兰区（Wartheland）和但泽-西普鲁士（Danzig-West Prussia）精神病机构中的病人就遭到了集中屠杀：从 1939 年 9 月到 1940 年春，超过 1 万名精神病患者——包括许多从波美拉尼亚精神病机构运到被占领的波兰地区的病人——被杀害。在德国，杀戮的门槛越来越低：战争爆发后的几天内，希特勒发布了授权信——在 9 月 1 日正式宣战的当天——宣布开展“T4 行动”（依据拟定行动计划的办公室地址命名：柏林蒂尔加滕街 4 号）；结果，约 7 万名精神病人在随后的两年间被杀害。（尽管在天主教会的抗议之下，希特勒于 1941 年 8 月 24 日被迫叫停这一屠杀行动，但杀戮仍然在继续。包括身体残疾人和精神病患者在内的 10 万人被杀害。）

然而，屠杀欧洲犹太人、消灭德国内部“不值得存活的生命”仅仅组成了二战期间平民大屠杀历史的其中一个部分。成千上万的辛提人和罗姆人（吉普赛人）也遭到了屠杀。在德国和奥地利约 3.8 万名辛提-罗姆人中，2 万人被送往奥斯维辛并遭到杀害，另外 5000 人则被流放到罗兹，随后于海乌姆诺的流动毒气车中死亡；最后只有 1.3 万到 1.4 万人幸存下来。在德占欧洲地区，可能有 10 万多名罗姆人被杀害，遇难者集中在东欧和南欧——有人死于集体枪决，有人则丧命于纳粹集中营。此外，在打击游击队的过程中，统治者往往对平民实行惩罚政策，造成了德占苏联地区无数平民丧生，其他原因还包括战争的灾难性影响和食物供应的限制。可以说，最极端的情况发生在白俄罗斯，1946 年一位美国记者将这里描述为“世界上被毁灭得最彻底的地方”。根据克里斯汀·格拉赫（Christian Gerlach）教授的统计，白俄罗斯被德国占领后，160 万 ~170 万人被杀害——据粗略统计，遇难者包括 70 万名战犯，50 多万名犹太人，34.5 万名在统治者反游击行动中丧生的平民，以及其余 10 万人——占 1941 年德军抵达时该地区总人数的近五分之一。乌克兰被德国占领后，大屠杀、流放和反游击队行动接踵而来，尸骨也堆积成山。杀戮并不止于东欧境内。在战争结束前两年，随着 1943 年 7 月墨索里尼下台，德军占领了意大利北部并开展了屠杀行动，造成超过

9000 名意大利平民死亡。（在意大利境内外，超过 1.1 万名意大利服役士兵死于德军之手。）1943–1944 年，德国占领希腊后为打击游击运动进行了报复性劫掠和扫荡行动，超过 2 万人被德意志国防军射杀、绞死、暴打或焚烧。据来自希腊西部乡村的幸存者亚历山德罗斯·马里奥斯（Alexandros Mallios）后来回忆，1943 年 8 月德意志国防军袭击了他居住的村庄，317 位当地居民丧生：

> 我可能是德国人离开后第一个踏进村子的人。屋子全都被烧毁了。我听到玉米燃烧的爆裂声，起初以为是德国人还在开枪。我从另外一条路穿过村子，但我看见的所有房子都已经被烧毁。我没有看到幸存者。路上有很多尸体；男女老少，大部分尸体都被烧过。我看到一位老妇，她似乎是坐着被烧死的。在我经过的时候，很多房子都还在燃烧。
>
> [马克·马佐尔在其著作《在希特勒的希腊》（*Inside Hitler's Greece*）第 195 页引用了这一段话。]

当马里奥斯走到自己的房子时，发现他家人的尸体都已躺在了路旁。

但是，并非所有暴行都是德国人犯下的。在战火燃烧的欧洲大陆上，许多不同种族的人都参与了暴力仇杀行动。在克罗地亚，乌斯塔沙（Ustaše）组织及其支持者在 1941 年 4 月宣告成立克罗地亚独立国的数周之后，在各民族聚集的城镇和地区对塞尔维亚人、犹太人和吉普赛人进行了屠杀行动，而后他们也继续在集中营杀害平民。乌斯塔沙运动对本国塞尔维亚人、穆斯林和犹太人的清洗，被一位德意志国防军军官描述为“无视所有文明社会法律和规则的行为，男女老少无一幸免”。1944 年 6 月，在法国利穆赞格拉讷河畔的奥拉杜尔村，党卫军“帝国师”（Das Reich）屠杀了 600 多名当地居民，大部分行凶者——约占三分之一——都是阿尔萨斯人。在被纳粹占领的苏联地区，与占领者对民众的暴行相比，当地游击队的行径有过之而无不及，他们和苏联红军都在后方积极抓捕逃兵和敌人，甚至抓捕那些仅被臆断为逃兵和敌人的人。

在亚洲，屠杀平民同样是战争的一大特征。从 1937 年入侵中国开始，日本便不断地屠杀中国平民。其中最广为人知的事件，同时也是中国抗战史上一个标志性事件，就是 1937 年 12 月 12 日日军占领南京后为时 6 周的南京大屠杀。中国官方估计的遇难者人数为 30 万人，尽管具体人数仍然存在争议，但日军暴行的残酷和卑劣是无可置辩的；无数中国男性被杀害，妇女被奸杀。（让-路易斯·马戈林认为约有 2 万到 3 万名平民和 5 万到 9 万名士兵被杀。）南京并不是遭受日军暴行的唯一城市。在中国北方，日军为了打击共产党领导的游击队，实行了“扫荡性绥靖”政策，（按约翰·道尔的话说）对所有农民进行恐怖行动，到 1941-1942 年甚至演变为了“三光政策”：“杀光，烧光，抢光”（这与德国在白俄罗斯的政策相仿）。日本扫荡行动的受害者的具体人数无从得知，但据估计，在共产党力量活跃的中国北方地区，人们或逃离或死于当地，总人口从 4400 万人锐减至 2500 万人。

日本的暴行并不止于中国境内。1942 年 2 月英国军队在新加坡投降，日本立刻处死了 5000 多名华侨——手段包括斩首、溺死、扫射和刺杀；1942 年 4 月，数以百计的美国和菲律宾战俘被日军刺杀于臭名昭著的巴丹死亡行军；1942 年初，为报复油田毁灭行动，日军处决了约 100 名荷兰平民。日本在占领期间洗劫了马尼拉城，由于美国到 1945 年 2 月才不紧不慢地夺回城市，在日本占领的最后几天里，超过 10 万人被杀害。

劳工、犯人和平民

除了在集中营被杀害以外，很多人受暴行的间接影响而死，或因没有得到应有的保护而丧生。一个典型案例就是在战争最后两年里，被迫为纳粹德国工作的劳工死亡率极高——这是残暴的虐待、极差的居住和工作环境导致的结果。据估计，东欧劳工和意大利战俘的死亡率是德国劳工的 6 到 7 倍。1939–1945 年间，近 50 万名外国劳工在为纳粹战时经济工作时丧生。包括强制劳动的战俘和集中营难民（含犹太人）在内，1350 万名被迫为德国经济服务（即“大德意志”境内，例如在 1942 年德国境内）的外国劳工中，共有 250 万人丧生。当然，即便在环境条件不错的情况下，他们也同样难逃一死，但绝大多数人都死于恶劣的拘役条件。然而，受战争影响，死于营养不良和疾病的具体人数仍无法确定。

在远东地区，许多被日本强制劳动的外国劳工都丧生了，尽管总数不是非常大。据估计，67 万名在 1939–1945 年间被带到日本工作的朝鲜人中，6 万人在极度恶劣的环境条件中死亡；1943–1945 年间共有 4.2 万名中国人被强行带至日本工作，其中 1 万人丧生，许多人甚至在离开中国前或在开往日本的船上死亡；1942 年 10 月–1943 年 11 月，30 万名外国劳工被强制征召到蛮荒之地修建缅甸—暹罗铁路，其中约有 6 万人未能幸存；日军为了搜刮劳动力，对印度尼西亚的村落进行了扫荡，成百上千人死于日军手中。

二战期间，命运比外国劳工还要悲惨的就是战俘，许多人在囚禁的过程中丧命。当然，一些战俘也很可能会在关押时受自然因素而死；在一战期间，许多战俘就因为疾病或较差的关押环境丧生。但是，一些族群死亡率之高、涉及人数之多，都是空前的。战俘营的生存条件是极其恶劣的，战俘的需求经常被无视，导致成百上千人丧生。落入德军手中的苏联士兵是战俘死亡人数最多的一组人。在二战期间，共有 570 万名苏联士兵被德军抓获，其中 330 万人死于冷冻、疾病、饥饿和处决（其中，在 1941 年 6 月德国发起猛攻到 1942 年 1 月期间，约有 280 万名苏联战俘死亡）；根据一名服役于战俘营的德国下士在 1941 年 11 月的观察，发生在战俘营里的屠杀次数比战役数量还要多。

除了苏联战俘以外，还有其他许多被俘士兵遭到德军的迫害。1500 到 3000 名在法国服役的非洲士兵在德国 1940 年对法作战期间被俘并杀害。在墨索里尼倒台、1943 年 10 月佩特罗 · 巴多格里奥政府对德宣战之后，德军屠杀了大量意大利战俘。向同盟国投降的士兵也不能保证得到较好待遇，一些投降者被直接枪杀。保罗 · 福塞尔（Paul Fussell）在其回忆录《作战》（*Doing Battle*）中描述了他所在的美军某排在一场极为惨烈的战役之后如何对待投降的德国士兵：

> 他们大部分人都想投降，听见我们喊着“你们出来吧，把手举起来！”，他们都出来了，哭着乞求我们不要因为愤怒杀害他们。

但很多人都被处决了。由于德国战俘腾空位置太过拖延，我们时不时有人向他们扔一枚手榴弹，嘴里念叨着“来，你们把这个分了吧”。

［保罗·福塞尔，《作战：一个怀疑论者的养成》（*Doing Battle: The Making of a Sceptic*），波士顿，1996年，第7页。］

约有46万名德国士兵在被俘期间死亡，然而其中绝大部分其实丧生于苏联军队之手。被苏联军队俘虏并关押在劳动营中的德国士兵共有330万人（大部分人是在战争末期被俘的）。

远东的情况也大同小异。日军在华作战时，并没有必要俘虏士兵。而落入日军手中的西方国家士兵的命运则被完好地记录下来：在被俘士兵中（包括5万名英国人、3.7万名荷兰人、2.2万名澳大利亚人、2.2万名美国人、1700名加拿大人和几百名新西兰人），将近3.6万人死亡；澳大利亚战俘的死亡率为34%，英国为25%，荷兰则是23%。

毋庸置疑，二战期间以暴力、残酷、肆意毁灭和谋杀为特征的战斗和占领行动势必引起致命的报复行为，尤其当机会呈现的时候。或许最臭名昭著的暴行当数1944年末到1945年苏联军队经过德国领土时对民众的屠杀行为。当苏联军队抵达德意志帝国境内的东普鲁士时，在1944年10月，苏联司令官提醒士兵他们“立志要让敌军在苏联土地上犯下的罪行付出代价的神圣誓言”。他们确实报仇了。红军在对纳粹德国发起最后攻击时，还出现了纵火、强奸和谋杀的乱象。1945年5月，一位葛利滋的天主教牧师在苏联军队抵达时沉思道：“轮到我们付出代价了。”伺机复仇的不仅仅是苏联士兵。

1945年被强迫为德国工作的劳工终于得到释放，他们往往袭击自己昔日的“主人”；重获自由的集中营囚犯也纷纷杀害自己的看守，有时甚至在释放他们的同盟国军队帮助下展开杀戮；波兰人和捷克人也在昔日的德国东部和苏台德区向德国人进行报复。对于众多平民百姓而言，二战并没有随着轴心国的投降而立即结束，根源于这场战争的暴力在战斗正式结束之后，仍然长久地持续下去。

战后，大批民众被迫迁离自己的居住地，其中绝大部分是逃离或被驱逐出德国东部的德国民众，对于他们而言，暴力的持续影响显得更加真切。共有近1200万德国人被迫从新奥德-尼斯河边界以东的普鲁士省的家园迁离出来，从捷克斯洛伐克（主要从苏台德区）迁出，从1939年前的波兰地区迁出，或从匈牙利、南斯拉夫、罗马尼亚和波罗的海地区迁出。这或许是人类史上最大的强迫迁移行动。20世纪50年代，西德政府为了强调德国民众遭受的苦难，往往夸大了死亡人数，实际上约50万人丧生，但无论如何这已经足以说明死伤的惨重程度：许多人在1945年冬天试图逃跑时被冻死，有人在苏联和波兰政府建立的集中营里死亡，也有人在对德国人进行清洗运动时死于营养不良或疾病。1945年4月德军投降时，东普鲁士首府哥尼斯堡共有10万人口，据一位医生估计，到1947年春，近四分之三的人死于疾病或营养不良。转移德国人仅仅是故事的一部分——与德国在二战当中开展的残忍强制转移行动几乎一脉相承。由于重新划界，一些人不幸被划到了错误的一边，他们也遭到了强制驱逐——约210万名波兰人从本是波兰东部的土地上（和西伯利亚流放区与中亚地区）被驱逐到了本是东德的废墟当中。

饥饿、疾病和自杀

东德民众被饥饿折磨的现象仅仅反映了二战时期民众挨饿致死情况的一个方面。正如本章开篇描述的那样，饥荒在战争中影响了无数人。当然，饥荒不是一个新现象。但在 20 世纪 40 年代早期，战争造成的问题——交通、市场、国际贸易被扰乱，食品价格猛涨，发展力短缺，民众的食物资源被分配给了军队——加剧了自然灾害带来的破坏，也导致世界上很多地方都遭遇了粮食危机，夺去了数以百万计的生命。饥荒不完全是偶然事件；在一些情况下这可能是故意制造的危机——用“另一种战争手段”故意杀害大量平民。

最可怕的人为饥荒大概要数德军对列宁格勒的封锁围堵，这是人类有史以来历时最长、死亡率最高的围攻行动。从 1941 年 9 月 8 日到 1944 年 1 月 27 日，列宁格勒被大面积切断供给——一次为时 871 天的现代围城行动。迫于饥饿，食人行为变得越来越普遍（在持续枪击和轰炸的影响下）。由于列宁格勒的居民面临着极端的选择，社会规范也随之崩塌——例如在 1941 年 11 月，一位母亲为了喂养自己其他的孩子，被迫让还是婴儿的女儿窒息而死。总体而言，至少 70 万人（很多估计数字达到了 100 万）在列宁格勒围攻战中丧生——在前 11 个月内就有 65.3 万人死亡。到 1944 年 9 月围困已经完全解除时，该城 248.9 万名居民仅有 55.7 万人幸存下来。（约 75 万人被疏散撤离，但其中也有很多人丧生。）德国占领了苏联部分领土后，对包括列宁格勒在内的城市进行人为制造饥荒；乌克兰首都基辅也遭受了德国人为制造的饥荒，导致上万人死亡。（尽管同盟国从未做出德国在东欧施行的这些暴行，但他们的双手也同样沾染着民众的鲜血：1945 年 3 月末，美国空军开始大规模地向日本港口和水路投放地雷，其行动代号则为“饥饿行动”。）

20 世纪 40 年代初，饥荒几乎遍布了全世界各个角落——1941-1943 年的希腊（根据红十字会统计，约 25 万人直接或间接死于饥荒），1944-1945 年经历“饥饿之冬”的包括荷兰、东非、越南（东京 Tonkin，译者注：即越南北部地区，越南人称北圻）、中国（河南）、英属印度和情况最为严重的孟加拉。据估计，中国、印度、越南在二战进行到后半程时，约 750 万人死于饥饿及相关的疾病。单是孟加拉的饥荒就造成了 300 万人死亡。根据 1943 年上任的印度总督阿奇博尔德·韦维尔（Archibald Wavell）的描述，这是“在英国统治下的人民所遭遇过的最大灾难”。在 1939 年和 1941 年，孟加拉出现歉收，但也并未造成饥荒；但是英国殖民政府的战争优先政策，扰乱了粮食市场的秩序，由于没有及时宣布饥荒的到来，无数人被夺走了本可救命的粮食。这是人祸而非天灾；正如科马克·欧·葛拉达（Cormac O.Grada）描述的那样，“战神比马尔萨斯发挥了更大的作用”。

20 世纪 40 年代许多人死于饥荒，但这并不完全是因为政府更关注战争而非民生福利导致的政策偏差或政策不当，也不完全是故意而为之的政策；民众同时还需要应对战时经济问题，尤其是通货膨胀（例如 1943 年中国遭遇的极度通货膨胀）导致的粮食价格疯涨，这会导致社会弱势群体无法获得基本的食物供应。当然这些饥荒并不一定与故意为之的政策或军事行动直接相关，但毋庸置疑这些问题都源于战争。第二次世界大战间接（由于经济失衡）或直接地（由于故意而为之的政策）导致数以百万计的平民被饿死。

显然，死于饥荒和死于疾病是紧密联系在一起的，尤其是二战期间遍布欧亚地区的营养不良的情况，导致许多人更加容易被疾病缠身。在 1941 年初，美国公共卫生署（United States Public Health Service）的初级统计员克拉拉·康斯尔（Clara Councell）描述道：

> 战争从来都与疾病肆虐相伴。国际冲突的大环境为流行病的广泛快速传播提供了有利的条件。集中、大规模的人口迁移；疲劳、营养不良、饥荒和冷冻；医疗、卫生设备和个人卫生无法得到保证，导致流行病大范围爆发。逃难者、俘虏和遣返的囚犯都是重要的疾病携带者，推动了疾病在交战国的广大民众之间的蔓延。

她还写道："尽管几个世纪以来，士兵往往患上几种特定的疾病，但是近期，战时传染病的广度和严重程度都有了明显的变化。同时，也仅仅是在最近的一些战争中，军事行动导致的伤亡人数才开始超过疾病。"

这段写于二战初期的文字记录无疑在一方面反映了现代军事战争的致命属性，另一方面则反映了医疗卫生的不断改善。但是，二战期间死于疾病的人数仍然相当庞大。从 1942 年 11 月到 1943 年 2 月，在斯大林格勒战役中丧生的 16 万名德国人当中，约 11 万人直接死于疾病（尤其是斑疹伤寒）或饥饿。战争和流行病往往相伴而行：在 1941–1942 年的冬天，俄罗斯和波兰地区爆发了大规模的斑疹伤寒（德国也爆发了若干例）；1943 年 11 月到 1944 年 3 月斑疹伤寒在那不勒斯大面积爆发（从突尼斯和乌克兰返回的士兵带入了病源）；在战争结束前的最后几个月里，斑疹伤寒在德国集中营蔓延开来（在必需品供应短缺和囚犯人数剧增的矛盾之下，疫情极度恶化——卑尔根-贝尔森地区疫情最为严重，包括安妮·弗兰克在内的 1.7 万人都在 1945 年 3 月病逝），当战争结束时，集中营以外的德国其他地方也爆发了伤寒病情（这些地区在战前几乎没有爆发过斑疹伤寒）。在亚洲，大量日本士兵在战争末期受伤病折磨，超过 8.1 万人在回国之前不幸死于异乡。

人们死于疾病并不完全是战争的自然结果，有时也源于故意人为，例如通过医疗试验或生化武器对人进行传染。在 20 世纪 30 年代，德国和日本都试图开展生物战（事实上英国和法国也发动了生物战）。二战时，日本在中国开展化学和生物武器的实验，造成许多人不幸丧生：囚犯被注射了致命的传染病毒；一些老鼠身上带有感染了瘟疫的跳蚤，它们也被投放到田地里；向中国社区空投一些携带瘟疫病源的物质；装有瘟疫细菌的烧瓶被放入水井和水库中，感染了瘟疫的跳蚤也被撒到稻田和麦田里。可想而知，其结果是瘟疫大面积爆发，大量民众死亡。日本人还向中国浙江省投放了炭疽病菌、伤寒病菌并污染水源，导致在 1942-1943 年该地区成千上万民众死于传染病。

日本在中国广泛使用生化武器，而欧洲战场则爆发了一场集中的生物细菌战：德国军队在意大利投放疟疾病源。1943 年秋季时期，为了阻挡同盟国军队进入意大利半岛，德军在罗马南部人为制造沼泽，并引入感染了疟原虫的蚊子幼虫。由于英美士兵已经注射了抗疟疾药物，他们并没有受到太大的影响，但是意大利民众难逃厄运。1944 年，许多人死于疟疾。

在二战非自然死亡的名单上，“自杀”也是一项不可忽视的死亡原因。当然，自杀不是战争时期的特殊产物。但是，在二战即将结束之际，欧洲和亚洲发生了大范围的自杀行动，尤其与战时德国和日本文化紧密相关。在这两个国家，随着1945年军事行动宣告失败，许多人都选择结束自己的生命（和自己家庭成员的生命），而不是勇敢面对战败后的生活。

在德国，随着纳粹政权倒台，许多前政治领袖、军队指挥官和官员都选择自杀——包括41名地区长官中的8位、47名高级党卫军领袖中的7位、554名陆军将领中的53位、98名纳粹空军将领中的14位、53名海军将领中的11位。但自杀的浪潮并不限于上述这些将领，还有成千上万的平民在同盟国军队开到之后，也做出了同样的选择。1945年初，德国党卫队国家安全部在其最后一份关于民众士气的报告中指出："许多人都倾向于结束这一切。各地对毒药、手枪及其他自杀工具的需求量都很大。由于对未来感到绝望，自杀每天都在上演。"随着德国军事力量的崩溃，在一些地方，自杀甚至是一种集体行为。1945年4月，柏林共有3881名民众自杀，同年5月另有977人轻生；苏台德区的德国人在战后遭受了极端暴力或强制驱逐，一些家庭会盛装打扮，在花团、十字架和家庭相册的簇拥中绞死或毒死自己。

在太平洋地区，人们自杀的动机似乎更加强烈。在日本民众和士兵接受的教育中，投降是不可接受的，他们被要求结束自己的生命，不向敌人低头。1944-1945年间，随着美国军队穿过太平洋，逐岛逼近，日本民众开始了集体自杀行动，结束自己和家人的生命，有时甚至是用军队发放的手榴弹自杀。或许最可怕的自杀浪潮发生在冲绳岛：随着美国军队登陆，日本军队指挥官下令要求民众自杀，不得向敌人投降。到冲绳战役结束之时，约9.5万名日本人死亡——其中一部分人死于敌人的枪口之下，一部分人则被日本士兵、自己的朋友或家庭成员杀死，另外一些人则选择了自杀。

结 论

总体而言，在二战期间以及战后一段时间里，非自然死亡的人数已经超过了阵亡战士的人数。这些亡灵存在于在人们对二战的记忆当中，也塑造着世人对这场战争的理解，是二战史中极为重要的一部分。在大多数战争中，民众往往是主要的伤亡人群。但在二战期间，不同冲突地点的非自然死亡规模不尽相同，也使得这些冲突和战争区别开来。军事行动不是二战的全部历史和记忆，爆发了集中死亡事件的标志性地点也是其中重重的一笔：德累斯顿、广岛、奥斯维辛。然而在二战期间，非自然死亡的发生范围远远不止这几个标志性地点，有孟加拉和希腊的村庄，还有马尼拉的街道，更有那无数的生灵涂炭的地方。这些亡灵没有纪念碑，而我们也无从知道他们最后的故事。

我们该如何解释二战期间非自然死亡史中的那些残暴无情、麻木不仁的杀戮呢？诚然，战争充当了这史无前例的暴行的催化剂，是这些非自然死亡事件爆发的背景。二战期间，平民伤亡人数多于士兵，这其实是大多数战争的伤亡结构。因此，二战并不是特例；而 1914–1918 年一战期间，士兵伤亡人数远多于民众（尤其是西线战场上），这恰好说明了一战时期伤亡结构的特殊性。无论是三十年战争抑或是越南战争，大多数情况下伤亡人员主要由士兵之外的人组成。但是，二战期间许多致命的暴行呈现出了从未有过的特点。

首先是其空前的规模。非自然死亡造成了全球范围内数以百万计的民众丧生，从意大利到菲律宾，从波兰和乌克兰到印度和中国，无一幸免。工业化国家被广泛地卷入战火，许多国家遭到入侵和殖民统治，而当中的居民须多被视为二等公民，这些情况都导致了难以预料的伤亡规模。第二个新的特点则是政府参与屠杀行动，这种屠杀不是分散、局部或是以儆效尤式的，而是有组织的大屠杀。非自然死亡事件不仅仅是意外事故，或附带损伤，还经常是故意为之的政策使然——这甚至不是出于任何政治或经济考虑，屠杀本身就是一种目的。第三，战争极大地破坏了经济发展，扰乱粮食生产和分配，也导致疾病蔓延，间接推动了大范围的非自然死亡。第四，现代技术使得屠杀大量人员成为可能，其手段包括轰炸、毒气、人为制造的饥荒和生物细菌战。第五，同时也是最主要的特点，即战争瓦解了几十年甚至几百年才形成的基本行为规范，为暴力行为提供了温床。第一次世界大战被（乔治·凯南）称为“原始性灾难”，它导致欧洲和世界都陷入了暴力的漩涡，也让20世纪上半叶的人类史蒙羞。然而，第二次世界大战时期爆发的全球范围的非自然死亡浪潮，更是让人性陷落到了谷底。

二战期间的非自然死亡事件是20世纪的一个显著特征。这些惨痛的记忆被定格在南京大屠杀、汉堡轰炸和东京轰炸、1945年初横穿德国的死亡行军、广岛长崎原子弹爆炸和奥斯维辛集中营。但与此同时，二战也悄无声息、不留痕迹地夺走了无数生命——那位在河南大饥荒中丧生的女孩，那位在希腊村庄里被活活烧死的老妪——这些不胜枚举的悲剧共同构成了二战当中人类付出的巨大牺牲。

大卫・埃杰顿

David Edgerton

Brains at War: Invention and Experts

第十二章

战争中的智慧：发明与专家

齐克隆 B 的主要成分为氰化氢，长久以来它被用于驱除虱子，并在一些德国集中营被用于大屠杀。

二战中的专家及其发明创造是我们知之甚少的一个话题，但其发挥的作用和出现的数量都是相当大的。我们也经常说，战争“有利于”发明创造，这项或那项发明推动战争取得了胜利，或者这是一场物理学家的战争，或者自由国度中的“自由科学”战胜了极权主义国家中被政府控制的科学等等，诸如此类。尽管我们理解为何人们做出这些论断，但我们也应该明白，其实这与事实相去甚远。关于二战中发明与专家的第二大困惑恰恰展现在这两个非常狡猾的词语中，“科学”与“技术”。事实上，我们最好不要将这两个词语放在一起。一方面，这样的术语往往会引起人们关于魔力的幻想，或误导人们反思善恶。另一方面，“科学”和“技术”往往意指一些非典型的、激进的发明，而不是全部发明创造的统称，更不代表全部已有知识或已有发明。特殊的局部往往被拿来指代全局。最后，我们需要记住的是，二战期间，英语语言中几乎不存在“技术”一说，更不存在现代意义上的“技术”一词，而“科学”的含义也比今天广泛得多。那时候，人们更习惯于用“机器”“工具”“技巧”“设备”和“仪器”，来表达我们今天常说的“技术”。那时候，人们将飞机、收音机和雷达当成“科学的奇迹”或“科学发明”，而今天这些发明创造早已经被列入技术名单之中了。狭义的“科学”

和现代意义上的“技术”在战后开始成为两个含义不同的词语，而科学也开始逐渐褪去了它的战时色彩。

本章内容涵盖了二战期间各个领域的专家及其发明创造，同时将与不同战争的本质特征结合起来进行讨论。一些观点认为，二战期间的“科学技术”非常振奋人心，而且他们往往只讨论与大国相关的科技，局限于科学学术研究，甚至仅仅讨论物理科学相关的发明：例如雷达、原子弹、火箭。本章的讨论重心、方法及论点都与上述这种观点不相苟同。以美国的情况为例，本章不会过度强调从事学术研究的物理学家的作用，或科学研究与开发办公室和原子弹计划的作用，而轻视工业、军队、化学家和工程师的角色。本章也不会像战后的沙文主义者一样夸大本国的发明创造，例如，一些英国分析家往往长篇大论地叙述，英国首先发明了喷气式飞机、雷达和空腔磁控管，没有其他国家像英国一样在原子弹制造中发挥了如此关键的作用。同时，本章也不赞同那些认为战争期间发明创造的出现频率发生了彻底变化的观点，更不能苟同那些自我吹嘘的科学家的言论——战争使得知识和权力之间达成了危险的契约。长久以来，政府和军队都会与专家保持合作，而这些技术复合体恰恰就是战时重要发明创造的源头。

政府中的专家

战争期间不乏掌握权力的专家，其中最典型的类型就是现役军官。尽管如此，二战期间也没有一个政府完全是由军事好战者组成的。当然，日本的情况最接近于此：东条英机是一名职业军官，他在二战的大部分时间里担任日本首相。1943-1944 年，佩德罗·巴多格里奥元帅率领意大利军队站在了同盟国一方。蒋介石也是一名出身于军队的政治家，并成为了中国国民党的大元帅（Generalissimo）。斯大林在 1943 年将自己封为元帅；拉夫连季·贝利亚在 1945 年获封元帅，同年斯大林成为大元帅。温斯顿·丘吉尔以一名职业军官出身，但其后来的职位远远超过了这一角色。所有重要的战时领袖都将自己的权力凌驾于军队之上。例如斯大林、希特勒和丘吉尔，他们都在其本国军队事务与其他低一级事务中发挥着战略决策的关键作用。而且，这三位领导人都掌握了各自国家的战争命脉，即武器、原材料和工业。

在政府的高级官员中，许多关键岗位都由拥有专业知识的官员担当，他们负责生产或研究业务。美国副总统亨利·华莱士（Henry A. Wallace）是一位著名的农业科学家和企业家，他在 1940-1943 年担任战时经济委员会主席和战争资源分配委员会主席。后者是战时生产委员会的前身，而战时生产委员会则由西尔斯—罗巴克公司的化学工程师唐纳德·尼尔森领导。该公司是为战争服务的巨大生产商和邮购公司。在英国，供应部门有时由外国专家负责。生产大臣（奥利弗·利特尔顿）和粮食大臣（弗雷德里克·伍尔顿侯爵，他有着科学背景）都是商人。丘吉尔的个人经济和科学顾问是物理学家弗雷德里克·林德曼，他在内阁任职。战时的德国政府由许多拥有专业技术背景的人员组成。阿尔弗雷德·罗森堡是一名工程师，也是国家社会主义的思想家和激进理论家，他担任了德意志帝国东部占领区领土部长。自封为农学家的海因里希·希姆莱是德国党卫队的领袖（从 1943 年起担任内政部长），他控制着一个巨大的军事、工业和警察组织。铁路工程师尤利乌斯·多普穆勒（Julius Dorpmüller）兼任交通部长和德国铁路的总负责人。从1933年起，动物饲养员理查德·达雷（Richard Darré）担任粮食与农业部长，随后在1942年继任的是农业科学家赫伯特·贝克（Herbert Backe）。1940–1942年，工程师弗里兹·托特（Fritz Todt）任军需部长，随后由建筑师阿尔伯特·施佩尔（Albert Speer）继任，再后则是工程师卡尔-奥托·绍尔（Karl-Otto Saur）。值得注意的是，当时的日本天皇是一位生物学家，但是关键工业领域的负责人是岸信介（Nobusuke Kishi），他是一名专业的管理者，担任商务与工业大臣（随后商务与工业省被纳入军需省）；战争结束后，他成为首相。1943年以后，岸信介仍然掌握着军需省的实际控制权，尽管首相才是名义上的主管大臣。在维希政权统治下的法国，年轻的工程师让·比舍洛纳（Jean Bichelonne）从1942年开始担任工业生产部长。

在无所不能的苏联国家防务委员会里，有两人负责采购事务：拉夫连季·贝利亚——时任古拉格系统中的内务人民委员部负责人，曾在巴库理工学院（Baku Polytechnicum）就读——和乔吉·马林科夫（Giorgi Malenkov，毕业于莫斯科高等技术学校，与阿尔弗雷德·罗森堡是校友）。这两位部长级官员的手下是一帮工农出身的年轻工程师，他们在早年间就已成为党员或积极分子，随后被送往精英教育机构。1939–1941年间担任国防工业部长的是鲍里斯·万尼科夫（Boris L. Vannikov），他在1919年入党，同时也是莫斯科高等技术学校的毕业生。战后，他在贝利亚的领导下负责苏联原子弹研究计划。1941年，年仅33岁的乌斯季诺夫（D. F. Ustinov）继任国防工业部长，他曾就读于列宁格勒军事机械学院（这是沙皇时期创建的一所老军事工程院校）；他和其他拥有技术教育背景和战争经历的工人阶级名人赫鲁晓夫、勃列日涅夫和柯西金一样，都是战后苏联的关键人物。二战期间，三十多岁的阿列克谢·伊万诺维奇·沙胡林（Alekser Ivanovich Shakhurin）担任航空部长，他毕业于莫斯科经济工程学院，并曾在飞机工业领域就业。亚历山大·雅科夫列夫（Alexander Yakovlev）（1906–1989）是雅克战斗机的设计者，他在 1940–1946 年间担任航空工业部副部长。

认为专家的意见与其政治立场相互独立的观点是错误的。苏联体制内的技术专家都是坚定的共产主义者；而德意志帝国的高级技术官僚也都是典型的国家社会主义者。像利特尔顿和林德曼这些担任公职的英国专家，他们也是坚定的保守派，是首相的个人助手。亨利·华莱士是一位坚定的新政拥护者。但是，认为专家不应带有政治立场的观点确实在社会上存在一定的共鸣，尤其对德国来说。战后，阿尔伯特·施佩尔等人都将自己标榜为无政治立场的专家，声称这是他们取得成功的原因，他们认为如果不是因为意识形态坚定的国家社会主义者掌管政权，德国会取得更大的成功。但是在近几年，人们越来越清楚地认识到，大部分德国技术专家都是国家社会主义相关政策的积极策划者和实行者——纳粹主义不是现代性向反专家文化的大倒退，而恰恰是专家文化的典型表现。例如，在入侵苏联的前夕，达雷和贝克着手准备的行动计划昭示了其政策目的：为了给德国军队提供食物，为了让德国人吃得更好，他们必须夺得乌克兰和其他高产的占领区，从而获得更多农产品。而占领地区的人口，其中主要是苏联城市居民，只能忍饥挨饿。毫无疑问，阿尔伯特·施佩尔本人是一个坚定的国家社会主义者，尽管他后来否认了这一点。作为希特勒的密友，他目睹了纳粹压榨奴隶劳动力的过程（这促进战争末期德国农业产量迅速增长），同时他也和党卫队保持密切合作。党卫队也有其自己的技术专家，包括工程师汉斯·卡姆勒尔博士，他负责建造集中营和灭绝营，还掌管着地下工厂和全部 V-2 项目，并负责喷气式飞机的生产。

当然，我们也不应该将二战时期描述为科学的堕落史。尽管包括医生和科学家在内的许多专家都做出了一些非常可怕的事情，但他们仅仅是执行命令而已。比起其他人，他们或许不是最堕落的。受过教育的人在杀戮上发挥创造力，这并不是一件新奇的事情；至少从几十年前起，科学研究就开始为国家提升作战能力服务。但是，在为与战争相勾连的科学辩护时，社会上出现了一种奇怪但很有影响力的观点，即参与侵略性战争关乎科学家本人的良知。这一观点是不成立的，但在很多既有文献中，尤其是关于原子武器发展的文献，都渗透着这一理念。不仅德国和日本如此，美国的情况也大同小异。在战后的一些研究文本中，许多学者试图将专家置于"善"的一方，将守旧的军事家和政治家置于冷血邪恶的对立面。英国一些科学家试图扭曲历史，称科学家对战略轰炸行动持反对意见，并将此标榜为以科学方式开展战争的顶峰。战后，有许多关于美国原子科学家在原子弹袭击前夜经历内心煎熬、良知拷问的故事。这些都是无济于事的言论，但在意识形态上具有重要意义。罗伯特·奥本海默（Robert Oppenheimer）是曼哈顿计划中的高级科学家，他是支持战略轰炸的。奥本海默吟咏道，"我成为了死神"，他清楚地意识到自己暗指的是《薄伽梵歌》中的一个著名场景——世界被大洪水那样的灾难毁灭，被罪恶所清洗。但正如其他科学家一样，奥本海默将自己的技术和忠心都献给了工作。总体而言，在关于对战争的态度方面，双方的科学家都不够坦诚。例如，德国物理学家——虚伪地——声称他们曾积极阻止德国制造原子弹，但事实上他们为制造原子弹付出了许多努力。同样，参与日本原子弹计划的主要物理学家对其团队的工作矢口否认。同盟国的核科学家们也无法开诚布公，他们暗指当时许多人都反对发展原子弹，但事实上几乎没有提出异议的人。尽管在战后关于科学和战争的文献中有很多关于良知问题的讨论，但这并不能反映战时专家们真正的态度。

一些观点认为专家实现了自我动员，以自己的方式参与到战争中去，这种观点值得我们警惕。一些地方的专家，如英国，往往会这样介绍自己对战争的贡献，通过吹嘘自己开发出了促进战争取胜的新设备来邀功。但在事实上，他们中的绝大部分人都只是在原有的框架下参加了既有的研究项目而已。德国专家在战后声称自己是被迫加入战时工作的；对此，历史学家反驳道，他们为了从战争中获利而开展了“自我动员”。尽管如此，我们还是应该看到，专家在战时也并不是自由人，无论是同盟国还是轴心国，它们都征用了大量的技术专家为政府服务。专家们对战争的贡献与其他被征用的人员一样。在被其他国家占领的地区，专家的行为和命运与其他精英阶层没有差别。在西方，通敌合作与继续坚持是完全不同的两码事。而作为精英阶层的东欧专家，他们面临的环境尤为险恶。例如，同样是一位植物育种家，身处德占乌克兰和身处德占挪威或法国的待遇存在着天壤之别。

专 家

所有交战国都依赖于和平时期的专家，但战争对专家又提出了新的要求：到新的地方去，需要更多新的类型，整体数量需要提升。战争要求更多的医生、工程师、科学家、管理者、语言学家和人类学家加入进来；但几乎不需要神职人员、律师、古典学者或历史学家。由于现代军队依赖于新的物理基础设施，工程师就可以帮助其建造或毁灭防御工事、道路、桥梁、铁路、飞机场和码头。借助他们的力量，几百个新的飞机场得以建成，上千英里的石油管道得到铺设。日本利用当地劳力和战俘修建了两百多英里的泰缅铁路。利多公路（史迪威公路）的印度到缅甸路段是美国工程师、当地劳工和美国劳工（大部分是非洲裔美国人）在1942-1945年间建造的。美国陆军工程兵部队成为曼哈顿工程区的大本营，并负责原子弹计划。所有前线军队都需要医护军官随行，而且往往需要征用和平时期的民间医生。一些前线战场还需要兽医，因为在东线战场上马匹是军事对抗的关键因素。1943-1945年间，由于英国在意大利战役中使用大量的骡子进行山路运输，因此对兽医的需求量也出现了突然的上涨。

尽管除了工程师和医生编队之外，各国军队都没有成立核心的科学家编队，但化学战争和信号服务的确需要大量化学家和物理学家。所有交战方都有化学战编队，开展制造和使用化学武器的项目，并开发新型武器、研究使用方法。他们都部署了大量的化学炮弹、火箭和炸弹军火库，军火库里装满了路易斯毒气剂、芥子气剂和光气剂，德国军队甚至还会使用神经毒剂。美国化学战部队积极研发和部署燃烧弹，尤其是进行空投轰炸。毒气类型的化学武器并没有得到普遍使用，但在20世纪30年代末到40年代，日本对中国使用了毒气，此外意大利也在埃塞俄比亚使用毒气。随着包括雷达在内的新式无线电设备的部署，负责处理通讯信号事务的部队也开始扩大规模，人员成倍增长。

二战的一个突出特点是许多专家被动员参与到不同的工作中去。平民在军队架构内或与其签订合约之后开展相关研究和开发项目。而密码处理也多由平民进行。政府的民众工作与战争直接相关——为此，英国战时经济部门招募了许多经济学家（其中许多人也参与了政府的轰炸决策）。为提高战时国民经济能力和改善社会服务，政府也招募了大量农学家、兽医和医生。在很多地方，人们开始尝试增产和提高生产率的新方法。例如，为了缓解食物和肥料进口量过低的局面，英国农业专家被送往中东地区，帮助提高当地的粮食产量。同样，战时工业领域对专家的需求也越来越大——工程师、科学家、管理学专家等——来帮助组织坦克、枪支、飞机等物资的大规模生产。

试验与调查

专家需要评估设备运行效果，并研究改良方法。此外还要对武器进行对比研究，调查防御工事等。他们利用收集的各种数据，对实际运行的效果进行系统的数学与数据分析，包括图像分析（按英国的说法，即“运筹学”），从而获得实际操作指南。试飞员需要对新飞机进行一遍又一遍的试飞。新的枪支也需要从实证和数学的角度分别进行弹道分析。战时，美国马里兰州的阿伯丁试验场共有2

万多名员工。美国犹他州的达格威试验场按照真实尺寸复制了德国和日本房屋与工厂的模型，用以燃烧弹测试。包括埃里克·门德尔松（Eric Mendelsohn）在内的许多流亡海外的德国建筑师设计了该试验场的德国模型；一位名叫安托宁·雷蒙德（Antonin Raymond）的捷克建筑师曾在日本工作，他设计了日本的模型。燃烧弹是简单的新式武器，挑选使用这类武器，大规模的系统试验是非常关键的。例如，M-69 凝固汽油集束炸弹在 1943 年夏天的试验中脱颖而出。哈佛大学和标准石油公司的化学家路易·菲塞（Louis Fieser）研发出了胶状汽油，这是凝固汽油弹的主要成分。另一种名为“黏糊物”（goop）（由凯泽永久医疗集团金属公司研制）的新型燃烧弹基于镁粉和凝固汽油，它被用于随后出现的 M-74 燃烧弹中。这些简单的燃烧弹，尤其是凝固汽油弹，夺去的日本平民的生命比两枚原子弹还多。

英国、加拿大和澳大利亚分别在来自英国、亚伯达和昆士兰的志愿者身上进行了化学武器试验。英澳两国的医生对预防、治疗疟疾的药物进行测验，最终推动建立了基于麦帕克林 / 疟疾平的新药物体系。在美国和其他地方，新旧杀虫剂投入使用前都在田地里进行了效力测验，最后，在战争结束前的几年里，滴滴涕（DDT）得到了广泛使用。日本和德国军事医学机构利用囚犯进行各种试验，甚至是致命的试验，例如，测试人体抵抗极端严寒的能力，测试化学和生物武器、疫苗、绝育手段，甚至还有一些与战争毫无关系的试验。731 部队是日本在中国开展化学和生物战调研的部队，他们在 10 年间造成了约 3000 人死亡。它已经超出了试验或研究的范畴，该部队规模之大，恰恰证明了日本化学和生物细菌战的规模之大。

战后，美国审判了 23 名参与过这些试验的德国医生；其中 7 人被处以死刑。美国没有审判日本医生，而苏联对其进行了审讯，但事实上美苏两个国家也都效仿了日本和德国的生物细菌战行动。

发明创造

战时发明的重要性总是被夸大其词。毕竟，新技术的开发和应用耗时长，实现军事价值的周期也很长。因此，人们希望所有战时使用的武器都在战争爆发前或战争初期就已被发明。但事实就是如此。实际上，由于 20 世纪 30 年代早期各国开展了大型军备竞赛，到 30 年代末，所有交战国都已为战争准备好了新式武器，许多武器设备也将在战争的随后阶段出现。当然，这主要靠国家之间的分享来实现：包括许多重要的国际航空运输设备和军事设备，尤其是苏联，它购买、模仿、改良了许多国外设备——例如，DC-3 运输机，产自布里斯托尔、土地神-罗纳（Gnome-Rhone）、希斯巴诺-苏莎（Hispano-Suiza）、柯蒂斯-莱特（Curtiss-Wright）的飞机引擎。T-26 坦克由维克斯 6 吨坦克发展而来。20 世纪 30 年代末苏联生产了大量的 BT-5 和 BT-7 坦克，它们使用的都是美国的（克里斯蒂）悬架系统。英国在 30 年代末获得了克里斯蒂的使用权，由是，这个悬架系统也装备在英国主要的巡洋坦克上。同样，从煤块中提取石油的方法和制作合成橡胶的技术已经得到普及，但各国的使用程度有所不同。

有武器研发经验的人都知道，历时再长的战争，也无法覆盖一项全新武器的研发周期。1939 年，英国的高级科学顾问提出，研究力度将呈现下降趋势；一些参与了操作研究的科学家在1941年和随后的几年中不断指出，研发人员应该学习如何使用武器，而不是继续研发新式武器。战争初期，德国航空研究人员被要求为军队或在工业领域提供服务，但德国在1942年叫停了原子弹项目，因为经过计算，他们发现原子弹无法在战争结束前投入使用。同样，1944年6月德国下达了命令，要裁减对武器改良的投入。这些命令最终导致的具体结果已难以得知，但总体情况是，新的研发项目仍然在继续，甚至还有人无视这些命令开展了新项目，包括喷气式飞机引擎项目和国民战斗机（Volksjaeger）项目（开始于1944年9月）。

但是，至少对主要大国而言，随着战争的推进，研发投入整体呈现上升的趋势。政府有足够的理由推进研发，当然他们也面临着必须如此的压力。新的危机将不断出现，这些危机和潜在的问题一样，都必须得到及时的解决，而这已成为作战打仗的主要工作。而且，人们对新式武器的迷信，已经完全超过了对这些武器的部署时间和效力应有的期待。从反思的角度看，二战期间一些非常出名的发明创造其实只是昂贵的荒唐物，因为它们对战争的结果没有丝毫的影响。对原子弹项目、V-2项目和形形色色的喷气式飞机引擎项目所投入的资源，都超过了它们的贡献。当然还有其他的案例。举例来说，德国对第一代真正意义上的潜艇投入了大量的资源，这就是21型潜艇（设计宗旨是进行水下潜航，而不是需要时才潜水的水面舰艇）。21型潜艇的体积约是标准VII型U型潜艇的两倍，但只有两艘在战争末期服役。

那么，发明创造又是从何而来的呢？尤其在英美国家，现代战争是从民用工业和科学的产物中转化而来的。经典的“三件套”是内燃机（尤其是航空领域）、无线电和化学品。但即便是这三个领域，故事也没有那么简单。飞机和坦克行业长久以来都被军队和军工厂垄断。从一定程度来说，无线电起源于军队——在二战之前，使用无线电最多的就是英国皇家空军。重要的无线电研究进展出自军队和相关的实验室。就化工领域而言，很多与军事相关的发明创造都存在一定的民用起源，但我们需要注意的是，许多专门研发推进剂、爆炸物和化学武器的机构都有着很长的历史。事实上，军事相关的技术发明主要是由政府、工业实验室、试验场、研讨会和设计办公室组成的强大军队-科学复合体的产物。在这个由军事研究组织、大型企业和小范围的一些大学院校组成的世界当中，我们不该忘记个人投资者的角色，他们往往是武装部队的成员，例如英国皇家空军军官汉弗莱·德维尔·利爵士（Sir Humphrey de Vere Leigh），他发明了可照亮海面上潜艇的飞机探照灯。

美国拥有大量的军事和工业设施，例如海军研究实验室，也有许多大型飞机和航空发动机制造商，还包括像杜邦（Du Pont）和贝尔电话（Bell Telephone）这样的大型商业公司。科学研究与发展办公室对总统负责，它的成立是对既有的陆军海军研发体系的补充。该办公室与精英大学签署研究协议，这又带动成立了许多新的研究机构，例如麻省理工学院放射实验室，这是全美最主要的雷达研发中心。但重要的是，我们应当将各种机构放在全局的角度来审视。例如，尽管科学研究与发展办公室是一个重要的组织，但在很多方面它代表了许多不该由它代表的内容；军工研发经费其实排在陆军（包括其庞大的航空兵部队）和海军支出之后，位列第三。同样，人们也夸大了曼哈顿计划的研发部分的重要性，因为研发部分往往被当成该计划的全部。曼哈顿计划的预算是 20 亿美元，而其中的绝大部分资金被用来修建橡树岭和哈佛的两座核电站，修建工作由包括杜邦在内的大型企业承担；而研发部分只花费了约 7000 万美元。这是美国战时研发支出的一个缩影：在 1945 年财政年度，科学研究与发展办公室的开销约 1 亿美元，相比之下，美国陆军和海军仅在研发方面就花费了 7 亿美元。

在德国，研发机构分为政府实验室和私有工厂。佩纳明德陆军研究所坐落于德国的波罗的海海岸，A4（随后以 V-2 闻名）火箭在这里问世，该研究所也成为国家级研究机构的典范。另一方面，德国大型化工集团法本公司（IG Farbon）则代表了私人资助的研发机构。日本的陆军和海军各自组织其研发机构，1942 年后还成立了许多小型机构加以补充。实行计划经济的苏联从 20 世纪 30 年代开始，也开始筹备军事相关的研究工作，包括成立科学院下属的许多机构。除此之外还有苏联特色的集中营秘密实验室（Sharashka）。该实验室的研究、设计和发展工作由内卫军关押的政治犯参与。其中一个集中营秘密实验室将总部设在莫斯科，该实验室研制出了佩 -2 轰炸机和图 -2 轰炸机，这是苏联非常重要的两款战时飞机。

飞机引擎与燃料

飞机引擎及相关部件的研究历程，很好地展示了战前与战时军事科技的发展轨迹。比起机身框架，飞机引擎的研发更加复杂，而且需要更多的资金投入，因此，研发取得的成果也要少得多。在二战当中，主要参战国都积极研发更强、更省油的新式引擎。到二战末期，英美两国所使用的引擎，其效力已经远远超过了1939年时的水平，它们也为几年后出现的轰炸机和民航飞机提供动力。

很少有企业能够研制出强大的飞机引擎，企业参与的研制类型也非常有限，不同的公司往往专门研究不同类型的引擎。例如，德国宝马公司制造星型发动机，而容克斯（Junkers, JUMO）和戴姆勒奔驰公司则研制单列式发动机；英国劳斯莱斯公司研制单列式发动机，布里斯托尔公司则研制星型发动机；日本的三菱公司和中岛飞机公司也研制星型发动机。（星型发动机的气缸呈现出从曲轴箱向外辐射的状态，像轮子的轮辐一样；单列式发动机的气缸则一个接一个排成一排。）美国工业被两家星型发动机公司垄断，它们是普拉特·惠特尼集团公司（Pratt & Whitney，简称普惠公司）和柯蒂斯-莱特公司（Curtiss-Wright），法国则被土地神－罗讷（Gnome et Rhone）和希斯巴诺-苏莎公司（Hispano-Suiza）垄断。苏联的设计局也同样进行了分工，模仿其他国家的引擎。米库林设计局（仿制宝马）和克里莫夫设计局（仿制希斯巴诺-苏莎）研发单列式发动机，而什维佐夫设计局（仿制怀特）和图曼斯基设计局（仿制土地神-罗纳）负责星型发动机。

所有战时使用的主要引擎——每个参战国都使用了多种引擎——都是战前设计的版本。产量最大的当属普惠公司在30年代研发的“双黄蜂”，共生产了17万3618台。它的体积有30升，约1000马力，和劳斯莱斯“灰背隼”（Rolls-Royce Merlin，为“喷火”式战斗机的引擎）一样都是战争初期经典的强力引擎。随后，改良这些引擎也耗费了大量资源，例如，“灰背隼”改良了数版，在战前、战中和战后较长一段时间都是重要的飞机引擎。但是设计者早已开始研制两三倍于“灰背隼”马力的发动机，其中一些在经过重重试验和打磨之后投入生产，应用于战争：包括布里斯托尔公司生产的“人马座”发动机（18 缸，2500 马力），产自莱特公司、为 B-29“超级空中堡垒”轰炸机提供动力的 R-3350“双旋风”型发动机（18 缸，54 升，2500 马力），单列式“马刀”发动机（24 缸，36 升，2500~3500 马力）；在这些发动机中，“双旋风”在战争中应用最为广泛，其他两种引擎的重要性相对较低。二战中出现的最强劲发动机当属普惠公司的“巨黄蜂”引擎（28 缸，70 升，3000 马力），它为战后的 B-29 轰炸机、波音 377 民航飞机、第一代洲际核轰炸机——战后 50 年代的 B-36 轰炸机提供动力。其他国家根本无法望其项背。战时的日本和苏联没有参与这场“竞赛”。在苏联仿制的 B-29 轰炸机和图 -4 轰炸机中，其发动机水平与 1947 年的“双旋风”相当，苏联在 40 年代开始研发与“巨黄蜂”引擎效力相当的发动机，但随后在 50 年代被叫停。德国也尝试研发像宝马 802 星型发动机、803 发动机和尤莫 222 单列式发动机一样的引擎，但以失败告终。只有英国有实力与美国“竞赛”，但也只能位居其后，而且也经历了研发失败的过程。

飞机引擎需要专门的燃料。早期，航空汽油其实是特定标准的车用汽油，到二战时期航空汽油由高度提纯的车用汽油添加大量人造碳氢化合物（标准异辛烷及其他）和四乙铅制造而成。虽然基剂可以通过提纯或对煤进行氢化获得，但其余的成分需要经过特殊的化学处理。国际石油产业常常开展协作，很快出现了新的处理方法。20 世纪 30 年代末，胡德利催化裂化技术提升了石油的汽油转化率，并产生了可制成标准异辛烷燃料的副产品，从而带来了大跨步式的发展；第二个重大的创新发明则是烷化技术，它被广泛应用于英美工厂制造标准异辛烷燃料。这些新技术很快就得到了普及，但其成本极高。德国对裂化技术和烷化技术的使用非常有限。由于德国对罐装液化气非常依赖，而丁烷和丙烷（氢化反应的副产品）是罐装液化气的重要成分，所以他们无法将大量丁烷和丙烷投入到标准异辛烷的制作生产中。与同盟国相比，德国的航空汽油量较少，且其辛烷值普遍较低。

但是，尽管美国的航空引擎产业遥遥领先于别国，但它并不是未来的先驱。根据对许多国家展开的研究表明，喷气式飞机引擎早在战前就已开始投入研发。研制成的许多武器，都对战争产生了边际影响。在 1940 年，意大利使用了一款依靠喷射燃烧技术提供动力的飞机，这项技术仍然使用传统航空发动机压缩空气。在战争末期，日本和苏联在小范围内使用了这一技术。1939 年，德国首先使用离心式压缩机的发动机为喷气式飞机提供动力，1941 年英国紧随其后。这两个国家当时也已经开始研发轴流式发动机（这是一款圆柱形小型发动机，其活塞被安置在输出轴周围，活塞的曲轴与输出轴相互平行）。1945 年，基于德国提供的样机，日本产出了少量由这种发动机提供动力的涡轮喷气式飞机和其他飞机。在二战期间，英国继续生产少量的离心式喷气发动机，为战争末期投入使用的“流星”式战斗机提供动力；德国生产了大量的轴流式发动机，与 V-2 火箭一样，其大部分生产工作都由奴隶工人承担，工作地点在哈茨山的地下工厂。对于德国来说，喷气式发动机是他们“绝地逢生”的机会，比起传统的航空发动机，它生产周期短，劳动力和原材料成本低。喷气式飞机可用成本更低的燃料，达到更高的速度，但是这种飞机对飞行员来说非常危险，并且在空战中只能发挥微小的作用。但是，到战争末期，英国已研发出多款优于德国版本的喷气式飞机引擎——英国能够在研发上投入更多资源。战后，苏联开始组建德国尤莫 004s 发动机和宝马 003s 发动机，但它们随后都被英国仿制的发动机超越了——战时劳斯莱斯“德温特”发动机，以及战后的“尼恩”发动机。美国的研发项目大部分源自英国，到战争末期，这些项目推动生产了少量由喷气式发动机提供动力的飞机。

新飞机机体构型的研发更为迅速，其中一些重要构型也被应用于战争当中。值得一提的是，20 世纪 30 年代出现的机体构型一直使用到了战争结束时期。德国继续生产老式飞机，甚至扩大其生产规模，尤其是战前就已出现的梅塞施米特 Bf-109 战斗机，因为这款飞机的生产成本此时已非常低廉；然而，德国人未能将新一代更高性能的引擎和飞机投入使用。日本则在战争期间研制了新的飞机，包括 1943 年的川西 N1K-J“紫电改”战斗机和 1945 年的中岛 Ki-84 型战斗机。意大利也未能生产新型战斗机，尽管他们已投入研发。苏联方面也研制出了多款重要的新型飞机——双引擎的图 -2 轰炸机在 1942 年开始服役，此外还有 1944 年投入使用的拉 -5 战斗机和拉 -7 战斗机。包括 1942 年引进的著名的雅克 -9 战斗机在内，雅克系列战斗机也得以大规模生产。

坦克型号的更新频率相对更快——1940 年使用的坦克到 1943 年已被淘汰，至少对大国而言，这是真实的情况。到了战争末期，战时的设计发明已被全面投入使用。德国从 1941 年 6 月开始研发“黑豹”坦克和虎 -I 重型坦克；这两种坦克都在 1943 年初服役。虎 -II 重型坦克在 1943 年被研发出来，一年后即被投入使用。英国在1944年使用的坦克是其在1940年至1941年间设计出来的模型，更为瞩目的新型坦克随后也在1945年问世。总体而言，1945年问世的坦克威力都要强于1939年或1941年战场上使用的坦克。

战时最重要的技术进展或许是在雷达领域取得的，在战争期间雷达技术经过了重要的改良和发展。共振腔磁控管（英国和日本在早已为人所知的磁控管领域取得的改良成果）在1940年得到研发并迅速推广普及；另一项则是从1940年由美国麻省理工学院研发的SCR-584雷达（为“通信兵团584号”的简称）。贝尔电话公司研制出了M-9电动防空炮指挥仪和近炸引信，这些技术将防空炮升级为一种高效的武器。由于其他一些原因，德国和日本的防空技术都无法望其项背。在1940年，所有国家在轰炸技术和防空能力上都相差不远，但到了战争的最后阶段，这种情况就发生了彻底的改变。德国人无法像英国轰炸德国那样对其进行攻击；德国没有大型轰炸机，也没有英国那样的防空设备。大部分英国轰炸机都能直接通过雷达区，有效躲避防空炮，攻破轰炸机的防御阵地。但其实英国防空系统可以更有实效，它通过战斗机和配有近炸引信和雷达引导的防空炮，有效拦截V-1导弹。日本显然缺乏像美军这样的轰炸型空军力量，更没有抵御空袭的能力，尽管它和德国都有防空雷达和高效的战斗机。毋庸置疑，美国、英国和德国的雷达研发密度是最高的，但其他国家和地区也几乎都在进行不同程度的雷达研发工作。

共　享

新技术几乎在各地同时兴起，被所有交战大国使用，雷达是一个很好的案例。或许有人误以为雷达是英国的发明，如果这发生在英国国土上似乎是一件无可厚非的事情。但事实上，早在战前，几乎所有大国就已研制出了雷达技术，所有国家都带着雷达设备加入了战争。同时还有各种渠道的雷达技术转让——因此，日本很快就在 1942 年仿制了英国和美国的雷达；苏联仿制了英国雷达，通过租借法案还从英国和加拿大获得了大量设备；在战争即将结束之前，德国仿制了它所截获的英国共振腔磁控管。1943 年，德国根据截获的英国设备研制出了 10 厘米雷达。另一个值得注意的方面是，轴心国之间缺乏这样的技术设备转让——日本没有向德国分享他们的磁控管，但德国向日本转让了他们的防空雷达，而日本仿制速度也非常慢。另一方面，英美之间的技术共享内容是非常丰富的（至少从 1940 年开始），近乎涵盖了大部分技术，包括英国的共振腔磁控管、近炸信管、航空引擎和原子弹的早期成果，以及其他一些技术进展。

所有交战大国都存在一些支持原子弹开发计划的专家和研究者，他们也加紧研制工作。大部分人都认为这项技术不可能在战争结束前完成研发，所以经费投入也相对较少。在陆军军械部的监督之下，德国于 1939-1941 年间开展了原子弹研究计划；后来由于紧急程度不高而改为民用，但依旧能获得少量的资金支持。德国最后决定叫停原子弹开发计划，因为认为研发进度将赶不上战争进度，而不是像后来一些观点所说的那样，是德国科学家不愿意开发，或者未能成功开发。日本陆军和海军从 1940 年起支持了小范围的研发工作，尽管在 1943 年加大了支持力度，但日本在原子弹研发上取得的成效微乎其微。苏联在 1943 年大力推动原子弹研制项目。而英国从 1939 年便开始研发，从战争打响的初期到 1941 年为止，英国研发工作的规模都是最大的。在参战之前就开展了全面研制工作的只有美国，其原子弹计划最初针对德国展开。尽管如此，美国仍然未能及时对德国使用这一武器。

主　题

不同大国研发武器的方式存在重大的差异。例如，日本和德国都热衷于体积庞大的武器设备。在发起珍珠港袭击前，日本已经拥有了一支强大而装备精良的海军，包括“大和”号战列舰、“武藏”号战列舰和“信浓”号航母在内，在当时可谓世界上最大甚至最强的战舰。其标准排水量为每艘 6.3 万吨（满载排水量为 7.3 万吨），速度达到 28 节。其主炮群由 9 门 460 毫米（18.1 英寸）口径的舰炮组成，射程达 4.5 万码，是当时世界上最大的舰炮。1944 年，伊 400 级潜艇在日本问世，三艘这种大型潜艇的主要任务是攻击巴拿马运河和美国城市。它们的排水量为每艘 5550 吨，长 400 英尺，这种长度到 60 年代为止都无其他能出其右。更值得注意的是，每艘潜艇都可以携带三架装有炸弹或鱼雷的轰炸机。德国的坦克项目也能反映出它对巨型装备的追崇，包括重量接近 70 吨的“虎王”坦克，和 188 吨超重型 VIII 号坦克（“鼠式”坦克）；英美建造的坦克规模相当，但也远不及德国型号。德国火炮的体积也非常大，他们建造部署了两列 800 毫米巨型列车炮；只有其中一列被投入实战。此外，德国当时还在研制更为巨型的火炮。另外，德国还有 25 门 280 毫米 K-5 列车炮（与舰炮的口径相当，但射程更远）。或许，能够说明英国的巨型武器情结最为显著的案例，就是“哈巴库克”（Habbakuk），这是一艘由冰制成的巨型航母，其预计装载量是当时传统航母的50倍，这个项目在高层早有讨论，但一直没有付诸实践。

德国和日本都研发了许多简易并且相对低廉的小型武器，这形成了与巨型武器对比的另一个极端。除了航空引擎以外，德国还着力研发廉价的战斗机，如“国民战斗机”（Voksjaeger）。到战争末期，日本研发了用于神风特攻的飞炸弹，有人操纵的使用火箭发动机的“马鹿爆弹”（即“樱花”特攻机），和由十五六岁的男中学生操纵的特殊小型攻击舰艇“震洋”，以及小型自杀式潜艇“回天”号。伏龙自杀蛙人（Fukuru）的装备使其能够进行水下航行，并用炸弹猛攻敌人登陆舰艇的船体。到战争末期，横须贺海军基地驻扎了约4000名伏龙自杀蛙人，其中1200名已经过全面训练。由于船舶短缺，日本人还计划利用洋流，将货物装入桶内漂流到日本，并通过无线电技术找到这些漂流桶。

战争带来的一个显著而重要的后果是，它切断了参战国之间的经贸联系，贸易管控也更加严重了。本质上而言，参战国只能从占领区获得资源。这是战时与和平时期相比一个非常大的变化，同时也对轴心国造成了巨大的影响。同盟国可以获得除个别资源以外的几乎一切物资，尤其是橡胶、除虫菊（由干菊花头制成的杀虫剂）和奎宁。德国和日本的处境相对较差。德国的研发经费几乎都投入到了自主合成汽油、橡胶、纺织物的生产之上，他们不希望依赖海外的物资供给。到第二次世界大战时期，德国有许多工厂通过对煤和煤产品进行氢化反应来制造石油；还有许多以石油制造合成橡胶的工厂。而且，德国所有的航空燃料都产自合成化工厂，这占据了合成化工厂总产量的一半。当然这些项目需要持续的研发工作支持。德国拥有十几座氢化工厂——比其他种类的化工厂的规模都要大——然而英国只有两座。但是英国可以从海外的大型冶炼厂获得石油。

日本同样从国内或占领区内寻求物资供给，尤其是燃料。满洲里的页岩油储藏被发现之后，日本在当地建起了一座合成油工厂。到战争末期，日本海军开始研究通过蒸馏和处理松根油的方法获得航空汽油，甚至连陆军也在一定程度上参与了这一研究项目；他们还研究规避轰炸风险的小型新技术，并制定了每年运行 3.6 万台干馏釜，生产 3.6 亿升航空汽油的计划，这一计划在战争末期基本实现了。在国民党控制的中国地区，他们通过蒸馏松根和其他物质制造汽油。此外还有其他许多小型发明，但并非出自中国主要的研究中心，因为这些地方大部分已被日本控制。

有些时候，由于日本垄断了东南亚地区的资源，同盟国不得不利用德国的技术合成替代品。一种产自德国的药物替代了奎宁；德国合成橡胶技术也在美国得到应用。1939 年，标准石油公司在其控股的法本公司启动了一项合成布纳橡胶的试点计划；1942 年，该公司被迫将此项目转交给美国政府，由此推动了橡胶产业主要公司的合作研发工作。尽管一开始，人们对于使用石油而非谷物酒精作原料争议不休，但在随后的两年时间里，美国的合成橡胶产量已经超过了战前的进口量，甚至是德国产量的七倍之多。其中大部分是苯乙烯，又称异戊二烯（政府规定的合成橡胶），美国称之为布纳橡胶。

药物和杀虫剂

第二次世界大战还是一次与害虫、细菌对抗的战争。位于瑞士巴塞尔的汽巴-嘉基公司从20世纪30年代就开始研制新的杀虫剂，发明了强效杀虫剂滴滴涕，并在1940年正式推出该产品。德国人在其中承担了一小部分工作，主要研发工作由英国人和美国人负责。1943年6月，他们在突尼斯进行滴滴涕的实地试验，当年冬天，他们还同时用除虫菊为那不勒斯的居民驱除虱子，防止斑疹伤寒流行起来。通过使用齐克隆B烟熏衣物和建筑物的老方法，欧洲大陆的虱子传播得到了控制。齐克隆B是德意志帝国驱除虱子的主要杀虫剂，它还在虱病和斑疹伤寒盛行的集中营被广泛使用。由于曾作为种族灭绝的毒剂，齐克隆B臭名昭著，但是在杀害的人类数量上来说，它并不及其他德国集中营使用的一氧化碳毒气那么多。

滴滴涕在北非和意大利也被用于消除蚊子；1944年，在美军登陆太平洋岛屿之前，他们大规模空投滴滴涕。为了防止虱子蔓延，英国士兵穿着浸润了滴滴涕的作战服登陆法国北部。滴滴涕的药效非常惊人——它比其他任何杀虫药都更强效。英国人也发明了六六六杀虫剂（gammexane），并在战后投入使用，其杀虫效果同样非常显著。滴滴涕的作用远不只是杀灭害虫。被广泛用于防范虱子和蚊子的除虫菊原本可以自东向西供应给同盟国，但随后这条供应链被切断，他们不得不在非洲种植除虫菊。20世纪30年代德国在法本公司的杀虫剂研发项目成功研制了有机磷酸酯，后来被制成用于人体的神经性毒剂并大量生产，如塔崩、沙林、梭曼。英国在战中也对有机磷酸酯神经性毒剂进行了试验。直到战后，有机磷酸酯才被用于杀灭害虫。

20 世纪 30 年代末，法本公司发明了一种名为“百浪多息”的新药，这是第一种磺胺类抗菌药，推动体内杀菌技术取得革命性飞跃。由法国和英国公司研发的具有广泛抗菌性的药物在战争期间得到了大量生产，直到青霉素出现之后，它们在很多用药上都被取而代之。青霉素在二战末期得到应用，它的出现取代了早期磺胺类药物的地位，成为名副其实的特效药。具体而言，青霉素的提纯在 1940 年被提上议程，到 1944 年可正式投入用药，这极大地改善了细菌感染病的治疗效果。临床试验证明，法本公司生产的疟涤平和阿的平不仅是一种治疗药物（由于同盟国奎宁短缺），还在澳大利亚昆士兰志愿者身上试验后证实为一种新型而有效的预防药物。英国研发的新抗疟药——白乐君和氯喹都未能在战争期间投入使用，其药物有效性在美国得到验证。

评　估

对于战时出现的这台或那台新机器，人们往往有诸多溢美之词——它推动战争取得了胜利，或缩短了战争的时间，或对战争起了决定性的、根本的作用等等，诸如此类。但事实上，厘清某一项新技术发明对战争的影响是极其困难的一件事。美国战略轰炸调查团对欧洲和太平洋战场上的轰炸效果进行了最为全面的评估，而这一问题仍然具有高度争议性。

我们应如何评估？首先，需要对比某一件武器或技术与当时水平最高的同类替代品的效果差别。例如，原子弹极具毁灭性，但相比之下常规袭击的破坏力就小得多。1945 年 8 月美国从日本城市上空投下了一颗铀弹和一颗钚弹，与其说这两枚原子弹结束了战争，不如说这象征着战争的结束。比起炸药和燃烧弹袭击，这对日本带来的破坏似乎要小得多。我们还需要同时关注军事方程的两端。举密码破译的例子来看，若要评估其对战争进程的影响，就不能只分析它的积极效果；还必须研究敌人密码破译工作带来的消极影响。此外，人们往往不会单独使用某一件机器设备，不同技术和机器往往在战役中相互协作：在英国战役中发挥作用的不仅仅是雷达；在大西洋战役中大展身手的不仅有潜艇、深水炸弹和声呐，共同协作的还有测向技术、雷达和密码学。而且，我们需要明确区分这些发明创造对战争性质带来的影响，和另一方面对战争实际结果带来的影响。

鉴于此，我们可以发现，一些熟为人知的军事发明对战争的影响其实被夸大了。的确，许多著名的战时发明耗费了许多资源，却没有发挥多大的作用。如果战争在 1945 年已经结束，那么用于毁灭两座城市的原子弹不过是一种既昂贵又可耻的工具。为研制 V-2 火箭而牺牲的奴隶工人数量，已然超过了它所攻击的人口数量。想要使其破坏效果超过研制成本是极其不可能的，以至于当时许多英国情报人员始终无法相信德国的确在研制这款火箭的事实。同样，英国也有很多著名的发明都是浪费资源的项目——弹跳炸弹、人造桑葚港口、海底输油管道，它们成效有限，却成本高昂。德国的军事不是建立在 V2 火箭之上，正如美国的军事力量不是建立在原子弹之上，亦如英国的军事力量并非建立在弹跳炸弹之上。相反，纳粹的的实力建立在许多名气更小、更平凡的机器设备之上，以及生产和部署这些武器设备的专业知识——此外还包括许多其他因素，例如与发明创造无关的经济资源。

由于这一问题错综复杂，我们难以总结出一个结论。但我们能确定的是：英美两国在部署新设备、发挥新专家和生产者作用方面的实力遥遥领先于其他国家和地区。这两个富裕的国家能在全球范围内获取资源，常常在战争中使用新式武器，而它们在战争中损失的人数也要低于它们的敌人和同盟国苏联。这是一个关乎数量以及质量的问题。例如，1944-1945 年四引擎轰炸机的庞大编队摧毁了日本和德国的城市，而日德两国完全没有可与之匹敌之物。美国、苏联和英国所部署的坦克和火炮数量远远超过了日德两国，这种差距使得同盟国在其他领域的技术领先显得毫无必要。同盟国从 1942 年起自称为“联合国”，它们宣称：正义的国际组织掌握强大的新型武器，能够让国际社会朝着更好的方向发展。这也是后来它们呼吁对原子武器进行国际管控的理论依据。

但是，我们不应该像以前大多数作者那样，错误地将第二次世界大战笼统概括为一场新型机器设备起了决定性作用的新式战争。大多数二战使用的武器与第一次世界大战一样，其战争进程也并无大异。按照二战期间西线战场上的标准，东方战场上许多地区的作战方式可谓非常落后。而且很多战役是针对游击队的大规模暴力行动，这些恐怖行动、审讯和酷刑的环节都需要专业人员参与。

如果说战争的结果取决于 20 世纪 30 年代末武器设备的创新能力，那么二战应当由一个欧洲大国取胜，要么德国要么英国。无论我们讨论的是军事航空技术，还是像雷达、原子弹和喷气式发动机那样的新技术，英德两国在当时都居于领先地位。事实上，让个别国家脱颖而出的，往往不是基础知识或思想，而是发展和制造传统与新式武器的能力。各国基础知识和思想的传播程度证实了这一论断，包括关于核弹和雷达的基础知识在内。尽管在 20 世纪 30 年代，美国和苏联这两个新兴的大国在发明领域没有居于领先地位，但是到了战争末期，美国无疑在许多方面都领先于别国。它模仿了欧洲那一套做法，并以此为基础高速地发展，轻易地成为了世界上最具创新能力的国家。相反，苏联还有一定的差距，战后苏联在一些领域快速追赶美国，但付出了极高的代价。但显然，创新和专业技术并不是全部。的确，在许多人看来，战争结果由文化决定，这似乎把专家在战争中发挥的作用看得较轻；这是一场罗马人而非希腊人的战争。

1945 年后，战败国的专家有时通过不同的方式被带往战胜国工作。德国的火箭专家来到了美国、苏联和法国；铀化工专家和核物理学家前往苏联，空气动力学家则到世界各地去。日本生物战专家也到美国工作。秘密警察则被招募到他们旧日的敌方特务机构中去。除了人员的转移以外，德国还有大量文件和材料被带到了战胜的同盟国——包括大量军事设备和工业生产资料。例如，纳粹的神经性毒剂和火箭就在战后被转移到主要国家军队的装备库。

人们通常认为，战争推动了发明创造，并对战后和平时期带来了重要影响。实际上我们很难判断这是否属实，但可以确定的是，战争的确推动了军事发明的进步，以满足战时某些特定需求。而出于同样的原因，其他领域的发明创造活动在战时则呈现出萎缩的趋势。战后的世界在多大程度上铸剑为犁，这是一个既关键又少有系统研究的话题。但众所周知的是，战争时期军事得到了极大的发展，而空前的军事技术竞赛也紧随其后，甚至在而之后的几十年里都占据了研发经费的主要部分。那些在战时没有显现成效的军事发明，尤其是火箭、核武器、神经性毒剂和生物武器，都成为战后主要的军事发展项目。万幸的是它们很少得到使用。但是，仍然有数以百万计的人在 1945 年后死于战争，杀害他们的往往是二战期间交战国日常使用的武器设备。

大卫・韦尔奇
David Welch

The Culture of War: Ideas, Arts, and Propaganda

第十三章

战争中的文化：思想、艺术和宣传

“阻止他……然后任务就完成了”，美国的抗日海报，1942 年。

引　文

20 世纪最重要的战争教训之一，就是应当认识到舆论是不可忽视的，它已成为政府决策的一个决定性因素。“总体战”与前几个世纪的战争不同，它意味着加入生死决战的不是单独的职业军队，而是整个国家。“总体战”可以被定义为一场将人力、物力和人民情感都调动起来支持军事作战行动的战争。第二次世界大战提高了公众对国家事务的热情和参与度。二战当中，国家穷尽其军事、经济、文化和心理资源而战，前线战士和后方民众的差距也在这场全面动员资源的战争中大大缩小。全面战争的残酷性要求民众必须统一步调，参与其中（甚至是忍受折磨）。在这样一场斗争中，士气成为影响军事作战的一个重要因素，宣传也逐渐成为控制舆论的主要手段。

第一次世界大战的遗产是非常重要的，因为它很大程度上决定了参战国在 1939 年冲突爆发时对宣传的看法。尤其在民主国家，人们往往对“宣传”充满疑虑，甚至厌恶。英国政府认为宣传从政治角度而言是极其危险的，从道德层面来说，和平时期的宣传更是不可接受。正如一名官员在20世纪20年代所写的那样，“宣传”的含义被曲解了——这要归咎于已故的北岩勋爵（Lord Northcliffe）。在战争期间，宣传往往被用在轻蔑的语境中。美国社会科学家伦纳德·杜布（Leonard Doob）在1936年写道，“宣传”一词臭名昭著，它和战争等其他邪恶的行动相行相伴。但另一方面，极权政体从第一次世界大战中学得的教训则完全相反，在两次世界大战之间的时期上台之后，它们立即往原有的国家结构中插入了宣传部门。但是在英国，宣传对政治行为带来了深刻的影响，在二战期间，当英政府尝试“教育”民众，告知他们纳粹正在利用灭绝营进行大屠杀行动时，人们并没有立即买账，因为这被怀疑为“宣传”行为。

所以，由于政治宣传被赋予了太多的负面含义，大多数政府在全面战争中都非常克制利用宣传手段向公众展现国内外的战况。现代战争对宣传提出了这样的要求：（1）激起民众对敌人的仇恨；（2）让民众相信本国参战的正义性；（3）获得中立国的支持与合作；（4）加强盟国的支持。在将战争归咎于敌人之后，下一步就是让敌方的形象看起来野蛮而无人性。

据菲利普·泰勒（Philip M. Taylor）的研究，第二次世界大战是人类战争史上最大的宣传战。在这六年期间，参战国的宣传规模远远超过了包括一战在内的其他战争。二战是两种新型政权争夺未来霸权的一场战争。一战后兴起了现代民主和极权政体，1939年冲突的爆发，恰恰就是这两种政体无法调和的表现。随后大众社会之间也爆发了一场以宣传为主要手段的政治意识形态战。

在二战期间，各种形式的通讯和交流——包括艺术和文化——

都被严格的审查制度管控起来，从而在宣传过程中发挥其作用。在包括意大利、德国、日本和苏联这样的极权国家中，随着媒体——主要是艺术——成为国家机器的一部分，新的问题出现了。另一方面，在自由民主国家，这种做法更是问题重重。但是，在宣传战线上，英国比一战时期准备得更为充分了。信息部（1918 年被迫解散）的筹建计划经过了一段时间的讨论和准备，在 1939 年宣战后不久便正式成立了。英国的宣传机器主要包括负责国内、同盟国和中立国的信息部，负责敌方领土的政治战争执行机构。英国广播公司（BBC）的节目为英国新闻可信度获得了较高的声望，战争结束后仍然是英国非常重要的一笔财富。英国广播公司第一任总裁约翰·里斯（John Reith）在 1940 年被任命为信息大臣，他定下了两项基本原则：首先，新闻是宣传的突击部队；其二，宣传应该讲求事实，并且只讲事实，或者尽可能地接近全部事实。

战争带给社会成员的内心体验，或许是人类最为强烈的情绪体验之一。现代战争的其中一个特征是它向国家发出了挑战。因此，战争可能成为社会、政治和文化变革的途径；战争越“全面”，其对国家资源提出的挑战越大。战争的本质是消极并且具有毁灭性的；它本身无法创造新的事物。因此，本章的关键问题就是，战争在多大程度上推动了思想和艺术的变革，在争取民心的战争中宣传发挥了多大的作用。抑或是说，战争仅仅推动了业已存在的变革吗？例如，二战是一战的延续吗？二战相关的文学作品和艺术不如一战时的作品吗？显然，二战是与众不同的；二战不是静态的堑壕战，它是真正意义上的世界大战，一场人民的战争，也是一场关于意识形态和种族冲突的全面战争。从同盟国的角度而言，二战也是一场道德正义的战争，呼吁人道主义的“反抗”文学和艺术在这场战争中显得毫无价值。

当分析战争的影响时，我们应当注意的一个问题是随意甚至错误的历史时期划分。例如，不是所有战争相关文献都在战争时期发表，许多都是在很久以后出现的。伊夫林·沃（Evelyn Waugh）所著《荣誉之剑》（*Sword of Hornor*）三部曲（1952–1961 年）就是一个例证，此外还有亨利希·伯尔（Heinrich Böll）的小说和短篇故事，比如，《正点到达》（*Der Zug war pünktlich*）（1949 年）就是一部尝试从德国视角回忆纳粹、战争和大屠杀的作品。在被纳粹占领的国家，知识分子面临极大的生存考验，这使得他们对反抗运动极为认同。战后，让–保罗·萨特的系列小说《自由之路》（*Road to Freedom*）（1945–1949 年）在知识分子当中获得了相当的人气，因为书中的存在主义哲学，及其对反抗的道德意义的讨论非常引人入胜。萨特式的“反抗”，意味着个人只有下定决心并付诸行动，才有可能从人类的困境中获得真知，否则将会陷于迷茫。另一方面，一些艺术家可能会故意无视战争，创造出与此完全不同的作品。艾略特（T. S. Eliot）的《四首四重奏》可以被视为文学上的芭芭拉·赫普沃斯（Barbara Hepworth）雕塑。

英国能够奋战到底

在二战爆发之际，英国文坛出现了许多重大的变革。叶芝、弗吉尼亚·伍尔夫和詹姆斯·乔伊斯都在冲突爆发之初逝世了，1939年奥登移居美国。埃兹拉·庞德是1918年后的文学领军人物，他被隔离在意大利，只有艾略特和爱德华·摩根·福斯特还活跃于世。与此同时，三份新的刊物问世了：西里尔·康诺利（Cyril Connolly）创办的《地平线》（*Horizon*）（1939年）、坦毕木提（Tambimuttu）创办的《伦敦诗歌》（*Poetry London*）（1939年）和约翰·雷曼（John Lehmann）创办的《企鹅新作》（*Penguin New Writing*）（1940年）。康诺利在《地平线》撰文，悲叹战争的爆发，痛惜奥登对欧洲民主沉船的抛弃，他认为这标志着对30年代社会现实主义的摒弃："战争将文化与生活割裂开来……我们的标准是美学的，而政治则被搁置一旁……这场战争既没有唤醒同情，也不存在希望。"

安格斯·考尔德曾表示，二战时期的作家似乎都是困惑的怀疑论者。造成这种现象的原因可能是，许多服务于国家宣传目的的作家并没有亲身经历过前线作战，也没有遭受由此带来的创伤，这是与一战时期不同的情况。因此，战争文学可以为没有亲历战场的人提供一种替代性的体验。其二，艺术家达成了共识，都认为纳粹是野蛮和邪恶的化身；这种共识使得反战的观点几乎没有存在的空间。这同时也导致文坛出现了一种与浪漫主义相反的克制、怀疑、低调的经验主义论调。二战相关的诗文包含了一种目的性极强的现实主义色彩：我们在基思·道格拉斯勾勒残暴行径的诗篇里看到这种痕迹，例如，《我死后，将我简化》和《沙漠之花》（炮弹和老鹰每时每刻 | 都在杀害人类和跳鼠，在扼杀 | 思想……）。弗兰克·汤普森在其著作《我朋友们的墓志铭》中描述道，年轻人离开"书籍和花

朵”奔赴战场。二战时期的诗作和文学作品不仅显得冷漠无情，而且也没有出现1914–1918年战争期间的作品那样悲壮的英雄主义论调。

当然，第二次世界大战还有一些令人意想不到的积极的副作用，至少对英国来说是如此。在大空袭的压力之下，为了给历史建筑拍摄照片，英国在战争期间成立了国家古迹记录。在视觉艺术领域，最有价值的战时倡议之一就是成立了官方战时艺术家计划（Official War Artists scheme）（1939–1943年），他们被委托创作一些濒危的建筑物和景点的画作。这些工作推动出现了许多闻名于后世的作品，例如约翰·派博（John Piper）笔下的废墟场景。此外，艾里克·拉斐留斯（Eric Ravilious）和伊芙琳·邓巴（Evelyn Dunbar）还用生动的绘画展现潜艇的异形世界、乡村姑娘的城市憧憬和普通民众排队领取配给食物的场景。

历史学家泰勒（A. J. P. Taylor）认为，英国艺术家和知识分子团结起来为战局服务，取得了比一战时期更大的成功。一方面，这是因为政府扩大了向知识分子开放的活动范围，包括政府管理和经济领域，甚至还包括宣传广播、与抵抗运动组织联络等（例如，普里斯特利的英国广播公司电台节目，塞夫顿·德尔默针对欧洲的暗宣传）。伦敦经济学院董事威廉·贝弗里奇（William Beveridge）建议重建社会保障体系；肯尼思·克拉克（Kenneth Clark）是大英博物馆馆长，他负责委任官方的战时艺术家；约翰·梅纳德·凯恩斯担任音乐与艺术促进委员会（the Council for the Encouragement of Music and the Arts）的主席。

或许最具说服力的案例发生在1939年战争爆发之初，肯尼思·克拉克推动建立了信息部下属的战时艺术家顾问委员会（War Artists Advisory Committee），该委员会负责委派战时艺术家。该计划旨在通过艺术的手段记录英国参战历史，并以展览会和刊物的形式鼓舞民众的士气。战时艺术创造的重点放在宣扬自由文化价值上——与集权和高压管控的纳粹美学形成对比。克拉克认为，艺术具有特殊的角色，艺术家可以为我们理解战争提供不同的视角和观点。视觉艺术起源于一战时期，战时艺术家顾问委员会项目利用人们对这种艺术日益浓厚的兴趣，使其服务于英国视觉文化的转型。到1946年为止，这一项目雇用了400多名艺术家（2000多人申请），收获了6000多份作品。艺术家的风格各有不同，有传统的，也有现代的（大部分作品都属于具象派）——从斯坦利·斯潘塞笔（Stanley Spencer）下克莱德湾的许多造船厂，到格雷厄姆·萨瑟兰（Graham Sutherland）画里的充满生机的城市和风景，从保罗·纳什（Paul Nash）对英国国力和反抗战斗的强力渲染，到爱德华·阿迪宗对伦敦大空袭时日常生活场景的描摹。有趣的是，包括本·尼克尔森作品在内的抽象艺术并没有被吸纳入这一项目之中。

在第二次世界大战期间，战争技术的进步，尤其是轰炸机的问世，改变了平民在全面战争这一新环境下的经历和体验。正如我们所料想的那样，主流艺术家被委任的作品主要取材于战争大后方，这里也诞生了最具纪念价值的战时艺术作品，尽管海外战场的画面更为宏伟壮观。公众总是倾向于寻求安慰，他们希望听到国家大量生产并高效利用军备的好消息，因此，工业场地和工人开始成为广受欢迎的题材。出于战时需求，许多办公室和工厂得以建立，它们都是社会秩序变革的平台。同时，许多妇女也承担起了战时工作——从执行领土服务局辅助机构的小型任务，到承担军工厂的复杂工作。很多画作都表现了战时艺术家坚定的信念：阶级正在和解、社会正在进步。有趣的是，这种现象多反映在女性战时艺术家的作品当中。为了强调女工在英国战时工作中发挥的作用，劳拉·奈特（Laura Knight）描绘了鲁比·洛夫特斯（Ruby Loftus）在纽波特港工作的场景。在艾尔希·休兰德（Elsie Hewland）的《战时工人子女的托儿所》(*A Nursery School for War Workers' Children*)(1942 年)中，我们不仅可以发现孩子们承担了特殊的工作，也可以看到这些孩子的母亲执行非常任务的蛛丝马迹。托儿所的建立，极大地支持了全职妇女的工作。

奈特亨利·摩尔（Henry Moore）的两套战时系列作品让他名声大噪，其题材分别是空袭避难所和煤矿开采。在大轰炸（1940–1942 年）期间，到伦敦地铁避难的日常人流量多达 10 万人。摩尔捕捉到了避难民众平静的反抗情绪，在他修饰丰富的画作中，用雕塑般的图画将这种情绪反映出来，尽管他所处的时代对他的现代艺术持批评态度。1941 年，摩尔成功申请成为战时艺术家顾问委员会的艺术家，在他父亲工作过的威代尔（Weldale）煤矿创作画作。这些作品和他那些以地下避难所为题材的作品一脉相承，但画中人对环境的反应非常不同。避难者们在消极等待德国轰炸机离开的时候睡着，而矿工却依旧自在地在采掘面上劳作。

1940 年，保罗·纳什被任命为皇家空军的官方战时艺术家，他创作了许多出色的战时绘画。《英国战役》（1941 年）重现了英国皇家空军在战胜先进的纳粹空军时的场景。纳什极具象征意义的《死海》（1940–1941 年），由德国飞机机翼和机身组成的海浪被一条海岸线阻挡回去。这个“静止的死海”由破烂的飞机堆积而成。他的《德国战役》（1944 年）将《死海》的抽象元素和《英国战役》的戏剧性元素结合起来。画面采取了轰炸机的俯瞰视角，画中的海岸线化作多彩的烟雾逐渐消失殆尽。

肯尼思·克拉克的独特视角对新兴艺术带来了较大的影响。英国的二战艺术计划鼓励艺术家们描绘英国人履行战争义务的场景，一种非暴力、感性又相对狭隘的场景，从而劝告人们保护乡村及其生活方式。大部分艺术家都支持政府这一主张，因此也避而不画正面冲突的画面。

这些图画并未脱离现实，也不是基于理想化图景的宣传道具；相反，它们是隐含着英国国民性格元素的作品，是大师们精心创作的艺术。但是，战争末期出现了一些与此不同的作品。多丽丝·津克森（Doris Zinkeisen）在欧洲红十字会工作，她的画作《贝尔森》（*Belsen*）（1945 年）记录了她在参访刚被解放的灭绝集中营时的感受。爱德华·布拉创作了一幅令人惊叹的水彩画《风景中的骷髅》（*Skull in a Landscape*）（1946 年），揭露了战争的残酷性，批判战争使人堕落到了野蛮原始的行列。

与此类似，莱斯利·科尔（Leslie Cole）的作品揭露了远东地区囚禁行为的残酷和恐怖。科尔的画作传达出了一种对黑暗而拘束的囚禁生活的救赎，例如骨瘦如柴的母亲与营养不良的孩子冲洗清洁的日常景象。

显然，在战争期间，艺术反映了英国对纳粹暴政和愚民政策的抗议：这就是为什么音乐与艺术促进委员会在1939年成立，也是它被官方承认的原因，此外他们还得到了5万英镑补贴，用于创作鼓舞士气的舞台作品，并进行全国巡演。英国电影产业在1914-1918年间受到了强制打压，为了避免重蹈覆辙，政府和社会都做出了大量的努力。尽管很多传达爱国信息的专题电影可能令人反感，但扎根于英国历史的英国风格开始若隐若现。西德尼·吉利亚特（Sidney Gilliat）、大卫·里恩（David Lean）和卡洛·里德（Carol Reed）等一些新派导演创作了诸如《最后突击》（*The Way Ahead*）（1944年）和《相见恨晚》（*Brief Encounter*）（1945年）等具有重要意义的电影。

战争爆发之初，电影已经成为20世纪上半叶主要的大众传媒。在二战期间，人们仍然像20世纪30年代那样，时常到电影院看电影，这也是当时最普遍的娱乐方式，尤其是对工人阶级而言。那时，影院是娱乐和宣传的最重要媒介，也得到二战交战国政府的广泛应用。例如，英国每周有1900万人去影院看电影，到1945年为止，这个数字上升到了3000万——这占据了总人口的三分之二。尽管在战争期间，英国电影产业无法挑战好莱坞的领先地位，但毋庸置疑的是，英国电影在1939年到1945年间进入了一个黄金时代，无论从流行程度还是好评度而言都达到了顶峰。

原因之一是当时的英国电影以较为严肃的方式将普通工人形象搬上银幕，而非滑稽的漫画人物。战前，英国电影审查委员会执行了严格审查制度，但战争打响后，政府不得不放松对社会议题的控制。基于沃尔特·格林伍德（Walter Greenwood）的小说改编的《救济金之爱》（*Love on the Dole*）曾被英国电影审查委员会禁播，1940年终于得到解禁。这主要得益于纪录片制作人的影响力上升，他们在20世纪30年代为英国电影业做出了主要贡献。在战争爆发之初，信息部没有将商业电影放在眼里，因为政府将注意力集中在新闻影片宣传上，但在1940年信息部招募商业电影制作人创作鼓舞士气的电影之后，尤其当观众开始要求看到更多的商业电影后，这种情况发生了改变。诗人导演汉弗莱·詹宁斯（Humphrey Jennings）创作了大量的优秀作品，最出名的包括《聆听英国》（*Listen to Britain*）（1941年）、《救火英雄》（*Fires Were Started*）（1943年）、《提摩西的日记》（*A Diary for Timothy*）（1945年）。就像新闻影片一样，官方纪录片展现的并非都是事实，而是宛如真实的幻景。但是，这些影片仍然是对战时英国人的一种感性而又生动的记录。

大多数人出于逃离战争现实的目的走进电影院。由詹姆斯·梅森（James Mason）和玛格丽特·洛克伍德（Margaret Lockwood）主演的《女强盗》（*The Wicked Lady*）（1945年）和同类的浪漫情景剧与电影深受观众期待和喜爱，也是像盖恩斯伯勒这样的电影公司专职拍摄的影片类型。信息部也意识到，电影如果是好的宣传工具，那它必须是好的娱乐工具。1939-1945年间发行了大量经典的宣传电影。鲍威尔与皮斯伯格的电影——《禁运品》（*Contraband*）（1940年）、《魔影袭人来》（*49th Parallel*）（1941年）、《失去的战机》（*One of Our Aircraft is Missing*）（1942年）、《百战将军》（*The Life and Death of Colonel Blimp*)(1943年)、《夜夜春宵》(*A Canterbury Tale*)(1944年)和《平步青云》(*A Matter of Life and Death*)(1946年)——和安东尼·阿斯奎斯(Anthony Asquith)、卡洛·里德和查尔斯·弗伦德(Charles Frend)的作品一样,都对电影界做出了杰出的贡献。这些电影导演都意识到,只要在处理宣传的时候运用技巧,就能使观众在放松警惕的时候接受暗示。这些电影恰好证实了战争积极推动英国电影业创新发展的这一观点。

艺术发展与社会福利和经济民主一道,站在希特勒主义的对立面。总体而言,战争期间的文化成果是实实在在的:音乐与艺术促进委员会(战争末期被重新命名为艺术委员会)成为政府对艺术进行资助的代理机构,它的成立具有非常高的重要性。曼宁在1947年的《音乐评论》中写道,尽管人们对战争和灯火管制已倍感疲惫和厌倦,但音乐仍然是这个国家的一朵奇特而美丽的花。由米拉·海丝夫人(Myra Hess)组织的战时国家美术馆音乐会(汉弗莱·詹宁斯的纪录片《伦敦可以坚持》拍摄下了这些具有纪念意义的场景)旨在鼓舞伦敦人的士气。由于空袭的威胁,萨德勒威尔斯剧院在1941年被迫关闭,导致该公司不得不到各地进行了为期四年的巡演。该剧院在1945年夏天重开,首先演出的剧目是本杰明·布里顿(Benjamin Britten)的《彼得·格里姆斯》(*Peter Grimes*)——20世纪真正意义上的歌剧杰作之一(该剧探讨的是个人对抗大众的议题)。英国音乐的复兴之路仍然在继续。英国广播公司接管了亨利·伍德的逍遥音乐会,并且扩大了受众范围。1946年,旨在传播古典音乐的第三套节目建立起来了——但是在一开始,观众范围非常有限，同时还强调小众文化的排他性。1947 年，爱丁堡的音乐与戏剧节举行了开幕仪式。

绘画界日益受到褒扬。绘画艺术品的销售情况也持续向好，1947 年，梵·高画展每天都吸引了 1.2 万人到泰特美术馆参观。代表英国绘画最高水平的作品本质上是个人主义的，不为主流运动或流行风格所动。从艾冯·希金斯（Ivon Hitchens）笔下图片化的平坦景致、约翰·派博强烈的浪漫主义绘画，到洛瑞（L. S. Lowry）笔下兰开斯特每天熙攘的人群，都是极具代表性的杰作。朱利安·崔维里安（Julian Trevelyan）在他的自传《靛蓝色的日子》（*Indigo Days*）中评论道，由于画家有了战争的体验和感受，他们以宽宏包容的态度接受了此后出现的很多不同的绘画风格。

艺术发展、社会福利和经济民主象征着希特勒主义的对立面，但事实上，英国迟迟没有详细说明本国的战争目标，直到美国总统罗斯福提出要求之后，英国才开始明确阐述其作战宗旨。罗斯福试图推动英国将其战争目标具体化，而丘吉尔则希望将美国捆绑在战车上，这也为 1941 年 8 月的大西洋会议提供了契机，这次会议通过了为战后联合国奠基的《大西洋宪章》。宪章让美国民众相信，参与二战是一项崇高的事业，而不仅仅是拯救大英帝国的赌局。在国内，战时宣传机器将“人民战争”塑造成一个不朽的概念，并强调战后可能发生积极的社会变革。战争期间，英国社会又开始推崇中央计划，政府对此喜闻乐见，丘吉尔也将“大后方”交给了欧内斯特·贝文为首的劳工部、赫伯特·莫里森为首的内政部，以及后来上任的休·道尔顿和他的贸易部，从而使得英国可以大范围地推行集中计划。英国政府驶向了社团主义的方向，而战时计划经济也被当代社会所认可；一些观点认为，战时国有经济的成功确保了工党在1945年普选的胜利。战时的做法也成为战后英国政治一项关键的参考物，并塑造了当今一大批政治运动。

国家社会主义德国：人民的共同体

几乎所有独裁政体都对艺术进行了空前严格的管制，并极尽可能地将艺术挪用为宣传的工具。对于德国、意大利、日本独裁政权和苏联极权体制而言，战争并没有使其政策发生巨变。艺术一直都是服务于独裁统治者政治目的的工具：在一些国家，艺术和文化从一开始就被动员为国家所用——只是程度有所不同、具体目标有所差异罢了。因此，民主国家和独裁政体的战时艺术的最大差异或许就在于其功能的不同。随着1933年3月国家社会主义工人党在大选中获得胜利，文化各领域的一大批顶级艺术家都离开了德国，这使得战时德国无法在文化艺术领域获得多大的进展。战后，随着纳粹丧钟的敲响，德国也无法逃脱被羞辱、分割的命运。

面对纳粹控制之下的德国艺术，历史往往影响着我们的情感反应；这也使我们无法将美学和它们的政治背景、意识形态脱离开来。自从纳粹在1933年上台以来，文化界趋于妥协，艺术被迫为纳粹领导人的政治目的服务。纳粹在1933年上台后建立的第一批政府机构中，就包括德国国民教育与宣传部（Reich Ministry for Popular Enlightenment and Propaganda, RMVP）。其部长约瑟夫·戈培尔

（Joseph Goebbels）相信，新的宣传部旨在为政府的政治意图服务，为纳粹的国家目标服务。为此，第三帝国文化协会（Reich Chamber of Culture）应运而生，它隶属于宣传部，包括涵盖了文化生活各个领域的 7 个协会。纳粹很快就通过所谓“一体化”（Gleichschaltung）的途径垄断了所有交流工具，强制同化了国内所有政治、经济和文化活动。文化政策（Kulturpolitik）是纳粹统治的一个重要元素，而纳粹也是第一个对全国文化生活进行系统组织的政党。在 1933 年 2 月，反纳粹的普鲁士艺术学院两个成员——凯绥·柯勒惠支（Käthe Kollwitz）和亨利希·曼（Heinrich Mannn）被迫辞职。包括托马斯·曼（Thomas Mann）和阿尔弗雷德·德布林（Alfred Döblin）在内的另外 13 名成员也以辞职表示抗议。几个月后，纳粹在全国举行仪式，将那些“不受欢迎的、有害的”作家的 2 万多份作品焚成灰烬。德国国民教育与宣传部宣告，依据政府在 1934 年 5 月 15 日发布的《剧院法》，“艺术是国家社会主义的一种公共活动；它们不仅仅是美学的产物，更在本质上与民心士气和公共利益息息相关，因此艺术不仅需要政策监控，也需要指导”，这便宣告了艺术即将面临的厄运。在纳粹统治之下，艺术被看成种族意识的一种表达，它能巩固方兴未艾的政治复兴运动。现代主义与“颓废的”犹太自由文化相互联系，但是国家社会主义的艺术是扎根于人民的民族共同体精神的表达。在这种国家现实主义的推动之下，肖像学发展出了新的形式，丰富了国家社会主义艺术的内容，尽管存在局限，但有着较高的技术水平。相反，法西斯意大利的官方艺术则糅杂了现代主义与未来主义两种风格。意大利艺术文化没有受到太多的教条约束，因此反而得以繁荣发展，但仍然受限于墨索里尼独裁政权所规定的“现代化”主题：“艺术应该反映现代生活。”

1937 年，希特勒在慕尼黑成立了德国艺术馆，官方提出的“德国艺术”原则在这一艺术馆得到了很好的展示。最受德意志帝国艺术家欢迎的题材当属元首的肖像。这种风气愈演愈烈，导致希特勒最后不得不颁布法令，规定只有一幅元首肖像可以在每年的大德意志艺术展览会上得到正式展出。1939 年隆重的开幕式上，被选中的肖像是由亨利希·克尼尔（Heinrich Knirr）创作的《阿道夫·希特勒，第三帝国的缔造者和德国艺术的革新者》（*Adolf Hitler, der Schöpfer des Dritten Reiches und Erneuerer der deutschen Kunst*）。除了希特勒的肖像画以外，常年展出的作品还包括大量的田园乡村画和摆出经典姿势的英雄人物像。工人的画像往往被用以显示本国重工业的强大，失业情况也从来没有得到揭露。战争汲取了大量的国家能量，但它从未熄灭国家社会主义的艺术热情。大德意志艺术展览会在全国范围内举行，也成为鼓舞士气的一种途径。战争打响后的第一年，该艺术展就举行了四场展览会。戈培尔也强调，艺术是鼓舞哀兵最好的方式。事实上，共 751 名艺术家的 1397 份作品参与展出。战争成为艺术家新的灵感来源。国家博物馆位于柏林，其馆长吹嘘道，大英博物馆和卢浮宫都已开始慌乱地撤离他们的展品，但德国国家博物馆仍然坚守职责，为它的人民服务，静候胜利的到来。

所有的大德意志艺术展览会都以风景画为主。这被视为国家社会主义精神最好的表达形式。这些新的风景画继承了浪漫主义画家的传统，尤其是卡斯帕·大卫·弗里德里希（Caspar David Friedrich）和菲利普·奥托·朗格（Philipp Otto Runge）。家庭的概念与农民生活紧密相连，而家庭不仅仅是孩子和父母。德国人民指的是同一种族的所有德国家庭的综合体。而艺术也成为了国家社会主义哲学和政策的主要代言人。作为宣传的爪牙，艺术往往颂扬当局取得的成就。国家大型展览会和地方展览会同时举行。1941 年德国共举行了 1000 场艺术展。新的战时艺术作品在画廊、博物馆和工厂展出，供工人参观。被德国占领的国家和地区也举办了艺术展。许多艺术家都被选为官方战时艺术家，在视觉艺术部门工作。战争开始之际，德国任命了 45 位战时艺术家，而到了最后这个数字增长到了 80 位。他们创造了大量的作品，参加全国巡展的特别展览会。

德国对电台进行了技术动员，开办了《国家之声》（*voice of the nation*）节目，取得了历史性的进展，艺术家和海报设计者将这些进展记录了下来。为了增加听众，纳粹政府要求工厂主生产欧洲最廉价的无线收音设备 VE30131，这个设备又称“人民的收音机”（Volksempfaenger）。德国国民教育与宣传部发布了一张为“人民的收音机”做广告的海报，画中有上千人围在这台千篇一律的收音机四周，标题为“所有德国人都从人民的收音机里听元首讲话”。将社区和家庭成员围在收音机旁听取希特勒演讲的场景用艺术的形式展现出来，是当时很受欢迎的创作主题。到战争爆发之际，超过 70% 的家庭都配备了无线收音设备——普及率居世界第一。

二战被视为拯救德国文化的一场战役，文化也主要服务于当局的宣传目的。二战中有上百万的德国人在德国境内遭遇了致命的暴力袭击，这是与一战时期的情况全然不同的。但战争的苦难几乎没有成为艺术创作的主题；政府不鼓励艺术家记录民众如何抵抗盟军空袭的压力。民众这种隐忍的毅力往往不被政府认可，更无法与“英雄”的精神挂钩；相反，艺术被用来宣传政府的谎言——德国即将取得胜利。二战期间，英国妇女被征召入伍或在国内大后方协助作战，但国家社会主义德国对女性的动员政策较为克制。因此，德国艺术家对妇女的描绘仍停留在田间劳动者或母亲、主妇的角色上。大部分雕塑仍然展现摆出经典而浮夸姿势的雅利安人躯体，颂扬英雄式的雅利安士兵与工人形象。与此同时，国家社会主义的建筑也多沦为自我吹嘘的工具。相反，被称为内部敌人的犹太人则常出现在下流的讽刺漫画中。埃尔克·艾伯（Elk Eber）、弗里茨·艾尔拉（Fritz Erler）、威廉·绍特尔（Wihlem Saunter）和弗朗茨·艾肖尔斯特（Franz Eichhorst）等画家擅长以艺术手段赞美士兵和胜仗。同时，纳粹也不断宣传一战和二战之间的关联。在威廉·绍特尔创作的《不朽的战士》(*The Eternal Soldier*)（1940 年）中，两名士兵并排而站，意即他们是同一场战争的战士。汉斯·施密茨-维登布吕克（Hans Schmitz-Wiedenbrück）的《工人、农民和士兵》(*Workers,Farmers and Soldiers*)（1941 年）中，国家的三种支柱性职业被提升到了标志性地位，传达出了国家社会主义对雅利安人大团结和英雄主义牺牲的赞扬。纳粹崇尚希腊艺术，但他们严格管制的文化政策催生了许多平乏无味、自大浮夸的作品，现在看来，这些作品更像是低俗的卡通画，或奇幻漫画——但毫无幽默、讽刺意味可言。

二战爆发之前，德国已经在许多方面取得了发展和进步，而英国直到战争开始时才逐渐追上其脚步。德国较早开始协调动员社会和经济资源。因此，从和平时期到战时状态的转变并不显得仓促紧迫。另外，在纳粹下台后，占领国对战后德国带来的影响比二战的影响更为深远持久。苏联完全重组了东德的社会和经济秩序，而西德则按照西方自由民主国家的模式重建。全面战争并不是社会变革的单一原因。发动战争的政权性质和随后统治的政权性质共同决定了全面战争将带来的影响。

苏联和伟大卫国战争

二战在苏联国内被称为“伟大卫国战争”，宣传机构在团结民心、鼓舞人们抵抗纳粹入侵的士气方面起到了主要的作用。德国对苏联的进攻（巴巴罗萨行动）恰好说明了斯大林当局还没有做好战争准备。面对纳粹的突袭，苏联在震惊之余，强大的宣传机器也马上开始运转起来。苏联的宣传事务由舒布尼科夫（A. S. Shcherbakov）领导的中央委员会宣传与鼓动指挥部（Diretorate of Propaganda and Agitation of the Central Committee）负责，由新成立的苏联信息局（Soviet Information Bureau）统一管理。时任外交人民委员的维亚切斯拉夫·莫洛托夫（Vyacheslav Molotov）通过广播向全国人民致辞，他的语调中传达出了毫不妥协的决心。新闻影片记录了苏联民众听取这一讲话时凝重的神情和坚定的心态，这些画面在苏联的电视荧幕上连续播放了一周。斯大林在 7 月初向军队发表讲话。他将听众称为“兄弟姐妹”（而不是同志），并呼吁他们保卫祖国母亲（rodina）。

确实，随着德国的入侵，苏联媒体、艺术和文化界都被动员起来支持反德战争。“伟大卫国战争”被描述成两种意识形态之间的对抗，是苏联人民团结起来争取不妥协胜利的战斗。在苏联，文化的政治化程度较高，战争对艺术和宣传的影响也在冲突的不同阶段中发生了不同的变化。在 1941–1945 年间，艺术家将注意力完全集中在战争上。而在战争的中期，艺术家们开始拥有更多的自由，他们能够借鉴俄罗斯历史传统进行创作。但随着战争接近尾声，政府又重新开始了管制政策。跟在纳粹德国一样，艺术和文化被贬低价值，几乎完全沦为赞美吹捧斯大林的工具。官方肖像画、历史画和战争画成为战争末期苏联官方艺术的核心——这和纳粹德国与法西斯意大利的情况一样。

在二战爆发之前，俄罗斯的艺术家就已被迫服从于当局政权的意识形态要求。高尔基逝世后，知识分子失去了唯一一个强有力的保卫者，也失去了与相对自由的革命艺术传统最后的联系。战争打响之后，情况发生了改变。所有事物都被战争动员了起来。鲍利斯·帕斯捷尔纳克（Boris Pasternak）和安娜·阿赫玛托娃（Anna Akhmatova）优秀的战时诗歌源自内心深处的感受，但几乎都是纯艺术作品，很难被赋予直接的宣传价值，因此也被共产党的文学官员否决了。另一方面，著名导演谢尔盖·爱森斯坦（Sergei Eisenstein）利用斯大林对诸如亚历山大·涅夫斯基（Alexander Nevsky）、伊凡雷帝（Ivan the Terrible）等俄罗斯历史人物的推崇，制作了许多符合当局宣传要求的宣传电影，这些影片都非常振奋人心。《亚历山大·涅夫斯基》(*Alexander Nevsky*)(1938 年，德国入侵后该电影又重新发行了一遍）讲述的是 13 世纪俄罗斯打败条顿骑士的历史，谢尔盖·普罗科菲耶夫（Sergei Prokofiev）为电影创作的爱国主义配乐也同样振奋人心。在这样危急的时刻，苏联政府必须依靠人民的支持。为了鼓舞民众的爱国热情，斯大林重塑了振奋士气的国内政策。在官方声明和大众媒体的宣传中，民族主义口号取代了大部分共产主义的词汇。列宁格勒和斯大林格勒成了苏联走向胜利的物质载体——同时也是宣传重地。例如，在 1942 年 8 月，被围堵的列宁格勒城传来了德米特里·肖斯塔科维奇（Dmitri Shostakovich）的《第七交响乐》，市民们都哭泣了。在此前的夜里，俄罗斯人炮轰围堵他们的德国人，直到他们的敌人沉默下来。如今，俄罗斯人将收音机扩音器指向德军，播放肖斯塔科维奇的战时音乐（此前苏联通过轻型飞机从城市上空投放了许多完整的乐谱）。战前，肖斯塔科维奇和普罗科菲耶夫被批评形式主义过重，是堕落的资产阶级音乐。尽管党内的纯粹主义者没有完全接受这两位作曲家，但当局认为他们创作的乐曲非常动人，符合全面战争的紧急情势。

俄罗斯现代主义者具有灵活变通的传统，但革命艺术在战争期间囿于枯燥的学术风格，多选择赞美党国和工人阶级的创作主题。艺术不得不迎合战争提出的新要求；如今，艺术并未被用于“教育”大众，或宣扬当局政权获得的经济成就和计划政治经济的成功，而是被用于激励民众抵抗纳粹，加入到争夺最终胜利的战斗中来。只有政治海报还保持着生动、现代的审美风格——或许这是向受教育程度较低的群众宣传的最有效的手段。许多著名的艺术家开始重拾马雅可夫斯基（Mayakovsky）的艺术传统和内战时期的风格，例如索科洛夫-斯卡亚（Sokolov-Skaya）、丹尼索维斯基（Denisovsky）和列别杰夫（Lebedev）。许多海报以讽刺漫画的形式描绘纳粹领导人；尤其是戈培尔，他在讽刺杂志《鳄鱼》（*Krokodil*）中被叶菲莫夫（Efimov）描绘成一只贴着纳粹党徽万字符的米老鼠，被弗拉基米尔·列别杰夫（Vladimir Lebedev）画成一只正在大叫的驴。俄罗斯海报洋溢着对本国军队和人民的赞扬，对其经久不衰的坚强毅力和爱国热情大唱赞歌。穆金（B. A. Mukin）在 1941 年创作了题为《保卫我们的母亲莫斯科》的海报，士兵和被武装起来的平民守在克里姆林宫前。在这幅海报被印发的时候，德军已经逼近苏联首都，而俄罗斯政府不得不迁往伏尔加河附近。一个月之后，俄罗斯反击战开始了，希特勒迅速占领俄罗斯欧洲部分的计划落空了。当苏联敲响胜利的钟声，艺术家们更是不遗余力地歌颂红军。以反击战为主题的戏剧在苏联艺术中的地位终于被自由和胜利的狂欢取代。

20 世纪 30 年代的苏联艺术文化是典型的自我克制风格，由于战争的爆发，这一风格的发展中断了，其潜力也再无发挥余地。例如，在建筑领域，战争催生了一系列浮夸的作品，集中出现在战后需要重建的城市里。为经历过国难的城市挑选合适的视觉形态是非常困难的，因为这些新的建筑物注定要与广泛的历史事件联系起来。它可能是一场“伟大的爱国战争”，但由于前线战场极其严格的纪律，军事手段往往非常僵硬。为了颂扬不朽的品质，建筑往往特意挑选一些元素来表达与胜利相关的主题——记忆、英勇、悲痛和坚毅。

在击溃纳粹的进攻之后，苏联举国陷入了狂欢，举办大型阅兵仪式，扩建房屋等，人们无不沉浸在胜利和庆贺的气氛当中。这种情感的宣泄感染了艺术的各个领域，包括电影、音乐、视觉艺术，以及上述的建筑领域。胜利促进了本已见长的保守主义倾向，使得艺术界创作主题集中于庆祝苏联的民族主义。全国变成了一个巨大的剧场，它的各个片场的规模都相当宏大——但所有都是单向并且密集的。20 世纪 30 年代末之前，苏联政府一直采取这样的控制手段，因此，战争几乎没有给苏联社会的政治文化或结构带来多大的变化。20 世纪 40 年代俄罗斯与外部世界的关系，以及斯大林对西方国家及其思想侵蚀的惧怕，都极大地约束了苏联的社会变革。

二战结束时，苏联已俨然成为世界上两大军事强国之一。它占领了东欧的大部分领土。取得这种成就的代价极高，包括约 2700 万苏联士兵和民众的生命。但这种代价和牺牲恰恰为战时及随后几十年里的宣传提供了丰富的题材。战争期间发生的戏剧性事件给苏联文学留下了深刻的烙印，而文学也很快被用于政治宣传。爱国散文开始流行起来，例如瓦西里·格罗斯曼（Vassilii Grossman）的《伏尔加-斯大林格勒》（1942 年），他在文中呐喊道："这就是俄罗斯人的性格！他们可能看起来平凡普通，可是一旦灾难发生，无论大小，他们都将爆发巨大的力量——这就是人性之美。"米哈依尔·肖洛霍夫（Mikhail Sholokhov）在其《一个人的遭遇》（1942 年）中写道："我希望：这个俄罗斯人，这个具有不屈不挠的意志的人，能经受一切，而那个孩子，将在父亲的身边成长，等到他长大了，也能经受一切，并且克服自己路上的各种障碍。"这个时期的苏联文学，跟其他的俄罗斯流行文化一样，都鼓励民众行动起来，并不断强调其道德优越感。苏联拍摄队跟随红军西进，揭露了许多骇人听闻的故事，这进一步坚定了人们的信念。1945 年夏，红场举行了胜利庆典，开启了新的活动传统——每年举行一次“胜利日”（5 月 9 日）的庆典。

美国：“胜利艺术家”

美国二战时期的宣传可分为两个阶段：从 1939 年 9 月到 1941 年 12 月是中立阶段，在这段时间内，社会公众展开了激烈的讨论；而在美国参战之后的第二阶段，政府又通过战争信息办公室进行了较大力度的宣传动员。商业媒体在这两个阶段都发挥了关键的作用。人们普遍认为，美国干预第一次世界大战是一个错误的决定，这也使得美国对二战爆发的反应较为冷淡。1940 年 6 月法国的沦陷引起了美国对中立立场的广泛讨论。支持同盟国的游说团体由温和派的援助盟军保卫美国委员会（Committee to Defend America by Aiding the Allies）和积极主张干涉主义的世纪集团（Centruy Group）[后以“为自由而战委员会”（Fight for Freedom Committee）闻名]组成。美国第一委员会（America First Committee）是中立立场的代表。孤立主义阵营包括一些报刊媒体——尤其是威廉·伦道夫·赫斯特（William Randolph Hearst）旗下的报刊和影响力很大的《芝加哥论坛报》（*Chicago Tribune*）——以及像查尔斯·林白（Charles Lindbergh）这样的名人。双方都通过集会、请愿和示威游行的方式推进自己的目标。在好莱坞，华纳兄弟电影公司发行了许多传达政治信息的电影，包括《海外特派员》（*Foreign Correspondent*）（1940年）和《一个纳粹间谍的自白》（*Confessions of a Nazi Spy*）（1939年）。参议院的孤立主义者公开谴责这种代表犹太人和英国既得利益的投资行为。

由于大选将至，罗斯福总统最初对辩论采取了静默的态度。1940年12月罗斯福通过无线广播的“炉边谈话”向公众介绍了“租借法案”的援助政策，展现出了更为积极的领导力。租借法案向同盟国承诺了除出兵以外的所有援助，并于1941年3月15日在国会得到通过。罗斯福当局成立了一批宣传和信息组织，例如负责团结拉丁美洲民意的洛克菲勒局（1940年）；负责向国内提供资讯的政府报告办公室（Office of Government Reports）（1939年）和事实与数据办公室（Office of Facts and Figure）（1940年）；此外还有新的秘密情报机构——信息协调员办公室（Office of the Coordinator of Information）。在1941年8月，罗斯福和丘吉尔签署了《大西洋宪章》，为战后国际社会设定了目标，呼吁建立联合国以推动国际合作。直到1941年12月7日日本偷袭珍珠港，关于美国外交政策的讨论终于尘埃落定。

1942年夏，美国政府将不同的宣传机构重组到统一的战争信息办公室（Office of War Information, OWI）中，当然新成立的战略服务办公室（Office of Strategic Services, OSS）仍然负责一些心理战的事务。在美国国内，商业媒体也与一些政府运动合作，鼓励妇女承担更重的战时工作。在此期间，《星期六晚报》的艺术家诺曼·洛克威尔（Norman Rockwell）创作了“铆工罗茜”的形象，以此代表战争时期得到解放的美国女工的形象。在洛克威尔创作的海报中，罗茜的手臂有强壮的肌肉；她的乐福鞋放在希特勒的《我的奋斗》上。根据美国经济史百科全书的观点，“铆工罗茜”推动了社会运动，到1944年为止，鼓励了1200万到2000万名美国女性投入工作，比1940年增长了57%。

当然，也有一些重要的意识形态倡议出自战争信息办公室之外。1941年1月，《时代》杂志的编辑路思义（Henry Luce）撰文宣称“美国世纪”的到来。在二战期间，人们普遍认为美国的全球领导地位已经确立。温德尔·威尔基（Wendell Willkie）是一名律师，同时也是共和党总统候选人，在他及其著作《天下一家》（*One World*）（1943年）的推动之下，国际主义得到了发展。罗斯福也为鼓舞国民士气做出了自己的贡献，特别是他对同盟国战争目标的界定，极大地振奋了民心。罗斯福在1941年1月提出的“四大自由”概念（言论自由、信仰自由、免于匮乏的自由、免于恐惧的自由），在美国和国际社会普遍适用。为了推销美国战争公债，洛克威尔创作了以“四大自由”为主题的著名油画。

联邦政府自大萧条以来就对公共艺术进行了资助，到美国参战时，这些资助项目已经成功推动社会形成这样的共识：在危机时刻，艺术家应当承担自己的责任和义务。1941年《生活》杂志委任了包括汤姆·李（Tom Lea）、保罗·桑普尔（Paul Sample）和拜伦·托马斯（Byron Thomas）在内的许多艺术家，为即将投入战争的国家创作作品。1941年，格里菲斯·贝利·科尔（Griffith Baily Coale）

预见战争马上就要来临，他说服海军委派能力较强的艺术家前赴战场，随军记录战争各个阶段和所有大型海战的重要时刻。这后来成为海军作战艺术计划（Navy Combat Art Programme），共有 85 位艺术家参与。1941 年 11 月，陆军也效仿这一做法。这一计划在美国陆军部艺术咨询委员会（War Department Art Advisory Committee, WDAAC）的保护下展开，参与的艺术家包括被任命为主席的乔治·比德尔（George Biddle）和约翰·斯坦贝克（John Steinbeck）在内的资深大师。艺术咨询委员会委任了 23 名在役艺术家和 19 位平民，他们都赶赴战争现场，直到 1943 年国会切断了资金支持——此时已有 2000 份从美国视角记录战时情况的作品问世。比德尔在指导信中鼓励远赴战场的艺术家继承新政时期的艺术传统，以普通男女为创作对象，捕捉战争的本质和精髓。

《生活》杂志拾起了中断的作战艺术计划，与军队展开密切合作，继续委派艺术家前赴战场，包括比德尔、爱德华·里普（Edward Reep）、西德尼·西蒙（Sidney Simon）和弗雷德·维达，由军队提供交通和住宿。1942 年 2 月，应急管理办公室在华盛顿的国家美术馆举办了一场艺术展览会。1000 多位艺术家提交了 2582 件作品。第二年，《生活》举办了自己的展览会，在大都会艺术博物馆展出了其委任艺术家的许多画作。同时这又为胜利艺术家组织（Artists for Victory）举办题为“战时美国”的比赛提供了灵感，获胜的作品于 1943 年秋季在美国巡回展出。大部分参展的作品都以爱国主义为题材，旨在提醒美国人不要忘记自己参战的原因。雅各布·劳伦斯（Jacob Lawrence）是获奖者之一，他描绘了一个人际关系紧密的黑人社区如何休闲娱乐。而这一作品的背景是，美国黑人对战争做出了极大的贡献，却得不到重视和感激。美国利用官方宣传手段来引导军队，鼓舞民心，在美国通讯兵系列电影中，最出名的当属弗兰克·卡普拉（Frank Capra）执导的《我们为何而战》。而好莱坞也很快就被动员加入了战时宣传行列当中。许多在战争时期出品的电影都高喊着爱国主义的战斗口号，强调国家目标。记录战争年代的战争片则着墨于宣扬爱国主义、集体力量，以及为大局做出个人牺牲的精神。诸如《空军》《直捣东京》《飞虎队》《孤岛浴血战》《反攻缅甸》《东京上空三十秒》和《复活岛》，都给后方的观众以窥视现场的途径，以一种亲临战场的错觉。他们将第二次世界大战描绘成人民的战争，把一组不同种族的人置于同一画面中，展现他们共同经历战场洗礼的场景，并将其描绘成一支乐于奉献的战斗队伍。许多战争电影也将女性积极承担战争义务的形象搬上银幕，例如随军护士、铆工、焊接工，以及照常在家料理家务的坚强隐忍的母亲。动画界甚至还创作了唐老鸭之"元首的面孔"、兔八哥之"遭遇日本异形"和猫和老鼠之"扬基都德鼠"，将人们对敌人的刻板印象和美国"行动中的民主"并行对比，很好地鼓舞了士气。

第二次世界大战期间，美国政府在传播残酷暴力事件方面较为谨慎，一战之后这种宣传手段已经声名败坏。纳粹大屠杀的新闻（尽管消息来源是犹太人和波兰人）在播报之初，美国公众似乎并不愿意相信这是事实，美国政府也就此放弃继续宣传这样的故事。政府也以较为克制的方式公开了日本人施暴的新闻——而且往往是在事件过去几个月之后——但巴丹死亡行军是个例外，因为这次事件中，有成千上万名同盟国士兵在前往日本的战俘营路上死亡。

美国在欧洲地区与太平洋地区的宣传方式有所不同。美国在欧洲将敌人形容为邪恶政权，在亚洲则将敌人界定为日本整个民族。美国的战争海报将日本人画成老鼠模样或人猿怪物。美国的报纸漫画自觉选取了这样的创作主题，使得偏执的日本士兵形象成为家喻户晓的刻板印象。日本人另一方面也认为自己比西方人种更优越，这导致了他们在太平洋战场上选择与美军同归于尽。这种基于种族主义的粗暴宣传奠定了美国 1945 年 8 月对日本使用原子弹的基础。

在战争期间，美国的官方宣传和商业宣传无所不用其极，编造了许多在战后才逐渐崩塌的神话。在美国的战时宣传话语中，约瑟夫·斯大林是一位像长辈一样的民族主义者，蒋介石也被吹夸为亚洲民主阵营中的铁腕人物，但事实并非如此。共和党的宣传口径称，罗斯福当局为斯大林辩解道歉恰恰证明了其左翼立场，而美国“失去”中国是因为蒋介石被美国内部的敌人背叛了。这些观点为麦卡锡主义提供了平台。诸如美国之音广播电台这些美国战时宣传机器，在战争结束后继续成为美国冷战时期的核心宣传工具。在战场上，德怀特·艾森豪威尔也开始相信心理因素的力量，他在总统任上更是加大对宣传的支持力度。

结　论

在 1914 年之前，现代主义的特征就已非常明显，但人们普遍认为一战仍对艺术家和思想家的主题选择、信仰和表达方式都产生了深刻的影响。二战打响之时，人们已不再像一战时那样“天真幼稚”，因此二战没能像上一次大战那样转变人们的思想和表达方式。但毫无疑问的是，二战影响之大，已催生了大量与二战经历直接相关的作品。二战是可怕的，其力量是强大的，有时也是振奋人心的，这些体验深深地印刻在各个领域的文化作品中，但其在发展方向上并没有重大改变，几乎都能在一战时期的作品中找到痕迹。

或许，一战带来的创伤使得知识分子闭关自守，转向了晦涩难懂的现代主义，而作为人民战争和游击队战争的二战，最终将他们引回了现实主义。但是这种现实主义不完全是由战争的紧迫情势塑造的，而更多的是被左右翼的意识形态约束所致，这种对立的意识形态也代表了参战政权的不同立场。因此，艺术是教化、灌输、宣传国家价值体系的重要手段。按尼尔·阿彻森（Neal Ascherson）的话说，在经历了六年战争和极权统治的一个时代之后，“文化”被拎到澡堂，剃去了毛发，除去了虱子，得到了净化。所以，二战参战国在其动机和为战争目标正名的措施上都有更为清晰的意识形态性，它们也更积极地利用艺术来加强政治统治者的权力。参战国之间存在明显的意识形态冲突，至少对西方民主国家而言，人们明确地知道自己为何而战、对谁作战，这与一战时期模糊的战争目标完全不同。战争本身几乎没有发生变化，极易通过其他各种手段延续下来。1914 年战争爆发时，没有出现为战争目标正名的“伟大思想”。意欲维持欧洲现状的希望破灭了。欧洲均势曾在 19 世纪晚期影响全球，而如今它们只能依靠后来才加入战争的两个“超级大国”，希冀着它们组成一个对抗法西斯主义的联盟，这在当时看起来甚至是不太现实的。

宣传在20世纪出现。不断发展的大众传媒和多媒体为宣传提供了肥沃的土壤，全球冲突更是为其带来了发展的冲力。二战造成的深远影响催生了一些基于人性和现代社会本质的政治学和社会学新理论——特别是依据独裁政权上台的事实。如美国社会学家丹尼尔·贝尔（Daniel Bell）等一些作家，往往会谈起“意识形态的终结”。个人被视为无差异且可塑的，而大众社会的末世观催生了许多异化的作品，强调宗教、家族关系的崩溃和道德价值的沦丧。文化被贬低为大众消费链中最低端的产品，而大众也被视为对政治冷漠的动物，潜在的意识形态狂热分子，他们可以轻易被媒体操控——尤其是电视等新媒体——在日益世故狡猾的宣传者面前更是只能束手就擒。因此，宣传被视为控制民众思想和行动的“魔弹”或“皮下注射针头”。二战期间，各国发起了猛烈的“赢取民心”宣传战，这种对抗延续到了冷战期间共产主义国家和资本主义国家之间的经济政治各领域。所有宣传者利用自己的解读方式，向本国民众和国际社会兜售自己的意识形态观点。

万变不离其宗（Plus ça change, plus c’est la même chose.）。

杰弗里・罗伯茨
Geoffrey Roberts

From World War
to Cold War

第十四章

从世界大战到冷战

1949年8月29日，苏联进行了第一次原子弹测试。西方国家对于苏联研制原子弹的速度感到震惊，其实苏联得到了原子弹间谍的情报。在1953年8月，苏联进行了第一次热核试验，比美国第一次氢弹试验晚了不到1年。热核武器的威力比美国1945年8月投放在广岛长崎的原子弹强几百倍。

随着第二次世界大战逐渐接近尾声，战胜的同盟国领导人也向世界宣布，他们承诺建立一个和平时期的大联盟，确保国际社会的和平与安全。斯大林、丘吉尔和罗斯福在 1945 年 2 月的雅尔塔峰会上宣称，“只有美英苏三个大国继续保持合作，增进互相理解，才能实现人类的最高理想——安全与永久和平”。

三巨头中的关键人物罗斯福在当年 4 月病逝，许多人都担心伟大同盟会因此而瓦解。杜鲁门继任美国总统，几周之后，他会见了苏联外交部长莫洛托夫，进行了一场颇为强硬的对话。他们对波兰政府的组成结构展开了争论。红军将波兰从德国铁蹄下解放出来，斯大林用苏联军事力量确保波兰政府对苏友好。英国和美国则希望波兰建立一个民意基础更广泛的政府，这也是杜鲁门向莫洛托夫施压时的立场。杜鲁门在回忆录中写道，莫洛托夫被他们对话的语气惊到了，莫洛托夫也抱怨从来没有人这样跟自己说话。杜鲁门回应道，如果苏联能坚守协议，他肯定不会用这样的语气对待莫洛托夫。这次对话没有被记录在美国和苏联的官方文件中，其实是杜鲁门的臆想之事。但是关于波兰政府的争执确实存在，这也是随后苏联与西方关系紧张的先兆。但是从短期来看，双方达成的一项妥协性协议解决了这次争端，同时也推动波兰建立了更为多元化的政府，尽管仍在苏联控制之下。1945 年 7-8 月举行了波茨坦会议，这时美苏关系恢复了和谐。在会议结束时，斯大林、杜鲁门和克莱门特·艾德礼（Clement Attlee）（继任丘吉尔的英国首相）宣称，他们增进了团结……扩大了合作和理解的范围，重塑了维护和平与正义的信心。

这份宏大的宣言发布后不到两年，曾经打败希特勒的伟大同盟开始陷入混乱，“冷战”逐渐在苏联和昔日的英美盟友之间酝酿。到 20 世纪 40 年代末，欧洲已经分裂为对抗的政治意识形态阵营和军事集团，随着苏联和美国在丘吉尔所谓的“铁幕”之间展开激烈对抗，世界大战的阴云又一次笼罩全球。战后去军事化的步伐停滞不前，铁幕两侧的强国又开始狂热地重新武装起来。美苏是拥有原子武器的大国，这一事实使得本已白热化的对抗更加危机重重，推开了核武器竞赛的大门。在 1950 年，冷战危机开始外溢为美苏在朝鲜半岛的代理人战争——一场为期 3 年、夺去了一百多万人生命的战争。

和平调解

1945 年 9 月，伦敦召开了第一次外长会议（Council of Foreign Ministers, CFM），伟大同盟可能存在的危机首次公之于世。波茨坦会议确立了外长会议的职责，即起草供战败国签署的和平条约，其中主要是对德条约，但各国一致同意首先处理其他轴心国的问题——保加利亚、匈牙利、意大利和罗马尼亚，以及德国在对苏作战时的盟国芬兰，而它并不是轴心国集团的正式成员。各国本以为这些条约很快就能被拟定。但是，美英拒绝承认亲苏的保加利亚和罗马尼亚政府，要求两国必须在举行选举之后才能签署这些条约。

保加利亚、波兰、罗马尼亚、匈牙利、捷克斯洛伐克和南斯拉夫都在苏联的东欧势力范围之内——斯大林认为这块区域对苏联的战后安全至关重要。苏联起码要确保东欧各国政府都是亲苏的，为此斯大林指派了当地的共产党承担重要职务。由于红军在胜利进军柏林的过程中，占领了大部分东欧领土，因此苏联占据了非常有利的地位。而且，共产党在东欧获得了越来越多民众的支持，这更是加强了苏联的有利地位。在东欧地区，反共势力与旧独裁政权相互勾结，其中还有不少战时与德国通敌的政权，因此早已名声败坏。东欧共产主义势力在苏联的支持下成长为强大的政治力量。战后，西欧也刮起了一阵支持共产党的起义旋风，尤其是在反纳粹和反法西斯斗争中发挥重要作用的法国和意大利共产党。在法意两国，共产党具有广泛的民意基础，也是联合政府的主要参与者。

尽管英国和美国接受了苏联在东欧地区的“合法”安全利益，但它们还是坚决抵制苏联的绝对控制权，尤其是不能将英美势力挤出该地区。通过《大西洋宪章》和雅尔塔会议《被解放的欧洲的宣言》(*Declaration on Liberated Europe*)，西方大国承诺确保欧洲人民选择自己的政府的权利。

僵局开始出现：在伦敦外长会议上，西方大国拒绝承认保加利亚和罗马尼亚政府，而苏联则阻碍其他和约的签署，尤其是对英美势力范围内的意大利的协约。

西方大国没有对苏联的东欧势力范围进行过多阻挠，但在对战后日本的占领行动中，苏联却被直接排除在外，这让斯大林非常生气。1945 年 8 月，斯大林获得了英美在与中日相关的领土问题上的让步，作为交换，苏联派兵加入了远东战役。但在斯大林的预想中，战后日本将会和德国一样被联合占领，并划分为不同的军事管辖区。苏联的确有计划攻入日本并占领北海道，但由于美国对广岛和长崎投下了原子弹，而且红军迅速攻入日本占领的满洲，导致二战戛然而止，这使得他不得不停止这一计划。

伦敦外长会议经历了为期数月的讨论之后，仍然没有达成任何协议，只得以失败告终。表面上来看，会议失败的原因是关于法国和中国是否应该参加会议审议的程序性问题：苏联不希望中法两国参与讨论与两国直接相关的议题，但英国和美国则希望中法两国参与所有议程。苏联不愿意成为五常会议上被孤立的一方。但此次外长会议失败的实质原因，其实是关于保加利亚和罗马尼亚的争端。争执双方试图摆出一副若无其事的模样，但很明显，伟大同盟没有通过它的第一场战后考验。

一些史学家将这次伦敦外长会议上苏联与西方国家在保加利亚和罗马尼亚问题上的分歧界定为冷战的开始，但是三个月后，即1945年12月，三方协商会议又得到重启，美国、英国和苏联外长在莫斯科举行了会议（法国和中国并未获得邀请）。这次会议成功达成协调方案，扩大保加利亚和罗马尼亚的政治基础，换取西方国家的外交承认。三国还达成协议，同意加强苏联在日本占领事务上的咨询角色。

这些进展推动了外长会议重启对其他轴心国和约的讨论。这些讨论既冗长又枯燥，而且往往深怀恶意，但偶尔夹杂点幽默。讨论参与者包括莫洛托夫、英国外交大臣厄内斯特·贝文和美国国务卿詹姆斯·伯恩斯（James F. Byrnes）。

从20世纪20年代开始，莫洛托夫就成为了斯大林的左膀右臂。20 世纪 30 年代，他曾任苏联人民委员会主席（即苏联总理），并主持了一系列暴力和政治恐怖行动，导致了数以百万计的平民丧生。在 1939 年，他成为苏联外交人民委员（即外交部长），参与了英法苏关于建立对抗德国的三方联盟的谈判。二战前夕，这些讨论都以失败告终，他和斯大林便将目光转向了希特勒，与纳粹签署了《苏德互不侵犯条约》。在战争期间，莫洛托夫成为伟大同盟外交政策中的中心人物，在西方媒体中他也常被称为一位高明的外交官和政治家。这些称赞名副其实，作为一名态度强硬、手段精明的谈判者，莫洛托夫甚至也会不厌其烦、固执不已地推动实现苏联政策目标。在战后外长会议的谈判当中，他以“不先生”（Mr. Nyet）为人熟知——一个喜欢对西方国家提议说“不”的人。但是，后来的研究表明，与斯大林相比，莫洛托夫更倾向于与西方妥协。的确，在斯大林生命的最后几年中，他公然谴责莫洛托夫是西方资本主义的绥靖者。莫洛托夫最大的名气来自以他命名的燃烧瓶。起因可以追溯到 1939-1940 年苏联-芬兰战争时，芬兰人点燃装满汽油的玻璃瓶后投掷给包围他们的苏联军队，并将玻璃瓶嘲讽为“莫洛托夫的鸡尾酒”。

贝文和莫洛托夫一样，是一位强硬的谈判者。战前，贝文是英国最大的工会的领袖，与英国共产主义的工团主义者在对工会政策和管理方式上针锋相对。战争期间，他在丘吉尔的联合政府担任劳工大臣，在工党赢得了 1945 年大选之后担任外交大臣。莫洛托夫是一名共产党员，但贝文也是有着工人阶级背景的领导人。贝文可能态度粗鲁，他与莫洛托夫从私交和政治层面都无法友好相处。他们经常在外长会议的谈判过程中发生激烈碰撞。

来自南卡罗来纳州的詹姆斯·伯恩斯是一位精明的资深政治家。他甚至比贝文更希望达成一项反映战后苏联与西方现实的欧洲势力范围的和约，这使得杜鲁门指责他在“娇惯苏联”。在外长会议的谈判过程中，贝文提议签署一份将德国解除武装、去军事化的25年协议。莫洛托夫对这样的条约表达了兴趣，但被斯大林否决了，斯大林怀疑这是西方国家试图将苏联赶出德国、同时加强美国在战后欧洲势力的诡计。贝文在这场冗长的外长会议谈判中很有耐心，确保了会议取得起码的成果。

外长会议谈判有一个显著特征，就是他们的公开性——会上的争论常被拿到媒体上公开研究讨论，或在关门会议里秘密研究。但是这种公开性也加深了苏联和西方国家观点的两极化，使得利益集团的游说工作变得更为便捷。例如，共产主义阵营里的南斯拉夫积极争取苏联支持它占领意大利城市的里雅斯特——最后解决的方法是，将该城市置于国际管理之下。直到1954年，它才重新回归意大利。

在外长会议的谈判过程中，西方国家提议应当让其他同盟国和主要大国一起，参与到和约最终条款的表决环节中，而这成为了最大的程序问题。苏联拒绝接受这一提议，担心在这样的会议中他们会被多数票击败。在谈判期间，莫洛托夫坚持三方会议，要求在英美苏之间进行协商一致的联合决策。但莫洛托夫也同意在1946年夏举行巴黎和会。

巴黎和会的参照模板是一战后于1919–1920年达成对德和约的凡尔赛会议。但两次会议之间存在一些差异。

首先，巴黎和会的代表国数量更少（只有21个国家，而凡尔赛会议有 27 个国家参会）。这是因为巴黎和会要求代表国必须是那些在战争中派出大量军事力量对抗轴心国的国家，而在一战之后，凡是向战败国宣战或断绝外交关系的国家都可出席凡尔赛会议。第二，《凡尔赛和约》在会上直接起草并得到各国的签署。1946 年，外长会议为各国代表准备了详细的草案，他们也是最终决定和约内容的团体。凡尔赛会议中，大国为了确保自己的利益，采取了加权投票体系，每个大国各有 5 票。1946 年的会上，各国有且仅有 1 票，但由于会议更多是为了征询意见而非决定政策，所以这种平等投票机制也不过是表面的民主。第三，战败国不能参加凡尔赛会议的讨论环节，它们仅能出席签署由战胜国规定条款的和约；而在 1946 年，和约涉及的五个战败国被邀请出席会议，表达自己对和约草案的意见。德国未被邀请参加：1946 年巴黎和会并没有讨论对德和约，而且即便讨论了，由于德国遭到肢解并被分区占领，它也没有一个中央政府可以代表出席。第四，《凡尔赛和约》的程序几乎都是秘密进行的，1946 年会议则恰恰相反，是公开外交的实践。但是，将巴黎和会搬到公开的舞台上举行，使得意见分歧更加明显，尤其是英美和苏联之间的意见分歧。最后一点是，尽管两次和会都由大国主导和控制——1919-1920 年由英国、法国和美国控制，1946 年则是英美和苏联主导——但在二战后的这次会议上，大国之间的分歧更大，阵营分立更明显。主导凡尔赛会议的大国都是拥有共同特性、相似目标和利益的资本主义国家，都奉行自由民主的准则。二战之后，由于共产主义和资本主义之间的分歧，以及双方早在 1917 年布尔什维克夺取政权后就开始的对抗史，英美苏的伙伴关系变得格外复杂。

二战后的巴黎和会在巴黎卢森堡宫举行，为期 2 个多月（1946

年7月29日到10月15日）。会议通过了一系列在外长会议讨论过的提议。经过纽约外长会议的最后一轮争执之后，各国终于达成了协议——这让为磋商谈判投入了大量时间和精力的贝文、伯恩斯和莫洛托夫松了一口气。在这种情况下，对保加利亚、芬兰、匈牙利、意大利和罗马尼亚的和约仍然能在1947年2月成功签署，这着实是重要的成就，证明伟大同盟尽管步履蹒跚，但还不至于瓦解。

伟大同盟在这期间还取得了其他成就，最显著的成绩就是1945年6月联合国在旧金山成立。联合国取代了国际联盟，英国、中国、法国、美国和苏联在联合国安理会中成为五大常任理事国，拥有否决权。否决权是战争时期的创造物，旨在保证未来的安理会行动都是基于协商一致的，也满足了苏联在雅尔塔会议上提出的要求。正如斯大林所说的那样，如果联合国要成为未来50年内的和平捍卫者，那么大国一致将是至关重要的。

1945-1946年对纳粹战犯的纽伦堡审判也是伟大同盟的又一项重大成就。一些评论家称之为“战胜国的正义”，然而，对德意志帝国领导人犯下反人权罪行和发动侵略战争密谋的审判、定罪和处决，其实也是一次政治与外交的胜利，同时还为消除第二次世界大战的冲突发挥了积极的作用。

同样，在1946-1947年间，东京举行了对日本战犯的审判，7名被告被处决，包括日本战时首相东条英机。至少从回顾的角度来看，这次审判引起了比纽伦堡审判更多的争议，一些人认为日本在密谋发动侵略战争方面并没有达到德国那样恶劣的程度。

由于冷战的爆发，审判意大利战犯的工作停滞不前。1948年，鲁道福·格拉齐亚尼（Rodolfo Granziani）元帅——他是唯一一个在 1943 年 7 月墨索里尼被废黜后仍对这位独裁者效忠的法西斯元帅——被意大利军事法庭判定为战争罪犯，监禁 19 年，但在几个月后他又被释放了。

德国问题

伟大同盟面临的最大挑战当属德国问题的处理。在战争期间，三巨头达成了一致意见，他们将共同占领战败德国，对其进行非纳粹化、非军事化和民主化改革。为此，德国被肢解为苏联和西方军事占领区（后来，法国也被分予德国南部的一小块区域）。柏林也被分区占领了，尽管它深居苏联占领的德国东部。各国都对自己占领的地区拥有管辖控制权，盟国监管理事会（Allied Control Council）负责协调实施大国商定的政策。德黑兰会议、雅尔塔会议及其他峰会都讨论了肢解德国的问题——将它分割为多个小国——但到了战争末期，苏联和它的西方盟国都发现这个计划难以实施，只得作罢。而在战后，德国最终实现了统一，其统一的政治基础也是后来盟国内部磋商讨论的议题之一。

1947 年 3-4 月的莫斯科外长会议上，各国开始商议对德和约。但是当大国开始讨论这些问题时，原本的临时军事占领区早已固化为永久分区。西方大国在其占领区推进了资本主义经济一体化进程，但并没有将苏占区纳入到进程中来，而东德共产主义者则在莫斯科的帮助之下，推进了社会主义发展，并巩固了他们的统治地位。

在莫斯科外长会议上，苏联提议建立一个负责管理德国的统一机构，旨在推进所有盟国占领区域的政治经济一体化。但西方大国偏好一种更为松散的政治结构——为保护它们在西德的利益——它们坚持优先处理各类经济问题，尤其是赔偿。在雅尔塔会议上，各国一致同意德国赔偿200亿美元，其中一半都是对苏赔偿，并且以现行生产的机器设备抵赔（一战后也发生了这样的情况）。关键问题是，这些赔偿的机器设备将在西方国家占领区和苏占区共同生产。西方国家认为，这些赔偿不利于德国和欧洲整体的战后经济复苏。英美也担心，如果二战的赔偿压力削弱了西德的经济复苏能力，那么英美两国的援助就实际上为西德支付了赔偿，这跟一战时的情况一样。

莫斯科外长会议不像1945年9月失败的伦敦会议那样充斥着分裂的气氛，但是它也同样没有达成任何协议。对德和约的讨论持续到了后来几次外长会议，但冷战氤氲的恶意持续地影响着讨论议程。苏联-西方国家关于德国统一问题的讨论注定要以失败告终。确实，到1949年10月，西德和东德已经分别建立起了各自的政府。

苏联非常希望逆转战后肢解德国的局面，因为他们担心欣欣向荣的西德——西德是德国面积最大、人口最多、工业化程度最高的地区——会加入反苏的西方阵营。在1948年6月，苏联以西方占领区的货币改革为借口——他们声称货币改革会扰乱苏占区的社会经济——封锁了通向西柏林的陆上道路。这可能导致西柏林250万民众由于缺乏食物供给而饿死，因此，西方大国不得不向它们占领的德国首都空运物资。柏林危机爆发后的第二年里，共有25万趟飞机往返柏林，其中四分之一的航班由700余架西方大国的飞机承担。

柏林空运是冷战的第一次大危机，也被西方国家视为苏联对美英法施压的手段，要求它们放弃对西柏林的占领。事实上，苏联的目标没有那么大：他们只是希望迫使西方国家回到德国问题的谈判桌上。确实，当西方国家同意在巴黎召开外长会议时，苏联于 1949 年 5 月解除了封锁。会议在一个月后举行，但仍未达成任何协议。而德国问题事实上的解决办法，就是将其肢解为一个亲苏的德意志民主共和国，和一个亲西方的德意志联邦共和国。苏联担心德国复兴，而西方国家则害怕苏联及其共产主义盟国威胁到自己的利益。

铁　幕

1946 年 3 月，温斯顿·丘吉尔在密苏里州富尔顿发表了所谓的“铁幕”演说，这传达了战后伟大同盟面临瓦解威胁的早期信号。尽管丘吉尔前往威斯敏斯特学院接受荣誉学位并发表演说时已不再是英国首相，但杜鲁门总统仍然在台上陪同丘吉尔（密苏里是杜鲁门的家乡）。

丘吉尔的演讲标题是“和平砥柱”（The Sinews of Peace），他在演说中建议将 1942 年《英苏军事同盟条约》从 20 年延长到 50 年。“我们只希望与苏联相互协助，彼此合作”，丘吉尔说道，“对英勇的俄罗斯人民和我的战时伙伴斯大林元帅，我表示十分钦佩和尊敬。”在这一部分演说的结尾部分，丘吉尔开始讽刺道：

从波罗的海的斯德丁到亚得里亚海边的的里雅斯特，一幅横贯欧洲大陆的铁幕已经降落下来。在这条线的后面，坐落着中欧与东欧古国的都城。华沙、柏林、布拉格、维也纳、布达佩斯、贝尔格莱德、布加勒斯特和索菲亚——所有这些饱经沧桑的城市及

> 其居民无一不处在苏联的势力范围之内，不仅以这种或那种形式屈服于苏联的势力影响，而且还受到莫斯科日益增强的高压控制。

丘吉尔的寓意是，西方民主国家应该团结在一起，共同捍卫它们的原则。丘吉尔对听众说，俄罗斯人最瞧不起军事上的弱国，他还将此与导致希特勒走向战争的绥靖政策相提并论。他指出，为了避免同样的事件再次发生，必须与苏联达成互相谅解。

斯大林在3月14日接受《真理报》采访时回应了丘吉尔的演说。斯大林称，丘吉尔支持英语国家统治世界，他正在试图挑起新的战争。斯大林没有提到“铁幕”，但他公开指出，由于东欧国家曾是德国入侵苏联的跳板，苏联对这些地区是有权利的。斯大林暗示了丘吉尔在曾经干预苏联内战的反布尔什维克联盟中的角色，并承诺，如果丘吉尔和他的同伙迈进东欧，那么他们将像过去一样被再一次击退。当然，斯大林在一定程度上同意丘吉尔的一些观点：共产主义者之所以在东欧地区扩大了影响力，是因为他们是抗击法西斯主义最英勇的战士。斯大林还指出，西欧的共产主义势力也正在兴起。

丘吉尔的演说也被苏联解读为西方解散伟大同盟、停止对苏合作的政策宣示。安德烈·日丹诺夫（Andrei Zhdanov）是斯大林手下主管意识形态的负责人，在1946年11月他界定了战后世界的两种趋势：由苏联代表和平的趋势，由扩张和侵略势力代表的另一趋势。日丹诺夫也痛惜西方国家对昔日盟友态度的转变：

> 有人可能会好奇为什么俄罗斯人的态度变得这么快。当我们在战场上洒热血的时候，他们曾敬佩我们的勇气、胆识、士气和爱

国情怀。但现在我们只希望行使参与国际事务的平等权利，与各国开展合作时，他们却开始对我们施以诽谤和暴力，说我们疑心太重、难以相处。

1947 年 3 月，杜鲁门发表演说，预示着冷战的到来。在对美国国会的演讲中，他呼吁美国保卫“自由世界”。杜鲁门没有提及苏联或共产主义者，但其所指却昭然若揭：

> 世界上许多国家的人民在违反其意愿的情况下，被迫接受极权政制。美国政府曾经屡次提出抗议，抗议在波兰、罗马尼亚和保加利亚使用压力和威胁……在世界历史的现阶段，几乎每一个民族都必须在两种生活方式之中选择其一。这种选择大都不是自由的选择。一种生活方式是基于多数人的意志……第二种生活方式基于强加予多数人头上的少数人意志……我相信，美国的政策必须是支持各自由民族，他们抵抗着企图征服他们的掌握武装的少数人或外来的压力。

杜鲁门的演说被看成杜鲁门主义出台的标志，与美国驻莫斯科代办乔治·凯南（George Kennan）主张的遏制政策紧密相关。凯南在 1946 年发回华盛顿的电报对美国战后对苏政策有着非常重要的影响。1947 年 7 月，凯南以“X”署名，在美国《外交事务》上发表了匿名文章《苏联行为的根源》。在这篇文章中，凯南将苏联描述成一个试图改变现状的扩张主义者，它不接受磋商协调，但可以灵活运用抵抗力量遏制它。

凯南的文章没有使用“冷战”一词，但美国记者沃尔特·李普曼（Walter Lippmann）在报纸中发表一系列回应的文章，这些文章后来被整理成《冷战》一书。日益紧张的苏联与西方关系开始被“冷战”一词所概括，这个词语也变得流行起来。但李普曼不像凯南那样认为苏联的扩张是共产主义救世主式的意识形态带来的不可避免的结果。他认为，双方之间的矛盾是战争导致的结果，也是苏联军事力量扩张的结果，而这是可以通过磋商和讨论解决的问题。

战略危机弧形带

杜鲁门演讲的实际目的是劝说国会投票通过对希腊、土耳其进行经济援助的议案。这两个国家的问题是战后早期苏联与西方紧张关系中包围伊朗和北非的南方弧形危机的一部分。

苏联支持共产主义者发起反对亲西方政府的起义，这是希腊危机的来源。在二战期间，由于斯大林和丘吉尔在1944年10月达成了百分比协议，将希腊划为英国的势力范围，换取英国对苏占保加利亚、匈牙利和罗马尼亚的承认，因此苏联只好克制对希腊游击队的援助。战后，苏联政策发生了改变，莫斯科当局开始批评希腊保守政府的恐怖统治，该政府由英国支持下的保皇派势力控制。伦敦外长会议上，苏联试图以闭口不言希腊问题，来换取西方国家对保加利亚和罗马尼亚政府的承认，但贝文和伯恩斯并没有接受这种交换。

莫斯科外长会议在1945年12月举行，在这次会议上苏联要求英国从希腊撤军。苏联在1946年发起了要求西方国家集体撤军的运动，而莫斯科会议上提出的要求正是这一运动的一部分。但苏联对希腊暴乱的支持仍然停留在口头上。斯大林不认同希腊共产党的军事作战技巧，直到 1947−1948 年苏联才开始为内战中的共产党阵营提供物质支援。但是，希腊游击队在早期已获得了其他的外部支持，包括南斯拉夫、保加利亚和阿尔巴尼亚的援助，而西方国家认为莫斯科当局应当对这些援助负责。

伊朗危机起源于苏联与西方在撤军问题上的争端。在 1941 年 8 月，英国和苏联军队进入伊朗，以倾覆德国在当地的势力，保护原油供给，并保障盟国向苏联运输物资的通道。苏联军队占领了伊朗北部，而英国则占领了南部，伊朗人主要控制了中部地区。1942 年 1 月签署了与伊朗的同盟条约后，英国和苏联承诺在战争结束后 6 个月内撤军。

苏联一直觊觎伊朗的石油储藏，它利用占领的优势扩张自己的利益。但当伊朗决定在盟国军队撤出之前不再给予石油特权时，两国的磋商就以失败告终了。为了给伊朗施压，苏联开始支持南阿塞拜疆要求政治文化自治权的亲苏独立运动。苏联以伊朗政府与南阿塞拜疆独立运动之间的冲突为借口，推迟撤军。伊朗于是状告到联合国，而苏联迫于国际压力不得不同意撤军。苏伊两国在石油交易上也达成了妥协，这使得苏联军队最终在 1946 年 5 月撤出。随后，南阿塞拜疆独立运动遭到德黑兰当局的镇压，其领导人不得不逃到苏联。在对南阿塞拜疆逃亡领导人的一封信中，斯大林是这样解释苏联撤军的：

苏联军队出现在伊朗，会削弱我们解放欧洲和亚洲的政策基

> 础。英美对我们说，如果苏联军队继续留在伊朗，那为何英国军队不能驻守在埃及、叙利亚、印度尼西亚和希腊呢，美国军队也一样——在中国、冰岛和丹麦。因此我们决定从伊朗和中国撤兵，进而夺取英美手中的施压手段，解开殖民地解放运动的束缚，使我们的解放政策更合理、更有效。

由于斯大林极力要求获得从地中海进入黑海的通道控制权，苏联和西方国家在土耳其问题上又发生了冲突。按照 1936 年《蒙特勒公约》的规定，黑海海峡由安卡拉当局管理并控制。尽管苏联也是该公约的签署国，但斯大林对此非常不满，他在二战期间就常对英美领导人抱怨，反问他们如果无法控制苏伊士运河或巴拿马运河会作何感想。

在 1945 年 3 月，莫洛托夫告诉土耳其人，苏联不再续签为期 20 年的 1925 年签署的《苏联-土耳其友好中立条约》。苏联希望起草一个全新的条约，建立一个苏联-土耳其共管黑海出海口的机制，并允许苏联在黑海海峡建立军事基地。这不是莫洛托夫第一次提出黑海海峡控制权的要求。1941 年 11 月莫洛托夫访问柏林与希特勒会面时，黑海海峡控制权也是他提议恢复《苏德互不侵犯条约》时的一部分要求，但这一提议被希特勒拒绝了，当时他已打算入侵苏联。当莫洛托夫在二战末期重提黑海海峡控制权时，他同时还指出，苏联要求重新夺回 20 世纪 20 年代被割让给土耳其的亚美尼亚、格鲁吉亚地区。

土耳其人采取拖延的策略，他们称，改变海峡的管理体制需要开展多边谈判，西方国家也支持土方的建议。苏联人很失望，他们向英国指出，在一战期间伦敦当局还一度同意将君士坦丁堡让给沙皇俄国。与此同时，斯大林否定了苏联与土耳其因海峡问题爆发战争的可能，但斯大林仍不断往苏土边界调遣军队。

1946 年 8 月，莫斯科向安卡拉发出关于修改《蒙特勒公约》的外交照会，苏土两国关于海峡问题的危机到了紧急关头。但是，当斯大林的要求遭到土耳其和西方国家的抵抗时，他避免了正面冲突，但苏联驻安卡拉大使建议应该开始绷紧对土耳其的战争神经。

莫斯科要求对意大利殖民地的黎波里塔尼亚（利比亚西部）实行托管制度，这被当成苏联战后肆意扩张领土的例子。这一事件发生的背景是国际社会讨论取消国联的领土托管职能，代之以国际托管制度，直到这些前殖民地完全独立。关键问题是，这项新制度也可应用于战败轴心国的前殖民地。1945 年 9 月伦敦外长会议召开时，苏联要求的黎波里塔尼亚应该置于他们的托管之下。我们引用一段莫洛托夫对苏联领土要求的解释，可以窥视战后苏联的野心：

> 苏联政府认为，的黎波里塔尼亚的未来对苏联人民来说非常重要，苏联人民必须主张对这块领土的托管权。苏联政府要求获得处置意大利殖民地的参与权，因为意大利的攻击行为对苏联带来了巨大的损害……苏联领土广袤无边，从远东一直横跨到西方。在北方，苏联有一个出海口：它在南部也必须有海港，如今我们也已经掌握了远东大连港和旅顺港的使用权。苏联政府无意限制英联邦国家维持全球通航的自由。但是，英国不应该垄断地中海地区的航行。俄罗斯迫切希望为自己的商船队建设地中海地区的基地。世界贸易持续发展，苏联也希望分得一杯羹。此外……苏联政府

在与不同民族建立友好关系的实践上有着丰富的经验，也非常期待在的黎波里塔尼亚问题上运用这些经验。我们不会将苏联制度强加于的黎波里塔尼亚。我们会逐步推进当地建立一个民主政治体制。

莫洛托夫在与贝文、伯恩斯进行私下会面的时候提出了这一观点，但没有进一步推进。让莫洛托夫和斯大林恼怒的是，西方国家在托管问题上拒绝退让，使得苏联在东地中海地区的雄心壮志未能实现，尽管苏联于 1971 年在叙利亚获得了一个海军基地。

莫斯科当局认为，在希腊问题上它已经保持了克制，其对伊朗、土耳其和的黎波里塔尼亚的诉求是完全合理的，也是为苏联在二战中做出的牺牲和发挥作用的奖励。但是在英美看来，斯大林的行为威胁到了它们的核心利益，代表了一种侵略扩张的行为模式。这一争端也让西方国家怀疑，如果苏联被允许在西欧扩张势力，那苏联接下来还会有何种更加过分的要求。

马歇尔计划

到 1947 年 3 月杜鲁门发表演说时，西方大国已经开始对苏联采取冷战姿态了——它们不再相信苏联回到谈判桌上的意愿，对共产主义在东欧地区的势力巩固也感到非常忧虑，对共产主义及其西欧同伙的力量增长更是倍感威胁。西方对此的紧急政策是遏制——部署抵抗力量来阻止苏联的扩张，并对共产主义政治与意识形态挑战回应以更强硬的军事动作。

苏联对杜鲁门演讲的反应并没有像对丘吉尔铁幕演说的反应那么强烈，或许是因为他们不想破坏同期举行的莫斯科外长会议。而且，苏联——与他们的西方对手不同——对伟大同盟还没有完全放弃，仍然希望与西方国家尽可能地保持协作。但是当苏联与西方国家爆发下一次危机时，双方即将陷入一场完全的对抗之中。

在 1947 年 6 月，接替伯恩斯出任美国国务卿一职的乔治·马歇尔在哈佛大学发表演讲，宣称美国需要为欧洲经济复苏提供大规模的经济援助。马歇尔这一提议的背后，其实是美国对共产党势力接管西欧的担忧，因为战后西欧仍处于凋败贫穷的状态。马歇尔旨在通过支援欧洲经济复苏来稳固其政治环境，削弱民众对共产主义左派的支持，尤其在法国、意大利这些关键国家。

尽管美国主要将西欧纳为援助目标地区，但是苏联和东欧地区也没有被排除在外。确实，英法政府在马歇尔演讲之后，邀请了苏联代表前往巴黎参会，讨论欧洲整体地区对于这一计划的回应。

苏联对马歇尔计划的态度是复杂的。一方面，莫斯科当局欢迎美国向苏联及其东欧盟友提供贷款和拨款。苏联经济学家认为，马歇尔计划是美国对战后经济问题的处理，尤其是为了应对欧洲对美国出口产品需求降低的问题。这一计划的目的是为欧洲人提供美元，让他们可以购买美国的商品和服务。另一方面，苏联也担心马歇尔计划其实是杜鲁门主义在经济层面的表现——利用美国的经济肌肉在欧洲打造反苏同盟。

斯大林决定调查清楚究竟马歇尔计划是政治威胁还是经济机遇。6 月末，莫洛托夫远赴巴黎与贝文和法国外长乔治·皮杜尔（Georges Bidault）进行磋商。在这次会议上，莫洛托夫最担心的事情发生了，英国和法国坚持接受一种合作的、泛欧洲的经济援助计划（正如马歇尔所希望的那样）。这被苏联视为西方试图干涉共产主义控制的东欧地区政治经济生活的手段。他们认为，最坏的可能是自己在东欧地区的势力范围被瓦解。

苏联退出了对马歇尔计划的讨论，并坚持要求其东欧盟友也不应该参与其中。莫斯科随后也发起了一次针对马歇尔计划的外交与政治运动。1947 年 9 月，苏联外交部副部长安德烈·维辛斯基（Andrei Vyshinsky）在联合国的一次演讲中宣布了如下计划：

> 本质上而言，马歇尔计划不过是杜鲁门主义的变体……实施马歇尔计划意味着将欧洲国家置于美国的经济政治控制之下，其内部事务将遭到美国的直接干预……这项计划试图将欧洲分裂为两个阵营……最终形成一个不利于东欧民主国家利益的国家阵营，尤其不利于苏联的利益。

共产党和工人党情报局

当月，苏联在波兰的一次会议上成立了共产党和工人党情报局（Communist Information Bureau，简称 Cominform）。这一组织将统一管理欧洲共产党，以及当时已被驱逐出各自联合政府的法国与意大利共产党。日丹诺夫发表了主题演讲，他用马歇尔计划论证自己关于战后同盟向两个不同方向分裂的观点，当然这个观点他在一年前就已提出，但如今两个阵营已经成形并稳定：

> 战争结束得越久，战后国际政治中两个分离的基本方向便越发明显……两个阵营基本形成：帝国主义的反民主阵营……反帝国主义的民主阵营……美国是帝国主义阵营中的主要领导力量……帝国主义阵营最基本的目标就是加强帝国主义的势力，为发动新的帝国主义战争做准备，对抗社会主义和民主，为反动派和反民主、亲法西斯的政权和运动提供全方位的支持。为了执行这些任务，帝国主义阵营借助反动派和各国内部的反民主因素来支持昔日战争中的敌人、对抗二战时的盟友。反帝国主义和反法西斯力量由主导国家苏联和其他阵营、新民主国家组成……这一阵营的目标是抵制战争和帝国主义扩张的威胁，巩固民主并拔除法西斯的残余。

日丹诺夫的两个阵营理论逐渐为人熟知，也被视为苏联对杜鲁门主义和马歇尔计划的反击，而实际上也是对冷战的宣告。这也预示着东欧被共产主义化、苏联化、斯大林化速度的加快。共产主义化意味着需要建立一党制的共产党统治，而不是迄今普遍的左翼联合统治。在西方国家看来，这也意味着共产党统治国家，国家掌握媒体主导权；甚至解散和压迫反对党，强制进行社会主义-共产党合并从而终结独立左翼政党的生命。苏联化，即推行苏联社会主义模式：实行国有国管经济，集中计划，集体农业。斯大林化，即推行个人崇拜和政治恐怖主义——清洗、逮捕、公开审讯和处决——这些斯大林在苏联统治的特点。

与西方观点不同的是，东欧国家的共产主义化、苏联化、斯大林化进程并不是一蹴而就，也不完全依照一个时间表和一个模式。在共产党和工人党情报局会议召开之前，许多国家（保加利亚、罗马尼亚和南斯拉夫）早已从人民民主或新民主政体转变为全面依照苏联模式的共产党政权，而其他一些国家（匈牙利和波兰）似乎在这一道路上走出了新的趋势。至少在捷克斯洛伐克是如此。捷克斯洛伐克有着悠久的议会民主传统（其他东欧国家的战前政体多是独裁极权而非民主制），1946 年共产党及其社会主义盟友获得了大选中的多数票而胜出。但是，1948 年 2 月布拉格爆发政府危机，导致自由党和中间党派被逐出政府，结束了捷克斯洛伐克的联合主义人民民主实践。布拉格事件被西方国家视为共产党的政变，粉碎了东欧仅存的民主。西方民众也对事件爆发后立即传来的捷克外长扬·马萨里克（Jan Masaryk）的死讯感到震惊。马萨里克从他的办公楼坠亡。官方解释是自杀行为，但许多人怀疑他其实是被“掷出窗外”。

1948 年 6 月，当南斯拉夫被逐出共产党与工人党情报局时，共产主义阵营内部的裂缝开始显现出来。但随后发生的事情似乎让西方国家更加坚定了它们的观点，即共产主义东欧是一片既黑暗又恐怖的土地。由于斯大林和南斯拉夫共产党领袖约瑟普·布罗兹·铁托（Josip Broz Tito）在外交政策上存在分歧，两人间的关系开始出现裂痕。铁托希望在外交政策上拥有更大的独立权，尤其是关于巴尔干半岛的事务，他还试图绕过斯大林与共产主义保加利亚成立一个联盟。当斯大林要求他必须与苏联政策保持一致时，铁托选择反抗。对此，苏联谴责南斯拉夫是民族主义、机会主义和反苏联主义分子。铁托被划为“托洛茨基分子”行列，后者是斯大林在 20 世纪 20 年代的劲敌，随后被驱逐出苏联，并在 1940 年于墨西哥被苏联特工刺杀逝世。“铁托们”被指控为试图在南斯拉夫复辟资本主义的帝国主义间谍，矛盾随之升级。苏联开始在东欧地区抓捕铁托式的异教徒，导致一大批所谓的“民族主义者”、“间谍”和“右翼异端分子”被揭露、抓捕、监禁并处决。1952 年在捷克斯洛伐克，14 名前共产党领袖被公开进行政治审讯，判以背叛共产主义罪名并被集体处决，他们中有许多都是犹太人。同年爆发了所谓的“医生事件”，传闻有医生试图刺杀苏联领导人。同样，被指控的人中有很多都是犹太人（随后他们全都被证明是无辜的，并被恢复名声）。1948 年，苏联支持创立独立的以色列国，但当以色列在冷战期间与西方国家为伍时，苏联又放弃了这一立场。1953 年苏联断绝了与以色列的外交关系，但几个月后斯大林逝世，苏以又恢复了外交关系。

北大西洋公约组织

西方认为斯大林的外交政策是侵略性的扩张主义政策，这一观点在苏联和共产党占领东欧的事实上得到了验证，苏联将其势力范围整合成一个严密控制的集团。这促使英国、加拿大、美国、法国和其他西欧国家在 1949 年 4 月成立了北大西洋公约组织（NATO）——一个针对苏联威胁的军事政治防御组织。尽管北约不担心苏联短期内会对其发起攻击，但他们不排除中长期遭到袭击的可能。这一组织也旨在阻止苏联继续用军事恐吓行动换取政治让步的做法。

据北约首任秘书长伊斯梅勋爵（Lord Ismay）称，北约的三个目标是“挡住俄国人，留住美国人，摁住德国人”。随着冷战对抗逐渐白热化，北约第一个目标的优先性凸显出来，到 1950 年，西方国家决定重新武装西德，并将其武装力量合并到一支欧洲军队中去。但是在苏联看来，北约不是一个防御性的组织，而是直接针对苏联的侵略性集团，这种威胁在德国重新武装、核时代到来的事实面前显得更加严重。

战争期间，美国就已开启了一个宏伟的项目——曼哈顿计划——旨在研发原子弹，一开始是为了对抗德国。他们的第一次原子弹试验发生在 1945 年 7 月。在这期间发生了一次较为著名的事件，即杜鲁门在波茨坦会议上将原子弹试验的情况告诉了斯大林。由于得到了苏联间谍的情报，斯大林早前便已掌握美国原子弹计划的进程，于是对杜鲁门带来的消息表现得毫无兴趣。但是，在美国向日本使用原子弹之后，斯大林便授权展开了一项发展原子弹的优先计划。4 年之后，在 1949 年 8 月，苏联终于完成了他们自己的原子弹试爆。

在掌握原子弹武器垄断权的同时，美国人试图将此转化为政治优势。一些历史学家称，原子弹袭击广岛和长崎不是军事行为，而是塑造战后第一次大事件的政治行为。斯大林对美国的原子弹外交并不关心。在伦敦外长会议上，莫洛托夫还开玩笑称伯恩斯的口袋里可能就有一枚原子弹。20 世纪 40 年代，原子弹还没有被视为可怕的武器，直到后来出现了比日本上空投下的原子弹威力强一千倍的氢弹。正如斯大林在 1945 年 11 月对波兰共产党领袖瓦迪斯瓦夫·哥穆尔卡（Wladyslaw Gomulka）所说的那样，决定战争胜负的不是原子弹，而是军队。苏联在欧洲部署的传统军事力量比原子弹更具抗衡力，即便到了 1945-1948 年间军队数量从 1100 万人减至 300 万人，这一说法仍然经得起考验。即使到 1952 年，当美国已经拥有充实的核军械库，斯大林仍然相信美国无法打赢一场大规模战争："他们将希望寄托于原子弹和空军力量之上。但战争不是靠这种方式打赢的。在战争中取胜需要依靠步兵团，但他们并没有步兵团；即便有，那也是极弱的。"

在联合国，许多讨论议题都集中在对原子能建立国际管控上。美国提出巴鲁克计划（Baruch Plan），要求美国保持其对原子弹武器的垄断权，直到国际管理和检查核事务的万全办法可投入使用之后才会放弃垄断权。但另一方面，苏联建议即刻禁止所有核武器，这意味着美国必须放弃他们自己的核武器。两种主张都没有胜出。于是，苏联继续推进研发计划，英国也开展了自己的项目，尽管美国拒绝向苏联和英国出口核技术，但事实上英国早已参与了曼哈顿计划，并在其中发挥了重要作用。

1945–1946 年爆发了一系列苏联原子弹间谍丑闻，这进一步恶化了美苏关系。苏联间谍的暴露，让杜鲁门更坚定地认为，在核技术方面绝不能相信莫斯科，从国内层面和政治层面上来说，与斯大林展开原子能合作都会导致非常复杂的问题。苏联在英国也有间谍，其中较为出名的是英国驻华盛顿使馆的唐纳德·麦克莱恩（Donald Maclean），他能接触到英美原子能发展项目的相关信息，直到 1951 年麦克莱恩向苏联叛变之后他才暴露了自己的间谍身份。

20 世纪 40 年代的原子武器军备竞赛使得苏联与西方关系更加复杂，但它并不是冷战的主要诱因。然而，随着冷战的蔓延，核因素变得越来越重要。总而言之，核武器让冷战变得更加危险。这对苏联的影响也是相当矛盾的。苏联惧怕核战争的爆发，但在资助国际和平运动的同时，它又加紧建造自己的核武器。和平运动的主要诉求是禁止核武器，在 1950 年，和平运动发起了斯德哥尔摩和平呼吁书，这是一份反核请愿书，它成功筹集了 5 亿人的签名——占当时世界总人口的四分之一。许多签名来自共产主义阵营，但仍有上千万的其他地区人民自愿签署请愿书。由于核危机不断刺激着人们的神经，20 世纪 40 年代末便开始出现反对冷战的浪潮，而且，并不仅仅是亲共产主义的人加入了这一浪潮。这一运动的成功，也推动冷战发生了暂时的缓和，在斯大林 1953 年逝世后的一段时间里，苏联和西方国家重启了对战后世界秩序的磋商和讨论。

朝鲜战争

对欧洲而言，冷战早在 20 世纪 40 年代中后期就开始了，直到 40 年之后冷战结束，欧洲也一直是主战场。在 50 年代时，冷战发展成了全球性的对抗。1950 年 6 月爆发的朝鲜战争是冷战全球化过程中的突发事件，这同样加强了东西方阵营在欧洲的军事化对抗。

直到 1945 年，朝鲜半岛还是日本的殖民地。日本投降后，朝鲜半岛沿着北纬 38 度线被划分为苏占区和美占区。原本的计划是在举行全国选举后建立统一的国家，但是正如德国一样，两个占领国支持的势力在当地开始固化为两个竞争对抗的阵营：由金日成代表的北方共产主义专制政府，和李承晚领导的南方资本主义独裁政权。1949 年苏联和美国军队撤出后，金日成和李承晚都试图统一半岛，由是爆发了激烈的冲突和对抗。

1949 年 10 月，由毛泽东领导的中国共产党掌握了政权，宣布成立了中华人民共和国。1949 年底，毛泽东出访莫斯科与斯大林会晤，签署了《中苏友好同盟互助条约》。世界上人口最多的国家如今与世界上最大的国家结成了同盟，它们都是共产党领导的政权。

毛泽东的胜利让斯大林相信，远东地区正在兴起一股革命的浪潮，这让他对金日成的说法更加动容。金日成称，只要允许他进攻南朝鲜，南部半岛就将马上迎来革命起义的浪潮，战争也会迅速取得胜利。但是斯大林仍然保持谨慎，他还担心美国会如何做出反应。到 1950 年初，美国似乎已经把日本看作是自己的势力范围，但朝鲜半岛尚未被纳入其中。在这种情况下，斯大林在 1950 年 6 月首肯北朝鲜进攻南朝鲜。

一开始，战况似乎按照金日成的设想顺利进行，至少在夏末之前，全国大部分地区都在共产党的控制之下。南朝鲜的首都汉城遭到占领，李承晚的军队也被逼退到半岛东南角釜山港周围，但他们抵制住了围攻。这给了美国反应的时间，它开始动员军队，为南朝鲜提供支持。美国打着联合国的旗号展开行动——为了抗议西方国家拒绝恢复中华人民共和国的安理会席位，苏联缺席安理会，导致西方国家的决议得到通过。

在 1950 年 9 月，道格拉斯·麦克阿瑟将军发起了仁川登陆战，出奇制胜地取得先机，将北朝鲜军队逼退到了北纬 38 度线之后。麦克阿瑟乘胜追击，夺下北朝鲜首都平壤。到 11 月份，美国为首的联合国军逼近中朝边界，中国共产党派出了大量志愿军抗美援朝，拯救了金日成的败局。由此，战争在 38 度线附近陷入了僵局，随着 1953 年 7 月停火协议的签署，朝鲜战争终于结束。在战争期间，有报道称大国可能会通过使用核武器来打破僵局，但最终各方还是保持了克制。

金日成是朝鲜半岛危机的煽动者，他是在冷战过程中发挥了关键作用的次要行为人。但是在西方，北朝鲜的进攻行为被视为莫斯科指导下的扩张行动，这又促使西方国家加快了重整军备的脚步。在 1950 年到 1952 年间，美国国防预算从 130 亿美元上升到了 570 亿美元。1952 年，北约召开里斯本会议，决定部署近 100 个师的兵力来对抗苏联可能进攻西欧的威胁。苏联采取了以牙还牙的策略。到 1953 年，苏联的东欧盟国军队数量已超过 100 万人，而苏联的兵力也增长到 500 万以上。在 1955 年 5 月，苏联与东欧共产主义阵营签署了《华沙条约》，直接与北约形成对抗。由此，欧洲的两个冷战阵营最终成形。战时伟大同盟寿终正寝。

历史学家和冷战

伟大同盟的瓦解和冷战的爆发应该归咎于谁，人们莫衷一是，而对此的争论也组成了东西方意识形态斗争的一部分。在西方世界，主流观点认为冷战由苏联及其在东欧地区的扩张行动导致。但也有人认为，英美对苏联的防御性措施过度反应了。而折中的观点是，双方都应该承担责任，冷战是由一系列误解和误判导致的结果。因此，尽管冷战的爆发不是不可避免的，但鉴于从 1917 年十月革命爆发、共产党掌握政权以来，苏联和西方国家的关系就陷入了长期的对抗，战后世界的政治意识形态分裂似乎也难以避免。从反思的角度看，人们发现，冷战确实存在必然性。但是，这并不是 1945 年同盟国领袖们眼中的世界。他们相信，伟大同盟内部的困难都是可以克服的，就像战争期间那样。即便在 1945–1947 年伟大同盟已趋于瓦解，主要参与者还对此感到难以置信。正如美国官员罗斯托（W. W. Rostow）指出的那样，冷战更多是一种逐渐形成、互相促进的结果，而非故意的碰撞和明确的政策使然。

客观对待冷战

从更长远的历史学角度来看，20 世纪 40 年代爆发的冷战，不过是从 1917 年布尔什维克掌握政权之后苏联共产主义和西方资本主义之间对抗的其中一个阶段。布尔什维主义旨在全球范围内推动社会主义运动，并在俄罗斯建成社会主义社会。这种世界革命的运动使得苏联和西方国家的关系日趋恶化，当二战以后苏联一跃成为共产主义阵营的全球超级大国时，双方的关系就变得更加紧张了。

美国也是一个崛起于战争的超级大国，随着伟大同盟的失败，两个阵营之间的地缘政治对抗和意识形态斗争以美苏在欧洲的对抗为主要形式。对抗的其中一个后果就是造成了欧洲国际政治中的主要问题——德国问题——通过肢解德国、随后东西德统一的方式得到解决。

第二次世界大战也削弱了英国和法国的世界强国地位，加速了欧洲殖民帝国的瓦解。这为冷战提供了新的对抗舞台，美苏开始在资本主义和共产主义阵营之间的所谓第三世界争夺影响力和控制权。

战争的另一个受益者是中国共产党。在抗日战争中，毛泽东带领的共产党巩固了自己的政治基础，增强了军事实力。中国共产党政权和苏联一样是效率极高的政权。共产党领导下的中国与苏联结成了同盟，并崛起为全球政治中的大国，而在中苏关系恶化后，华盛顿、莫斯科和北京又结成了一系列对抗和合作的三角关系。

二战的结果由主要大国的资源、战役和战略决定。它们也是冷战的主导者，但是次级行为体的作用也不可忽视。英国和法国在成立与巩固北约的过程中发挥了主要作用。东西德的政治家也成功运筹巩固了各自的政权，使得两德完全按照自己的方式逐步走向统一，而金日成也说服斯大林授权发动了以失败告终的朝鲜战争。

二战留给冷战的最大遗产当数核武器。如果不是战争需要，原子弹的研发速度不会这么快。如果不是冷战，各国也不会开展核武器军备竞赛，而是对核能进行国际管控。

冷战之所以成为“冷”战而非世界大战，人们提出了许多解释理由。两个阵营都不希望爆发大战。和平的愿望存在于铁幕两侧，无论是精英还是普通民众，所有人都希望保持和平。20 世纪 60 年代初，欧洲的冷战局势趋于紧张，但双方阵营都尽量克制对抗的力度，确保不威胁到彼此的核心利益。但是在冷战的四十余年里，普遍的和平趋势之所以在欧洲盛行，其主要原因仍应归结为核武器对人类带来的生存威胁。